문서작성과 프레젠테이션

권동희·김진선·송희헌 공저

머리말

　최근에 새로운 기술 개발과 멀티미디어 정보의 확산으로 개인용 컴퓨터의 활용 분야가 더욱 확대되고 있으며, 삶의 기초적인 생활 수단이 되고 있습니다. 대학에서 컴퓨터는 학습 효율을 높이기 위한 학습 도구로 광범위하게 사용될 뿐 만 아니라, 특히 문서 작성과 프리젠테이션은 학생들이 취업 준비를 위해 갖추어야 할 중요한 능력 중의 하나가 되고 있습니다. 이에 각 대학에서는 학생들의 컴퓨터 활용 능력을 배양할 목적으로 IT 교양교육을 실시하고 있습니다.

　이 책은 두 파트로 구성되어 있습니다. 제1부에서는 컴퓨터그래픽 도구를 이용하여 이미지를 처리하고 조작하는 기본 기능, 스프레드시트를 이용하여 각종 데이터 분석을 위한 다양한 차트로 변환하고 관리하고 기본 기능을 바탕으로, 문서편집기의 하나인 MS Word 2007을 이용하여 이미지와 차트 등을 포함하는 문서를 작성하고 편집 능력을 습득하는데 필요한 정보를 담고 있습니다. 제2부에서는 프리젠테이션을 기획하고 설계하고, 발표 도구의 하나인 MS PowerPoint 2007을 이용하여 발표 자료를 작성하며, Slideshow 기능을 사용하여 발표하는 발표 기술을 익힘으로써 성공적인 프리젠테이션을 할 수 있는 능력을 배양하는데 필요한 내용을 수록하였습니다.

　이 책은 대학에서 문서작성과 프리젠테이션 등 실무 적용을 위한 프로젝트 중심의 교육에 사용될 수 있도록 구성하였습니다. 따라서, 본 교재가 대학의 IT 교양교육을 활성화하고 수업 효과를 최대화시켜 학생들의 취업 준비에 도움을 줄 것으로 기대합니다.

　독자 여러분의 많은 성원과 관심을 부탁드립니다.

2012년 2월
저자 일동

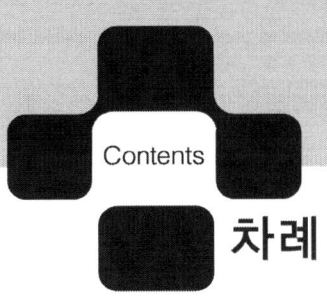
차례

Part 01 MS 워드를 이용한 문서작성 실무

Chapter 01 MS 워드 시작하기 ········ 10
1.1 MS 오피스 구성 프로그램 ········ 11
1.2 MS-Word 2007 새로운 기능 ········ 13
1.3 MS-Word 2007 시작 ········ 14
1.4 MS-Word 2007 인터페이스 이해하기 ········ 15
1.5 다른 형식으로 저장 및 열기 ········ 20

Chapter 02 초보 실력으로 안내장 만들기 ········ 21
2.1 글자 서식 지정하기 ········ 23
2.2 문단 첫 글자 장식 ········ 24
2.3 단락 서식 지정하기 ········ 25
2.4 페이지 색 및 테두리 설정 ········ 27

Chapter 03 맛깔스런 그림으로 나만의 레시피 ········ 29
3.1 워드아트 삽입 및 편집 ········ 31
3.2 그림 삽입 및 편집 ········ 34
3.3 그림과 텍스트의 배치 ········ 36
3.4 도형 서식 및 정렬 ········ 38

Chapter 04 표를 이용한 명세표 만들기 ········ 43
4.1 표 만들기 ········ 45
4.2 표 서식 지정하기 ········ 53
4.3 인쇄 미리보기 및 인쇄 ········ 55
4.4 워터마크 설정 ········ 57

Chapter 05 보고서 만들기 ·· 60

5.1 보고서 표지 ··· 63
5.2 스타일과 다단계 목록 ·· 65
5.3 목차 만들기 ··· 75
5.4 머리글 및 바닥글 설정 ··· 78

Chapter 06 프레젠테이션용 보고서 만들기 ··· 84

6.1 텍스트 프레젠테이션 만들기 ·· 86
6.2 표 및 차트 프레젠테이션 만들기 ··· 91
6.3 표지 만들기 ··· 97
6.4 프레젠테이션 실행하기 ··· 100

Part 02 프레젠테이션 실무

Chapter 01 프리젠테이션 기획 및 설계 ·· 104

1.1 프레젠테이션이란? ··· 105
1.2 프레젠테이션 기획 ··· 107
1.3 스토리보드 작성 ·· 110
1.4 프레젠테이션 기획서 작성 ·· 111

Chapter 02 프레젠테이션 디자인 ··· 112

2.1 텍스트 디자인 ··· 113
2.2 슬라이드 디자인 ·· 117
2.3 레이아웃 ·· 120

Chapter 03 프레젠테이션 디자인의 기본 익히기1 ···························· 122

3.1 파워포인트 2007 처음 사용하기 ··· 125
3.2 텍스트 슬라이드 ·· 127
3.3 SmartArt 슬라이드 ·· 131

Chapter 04 프레젠테이션 디자인의 기본 익히기2 — 138

    4.1 표 슬라이드 — 140
    4.2 차트 슬라이드 — 143
    4.3 그림 및 개체 슬라이드 — 152

Chapter 05 프레젠테이션 디자인의 기본 익히기3 — 160

    5.1 하이퍼링크 만들기 — 163
    5.2 애니메이션 효과 지정 — 167
    5.3 멀티미디어 삽입 — 172
    5.4 슬라이드 마스터 디자인 — 177

Chapter 06 프레젠테이션 제작, 하나부터 열까지 — 183

    6.1 제목 슬라이드 디자인 — 186
    6.2 스마트 아트를 이용한 목차 디자인 — 188
    6.3 글머리 기호를 이용한 텍스트 디자인 — 194
    6.4 도형으로 4가지 주제를 표현한 디자인 — 197
    6.5 입체감 있는 피라미드를 이용한 디자인 — 204
    6.6 애니메이션을 활용한 디자인 — 207

Chapter 07 우리학교 소개 — 213

    7.1 마스터 슬라이드 설정 — 216
    7.2 제목 슬라이드 — 221
    7.3 목차 슬라이드 — 224
    7.4 학교 소개 슬라이드 — 231
    7.5 교육 목표 슬라이드 — 234
    7.6 장학제도 안내 슬라이드 — 237

Chapter 08 프레젠테이션 제작, 언제 어디에나 존재하는 유비쿼터스 — 46

    8.1 마스터 설정하기 — 249
    8.2 워드아트를 이용한 제목 슬라이드 — 251
    8.3 도형과 목록형으로 만드는 목차 슬라이드 — 253
    8.4 자유형을 이용한 컨셉 슬라이드 — 256
    8.5 주기적인 진행방향으로 표시하는 구조 슬라이드 — 262
    8.6 그림을 이용한 슬라이드 — 264

8.7 키워드와 클립아트로 표현한 슬라이드 ··· 268
8.8 애니메이션을 활용한 동적인 프레젠테이션 ··· 270

Chapter 09 발 표 ·· 273

9.1 발표의 공포 극복하기 ·· 274
9.2 발표 기술 ··· 276
9.3 효과적인 프레젠테이션 ·· 280
9.4 사후 관리 ··· 283

Part 01
MS 워드를 이용한 문서작성 실무

Chapter 01 MS 워드 시작하기
Chapter 02 초보 실력으로 안내장 만들기
Chapter 03 맛깔스런 그림으로 나만의 레시피 만들기
Chapter 04 표를 이용한 업무기안서 만들기
Chapter 05 보고서 목차 만들기
Chapter 06 내 실력 뽐내기

Chapter 01 MS 워드 시작하기

Chapter 01의 학습목표

- 워드 2007은 기존 버전에 비해 화면의 구성이 크게 달라졌으며, 많이 달라진 인터페이스를 살펴보고, 기존 사용자가 새로운 환경에 적응할 수 있도록 한다.
- 워드 2007의 사용 방법과 다양한 저장 방법에 대해 알아본다.

Chapter 01의 학습순서

1.1 MS 오피스 구성 프로그램
1.2 MS-Word 2007 새로운 기능
1.3 MS-Word 2007 시작
1.4 MS-Word 2007 인터페이스 이해하기
1.5 다른 형식으로 저장 및 열기

1.1 MS 오피스 구성 프로그램

Microsoft Office 프로그램을 설치하면 다양한 프로그램이 설치되는 것을 알 수 있다. 각 프로그램의 용도에 대해서 알아보자.

01 워 드

워드 2007은 새로운 방식의 리본 메뉴를 도입하여 문서 작성과 관련된 대표적인 워드 프로세서 프로그램 중의 하나이다.

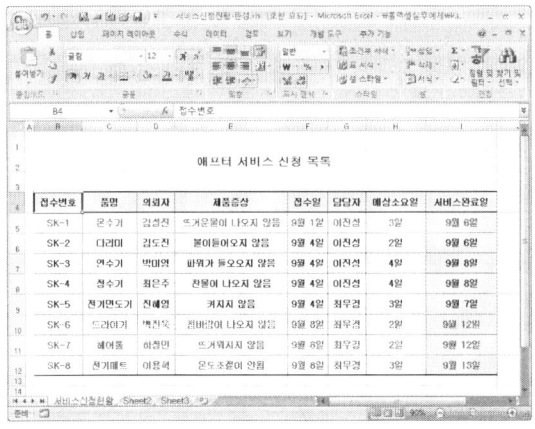

02 엑 셀

엑셀 2007은 계산을 처리하는 스프레드 시트 프로그램 중의 대표적인 프로그램이며, 표 계산, 차트, 데이터베이스 관리 등의 기능을 사용할 수 있다.

문서작성과 프레젠테이션

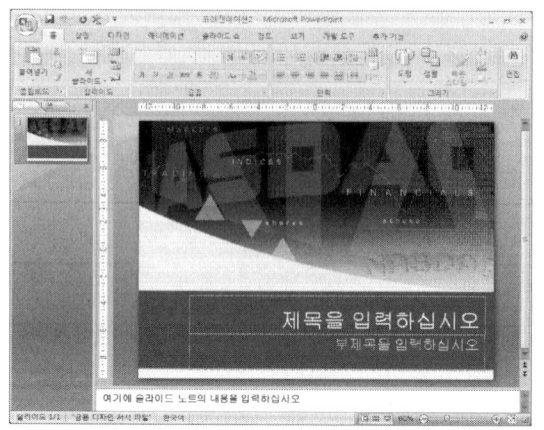

03 파워포인트

파워포인트 2007은 그래픽 기능, 애니메이션, 멀티미디어 기능을 이용하여 효과적인 제안서, 보고서, 발표 등 각종 프레젠테이션을 제작하는 프로그램이다.

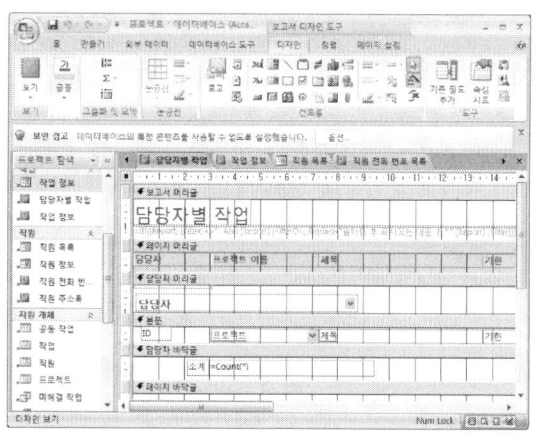

04 액세스

액세스 2007은 기본적으로 다양한 형태의 데이터베이스 서식 파일을 포함하고 있으며, 많은 양의 데이터를 입력, 관리할 수 있는 전문 프로그램이다.

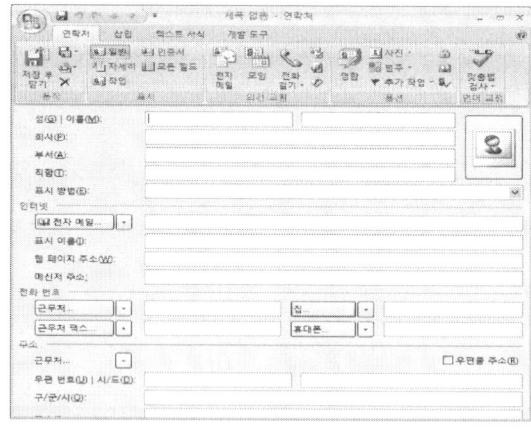

05 아웃룩

아웃룩 2007은 마이크로 소프트사에서 개발한 개인 정보 관리자 응용프로그램이다. 마이크로소프트 오피스의 구성요소이다. 전자메일 메시지, 일정 및 연락처, 스케줄 관리를 관리할 수 있는 프로그램이다.

1.2 MS-Word 2007 새로운 기능

MS-Word 2007은 오피스 2007 패키지에 포함되어 있는 문서 작성 프로그램이다. 새롭게 선보이는 도구를 이용하여 문서 작성과 관련된 작업을 전문적으로 처리하는 프로그램이며, 워드 2007은 이전 버전에 비해 상당한 변화를 보여 주고 있다. 사용자 인터페이스의 큰 변화로 기존 사용자들은 사용에 있어 불편함을 느낄 것이다.

01 리본 메뉴

MS-Word 2007을 시작하면 이전 버전과 비교하여 화면이 많이 바뀐 것을 알 수 있다. 기존의 드롭다운 메뉴가 리본 메뉴로 변경되어 있으며, 리본 메뉴는 작업을 완료하는데 필요한 명령을 신속하게 찾을 수 있도록 디자인 되어 있다. 명령은 탭으로 구성이 되어 있고, 각 탭은 그룹으로 구성이 되어 있으며, 그룹 안에 기능들이 포함되어 있다.

02 미니 도구모음

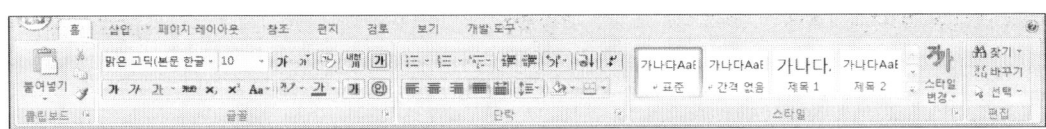

문서 작성 시 자주 사용하는 글꼴, 스타일, 글꼴 크기, 맞춤, 글꼴 색, 들여쓰기, 글머리 기호 기능 등을 설정할 수 있다. 리본 메뉴에서 자주 사용되는 명령을 모아 놓은 도구 모음으로 언제든지 빠르게 사용할 수 있는 기능이다.

03 실시간 미리보기

오피스 2007의 새로운 기능 중의 하나이며, 선택한 개체에 마우스로 기능을 가리키면 해당 기능이 문서에 실시간으로 보여주는 기능이다. 실제로 적용한 결과를 미리 볼 수 있다는 점이 흥미롭다.

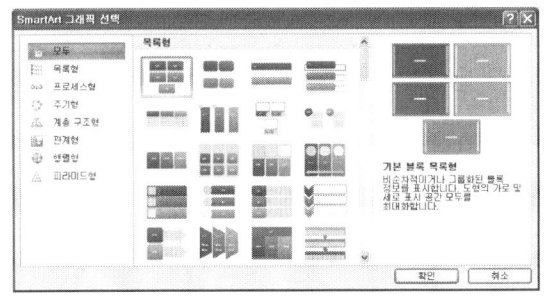

04 일러스트레이션

워드 2007은 기존의 개체 외에 스마트아트 기능이 추가가 되어, 개체의 종류가 다양해지고 편리하게 그래픽 문서를 작성할 수 있다. 또, 개체 삽입 후에는 서식 및 레이아웃 탭을 이용하여 원하는 스타일을 선택할 수 있어 그래픽 편집 기술이 없더라도 높은 수준의 그래픽을 디자인 할 수 있다.

1.3 MS - Word 2007 시작

01 실 행

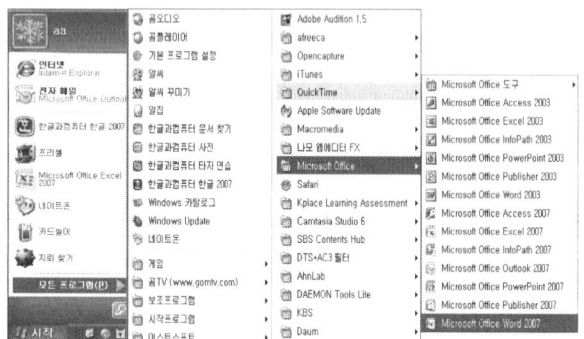

워드 2007을 실행하려면 [시작] - [모든 프로그램] - [Microsoft Office] - [Microsoft Office Word 2007]을 클릭한다. 또는 [시작] 메뉴에 최근에 사용한 프로그램 목록에 [Microsoft Office Word 2007]이 있다면 클릭하여 사용하면 편리하다. 다른 방법으로 바탕화면의 바로가기 아이콘을 더블클릭하여 실행한다.

02 종 료

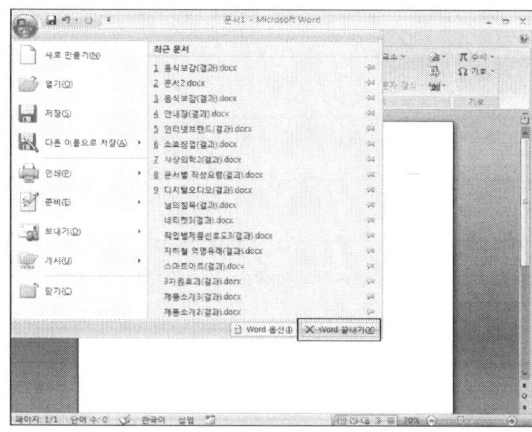

작업이 완료된 문서창과 워드 2007을 한꺼번에 종료하려면 [Office] 단추 - [Word 끝내기]를 클릭한다. 또는 제목 표시줄의 오른쪽에 있는 X 단추를 클릭한다. 현재 작업 중인 문서창만 종료를 하려면 [Office] 단추 - [닫기]를 클릭하면, 작업 중인 문서 창만 종료가 되고, Microsoft Office Word 2007 프로그램은 종료가 되지 않는다.

1.4 MS-Word 2007 인터페이스 이해하기

01 MS-Word 2007 화면구성

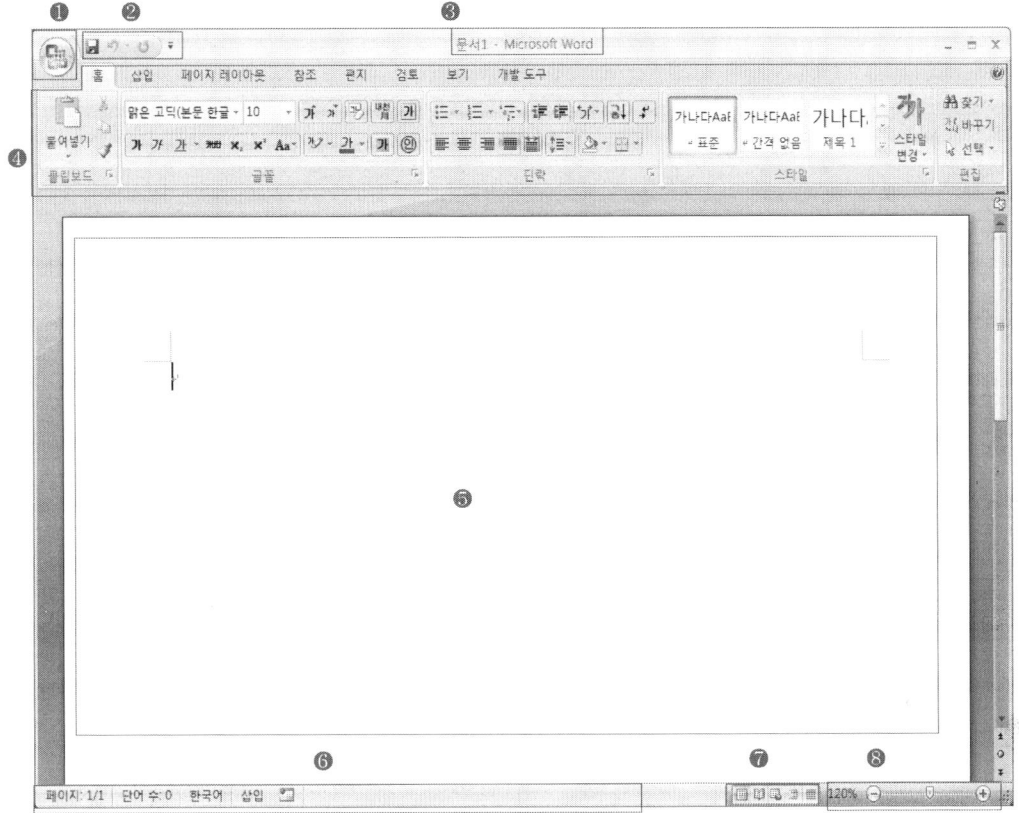

❶ **Office 단추**

Office 단추는 이전에 사용했던 버전의 '파일' 메뉴와 비슷한 기능으로 새문서, 열기, 저장, 인쇄 등의 명령들이 제공하고 있다. 또한 Office 단추에는 'Word 옵션' 단추가 있는데, 클릭을 하면 이전 버전의 [도구] – [옵션] 기능들이 제공이 되고, 대화상자를 실행하여 원하는 옵션을 설정한다.

❷ **빠른 실행 도구모음**

빠른 실행 도구모음은 기본적으로 저장, 실행취소, 다시실행 명령이 존재한다. 자주 사용하는 기능을 추가해서 사용할 수 있으며, 추가 구성으로 나만의 단축 아이콘을 자유롭게 추가하고 제거할 수 있다.

❸ **제목표시줄**

제목 표시줄에는 현재 작업 중인 문서의 파일이름이 표시되며, 빈 문서를 시작하면 임시 파일이름 '문서1'이 표시된다.

❹ **리본메뉴**

리본메뉴는 이전 버전의 메뉴와 도구모음 대신 시각적인 효과가 뛰어난 다양한 명령이 그룹 단위로 구분되어 화면 위에 표시된다. 리본메뉴는 작업 시 필요한 명령을 빨리 찾기 위해 구성되어 있다. 명령은 탭 아래에 그룹으로 분류되어 있으며, 각 탭은 작업유형과 관련되어 있다. 화면이 복잡해지지 않도록 일부 탭은 필요 할 때만 표시된다.

❺ **문서 편집 창**

텍스트, 표, 그림, 클립아트, 도형, 스마트아트, 차트 등을 삽입하고 다양한 서식과 문서를 편집할 수 있는 작업 공간이다.

❻ **상태표시줄**

현재 작업의 상태를 표시해 준다.

❼ **화면보기**

편집 상황에 따라 화면 보기를 바꿀 수 있는 단추가 인쇄 모양 보기, 전체 화면 읽기, 웹 모양 보기, 개요 보기, 기본 보기 등 5개로 구성되어 있다.

❽ **확대/축소 단추**

화면을 확대하거나 축소하여 볼 수 있게 슬라이드 도구가 제공된다. 화면 배율은 10%~500% 사이로 조정이 된다.

02 리본메뉴

❶ **[홈] 탭**

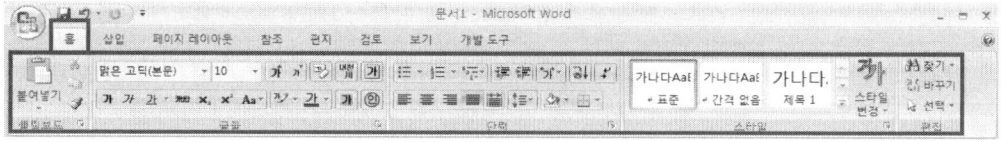

이동, 복사할 수 있는 '클립보드'그룹, '글꼴'그룹, '단락'그룹, '스타일'그룹, 데이터를 찾거나 바꾸는 '편집'그룹 등이 있다.

❷ [삽입] 탭

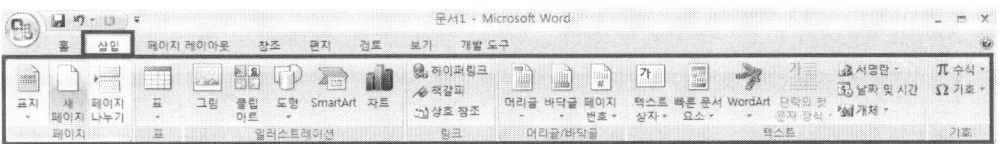

표지 및 페이지 삽입, 페이지를 나누는 '페이지'그룹, 표, 그래픽 개체를 삽입하는 '일러스트레이션'그룹, 연결기능이 있는 링크, 머리글/바닥글, 텍스트 그룹, 기호 그룹 등이 있다.

❸ [페이지 레이아웃] 탭

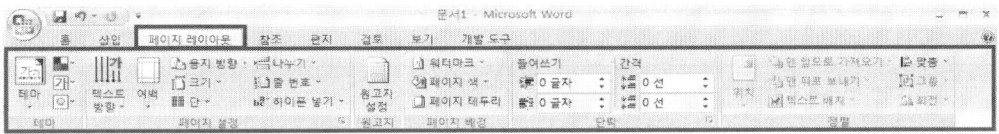

테마 그룹, 페이지 설정 및 배경, 단락 들여쓰기 및 간격 설정, 개체의 위치를 조정하는 정렬 그룹 등이 있다.

❹ [참조] 탭

문서의 특정 위치를 참조할 수 있는 기능이 포함. 목차, 각주, 인용 및 참고 문헌, 표나 캡션 삽입, 색인, 관련 근거 목차 그룹 등이 있다.

❺ [편지] 탭

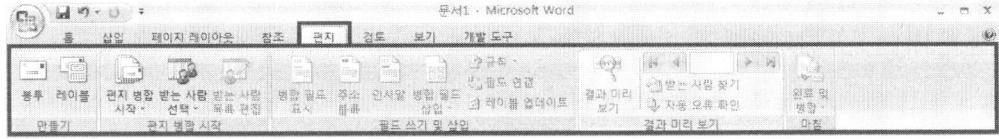

봉투 및 레이블을 만드는 만들기 그룹, 편지 및 레이블을 병합하는 편지 병합 시작 그룹, 필드 쓰기 및 삽입 그룹, 결과 미리보기, 마침 그룹 등이 있다.

❻ [검토] 탭

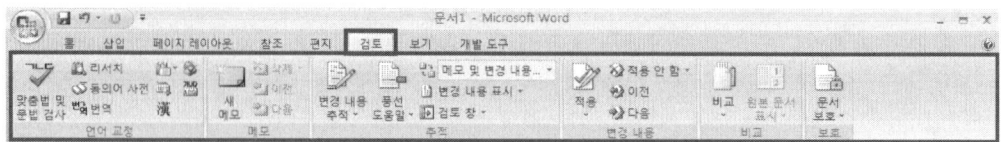

맞춤법 및 문법 검사, 번역 등의 언어 교정 그룹, 메모, 변경 내용을 추적하는 추적 그룹, 변경 내용을 적용 및 취소, 검색 기능이 있는 변경 내용 그룹, 여러 문서를 하나로 병합하기 위한 비교 그룹, 문서를 암호로 보호하기 위한 보호 그룹 등이 있다.

❼ [보기] 탭

문서를 다양한 보기로 전환할 수 있는 문서보기 그룹, 눈금자 및 문서구조 등을 표시/숨기기 그룹, 확대/축소 그룹, 창 그룹, 매크로 그룹 등이 있다.

❽ [그리기 도구] 탭

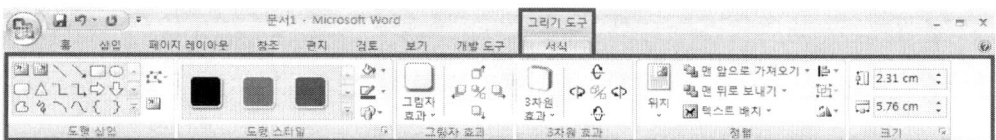

도형을 삽입하면 나타나는 상황 도구 탭이며, 도형스타일, 그림자효과, 3차원효과, 텍스트와의 배치, 크기 및 정렬 등이 있다. 도형에 다양한 스타일 지정 및 자유로운 편집이 가능하다.

❾ [그림 도구] 탭

그림을 삽입하면 나타나는 상황 도구 탭이며, 그림의 밝기, 대비 등을 조정할 수 있으며, 그림 스타일, 텍스트와의 배치, 그림의 크기 등을 조정할 수 있다.

⑩ 그 외 상황별 도구

표, 차트, 클립아트를 삽입하게 되면 해당 개체와 관련된 상황별 도구 탭이 리본 메뉴 오른쪽 끝부분에 표시 되어진다. 해당 개체의 편집이 용이하다.

> **❶ 알아두면 좋아요**
>
> • **리본메뉴 최소화 방법**
> 기존 프로그램의 메뉴 보다 리본메뉴는 화면을 차지하는 부분이 크기 때문에 화면이 좁은 경우 리본메뉴를 숨길수가 있다.
>
> • **리본메뉴 모양이 달라져요!!**
> 리본 메뉴는 모니터의 해상도나 MS-Word 프로그램 창의 크기에 따라 메뉴 구조가 달라진다. 창의 크기가 작을수록 메뉴는 그룹명 위주로 표시된다.
>
>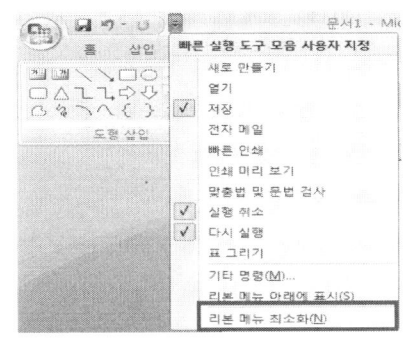

03 빠른 실행 도구모음 사용

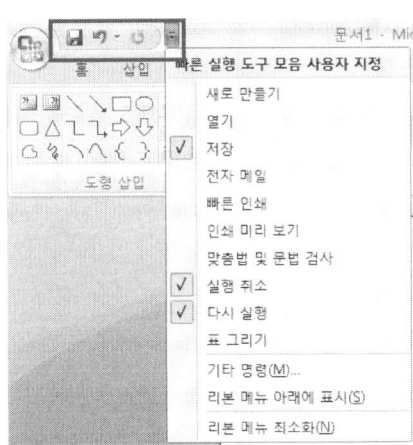

리본 메뉴는 도구의 위치를 임의대로 변경할 수 없어 사용이 불편하다. 빠른 실행 도구모음은 단축 아이콘을 모아 놓은 영역인데, 기본적으로 저장, 실행취소, 다시 실행 등의 세 가지 도구가 포함되어 있다. 사용자가 필요에 따라 단축 아이콘을 추가, 제거 할 수 있다. 아래 그림에서 √ 표시 된 것이 빠른 실행 도구모음에 나타난 단축아이콘이다.

Chapter 01 MS 워드 시작하기_**19**

1.5 다른 형식으로 저장 및 열기

01 문서 저장하기

 워드2007의 기본적인 저장형식은 이전의 버전에서 사용했던 .doc에 'x'를 붙여 .docx로 저장이 된다. [Office] 단추를 클릭하여 저장을 하거나 빠른 실행 도구의 저장 아이콘을 클릭하여 저장한다.

02 다른 이름으로 저장하기

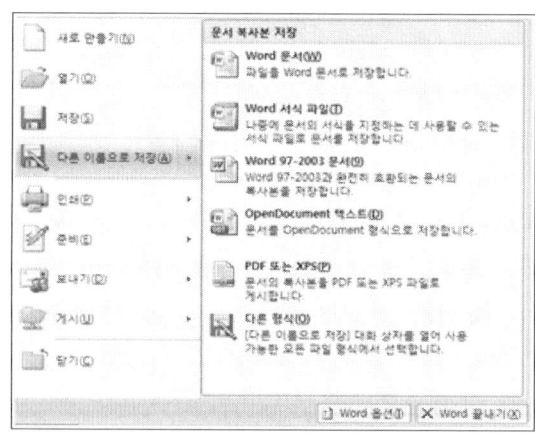

기존에 저장된 문서를 열어 작업하다 보면 변경된 내용을 따로 저장을 해야 하는 경우가 있다. [다른 이름으로 저장]을 이용하여 기존의 문서는 그대로 유지하고, 변경된 내용을 따로 저장하고자 할 때 이용하면 편리하다. [Office] 단추 - [다른 이름으로 저장]을 클릭한다.

이전 버전으로 저장을 할 때는 [다른 이름으로 저장] 메뉴에서 [Word 97-2003] 문서를 이용하면 이전 버전 프로그램과 완전히 호환되는 문서의 복사본으로 저장되어진다.

03 문서 열기

저장된 워드 문서를 열려면 워드 2007을 실행한 후 [Office] 단추 - [열기]를 클릭한다. [열기] 대화상자가 열리면 불러올 파일의 위치와 파일명을 선택하고 열기를 누르면 원하는 파일이 표시되는 것을 알 수 있다. 다른 방법으로는 폴더에서 열고자 하는 파일을 직접 더블클릭하면 파일을 열기 위해 워드 2007 프로그램이 실행이 되고, 파일이 열리게 된다.

04 PDF 파일로 저장

중요한 문서의 경우 원본 파일을 배포하지 않고 PDF 파일 형식으로 배포하는 경우가 많은데, PDF 파일로 변환하려면 변환 프로그램이 필요하지만, 워드 2007에서는 PDF로 저장하는 기능이 포함되어 있다. 단, PDF 파일 형식으로 저장하려면 먼저 추가 기능 찾기를 이용하여 설치를 하여야 한다.

Chapter 02 초보 실력으로 안내장 만들기

Chapter 02의 학습목표

- 글자 서식과 단락 서식을 지정하여 안내장을 만들 수 있다.
- 글머리 기호를 이용하여 단락을 지정할 수 있다.
- 페이지 색 및 테두리를 설정할 수 있다.

Chapter 02의 학습순서

2.1 글자 서식 지정하기
2.2 문단 첫 글자 장식
2.3 단락 서식 지정하기
2.4 페이지 색 및 테두리 설정

결과 미리보기

가장 한국적인 곳 **'안동'**
한국정신문화의 수도 안동으로 여러분을 초대합니다.

안동문화는 시대별로 단절되지 않고, 맹목적으로 계승되지 않은 다양한 문화들이 튼튼히 접속되어 온 지역입니다.

그래서 한국에서 가장 많은 문화재를 보유한 지역이기도 하며, 동시에 불씨의 미발을 고스란히 드러내는 곳이기도 하다. 만듕은 다른 곳에서는 느낄 수 없는 지역인 알수설을 지니고 있으며, 민속·불교·유교문화로 이어지는 문화의 다양성은 그 뿌리 깊이가 넓고 깊어서 일반 관광객들이 쉽게 다가가지 못하는 결우가 많습니다. 이에 안동시티투어와 함께 동행을 하면서 해설이 되는 투어를 하시면 부리의 우수한 많은 문화유산을 쉽고 재미있게 관람하면서 그 속에 감겨있는 선물의 가치와 교훈을 되리고 개발 할 수 있도록 도와 드립니다.

우연기 속히 되는 편진향은 있지만 어머니 손 같은 다듬함으로 당신을 맞이할 안동의 그개/문학 체험장들. 일상에 지쳐 당신에게 휴식을 만끽 할 이곳에 여러분을 초대 합니다.

1. 대표적 관광지
   - 하회마을
   - 도산서원
2. 먹거리
   - 헛제사밥
   - 안동 간고등어
   - 안동찜닭
3. 숙박
   - 고택체험

2.1 글자 서식 지정하기

❶ 첫줄의 '안동'을 블록 설정 후 [홈] 탭 – [글꼴] 그룹에서 글자서식('HY견고딕', '22'pt, 진하게, 진한 빨강')을 변경한다.

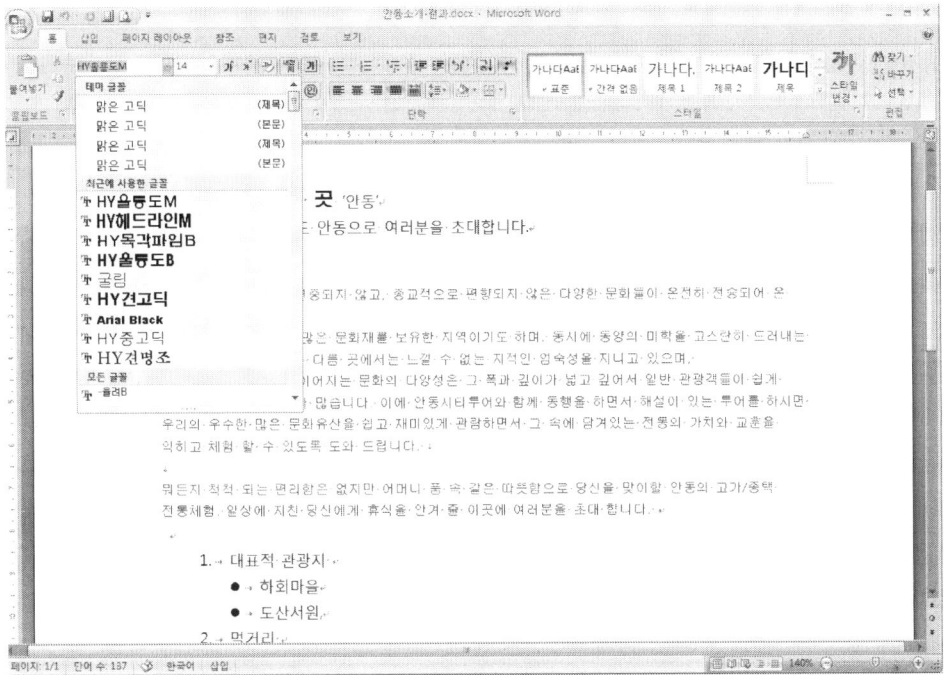

❷ 첫줄의 '가장 한국적인 곳'을 블록 설정 후 [홈] 탭 – [글꼴] 그룹에서 대화상자 표시 아이콘을 클릭하여 대화상자가 열리면 글꼴은 'HY울릉도M', 크기는 '18pt'로 변경하고 아래첨자를 선택한다.

❸ 두 번째 줄을 선택하여 'HY견고딕', '14pt', '바다색, 강조5, 25% 더 어둡게'로 글자서식을 변경한다.

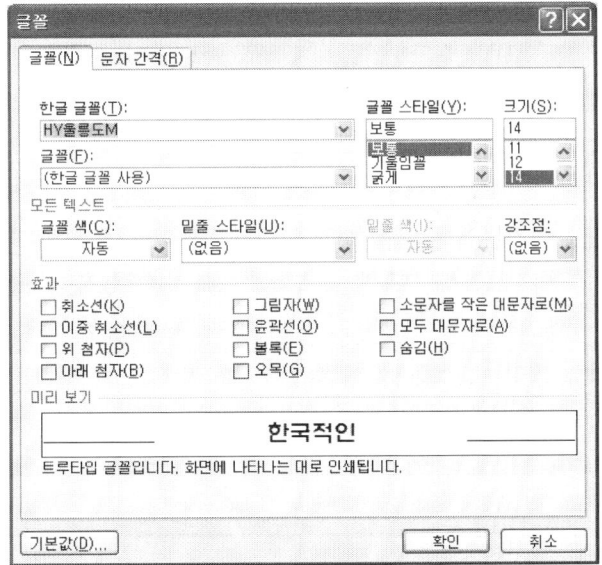

2.2 문단 첫 글자 장식

❶ 세 번째 줄에서 커서를 '안'자 앞에 위치시킨 후 [삽입] 탭 - [텍스트] 그룹 - [단락의 첫 문자 장식] 명령 단추를 클릭 한 후 단락의 첫 문자 장식 옵션을 선택한다.

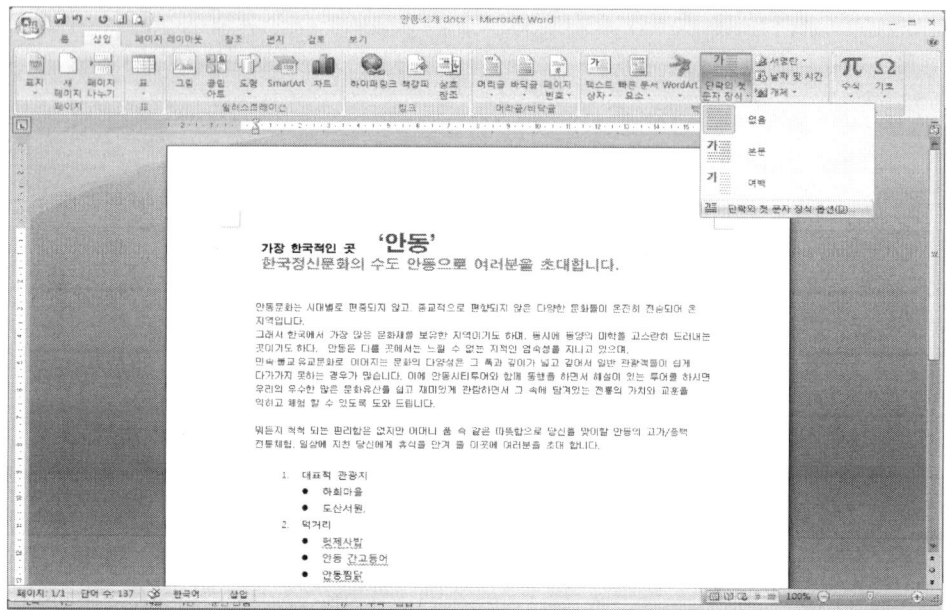

❷ 대화상자가 열리면 위치는 '본문', 글꼴은 '휴면모음T', 장식 문자 높이(줄수)는 3줄, 텍스트와의 간격은 '0cm'으로 설정한다.

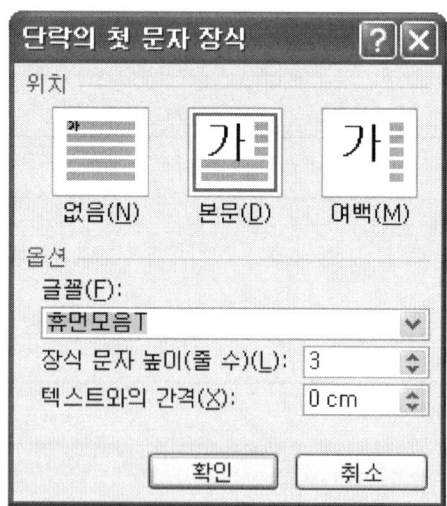

2.3 단락 서식 지정하기

❶ 2번째 문단인 '그래서' ~ 마지막 줄 '고택체험'까지 블록설정 후 [홈] 탭 - [단락] 그룹의 단락 대화상자 열기 아이콘을 클릭해 대화상자를 연 후 들여쓰기 왼쪽을 1.5cm로 설정한다.

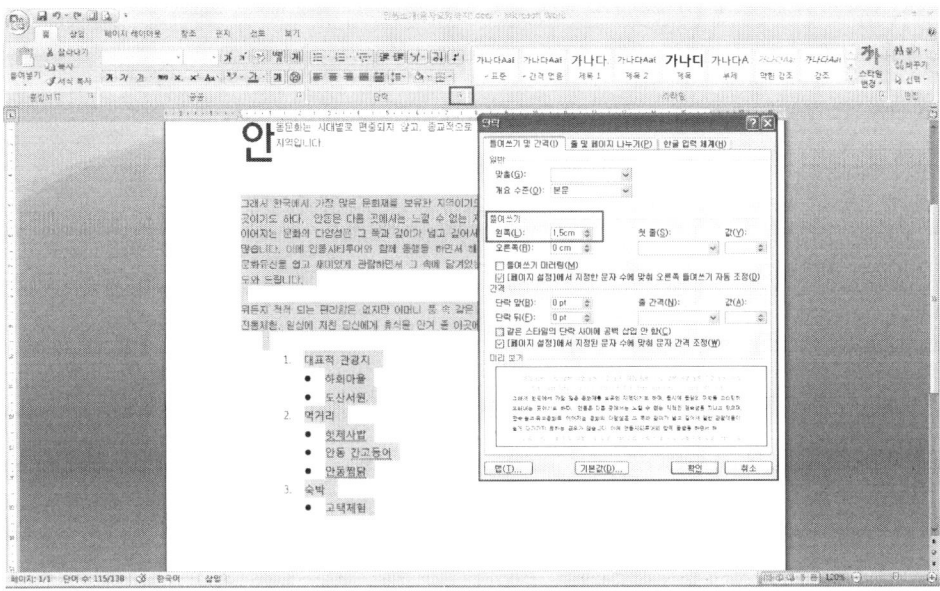

❷ 하회마을부터 도산서원 그리고 〈Ctrl〉키를 누른 상태에서 블록 설정한 후 [홈] 탭 - [단락] 그룹 - 들여쓰기 아이콘을 클릭해 한 수준 들여쓰기 한다.

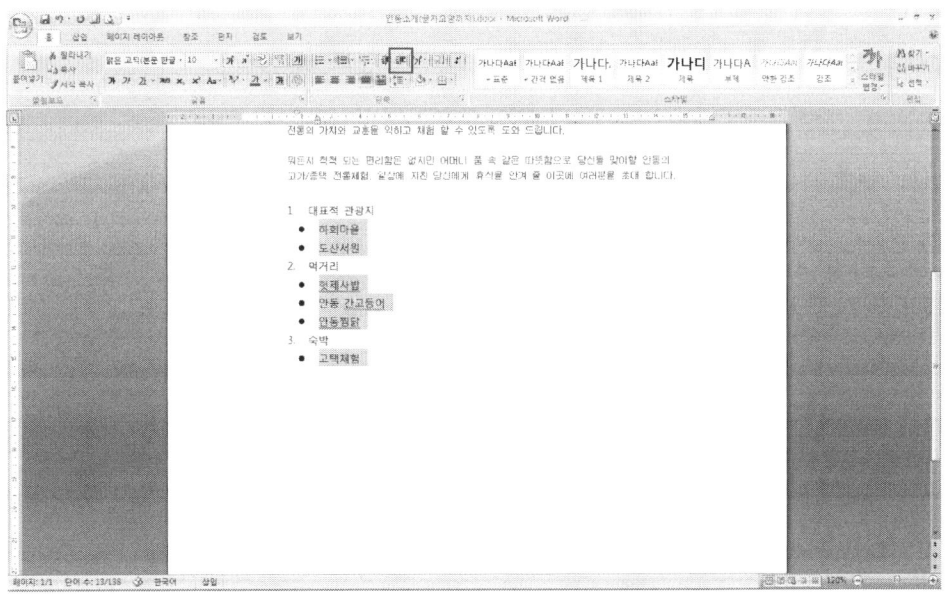

❸ 첫 번째 수준을 선택한 후 [홈] 탭 - [단락] 그룹의 텍스트 강조색 아이콘을 클릭해 '회색-25%'로 색 지정한다.

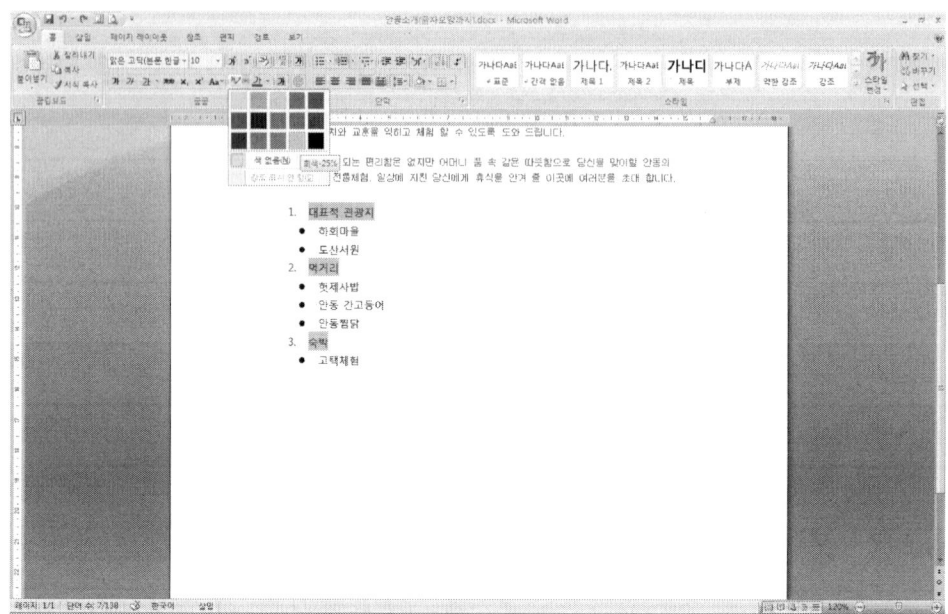

2.4 페이지 색 및 테두리 설정

❶ 테두리색을 지정하기 위해 [페이지 레이아웃] 탭 – [페이지 배경] 그룹 – [페이지 색]을 클릭하여 '테마색(주황, 강조6, 80% 더 밝게)'를 지정한다.

❷ 페이지 테두리를 주기 위해 [페이지 레이아웃] 탭 – [페이지 배경] 그룹 – [페이지 테두리]를 클릭해 대화상자가 열리면 설정, 스타일, 두께 등을 설정하고 [확인] 버튼을 누른다.

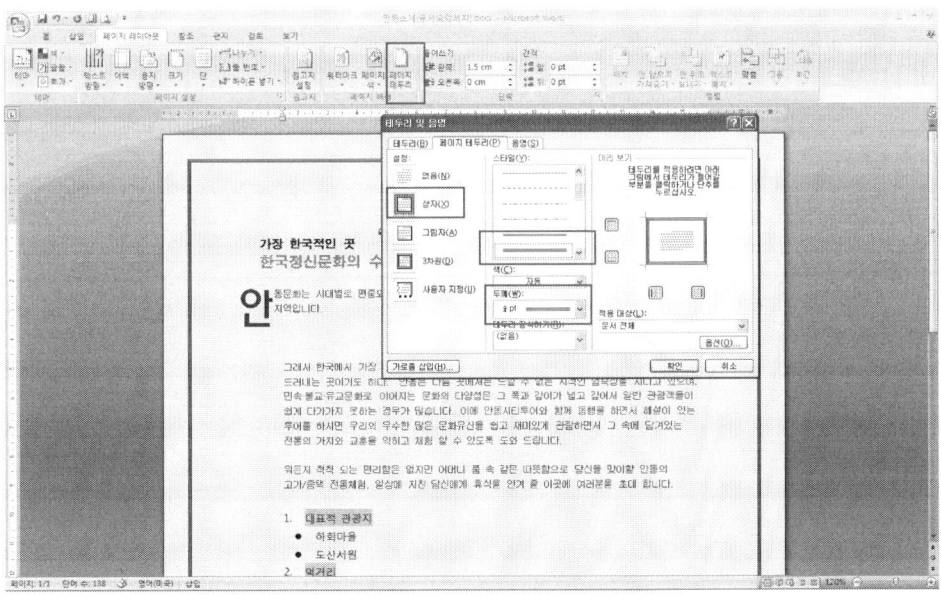

실무활용 예제

- 여백 : 보통
- 글자 서식과 문단 서식을 변경하여 아래의 문서를 완성해보자.

모여라!
안동생명 대학생 SFp 인턴쉽

넘치는 끼에 경험을 더하고 싶은 대학생 여러분들의 많은 참여를 기다립니다.

모집요강

1. 지원자격
   - 모집분야 : 안동생명 대학생 SFP인턴십
   - 인원 : 000명
   - 자격조건 : 전국 4학년 재학생 및 휴학생

2. 전형절차
   - 1차 : 서류전형
   - 2차 : 최종면접(1차 전형 합격자에 한함)

3. 지원방법
   - 인터넷 접수

Chapter 03 맛깔스런 그림으로 나만의 레시피

Chapter 03의 학습목표

- 워드아트를 이용하여 삽입과 편집을 할 수 있다.
- 그림과 텍스트와의 배치를 자유자재로 구성할 수 있다.
- 도형을 이용하여 도형과 도형의 정렬을 활용할 수 있다.
- 그림과 도형의 배치를 구성할 수 있다.

Chapter 03의 학습순서

3.1 워드아트 삽입 및 편집
3.2 그림 삽입 및 편집
3.3 그림과 텍스트의 배치
3.4 도형 서식 및 정렬

결과 미리보기

- 용지 설정 : A4, 여백(보통)

가을 소풍 떠나 볼까요?

단풍이 붉게 물든 가로수를 보니 이제 가을이구나 하는 생각이 듭니다. 가을은 나들이 하기 좋은 계절이죠. 그래서 가을 소풍, 가을 운동회, 가을 나들이가 많아지는데요. 소풍하면 가장 먼저 생각 나는 것은 김밥이죠. 나무들도 알록달록 옷을 갈아 입는 가을에 소풍을 떠나 볼까요.
우선 소풍을 가기 위해 김밥을 만들어 볼건데요. 산들산들 바람따라 산으로 가자. 갈대들이 반겨주는 산으로 가자. 야호 야호 노래하며 산으로 가자. 신나게 노래를 부르면서 김밥을 만들어 보겠습니다.

재료 : 쌀, 맛살, 단무지, 우엉, 당근, 오뎅, 계란, 참기름, 깨, 김밥용 김
　　　단촛물(식초 3큰술, 설탕 3큰술, 소금)

김밥 만들기
1. 쌀을 씻어 밥을 합니다. 밥은 약간 고두밥으로 해야 맛있답니다.
2. 뜨거운 밥에 단촛물로 간을 하고 참기름과 소금, 깨로 간을 맞추면서 양념할 때 주걱으로 밥을 가르듯이 섞어주어야 밥알이 뭉개지지 않아요

 3. 맛살, 단무지, 우엉, 오뎅은 김 길이에 맞게 썰어 놓습니다.
잠깐!! 맛살, 단무지, 우엉, 오뎅은 김밥용으로 나온 재료가 있어 그것을 사용하면 편리합니다.
4. 당근은 채를 썰어 놓습니다.
5. 오뎅과 당근은 소금을 조금 넣고 따로 볶습니다.
6. 계란은 풀어 프라이팬에 넓게 부친 후 김 길이에 맞게 썰어 놓습니다.
7. 김을 놓고 밥을 얇게 펴 올린 다음 단무지, 맛살, 우엉, 당근 오뎅, 계란을 올립니다. 순서는 중요하지 않아요.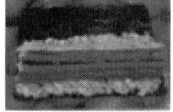
잠깐!! 밥을 얇게 펴 올릴 때 끓인 소금물을 손에 묻히면 밥풀이 손에 붙지 않아요.
8. 김 위에 재료를 다 올렸으면 김을 말아 줍니다.
9. 동그랗게 만 후, 김밥 걸면에 참기름을 바르면 완성됩니다.
10. 완성된 김밥을 칼로 먹기 좋은 크기로 썰어 놓습니다.
11. 보기 좋은 음식이 먹기도 좋죠. 옛날을 추억하면 양은 도시락에 담으면 소풍 준비 끝.

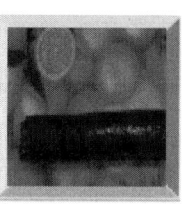   

3.1 워드아트 삽입 및 편집

문서의 제목이나 일부 텍스트를 워드아트 기능을 이용하여 꾸며 봅니다.

01 워드아트로 제목 만들기

❶ [삽입] 탭 – [텍스트] 그룹 – 워드아트를 클릭한다.
❷ [워드아트 스타일23]을 선택한다.

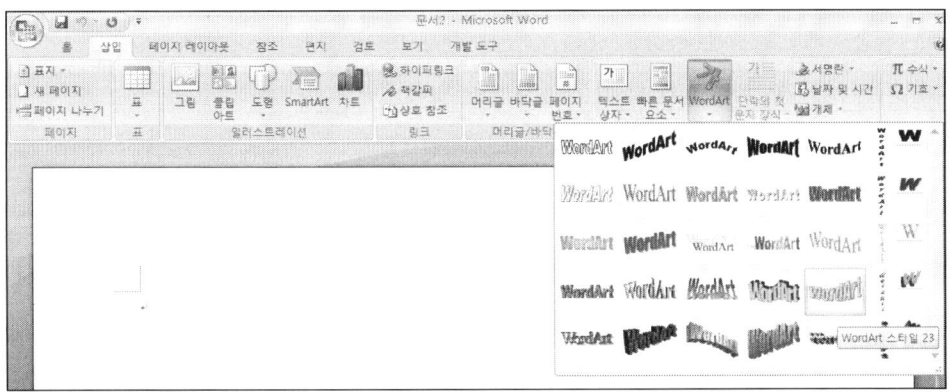

❸ 'WordArt 텍스트 편집' 대화상자 창이 나타난다.
❹ '가을 소풍 떠나 볼까요?' 텍스트를 입력하고, 글꼴은 '휴먼엑스포'를 선택한 후 확인을 누른다.

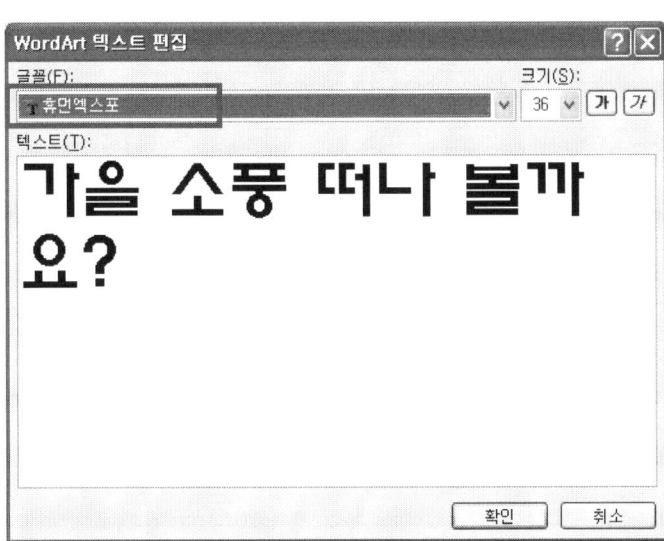

02 WordArt 편집하기

❶ WordArt가 표시되면 리본메뉴에 [WordArt 도구] - [서식] 탭이 활성이 된다.

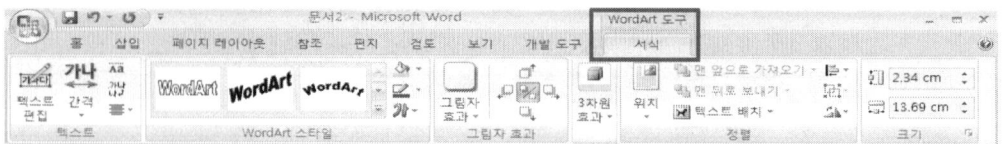

❷ 텍스트에 그라데이션을 지정하기 위해 [서식] 탭 - [WordArt 스타일] 그룹 - [도형채우기] - [그라데이션] - [그림]을 클릭한 후 내 그림 폴더의 '석양'을 선택한다.

❸ WordArt의 도형 모양을 변경해 봅니다. [서식] 탭 - [WordArt 스타일] 그룹 - [WordArt 도형 변경] - [삼각형]을 클릭한다.

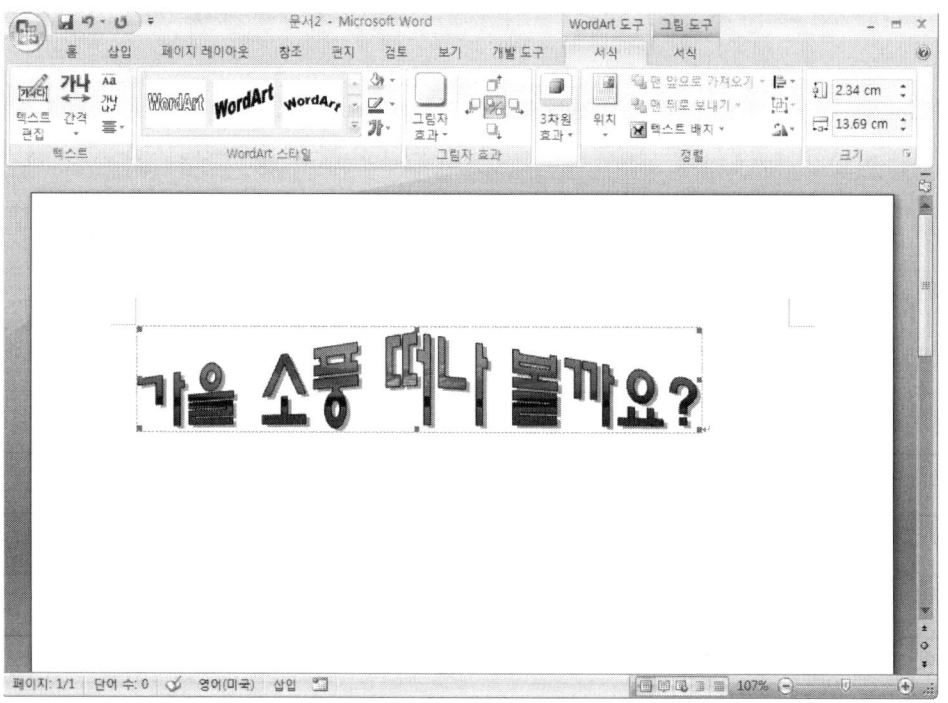

❹ 화면에 표시가 되면 가운데 정렬을 한다.
❺ 본문의 내용을 입력한다.

> ❶ 알아두면 좋아요
>
> 번호를 붙여 입력하면 번호 매기기가 설정이 된다. 해제 되도록 하기 위해 [Office 단추] - [Word 옵션] - [언어 교정] - [자동 고침 옵션] 클릭 후 [자동서식] 탭 - [자동으로 글머리 기호 넣기] 해제

단풍이 붉게 물든 가로수를 보니 이제 가을이구나 하는 생각이 듭니다. 가을은 나들이 하기 좋은 계절이죠. 그래서 가을 소풍, 가을 운동회, 가을 나들이가 많아지는데요. 소풍하면 가장 먼저 생각나는 것은 김밥이죠. 나무들도 알록달록 옷을 갈아 입는 가을에 소풍을 떠나 볼까요.
우선 소풍을 가기 위해 김밥을 만들어 볼건데요. 산들산들 바람따라 산으로 가자. 갈대들이 반겨주는 산으로 가자. 야호 야호 노래하며 산으로 가자. 신나게 노래를 부르면서 김밥을 만들어 보겠습니다.

재료 : 쌀, 맛살, 단무지, 우엉, 당근, 오뎅, 계란, 참기름, 깨, 김밥용 김,
　　　단촛물(식초 3큰술, 설탕 3큰술, 소금).

김밥 만들기
1. 쌀을 씻어 밥을 지어요. 밥은 약간 고두밥으로 해야 맛있답니다.
2. 뜨거운 밥에 단촛물로 간을 하고 참기름과 소금, 깨로 간을 맞추면서 양념할 때 주걱으로 밥을 가르듯이 섞어주어야 밥알이 뭉개지지 않아요.
3. 맛살, 단무지, 우엉, 오뎅은 김 길이에 맞게 썰어 놓습니다.
　　잠깐!! 맛살, 단무지, 우엉, 오뎅은 김밥용으로 나온 재료가 있어 그것을 사용하면 편리합니다.
4. 당근은 채를 썰어 놓습니다.
5. 오뎅과 당근은 소금을 조금 넣고 따로 볶습니다.
6. 계란은 풀어 프라이팬에 넓게 부친 후 김 길이에 맞게 썰어 놓습니다.
7. 김을 놓고 밥을 얇게 펴 올린 다음 단무지, 맛살, 우엉, 당근 오뎅, 계란을 올립니다. 순서는 중요하지 않아요.
　　잠깐!! 밥을 얇게 펴 올릴 때 끓인 소금물을 손에 묻히면 밥물이 손에 붙지 않아요.
8. 김 위에 재료를 다 올렸으면 김을 말아 줍니다.
9. 동그랗게 만 후, 김밥 겉면에 참기름을 바르면 완성됩니다.
10. 완성된 김밥을 칼로 먹기 좋은 크기로 썰어 놓습니다.
11. 보기 좋은 음식이 먹기도 좋죠. 옛날을 추억하며 양은 도시락에 담으면 소풍 준비 끝.

3.2 그림 삽입 및 편집

01 그림 삽입하기

❶ 그림을 삽입 할 위치에 커서를 위치시 킨다.
❷ [삽입] 탭 - [일러스트레이션] 그룹 - 그림 아이콘을 클릭한다.
❸ 그림삽입 대화상자 창이 나타나면 '김밥1.jpg'을 선택하여 삽입한다.
❹ 그림을 삽입 한 후 조절점에 마우스를 위치시켜 적당한 크기로 그림의 크기를 조절합니다.
❺ 위와 같은 방법으로 '김밥2.jpg', '김밥3.jpg' 그림을 삽입하여 적당한 크기로 그림의 크기를 조절한다.
❻ 크기 조절이 된 그림은 적당한 곳에 위치시킨다.
❼ 이번에는 여러개의 그림을 동시에 삽입 해 봅니다.
❽ [삽입] 탭 - [일러스트레이션] 그룹 - '그림' 아이콘을 클릭한다.

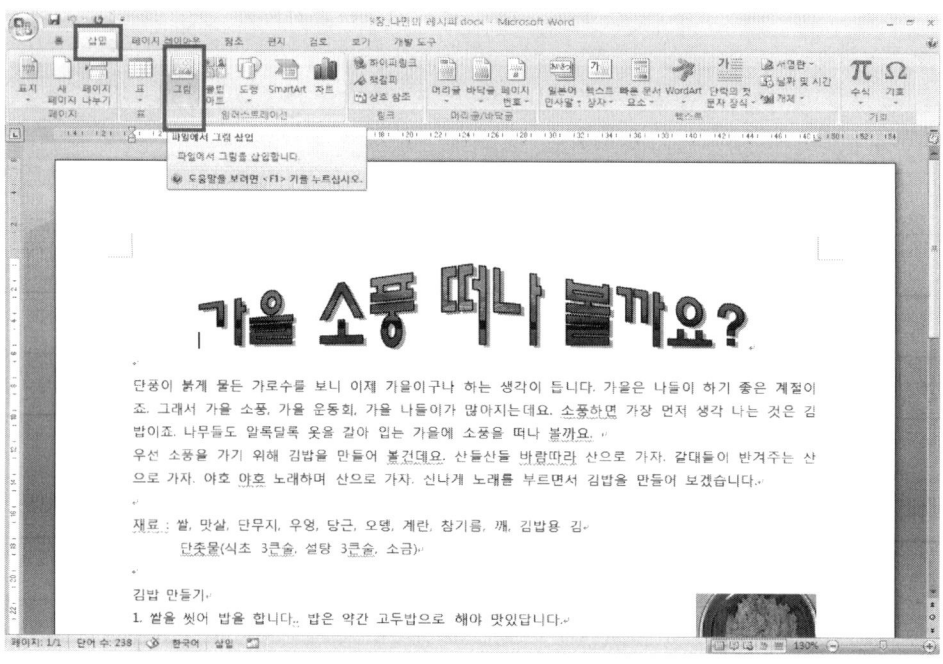

❾ 그림삽입 대화상자 창이 나타나면 〈Ctrl〉 키를 누른 상태에서 '김밥4.jpg', '김밥5.jpg', '김밥6.jpg'을 선택하여 삽입을 누르면 여러 개의 그림을 삽입 할 수 있다.

❿ '김밥4.jpg' 그림을 선택한 후 [그림도구] - [서식] 탭 - [크기] 그룹의 대화상자가 나타나도록 한다.

⓫ 배율에서 '가로 세로 비율 고정'을 해제한 후, 높이와 너비를 각각 4cm로 설정한다.

⓬ '김밥5.jpg', '김밥6.jpg' 그림도 위와 같은 방법으로 크기를 맞춰 놓는다.

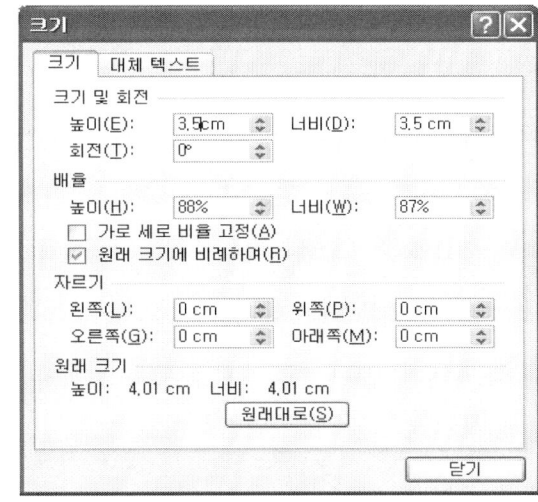

❶ 알아두면 좋아요

〈Ctrl〉키와 〈Shift〉키

- 〈Ctrl〉키는 보통 복사를 하고자 할 때 마우스와 같이 사용하는 키이다. 흩어진 파일을 여러개 선택 하고자 할 때 〈Ctrl〉키를 사용하면 편리하다.
- 〈Shift〉키는 연속적으로 모여 있는 파일을 선택할 때 편리하지만, 마우스로 드래그를 하는 것과 동일한 기능을 하기 때문에 보통 연속된 파일을 선택할 때는 마우스로 드래그 하여 많이 사용한다.

문서작성과 프레젠테이션

3.3 그림과 텍스트의 배치

01 텍스트 배치

❶ 텍스트와 배치할 그림 '김밥1.jpg'를 선택한다.
❷ [그림도구] – [서식] 탭 – [정렬] 그룹 – [텍스트 배치]를 선택한다.
❸ [텍스트 배치] – [빽빽하게]를 클릭한 후 그림의 위치를 오른쪽으로 배치시킨다.

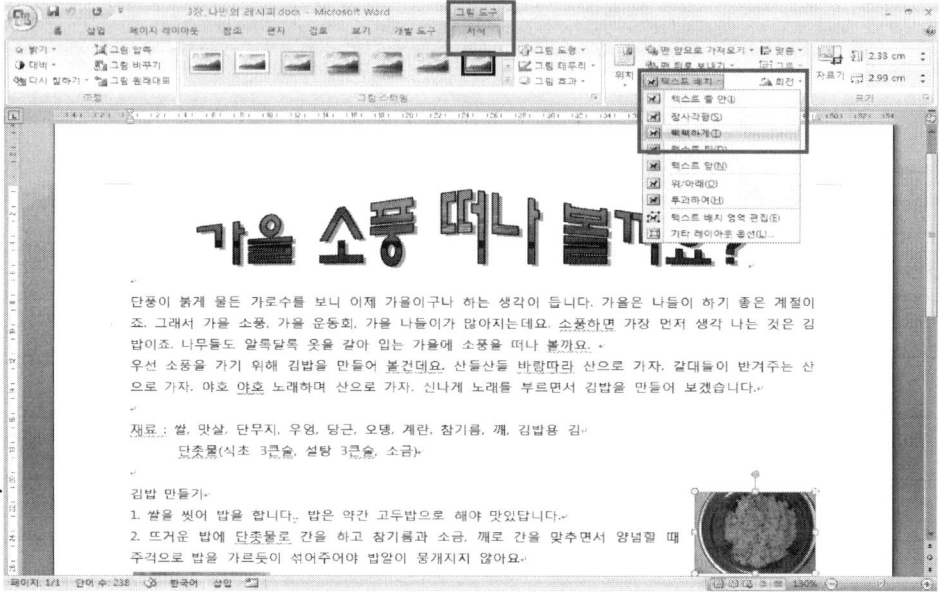

❹ 이번에는 '김밥2.jpg'를 선택한다.
❺ [그림도구] – [서식] 탭 – [정렬] 그룹 – [텍스트 배치] – [정사각형]를 클릭한 후 그림의 위치를 왼쪽으로 배치시킨다.

---

❶ 알아두면 좋아요

텍스트 배치 메뉴
- 텍스트 줄 안 : 기본값으로 글자처럼 취급된다.
- 정사각형 : 이미지 테두리 주위에 텍스트를 배치한다.
- 빽빽하게 : 클립아트 이미지 또는 불규칙한 모양의 그림에 가까이 텍스트를 배치한다.
- 텍스트 뒤 : 이미지가 텍스트 뒤에 겹쳐 배치된다.
- 텍스트 앞 : 이미지가 텍스트 앞에 겹쳐 배치된다. 그림의 크기 만큼 글자가 가려져 보이지 않는다.
- 위 / 아래 : 이미지와 텍스트를 세로로 나란히 배치한다.
- 투과하여 : 이미지 주위에 좀 더 가까이 텍스트가 배치되도록 이미지 가까이 배치 영역을 끌어 놓는다. 빽빽하게와 마찬가지로 그림의 투명한 부분에 텍스트가 배치된다.

❻ '김밥3.jpg' 그림도 위와 같은 방법으로 설정 한 후 오른쪽에 배치한다.
❼ '김밥4.jpg', '김밥5.jpg', '김밥6.jpg' 그림은 모두 '텍스트 줄 안'을 선택하고 그림과 그림의 간격으로 스페이스 바로 적당히 간격을 유지한다.
❽ 그림의 위치는 문서 맨 밑에 가지런히 배치시킨다.

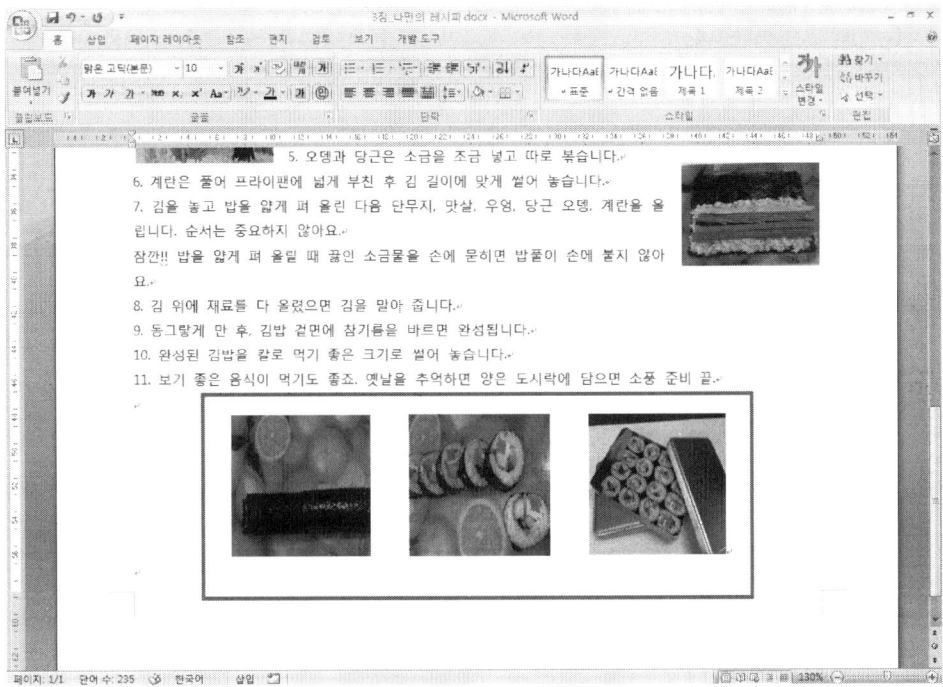

3.4 도형 서식 및 정렬

01 도형 서식

❶ [삽입] 탭 – [일러스트레이션] 그룹 – [도형] – [기본도형] – [빗면]을 선택 한 후 '김밥 4.jpg' 이미지 위에 드래그하여 그린다.

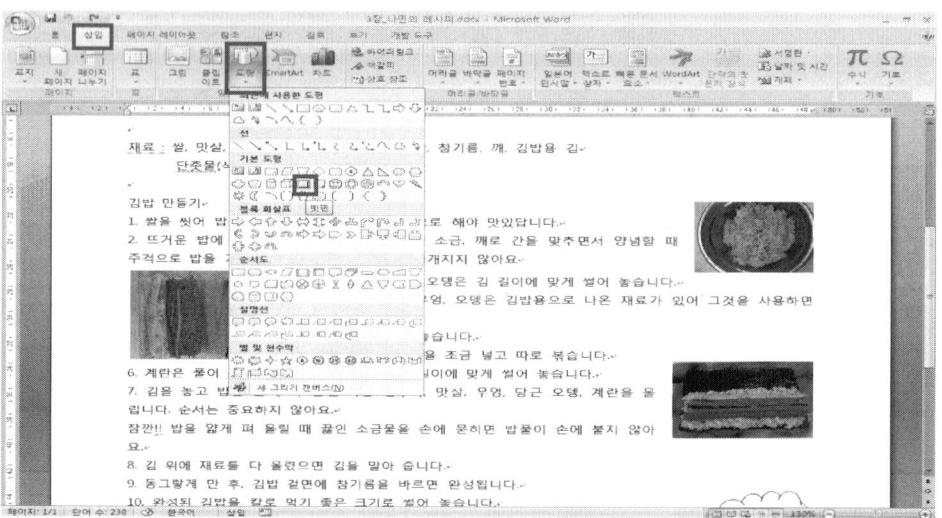

❷ 도형의 크기를 조절하기 위해 [그리기 도구] – [서식] 탭 – [크기] 그룹에서 너비와 높이를 각각 4cm로 설정한다.

❸ 도형이 선택된 상태에서 [그리기 도구] – [서식] 탭 – [도형 스타일] 그룹 – [대각선 그라데이션 – 강조3]을 선택한다.

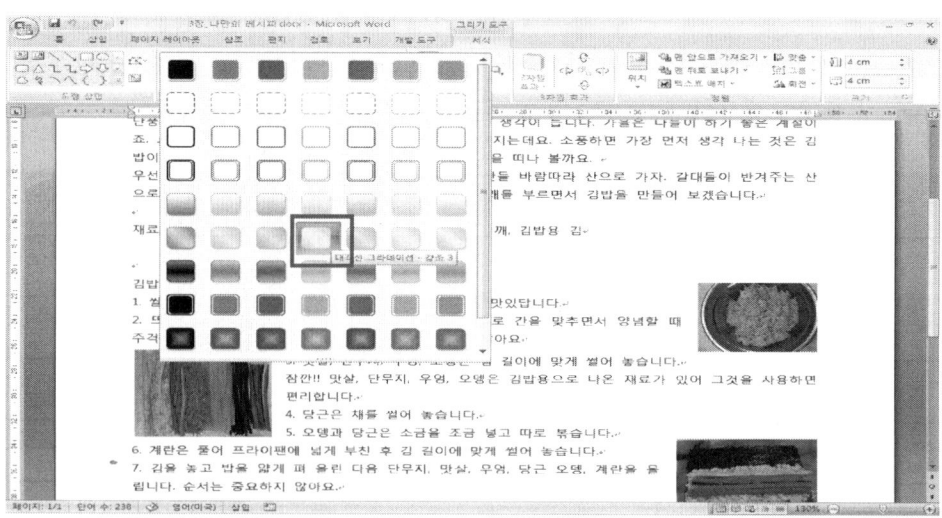

❹ 도형을 복사하기 위해 〈Ctrl+Shift〉키를 누른 상태에서 마우스 왼쪽 버튼을 눌러 오른쪽으로 복사를 하여 '김밥5.jpg' 이미지 위에 위치시킨다.
❺ 같은 방법으로 하나 더 복사를 하여 '김밥6.jpg' 이미지 위에 위치시킨다.

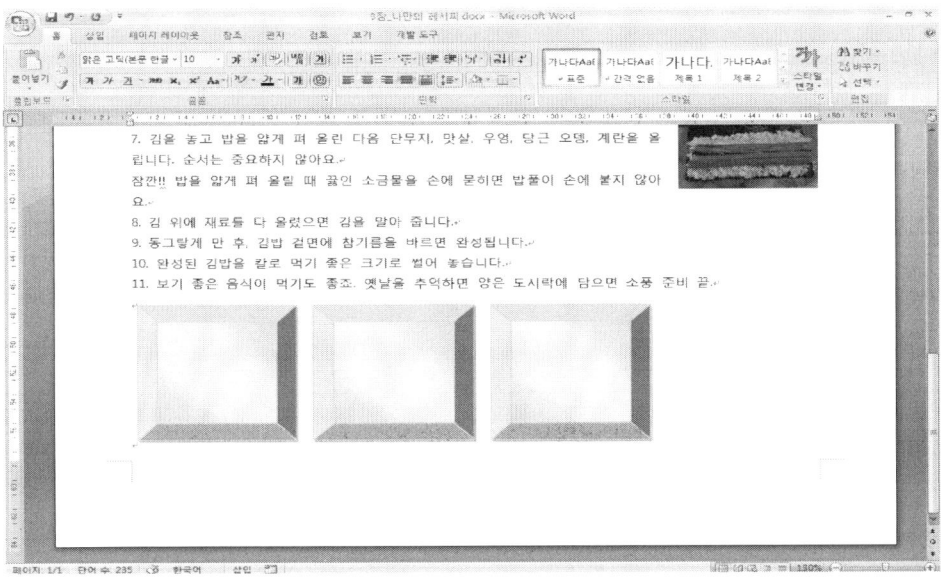

02 정 렬

❶ 첫 번째 도형을 선택 한 후 [그리기 도구] - [서식] 탭 - [정렬] 그룹 - [맨 뒤로 보내기]를 클릭하여 [텍스트 뒤로 보내기]를 선택한다.

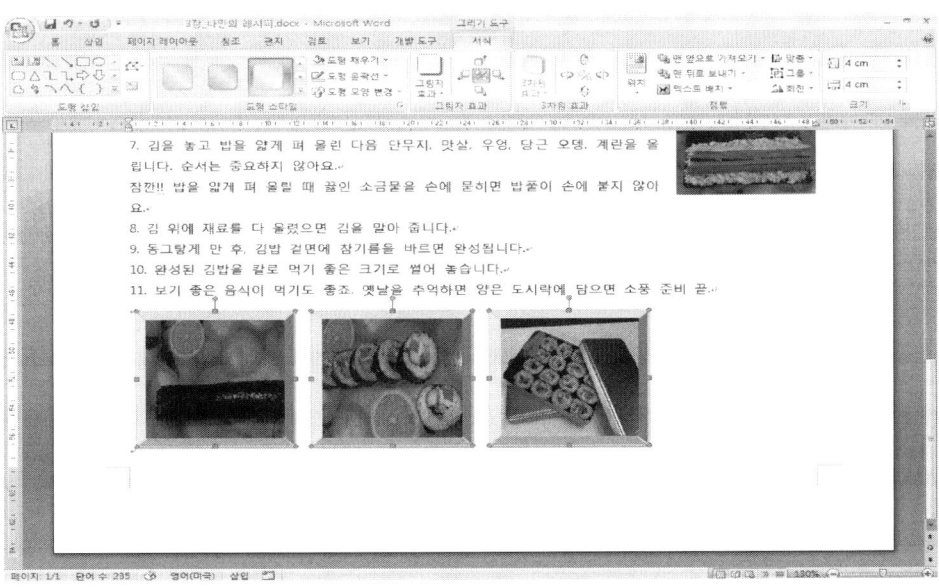

문서작성과 프레젠테이션

> **❶ 알아두면 좋아요**
>
> 이미지를 '텍스트 줄 안'으로 선택하였기 때문에 글자처럼 취급이 되어 정렬에서는 '텍스트 뒤로 보내기'를 하여야 한다.

❷ 나머지 도형들도 같은 방법으로 처리한다.
❸ 클립아트를 추가하여 문서를 마무리해 보도록한다.
❹ [삽입] 탭 - [일러스트레이션] 그룹 - [클립아트]를 클릭하면 검색창이 나타난다. 검색창에 '요리사'를 입력하여 클립아트를 삽입한다.

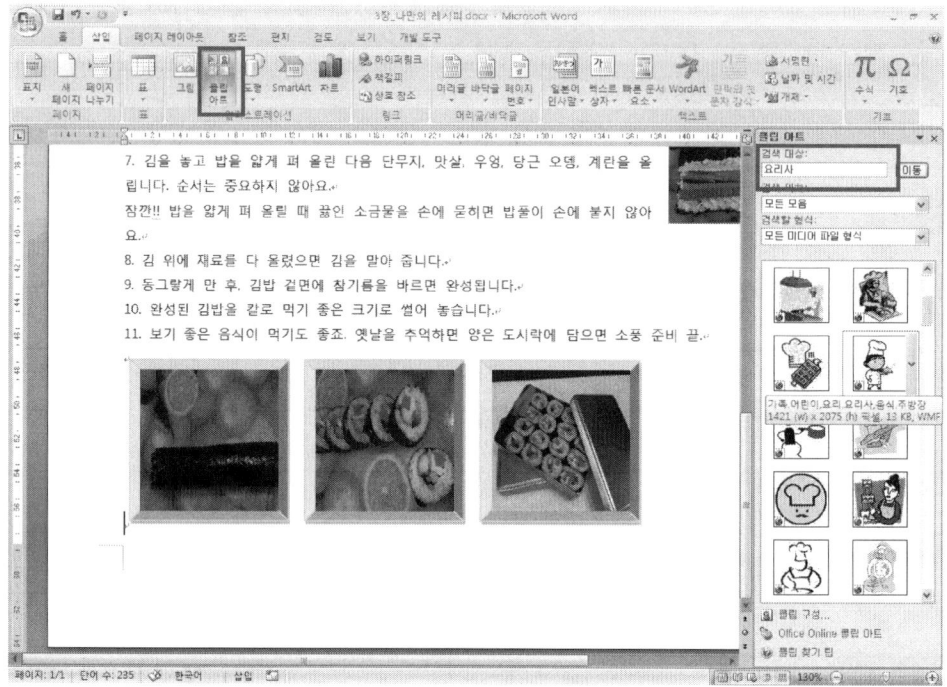

❺ 클립아트의 위치는 문서의 맨 밑 오른쪽에 배치시킨다.

❻ [삽입] 탭 – [일러스트레이션] 그룹 – [도형] – [설명선] – [구름 모양 설명선]을 선택하여 적당히 크기로 드래그한다.

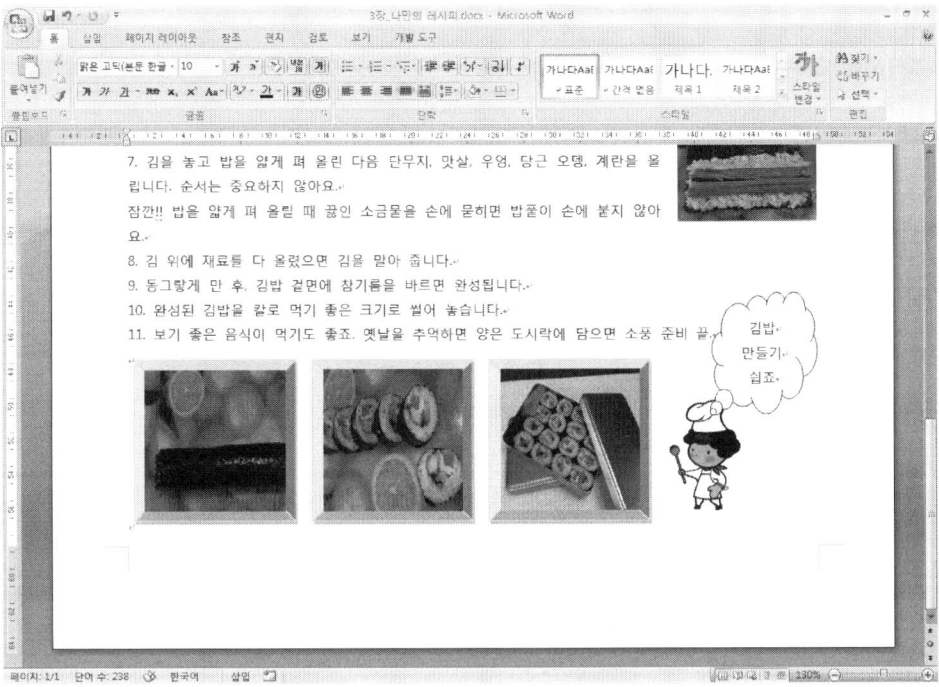

❼ 내용을 입력하여 마무리 한다.

> **❗ 알아두면 좋아요**
>
> **다른 방법–그림과 도형과의 배치**
> - 그림을 삽입하기 전에 도형을 삽입한 후 크기를 너비, 높이 각각 4cm로 크기를 조절한다.
> - 크기가 조절 된 도형을 두 개 더 복사한다.
> - 첫 번째 도형에서 [그리기 도구] – [서식] 탭 – [도형 스타일] 그룹에서 대화상자 ( ) 아이콘을 클릭한다.
> - 도형서식 대화상자가 나타나면 [색 및 선] 탭에서 채우기 효과를 클릭한다.
> - 채우기 효과 대화상자가 열리면 [그림] 탭에서 [그림선택]을 눌러 '김밥4.jpg'를 선택한 후 확인을 누른다.
> - 그림이 도형에 맞게 나타나는 것을 확인 할 수 있다.
> - '김밥5.jpg', '김밥6.jpg'도 같은 방법으로 완성한다.

실무활용 예제

- 용지 : A4, 여백 : 보통,
- 지시사항
  - 문서 제목은 '휴먼엑스포', '36'
  - 클립아트를 이용하여 '정보'와 '강연'을 검색하여 삽입하고, 텍스트의 배치를 지정하여 표시되도록 한다.
  - 그 외 표 서식 및 텍스트에 대한 서식은 배운 내용을 참조하여 꾸며본다.

개인 정보를 위한 세미나

날 짜 : 2012 년 4 월 9 일

시 간 : 13:00 ~ 17:00

장 소 : K 문화센터 소강당

구분	내용	강사
13:00~14:00	개인 정보의 중요성	홍무길
14:00~15:30	개인 정보 유출 사례 및 시연	이현동
15:40~17:00	개인 정보 유출 방지를 위한 대책	박소연

Chapter 04 표를 이용한 명세표 만들기

Chapter 04의 학습목표

- 표를 만들고 편집할 수 있다.
- 문서에 워터마크를 설정해 본인의 문서임을 알릴 수 있다.

Chapter 04의 학습순서

4.1 표 만들기
4.2 표 서식 지정하기
4.3 인쇄 미리보기 및 인쇄
4.4 워터마크 설정

결과 미리보기

거 래 명 세 표

2011년 11월 11일

한국대학교 귀하

아래와 같이 계산합니다.

공급자	등록번호	123-45-67890		
	상 호	한국출판	성 명	홍길동(인)
	사업장주소	서울특별시 강남구 서초동		
	업 태	서비스	종 목	판매·유통
	전화번호	02)123-4567		

합계금액(공급가액 + 세액)		금 칠만칠천원정		(₩ 77,000)	
순번	품명	규격	수량	단가	공급가액	세액
1	도서001	권	3	16,500	15,000	1,500
2	도서002	권	4	22000	20,000	2,000
3	도서003	권	4	16,500	15,000	1,500
4	도서004	권	3	22000	20,000	2,000
			계		70,000	7,000

4.1 표 만들기

❶ [삽입] 탭 - [표] 그룹 - 6×5 크기의 표를 만든다.

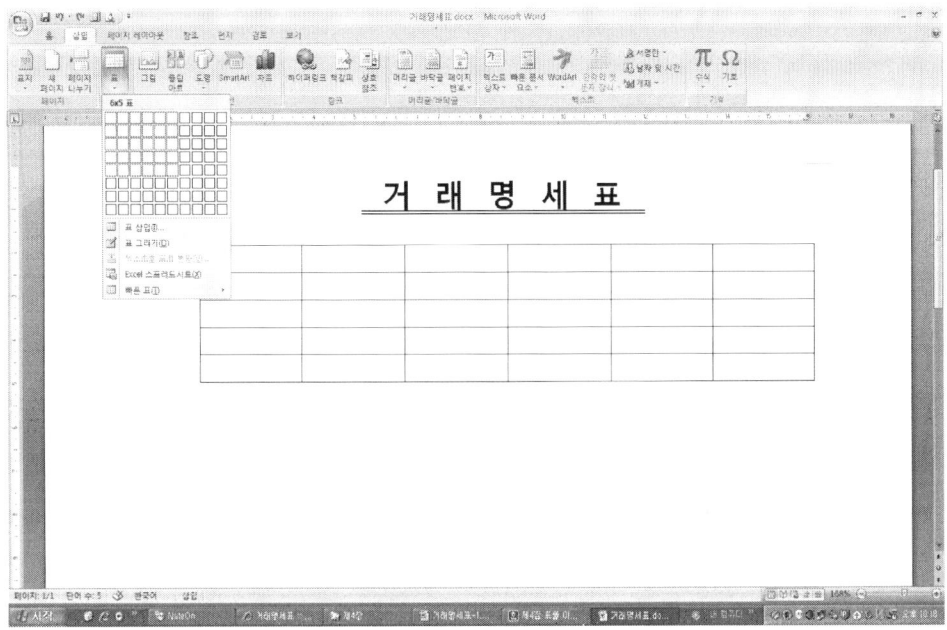

❷ 첫번째 열을 블록 설정 후 [레이아웃] 탭 - [병합] 그룹 - [셀 병합] 메뉴를 클릭해 합친다.

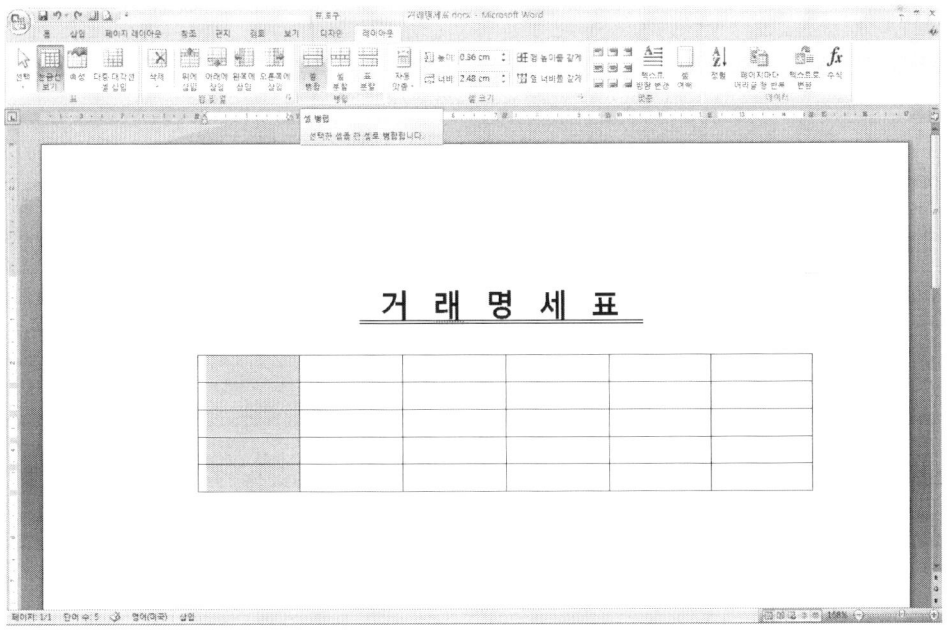

❸ 나머지 셀도 같은 방법으로 합친다.

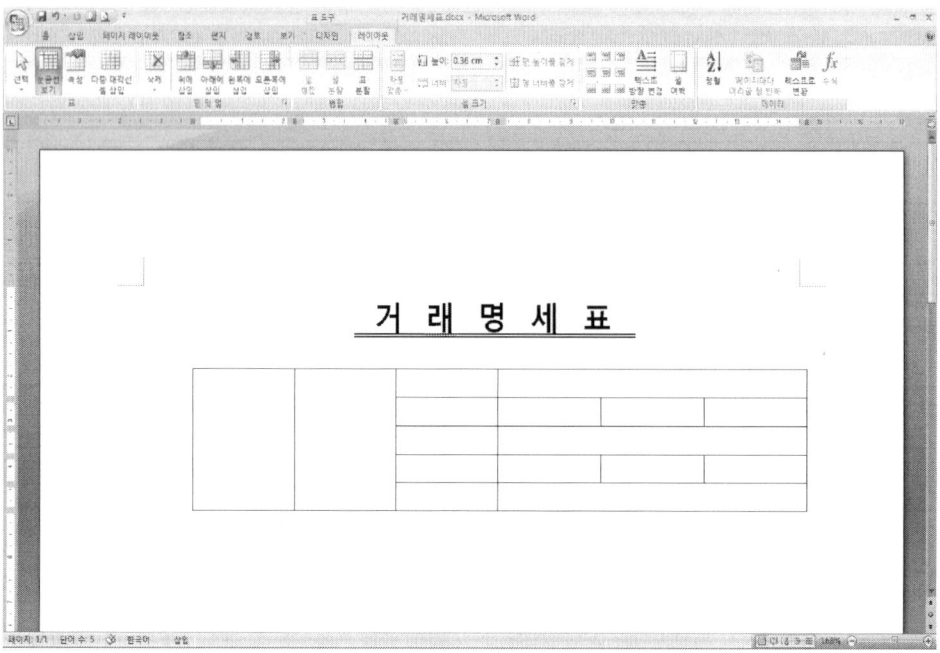

❹ 〈Tab〉키를 눌러가며 각 셀에 다음과 같이 내용을 입력합니다.

❺ 가로 쓰기 한 '공급자'의 방향을 바꾸기 위해 [레이아웃] 탭 – [맞춤] 그룹 – [텍스트 방향 변경] 메뉴를 클릭해 세로쓰기로 변경한다.

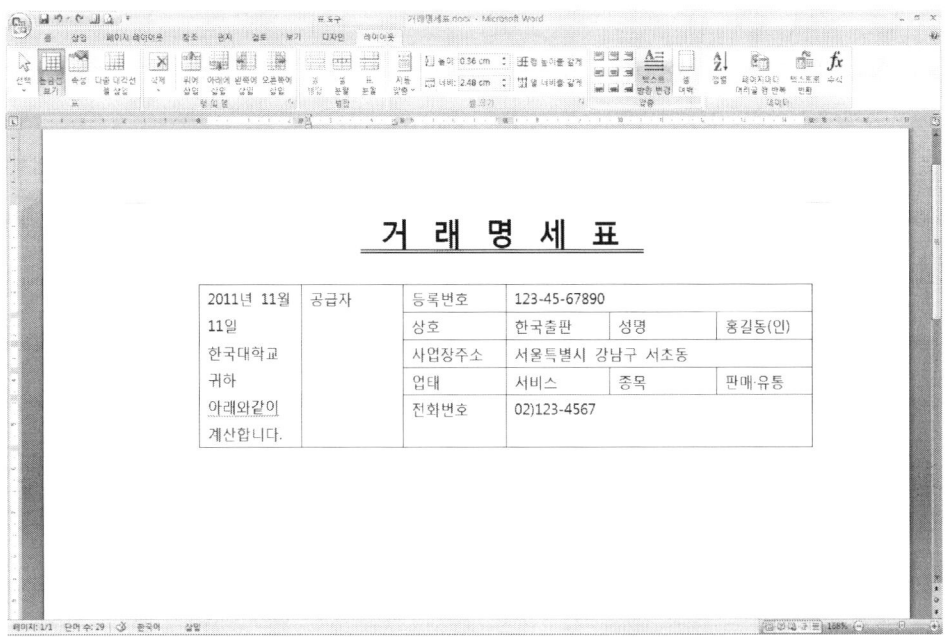

❻ 각 셀의 경계선 위로 마우스 포인터를 가져가 좌우 화살표 모양으로 변경되면 각 텍스트에 맞춰 열 너비를 조절합니다.

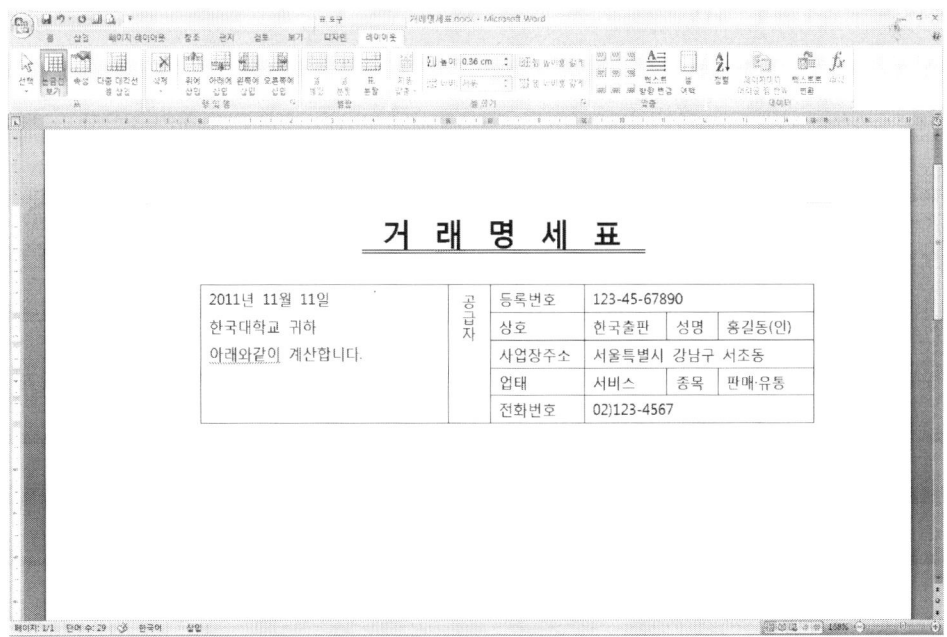

❼ 공급자 부분의 제목 셀들을 〈Ctrl〉키를 이용하여 선택 후 [홈] 탭 – [단락] 그룹 오른쪽 하단 부분의 화살표를 클릭하여 대화상자를 연 후 맞춤을 '균등분할'로 변경한다.

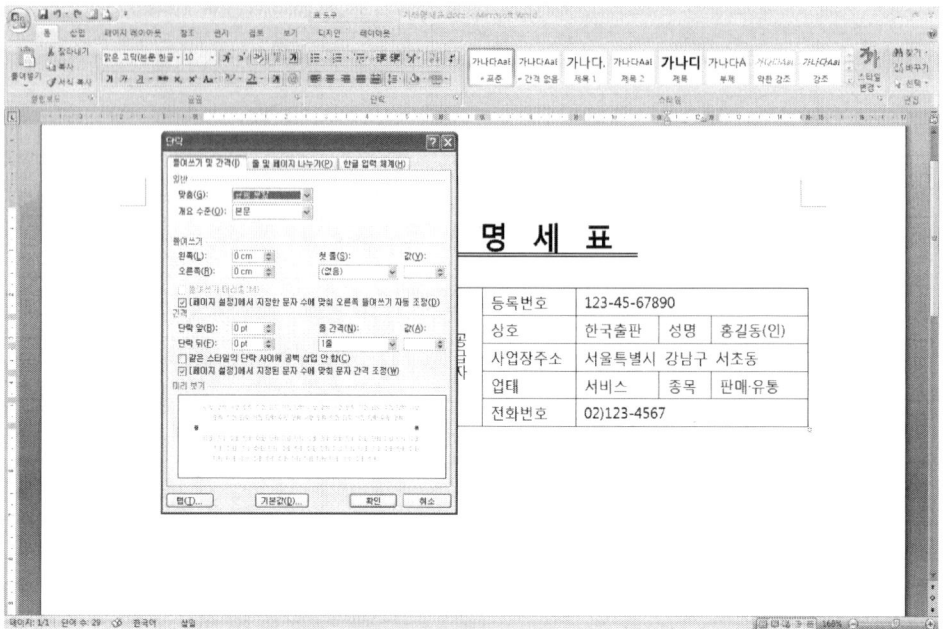

❽ 첫 번째 열에서 1,2줄을 범위 설정 후 [홈] 탭 – [단락] 그룹 – [줄간격] 메뉴를 선택해 2.0 줄을 선택한다.

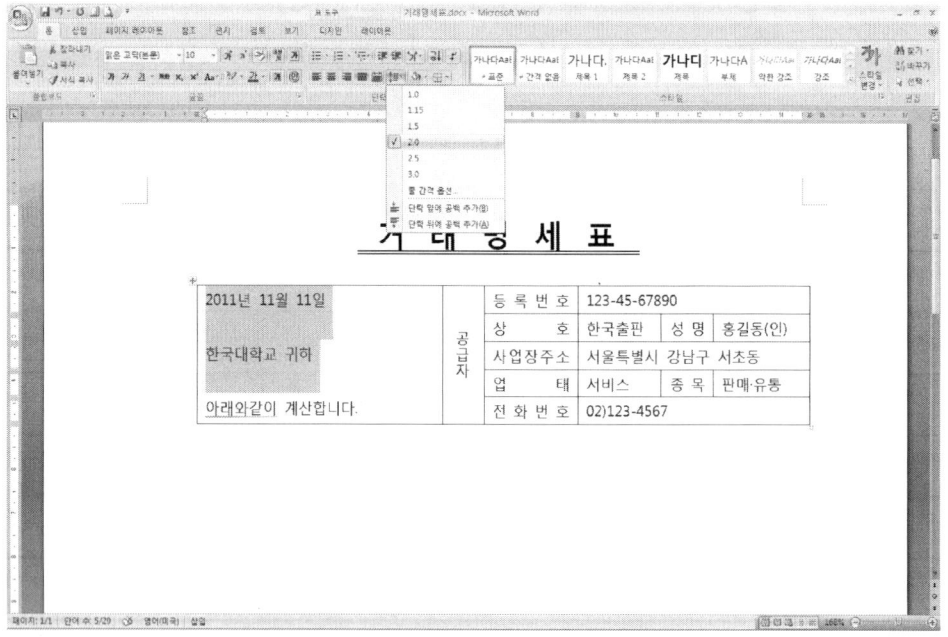

❾ 밑에 새로운 표를 삽입하기 위해 [삽입] 탭 – [표] 그룹 – [표 삽입] 메뉴를 선택해 대화상자가 열리면 열 개수 7개, 행 개수 15개의 표를 만든다.

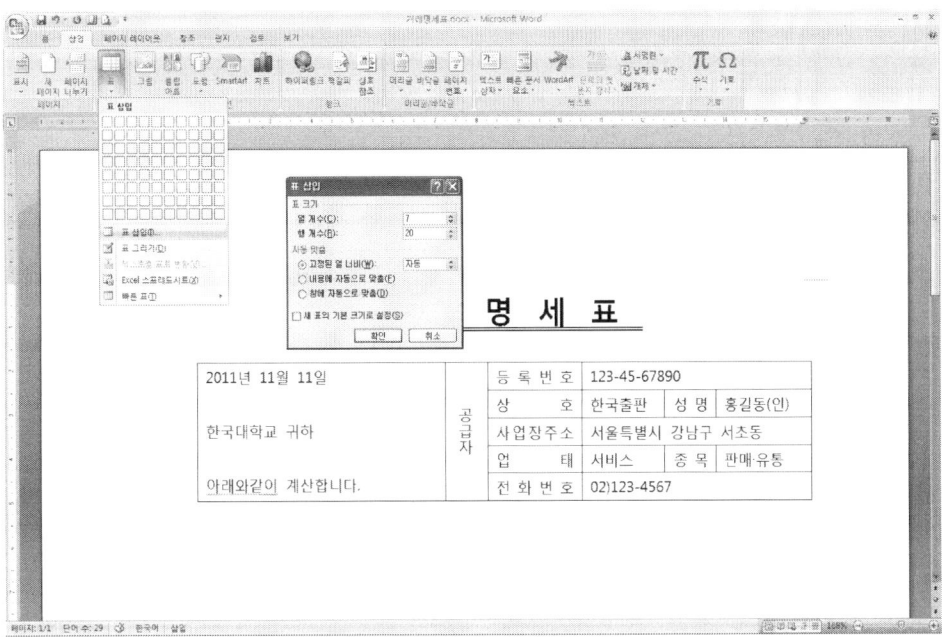

❿ 만들어진 표에서 첫 행을 합친 후 각 셀에 다음과 같이 텍스트와 정렬을 맞춘다.

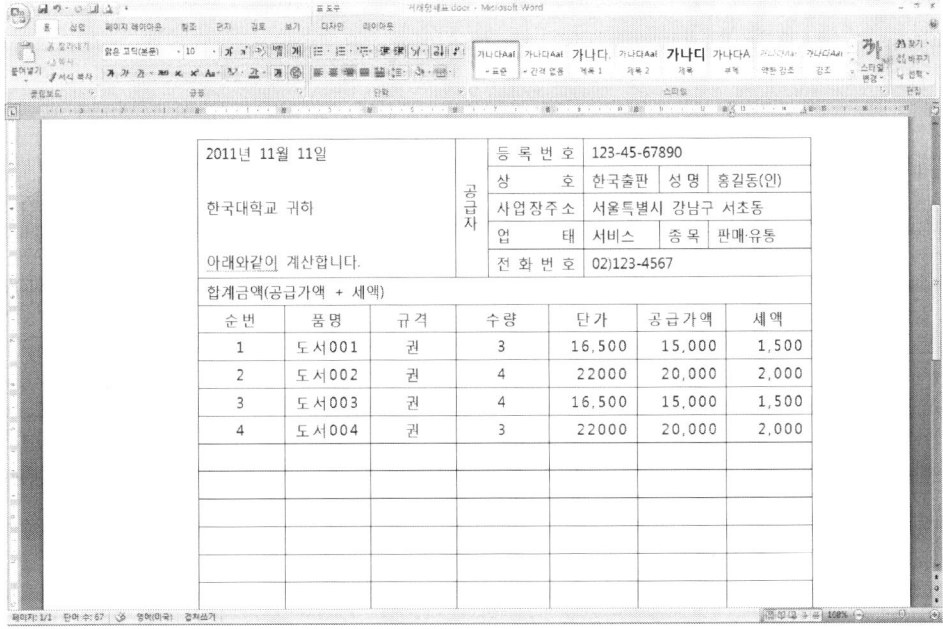

Chapter 04 표를 이용한 명세표 만들기_49

⓫ 아래쪽에 5줄을 더 삽입하기 위해 밑에서 5행을 선택 후 [레이아웃] 탭 - [행 및 열] 그룹 - [아래에 삽입]을 선택한다.

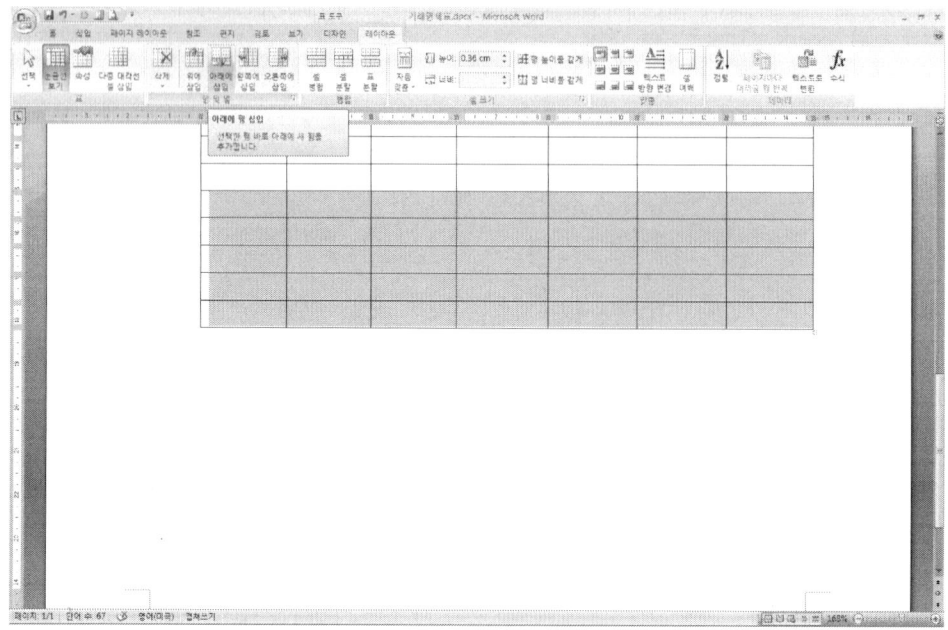

⓬ 마지막 행을 선택 후 왼쪽에서 다섯 번째 열까지 셀 병합 후 텍스트를 입력한다. 공급가액과 세액은 수식으로 입력하기 위해 [레이아웃] 탭 - [데이터] 그룹 - [수식] 메뉴를 클릭해 대화상자가 열리면 위쪽의 숫자를 더하기 위해 다음과 같이 수식을 입력한다.

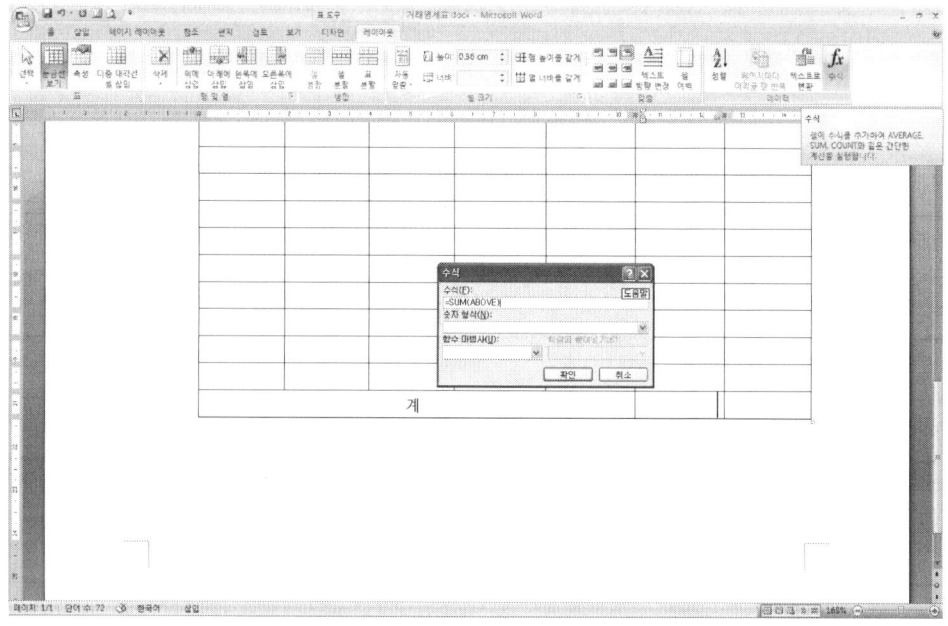

⓯ 계산되어진 공급가액 합계를 블록 설정후 [삽입] 탭 - [링크] 그룹 - [책갈피] 메뉴를 클릭해 대화상자가 열리면 '공급가액합계'라는 이름의 책갈피를 만든다. 세액 합계도 똑같은 방법으로 '세액합계'라는 이름의 책갈피를 만든다.

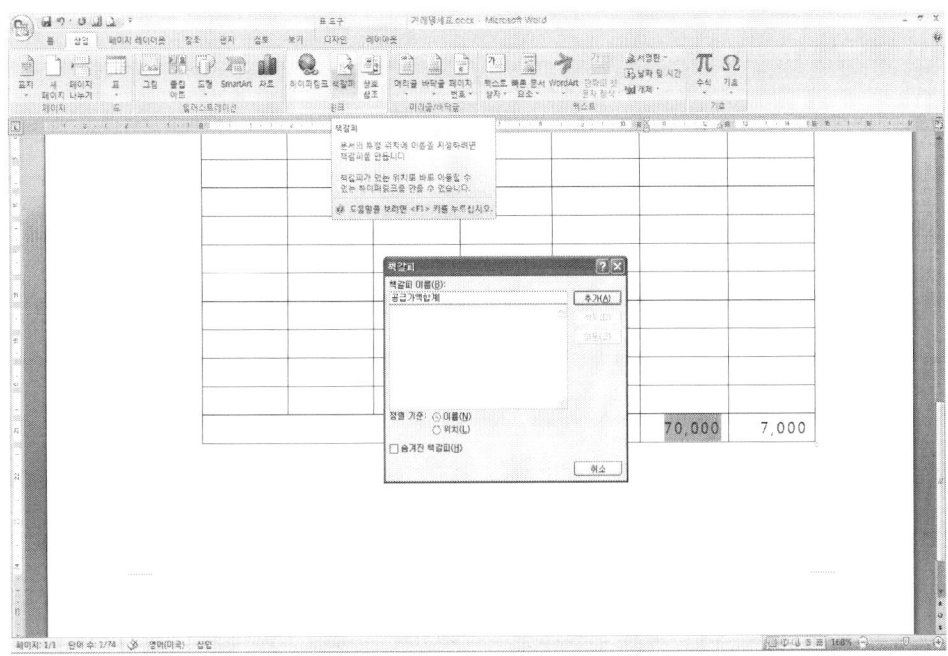

⓮ 위쪽의 합계라는 행으로 올라가서 '(W)'을 입력하고 [레이아웃] 탭 - [데이터] 그룹 - [수식] 메뉴를 클릭해 대화상자가 열리면 책갈피 붙여넣기에서 책갈피를 찾아 수식을 완성한다.

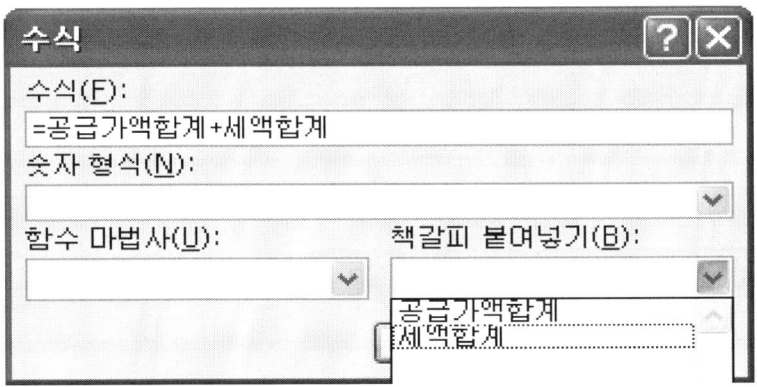

❶❺ 합계셀에 금액을 적어 넣어 완성한다.

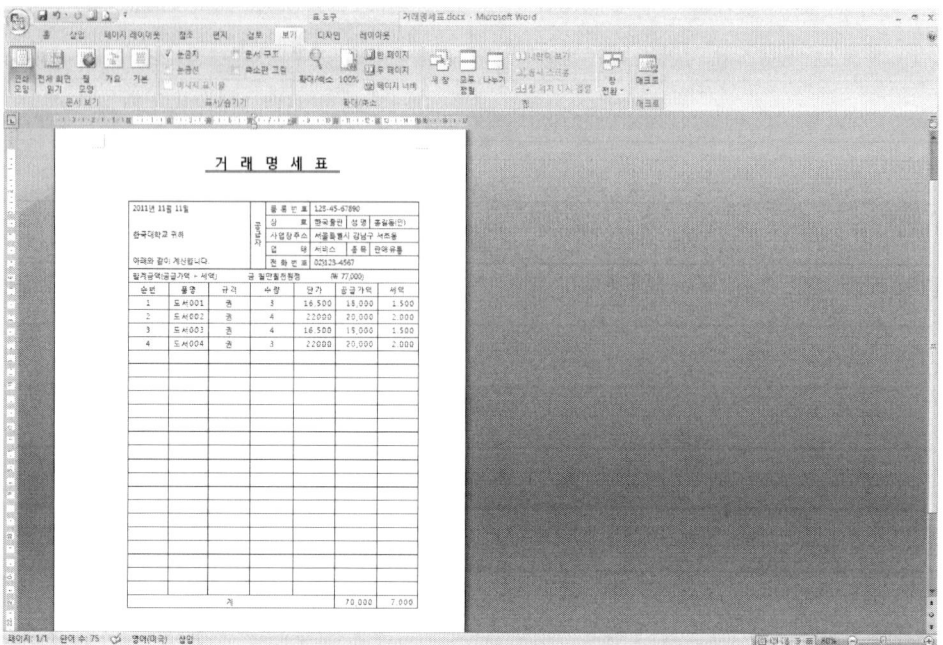

4.2 표 서식 지정하기

❶ 공급자 부분의 제목 셀을 선택 후 [디자인] 탭 - [표 스타일] 그룹 - [음영] 메뉴에서 '흰색, 배경1, 15% 더 어둡게'로 셀 배경을 지정한다.

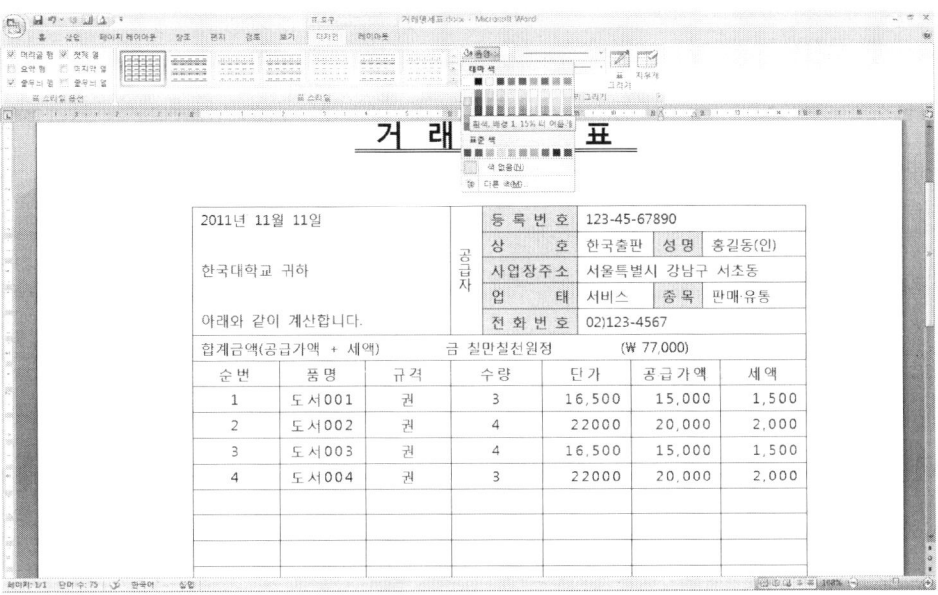

❷ 첫 번째 열의 위쪽과 왼쪽의 테두리를 없애기 위해 범위 설정 후 [디자인] 탭 - [테두리 그리기] 그룹 - [테두리 없음]을 선택한다.

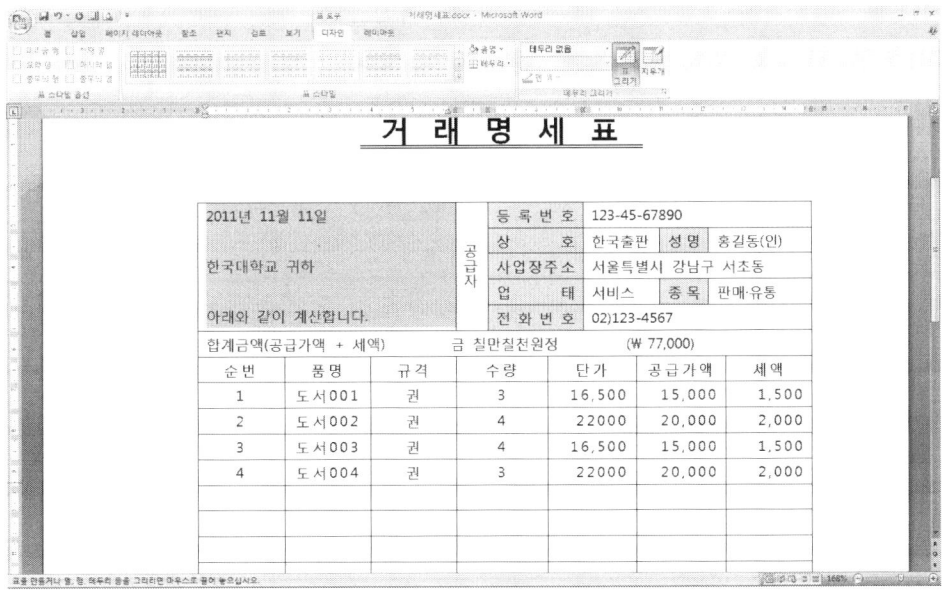

❸ [디자인] 탭 – [표 스타일] 그룹 – [테두리] 메뉴에서 '위쪽 테두리'와 '왼쪽 테두리'를 선택해 테두리를 없앤다.

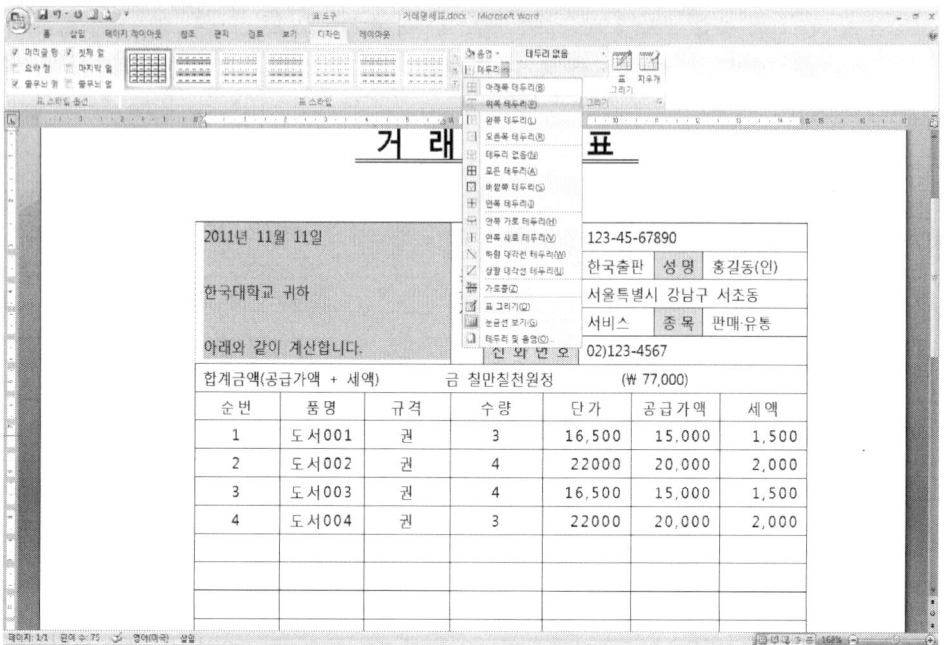

4.3 인쇄 미리보기 및 인쇄

완성된 거래명세표를 인쇄 미리보기로 확인 후 인쇄해보자.

❶ 화면 왼쪽 상단에 있는 오피스 단추를 클릭하고 [인쇄] – [인쇄 미리보기]를 클릭하여 인쇄 결과를 미리 확인한다.

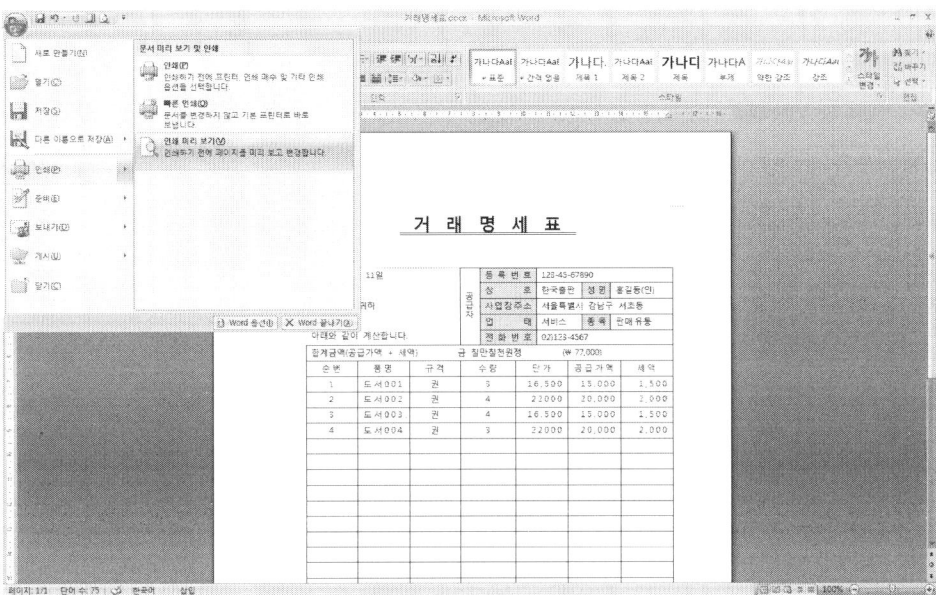

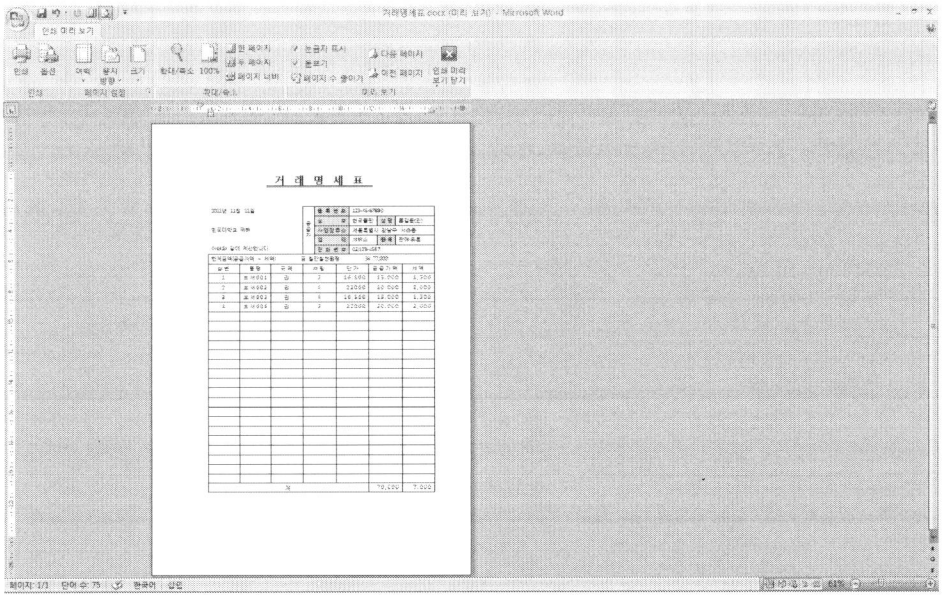

❷ 미리보기로 결과를 확인했다면 다시 오피스 단추를 클릭하고 [인쇄] - [인쇄]를 클릭해 대화상자를 열어 옵션들을 지정한 후 [확인] 단추를 눌러 인쇄를 마친다.

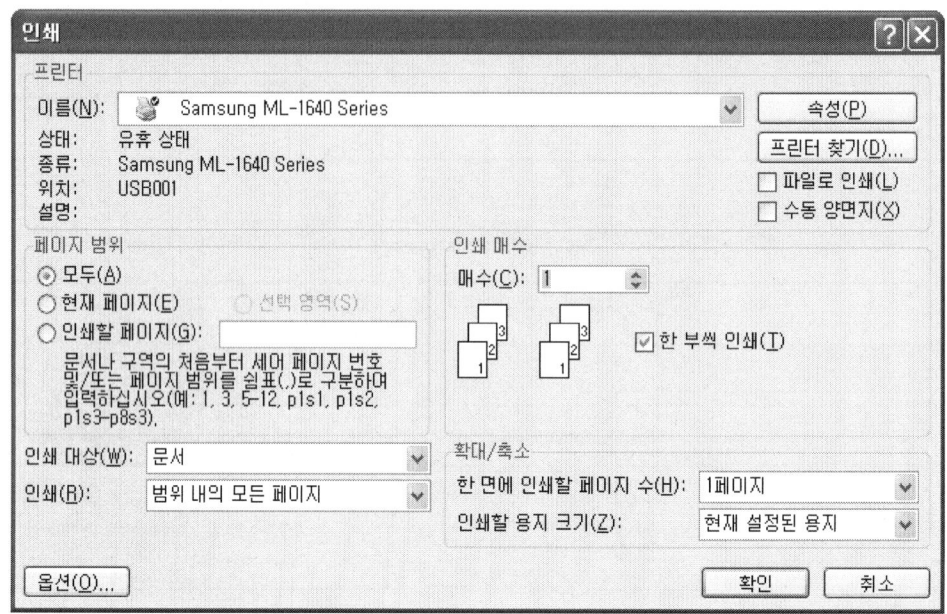

4.4 워터마크 설정

문서 배경에 그림을 삽입하는 그림 워터마크와 텍스트를 입력하는 텍스트 워터마크 두 종류가 있다. 완성된 견적서에 직접 텍스트를 입력하는 텍스트 워터마크를 삽입해보자.

❶ [페이지 레이아웃] 탭 - [페이지 배경] 그룹 - [워터마크] - [사용자 지정 워터마크]를 클릭한다.

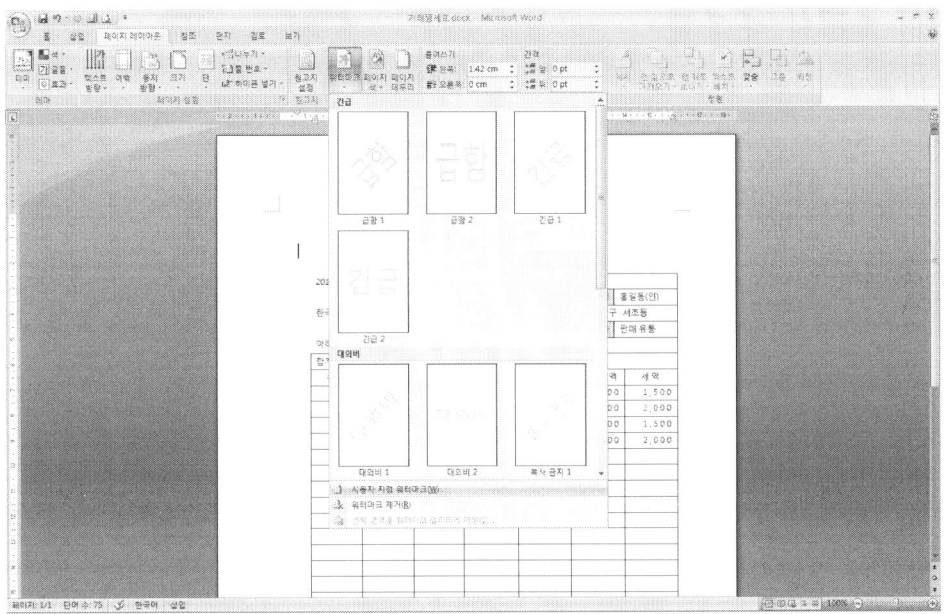

❷ 대화상자가 열리면 텍스트에 출력할 문구를 입력하고 나머지 옵션들을 바꾸어 [확인] 단추를 클릭해 완성한다.

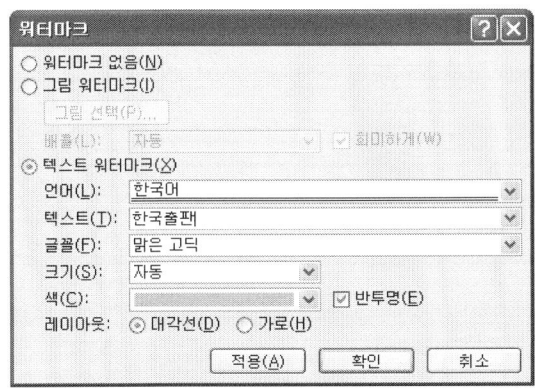

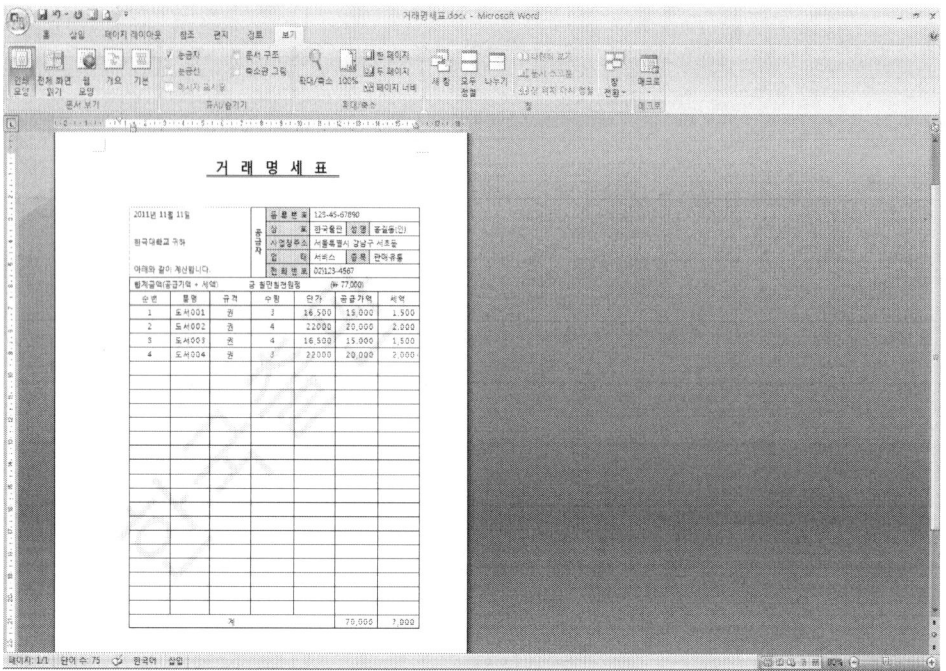

실무활용 예제

표를 만들어 아래의 불만연락표를 만들어보자.

불 만 연 락 표

No.		20 년 월 일			
거 래 처			불만건명		
판매담당자		조사자		조사일자	
품 명			치 수		
LOT No.					
판 매 량	kg		불 만 량		kg
제품발송일자			불만접수일자		
용 도					
작 업 사 항 (작업공정 및 불만발생 공정을 상세히 기록할 것)					
불 만 내 용					
거래처요구사항 (거래처 주소 및 전화번호 :)					
영 업 부 의 견					
비 고					
첨 부					

Chapter 05 보고서 만들기

Chapter 05의 학습목표

- 보고서의 얼굴 표지를 만들 수 있다.
- 개요 수준 및 다단계 목록을 설정 할 수 있으며, 스타일을 적용할 수 있다.
- 보고서의 목차를 만들 수 있다.
- 머리글 / 바닥글을 보고서에 포함하여 문서를 완성할 수 있다.

Chapter 05의 학습순서

5.1 보고서 표지

5.2 스타일과 다단계 목록

5.3 목차 만들기

5.4 머리글 및 바닥글 설정

결과 미리보기

용지 설정 : A4, 여백(기본)

2011년 어르신 정보화 경진대회

정보화 분야

자신의 능력을 시험할 수 있는 좋은 기회를
제공하여 어르신들의 정보화 능력 향상과
세대간의 정보격차 해소를 위해 '2011 어르신
정보화 경진대회'을 개최하고자 합니다.

홍 길 동
2012-01-10

결과 미리보기

용지 설정 : A4, 여백(기본)

2011년 어르신 정보화 경진대회

목차

I. 취지	3
II. 대회개요	4
III. 대회일정	4
IV. 참가자격	4
V. 경진내용	5
VI. 시험과목 및 제출방법	5
VII. 시상내역	6
VIII. 분야별 평가 문항(예시)	8
인터넷정보검색	8
문서작성	9

Word Processing & Presentation

5.1 보고서 표지

01 표지 만들기

❶ '5장_2011년 어르신 정보화 경진대회_입력내용.docx' 파일을 불러온다.
❷ 문서의 첫 페이지에 커서를 위치한 후 제목을 오려둔다.

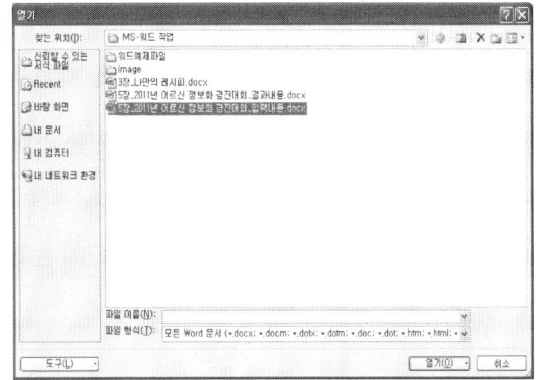

❸ [삽입] 탭 – [페이지] 그룹 – [표지] – '모드'를 클릭한다.

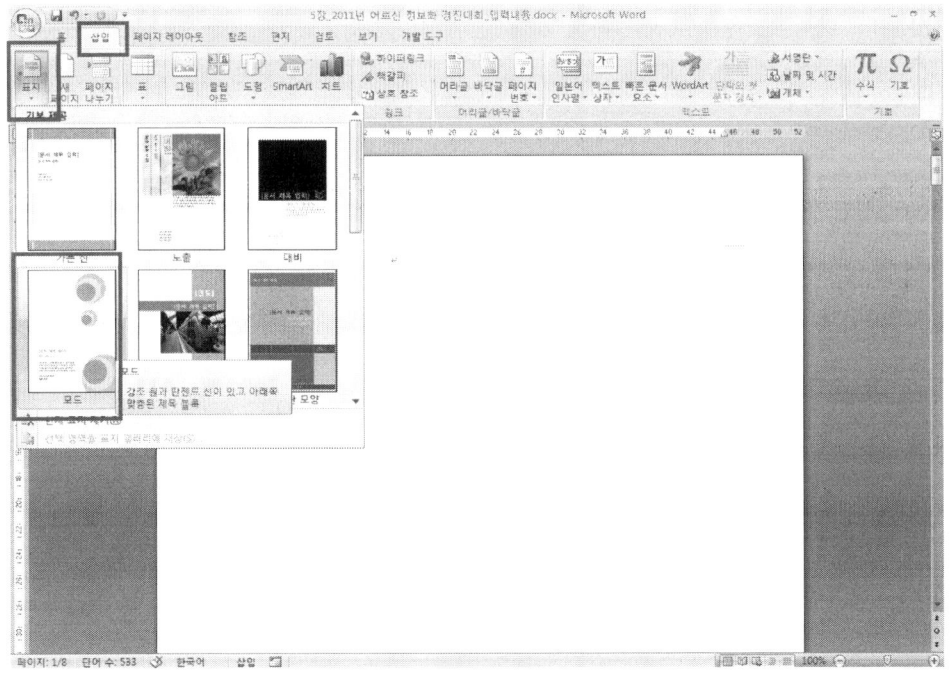

❹ 첫 페이지에 표지 '모드'가 나타나면 제목 부분에 커서를 위치하고 붙여넣기를 하여 제목을 입력한다.
❺ 제목이 표시되면 '휴먼모음 T', '18'포인트로 글꼴 서식을 지정한다.
❻ '문서 부제 입력' 부분에 '정보화 분야'로 입력하고 위치를 제목의 끝부분에 맞춘다.

Chapter 05 보고서 만들기_63

❼ '요약' 부분을 클릭하여 아래의 내용을 입력한다.

> 자신의 능력을 시험할 수 있는 좋은 기회를 제공하여 어르신들의 정보화 능력 향상과 세대간의 정보격차 해소를 위해 '2011 어르신 정보화 경진대회'을 개최하고자 합니다.

❽ '만든 이' 부분에 본인의 이름을 입력한다.
❾ '날짜'는 오늘의 날짜가 표시되도록 한다.

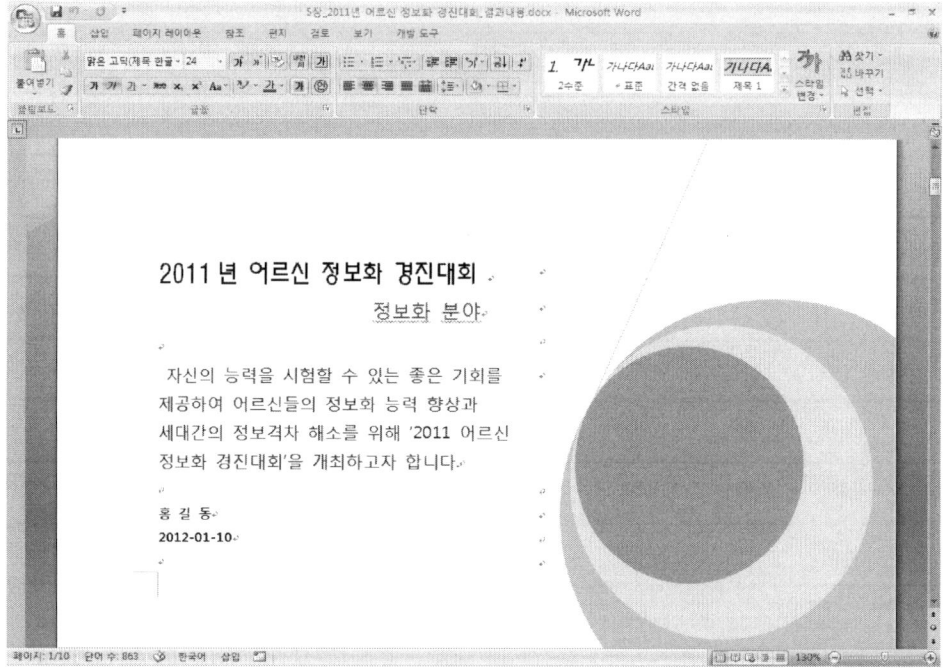

5.2 스타일과 다단계 목록

많은 항목을 나열하고자 할 때 글머리 기호나 그림 기호를 추가하여 항목 구분을 한다. 다단계 목록은 여러 개 수준으로 구성된 계층적 구조의 목록을 작성 할 수 있으며, 9개의 수준을 제공한다.

01 새 다단계 목록 정의 및 새 목록 스타일 정의

❶ 다단계 목록을 정의하기 위해 커서를 '취지' 앞에 위치시킨 후 [홈] 탭 - [단락] 그룹 - [다단계 목록] 단추를 클릭한다.

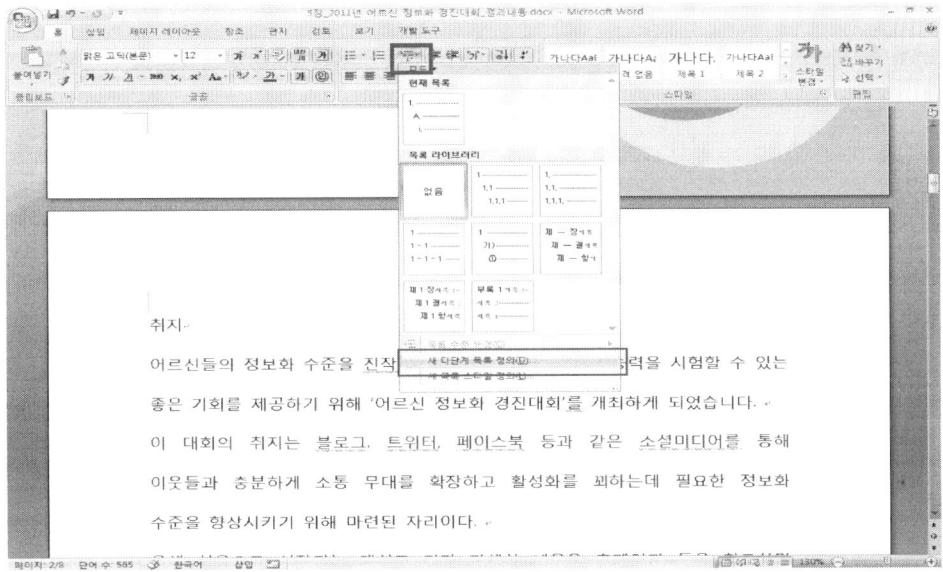

❷ '1' 수준을 선택하고, '번호의 서식을 입력하십시오.'란은 'I. '으로 서식을 입력한다.
❸ 번호 스타일은 'I, II, III, …'를 선택하고, 목록과의 간격은 '0.4cm'로 지정한다.
❹ 같은 방법으로 '2'수준을 선택하고, '번호의 서식을 입력하십시오.'란은 '1. '으로 서식을 입력한다.
❺ 번호 스타일은 '1,2,3,…'를 선택하고, 맞춤위치는 '0.5cm', 목록과의 간격은 '1.1cm'로 지정한다.

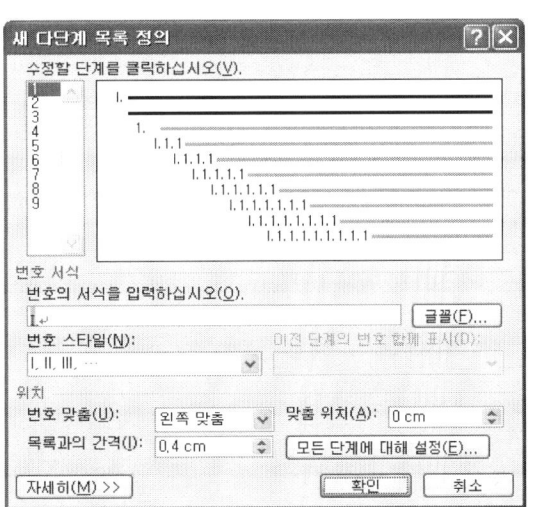

❻ 목록 스타일을 지정하기 위해 [홈] 탭 – [단락] 그룹 – [다단계 목록] 단추를 클릭하여 '새 목록 스타일 정의' 메뉴를 클릭한다.

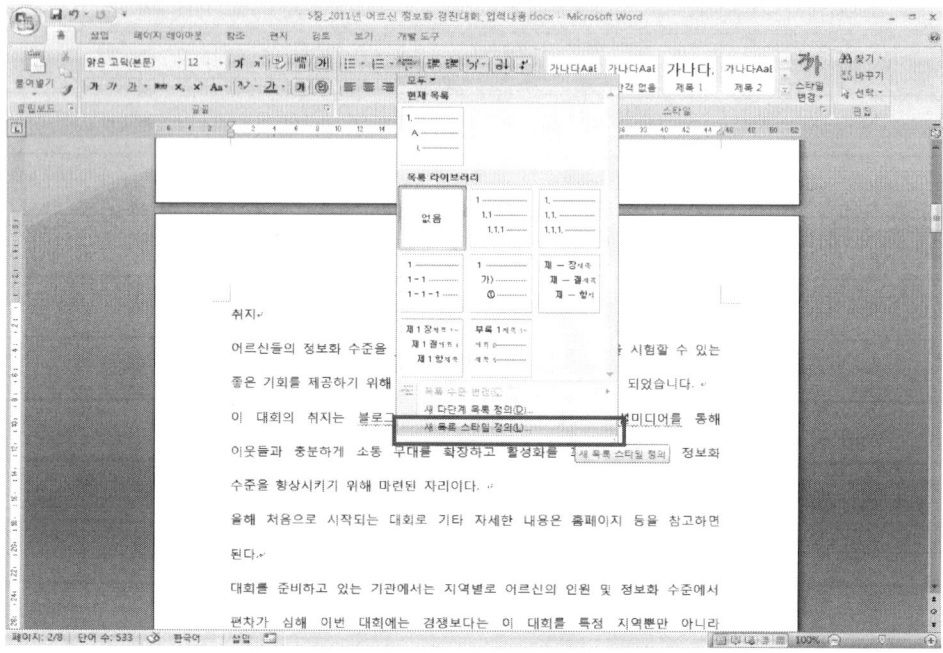

❼ 이름은 '보고서 스타일'로 입력하고, 서식 적용대상은 '1수준', '휴먼모음 T', '18'포인트를 지정한다.

❽ 1 수준의 서식이 완료되면, 서식 적용대상을 '2수준'으로 변경하고 '휴먼엑스포', '14'포인트를 지정한다.

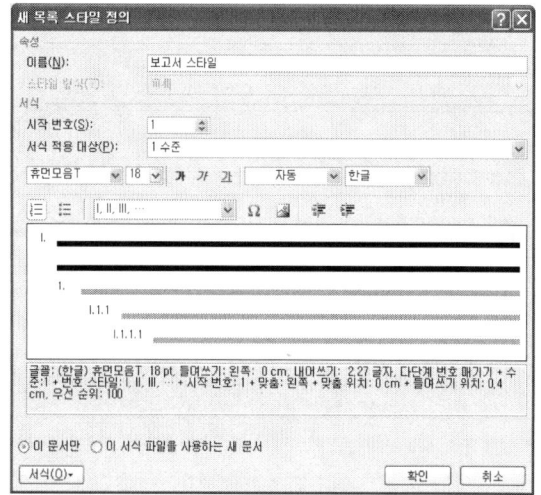

❾ 목록의 내용 스타일을 지정하기 위해 [홈] 탭 - [스타일] 그룹 - '선택 영역을 새 빠른 스타일로 저장'을 클릭한다.

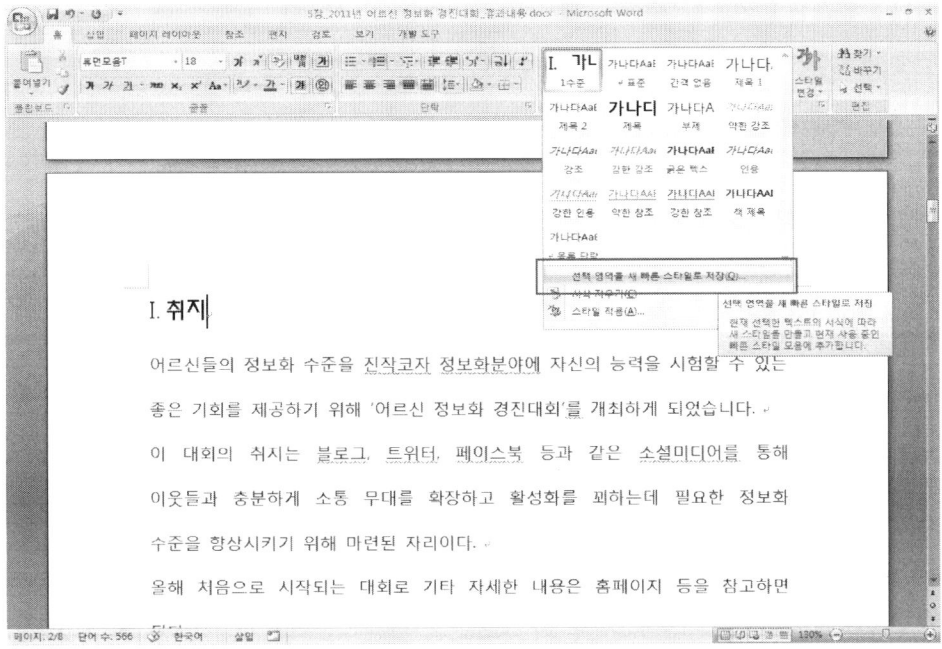

❿ '서식에서 새 스타일 만들기' 대화 상자 창이 나타나면, 이름을 '1수준'으로 입력하고 [수정]을 클릭한다.

⓫ '서식에서 새 스타일 만들기' 대화 상자에서 목록의 서식과 동일하게 '휴먼모음T', '18'포인트를 지정한 후 확인을 클릭한다.

⓬ 1수준의 모양이 변경되는 것을 확인 할 수 있다.

⓭ 2수준의 스타일을 변경하기 위해 커서의 위치를 '모집기간' 앞으로 위치시키고, 2수준의 내용을 범위지정한다.

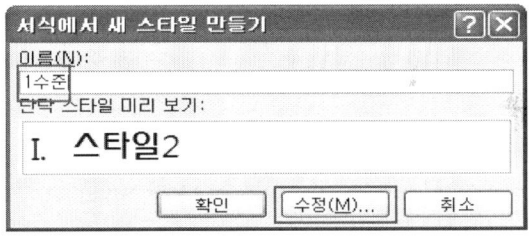

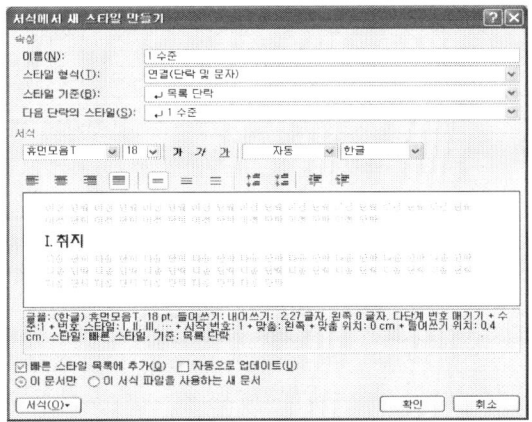

⓮ [홈] 탭 - [스타일] 그룹 - '선택 영역을 새 빠른 스타일로 저장'을 클릭한다.

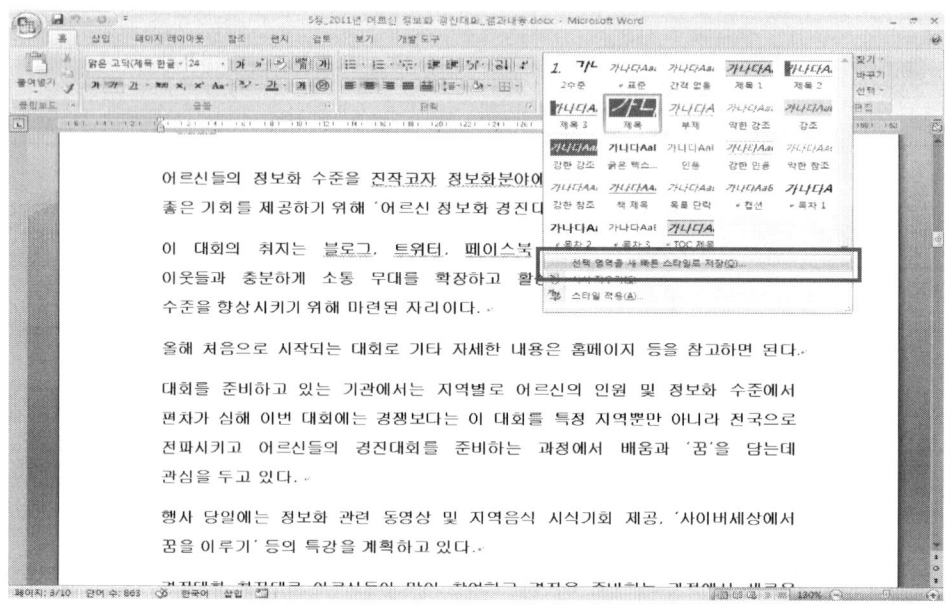

⓯ '서식에서 새 스타일 만들기' 대화 상자 창이 나타나면, 이름을 '2수준'으로 입력하고 [수정]을 클릭한다.

⓰ '서식에서 새 스타일 만들기' 대화 상자에서 목록의 서식과 동일하게 '휴먼엑스포', '14'포인트를 지정한 후 확인을 클릭한다.

⓱ [홈] 탭 - [단락] 그룹 - [목록 스타일] - '보고서 스타일'을 선택한다.

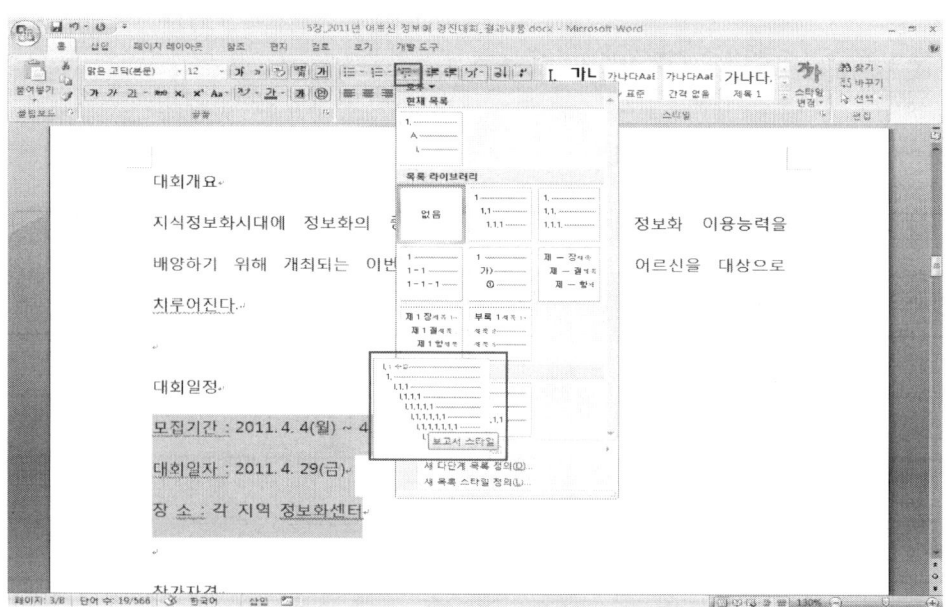

⑱ '1수준'이 적용되는 것을 알 수 있는데 [다단계 목록] – '목록 수준 변경'에서 2수준을 클릭한다.
⑲ 문서의 전체 내용을 보면서 1수준과 2수준을 각각 지정한다.

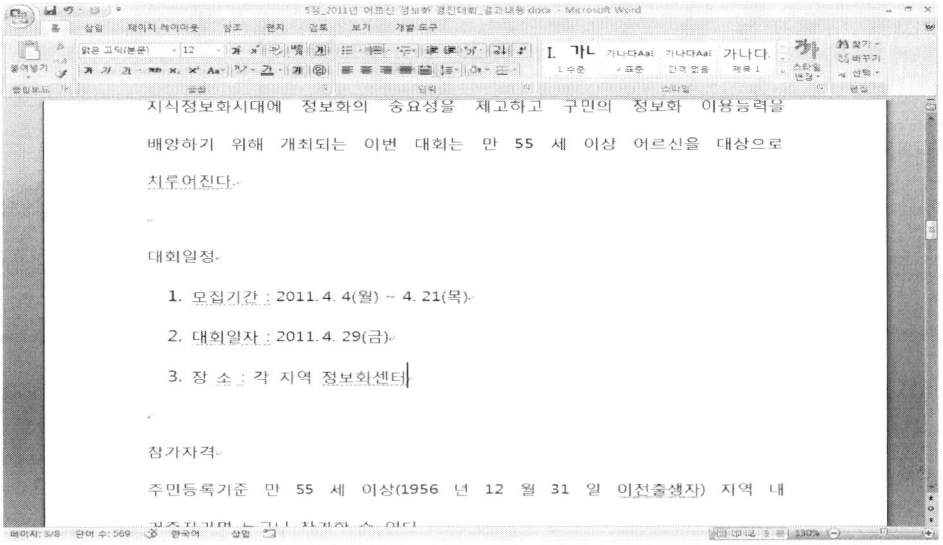

02 스타일 적용

❶ 다단계 목록외의 스타일을 적용을 해 본다.
❷ 문서의 내용 중 '작성시 준수사항'은 수준의 목록이 아니므로 깔끔한 스타일을 만들어 본다.
❸ 커서의 위치는 '작성시 준수사항' 내용 전체를 범위 지정한다.
❹ [홈] 탭 – [스타일] 그룹 – '강한 인용'을 클릭한다.

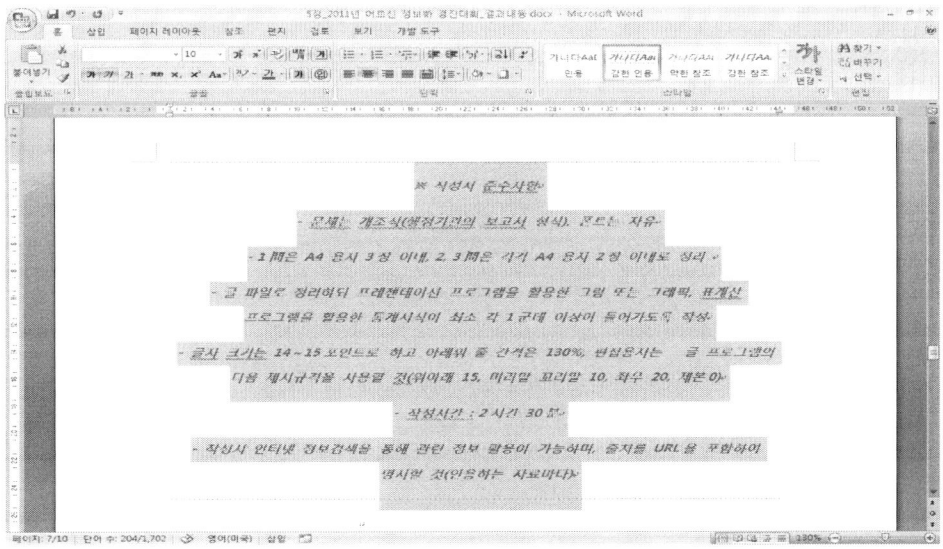

❺ 스타일의 모양이 문서와 맞지 않아 수정을 하기 위해 '강한 인용'에서 마우스 오른쪽 버튼을 눌러 수정을 클릭한다.

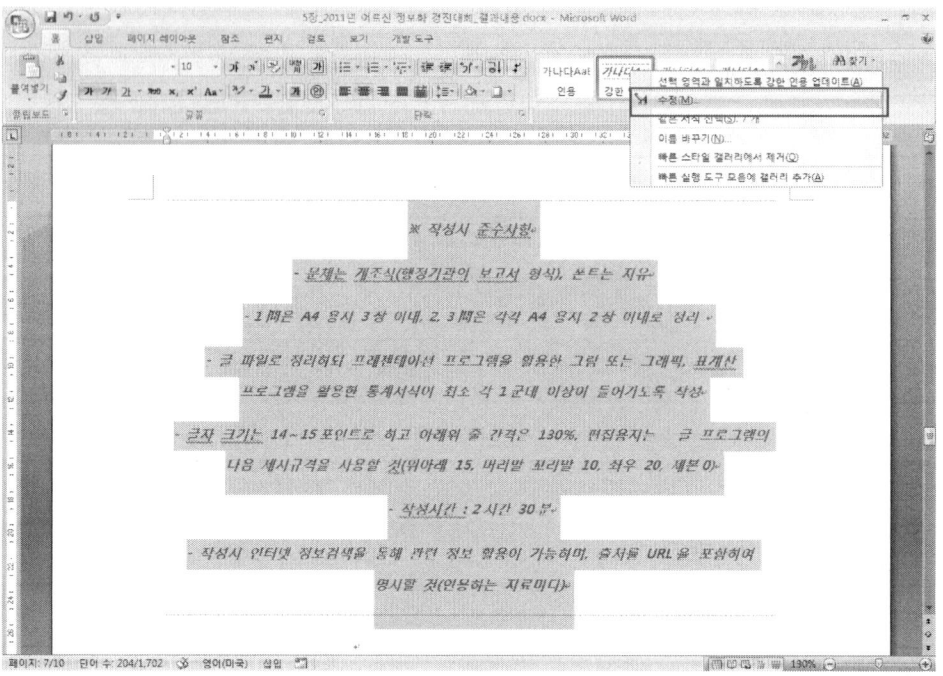

❻ '스타일 수정' 대화상자가 나타나면, '양쪽 정렬'로 변경을 한다. 그 외 변경하고자 하는 서식을 변경하면 된다.

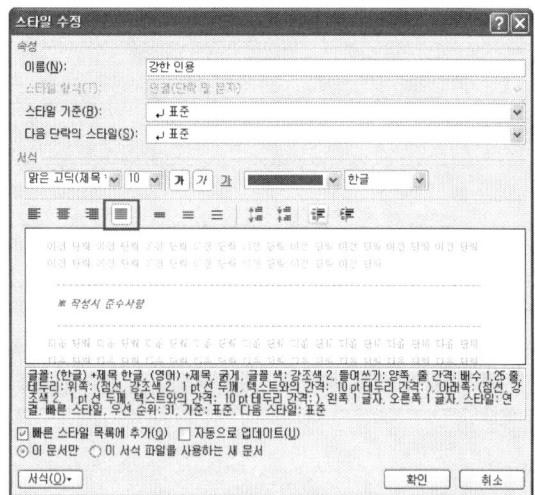

❼ 평가 문항(예시)의 '인터넷 정보 검색'을 커서를 위치하여 [홈] 탭 – [스타일] 그룹 – '제목2'를 지정한다.

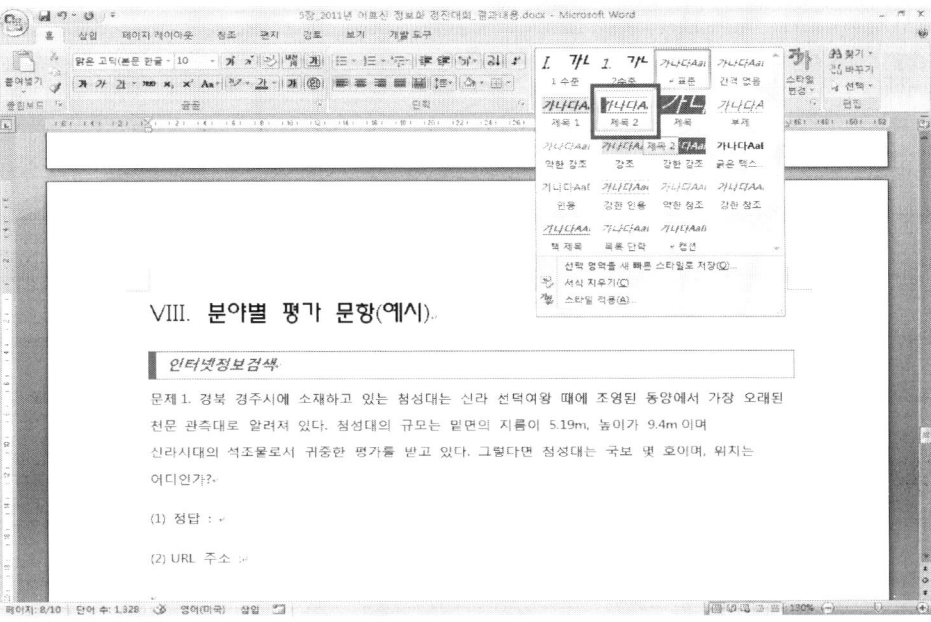

❽ 평가 문항(예시)의 '문서작성'도 '인터넷정보검색'과 마찬가지로 스타일 '제목2'를 지정한다.
❾ 평가 문항(예시)의 '인터넷 정보 검색'의 문제 전체의 내용을 범위 지정한다.
❿ [홈] 탭 – [스타일] 그룹 – '굵은 텍스트'를 클릭하여 스타일을 적용한다.

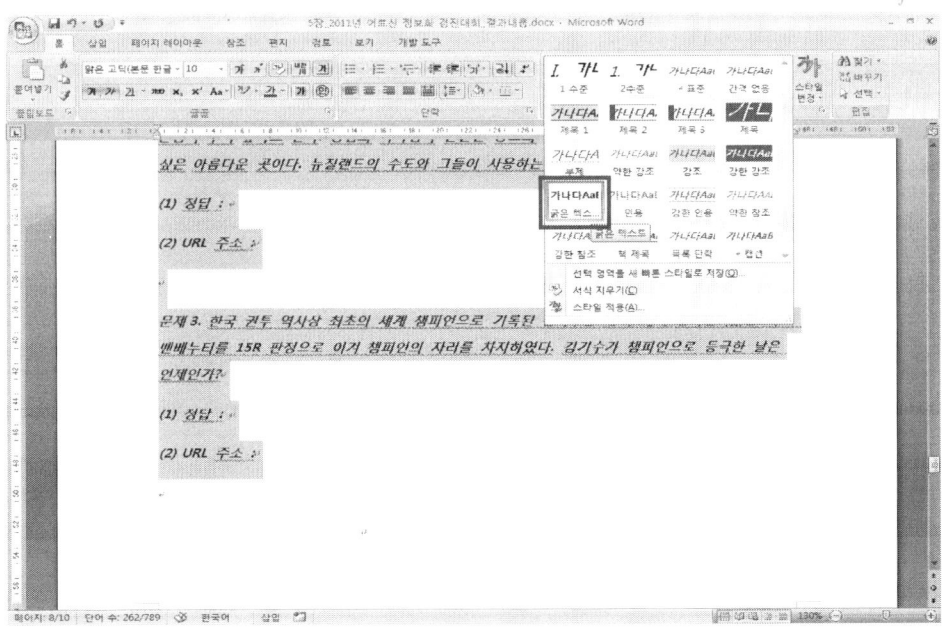

03 캡션 삽입

❶ 문서의 마지막에 삽입된 문서 작성 결과 그림에 캡션을 삽입하여 본다.
❷ 그림을 선택한 후 마우스 오른쪽 버튼을 클릭한다.

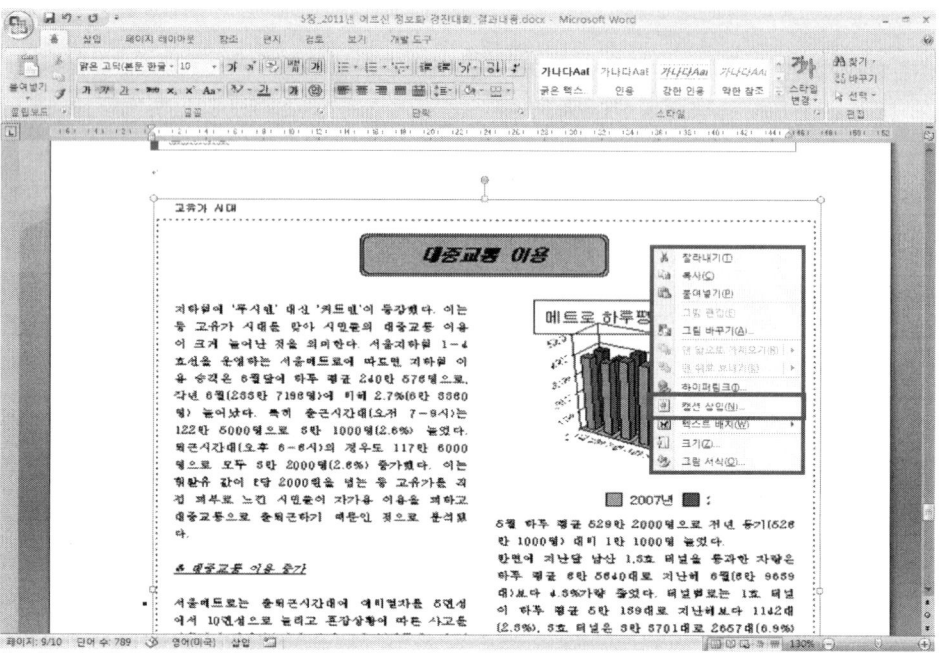

❸ 메뉴 중에서 '캡션 삽입'을 클릭한다.
❹ '캡션' 대화상자에서 [옵션] - [레이블]을 클릭하면, '그림', '표', '수식'의 종류가 나온다. 그 중 하나를 선택한다. 여기서는 그림이므로 '그림'을 선택하고 확인을 누른다.

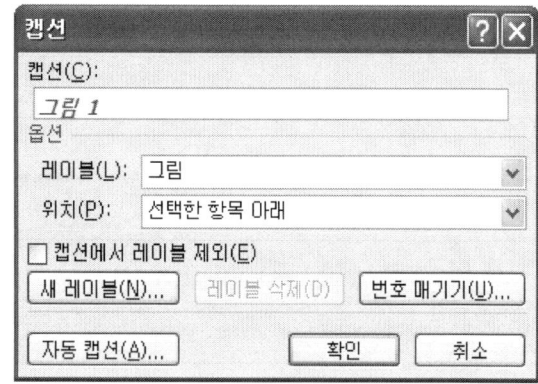

❺ 캡션이 삽입 되는 것을 확인 할 수 있는데, 그림의 아래 왼쪽에 위치하므로 커서를 위치시키고, 가운데 정렬을 한다.

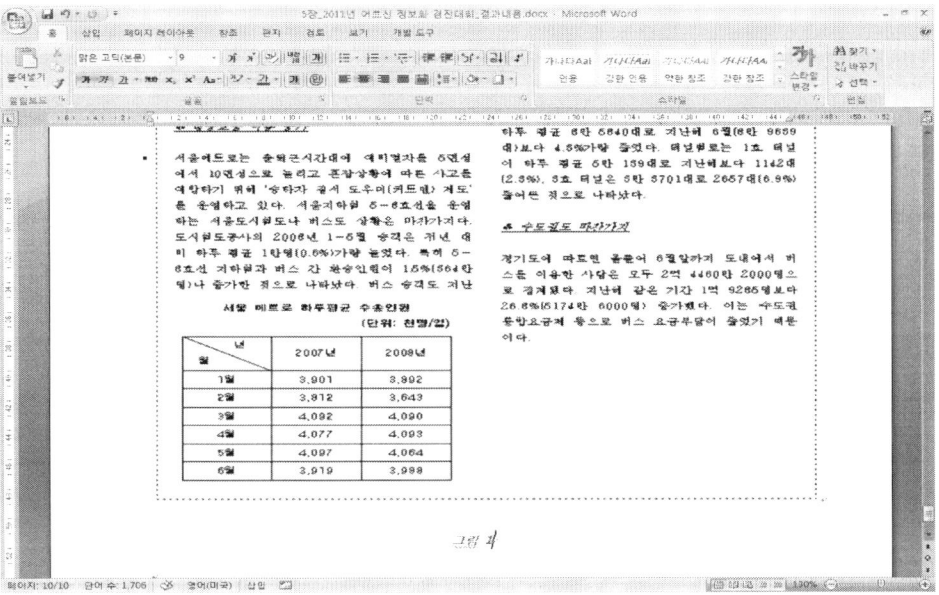

04 서식복사

❶ 본문 내용의 서식을 지정하기 위해 'I. 취지'의 본문 내용에 커서를 위치하고, 범위를 지정한다.
❷ 서식은 '굴림', '굵게', '양쪽 맞춤', 줄간격 '1.5'를 지정한다.

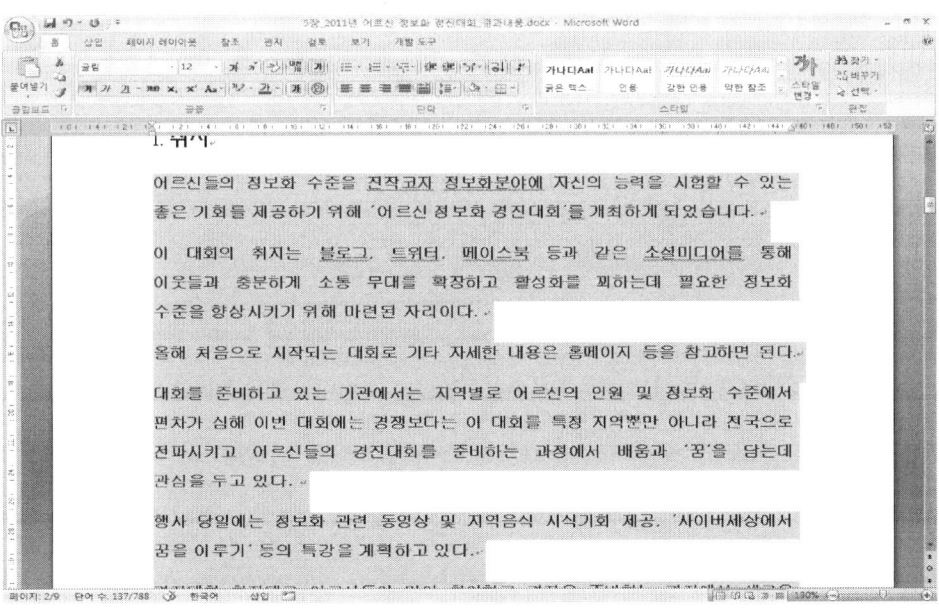

Chapter 05 보고서 만들기_**73**

❸ 커서를 본문 내용에 클릭하여 범위 지정을 해제하고, 커서가 본문에 위치하도록 한다.
❹ [홈] 탭 - [클립보드] 그룹 - '서식복사'를 더블클릭한다.

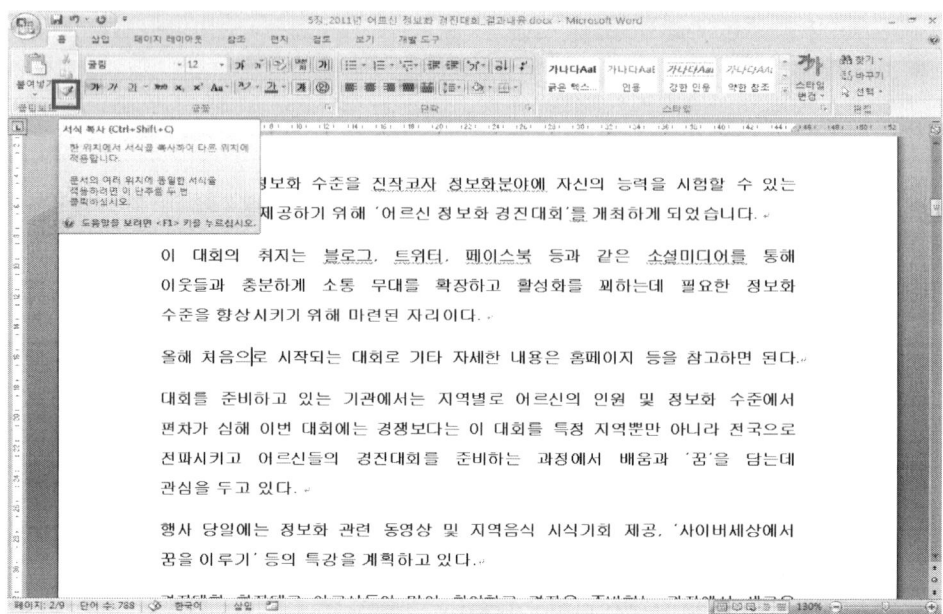

❶ 알아두면 좋아요

서식복사
- 서식복사를 한번만 할 경우 : 서식복사 아이콘을 클릭
- 서식복사를 여러 번 할 경우 : 서식복사 아이콘을 더블클릭

❺ 각 본문 내용에 서식을 복사한다. 더블클릭을 하였기 때문에 여러 번 서식을 지정할 수 있으며, 해제는 'ESC'키를 사용한다.
❻ 제목 및 소제목, 본문의 스타일이 모두 적용되었고, 그 외 필요한 스타일을 적용해 본다.

❶ 알아두면 좋아요

페이지 나누기
- 문서의 서식을 지정하다 보면, 밑에 페이지가 위 페이지와 합쳐지는 경우가 생기는데, [삽입] 탭 - [페이지] 그룹 - '페이지 나누기'를 클릭하여 사용한다.
- 단축키는 〈Ctrl〉+〈Enter〉키를 사용하면 편리하다.

5.3 목차 만들기

❶ 보고서 문서의 목차를 만들기 위해 커서를 표지 다음 페이지에 위치시킨다.
❷ 페이지 나누기를 하면 '1'페이지와 '2'페이지 사이에 빈 페이지를 삽입한다.
❸ '목차' 글자를 입력하고, 스타일을 지정하기 위해 [홈] 탭 - [스타일] 그룹 - '제목'을 클릭하여 적용한다.

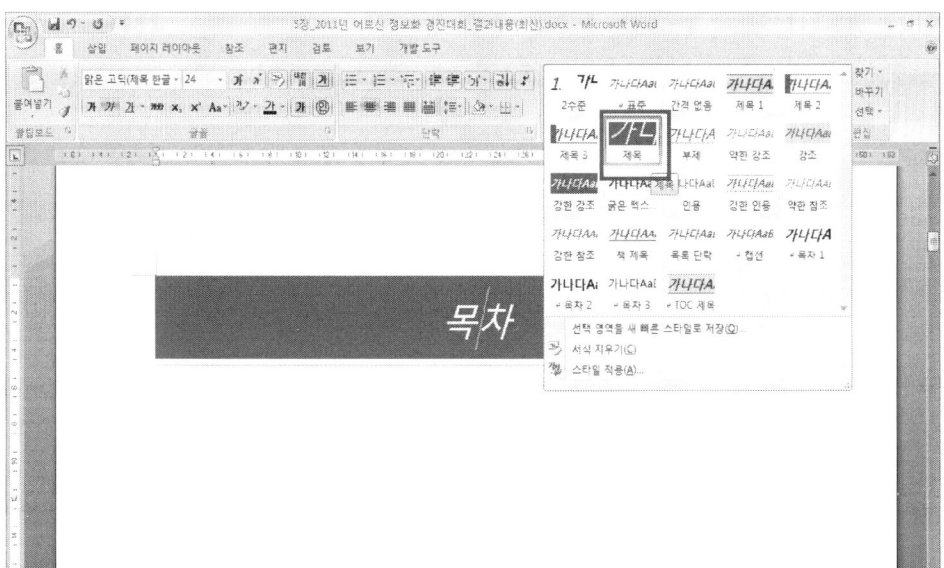

❹ [참조] 탭 - [목차] 그룹 - [목차] - [목차 삽입]을 클릭한다.

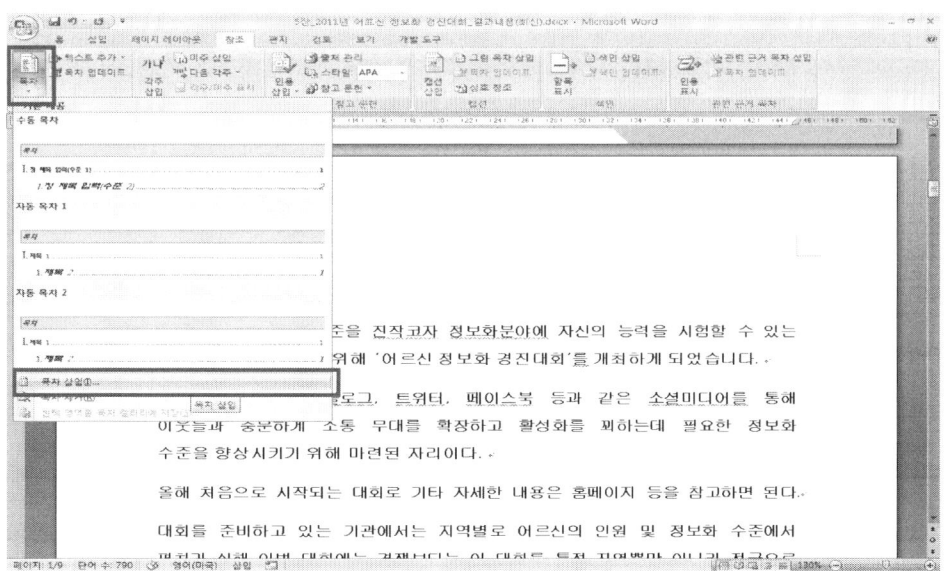

❺ '목차' 대화상자가 나타난다.
❻ [목차] 탭에서 '페이지 번호 표시', '페이지 번호를 오른쪽에 맞춤'을 체크하고, 탭 채움선을 '파선'을 선택한다.

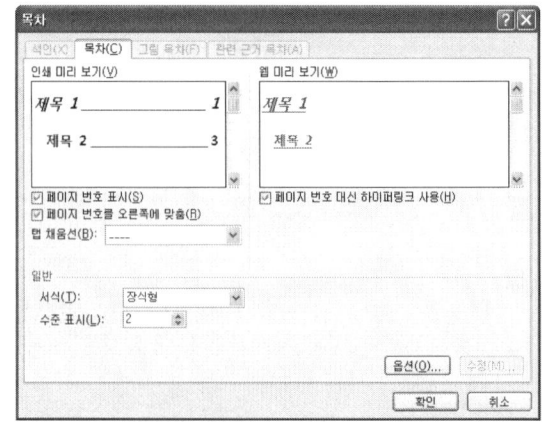

❼ [목차] 탭의 일반에서는 서식을 '장식형', 수준 표시는 '2'로 표시하고, '페이지 번호' 대신 하이퍼링크 사용을 체크한다.
❽ 목차를 개요 수준을 이용하는 경우와 스타일의 제목1, 제목2를 이용하는 경우가 있기 때문에 옵션에서 설정하도록 한다.

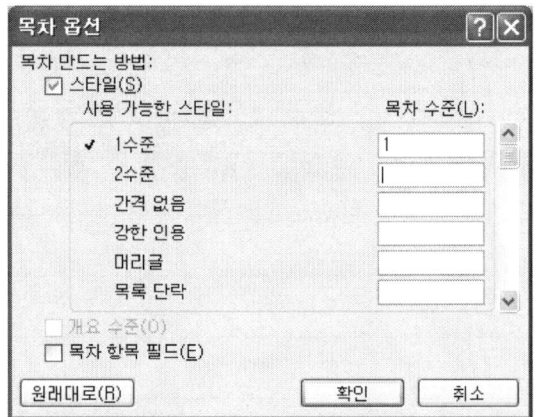

❾ '목차' 대화상자의 '옵션'을 클릭한다.
❿ '1수준'의 목차 수준을 클릭하여 '1'의 값을 넣고, '제목 2'의 목차 수준을 클릭하여 '2'의 값을 넣는다. 기존의 값을 삭제해야 한다.

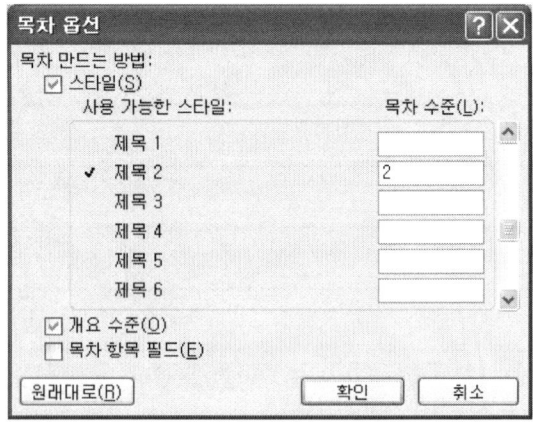

⓫ 확인을 누르면 목차가 표시되는 것을 알 수 있다.

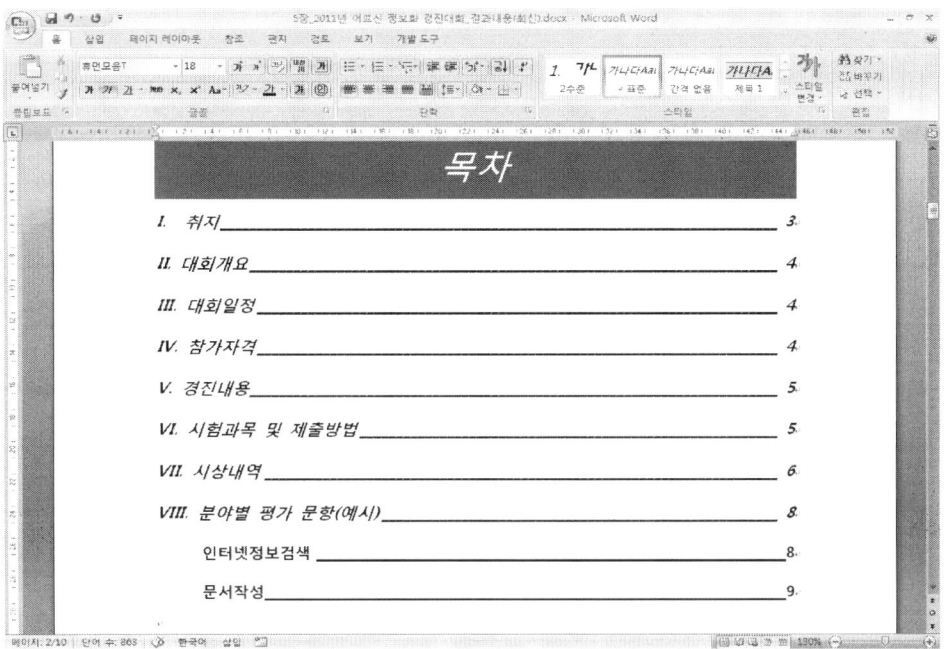

5.4 머리글 및 바닥글 설정

❶ 머리글 및 바닥글을 삽입하여 위해 [삽입] 탭 – [머리글/바닥글] 그룹 – [머리글] – '가는 선'을 클릭한다.

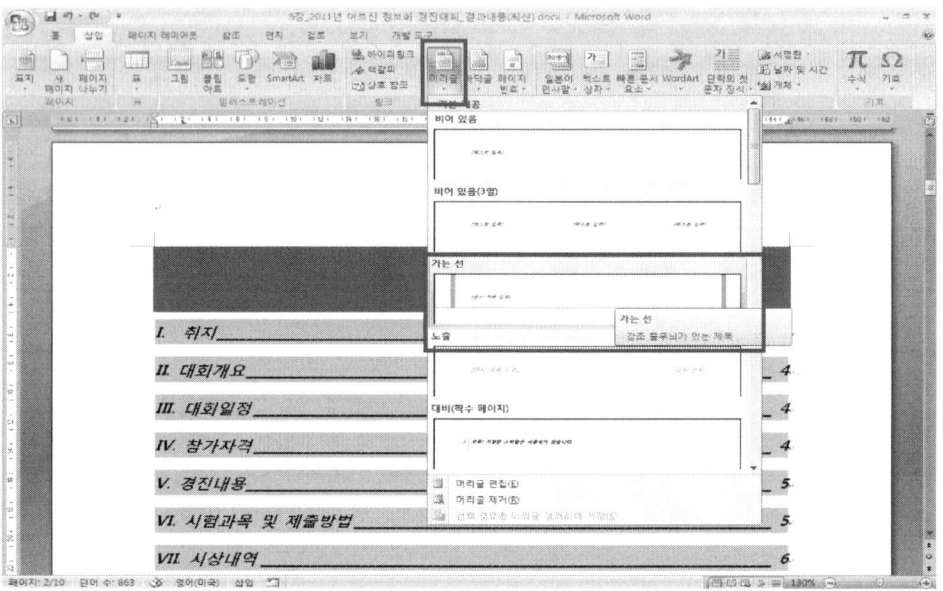

❷ 표지의 제목이 머리글에 삽입되어 있는 것을 확인 할 수 있다. '머리글/바닥글 닫기'를 클릭하여 문서 화면으로 빠져 나온다.

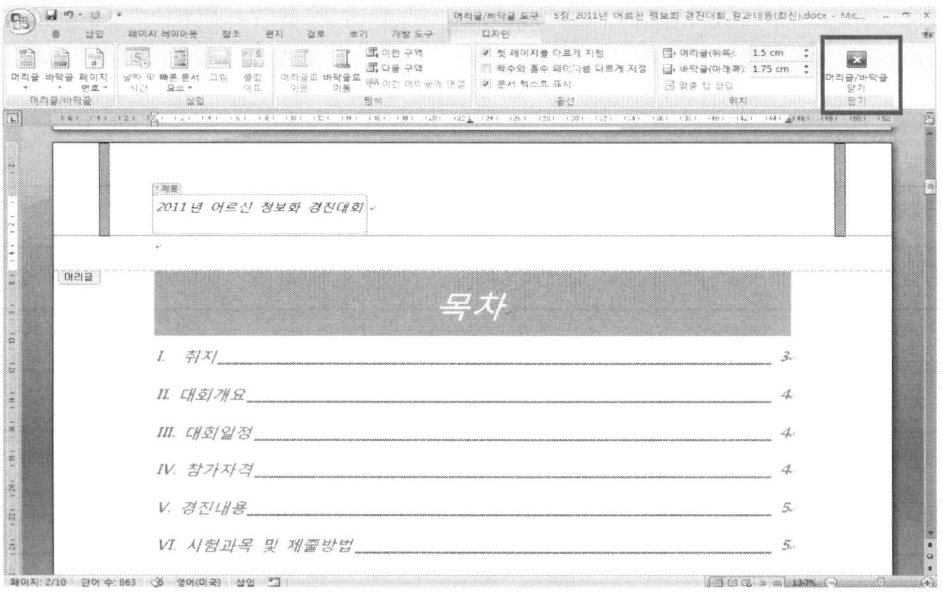

❸ 각 페이지마다 머리글이 삽입되어 있는지 확인한다.
❹ 바닥글 영역에 페이지 번호를 삽입하여 보자.
❺ 문서의 페이지 번호를 지정하기 위해 [삽입] 탭 - [머리글/바닥글] 그룹 - [페이지 번호] - [아래쪽] - '기울임꼴 상자2'를 클릭한다.

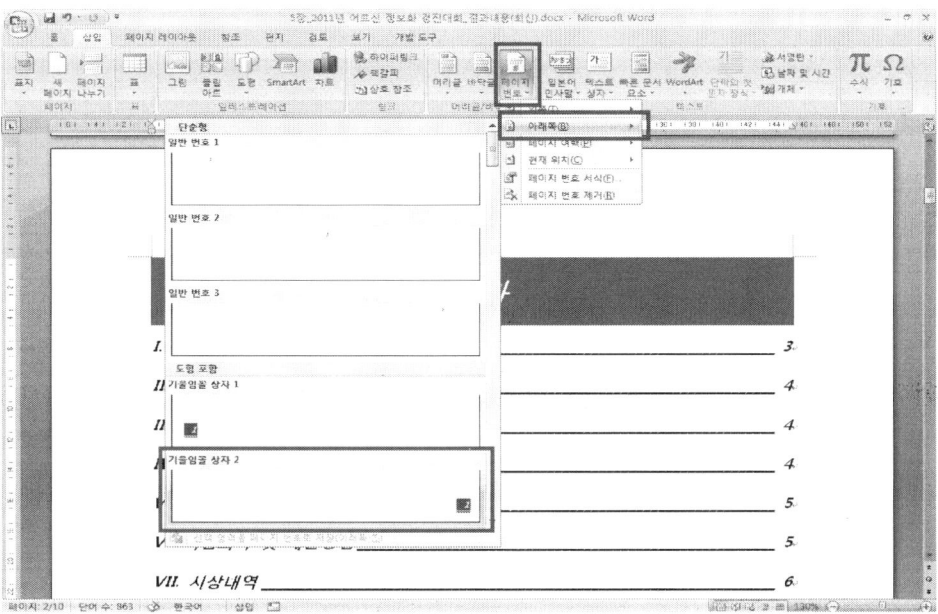

❻ 각 페이지마다 바닥글의 오른쪽 부분에 페이지가 표시되어 있는 것을 확인 할 수 있다.

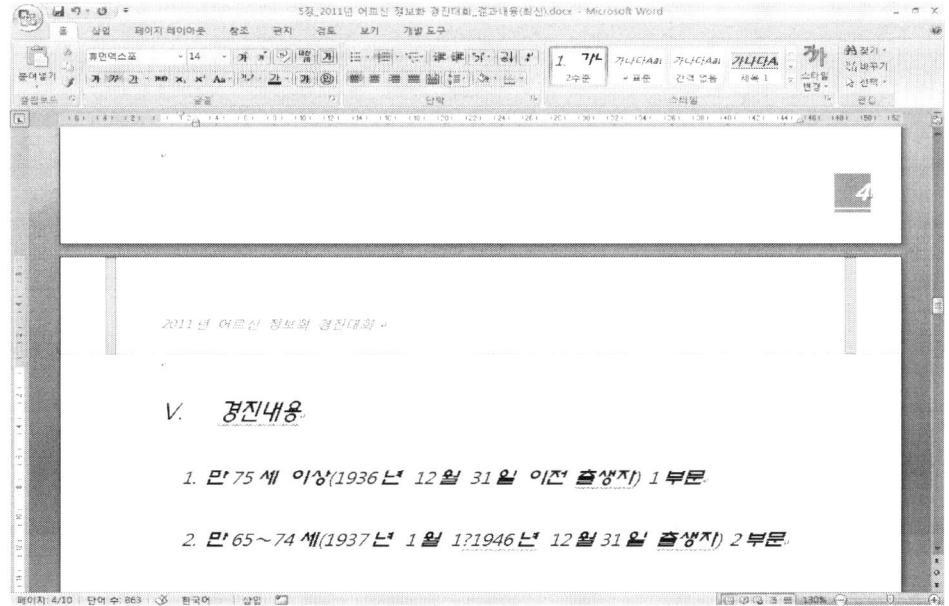

문서작성과 프레젠테이션

실무활용 예제

- 용지 : A4, 여백 : 보통
- 문서의 제목과 소제목은 스타일을 이용. 글꼴 서식은 임의대로 처리함.
- 그림은 환경마크.jpg, GR마크.jpg 파일을 삽입
- 그 외 표 서식 및 텍스트에 대한 서식은 배운 내용을 참조하여 꾸며본다.

친환경상품 구매촉진 법률 제정에 따른 기대효과

1. 개요

친환경상품 보급 정책은 제품의 생산, 소비, 폐기 등 모든 과정에서 환경오염 유발에 기여하는 상품인 친환경상품의 보급을 촉진함으로써 환경 친화적인 생산 및 소비체계를 구축하여 국민 경제의 지속 가능한 발전에 도움을 주는 정책이다.

2. 친환경상품 인증현황

구분	환경마크	우수재활용(GR 마크)
로고		
인증기관	환경부/친환경상품진흥원	산자부 기술표준원
홈페이지	www.ecoproducts.or.kr	http://recycling.kats.go.kr/

3. 친환경상품 구매촉진 법률 제정에 따른 기대효과

- □ 공공부문 구매체계의 녹색화
- □ 친환경상품에 대한 *효율* 구매 네트워크 운영
- □ 친환경상품 보급 확대로 생산·소비패턴의 전환
- □ 국가의 지속 가능한 발전에 기여
- □ 국내 환경산업의 국제경쟁력 강화에 기여

교육 참가 신청서 - 서식파일

교육 참가 신청서

접수일 :

학과	학번	성명

교육개요	교 육 과 정	
	교 육 기 간	
	교 육 시 간	
	교 육 비	
	교육기관 및 장소	

교육목적	
교육내용	

신청사항	교 육 기 관	
	신 청 여 부	
	교육비납부관계	

상기와 같이 교육 참가를 신청합니다

년 월 일

교육 참가자   (인)

참가부서 특 이	담당자	책임자	주관부서 특 이	담당자	책임자

주간 계획표 - 서식파일

2012년 주간 계획표

요일 시간	01월 02일(월)	01월 03일(화)	01월 04일(수)	01월 05일(목)	01월 06일(금)	주말
1교시 (08:00-08:50)						
2교시 (09:00-09:50)						
3교시 (10:00-10:50)						
4교시 (11:00-11:50)						
5교시 (12:00-12:50)						
6교시 (13:00-13:50)						
7교시 (14:00-14:50)						
8교시 (15:00-15:50)						
9교시 (16:00-16:50)						
10교시 (17:00-17:50)						
기념일 및 일정						

주간 계획표 – 서식파일

가 계 부

2012년 1월

날짜	내용	수 입	지출	잔액
한 계				

Chapter 06 프레젠테이션용 보고서 만들기

Chapter 06의 학습목표

- 다양한 개체들이 삽입되어 있는 비주얼한 보고서를 만들 수 있다.

Chapter 06의 학습순서

6.1 텍스트 프레젠테이션 만들기

6.2 표 및 차트 프레젠테이션 만들기

6.3 표지 만들기

결과 미리보기

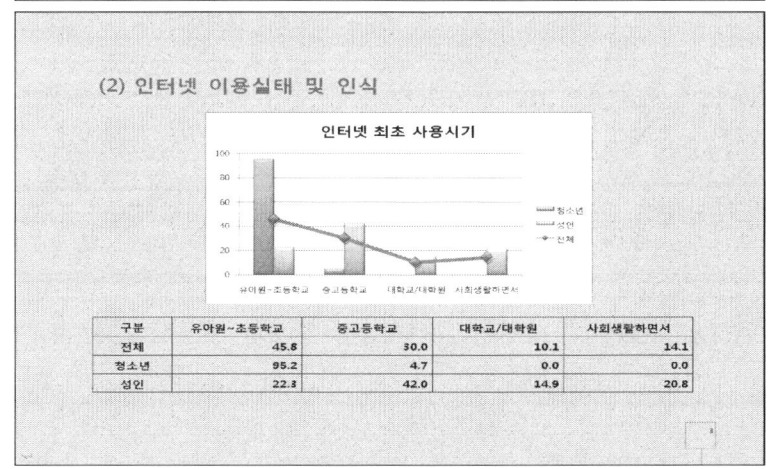

6.1 텍스트 프레젠테이션 만들기

❶ [페이지 레이아웃] 탭 – [페이지 설정] 그룹 – [용지 방향] – '가로'를 클릭해 용지 방향을 바꾼다.

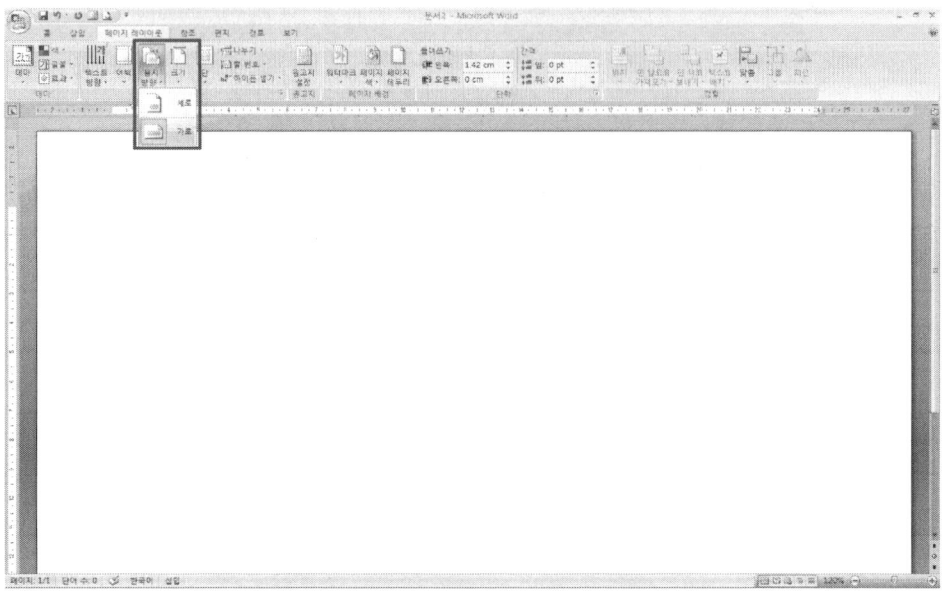

❷ 이번에는 배경을 질감으로 채워보자. [페이지 레이아웃] 탭 – [페이지 배경] 그룹 – [페이지 색] – [채우기 효과]를 클릭한다.

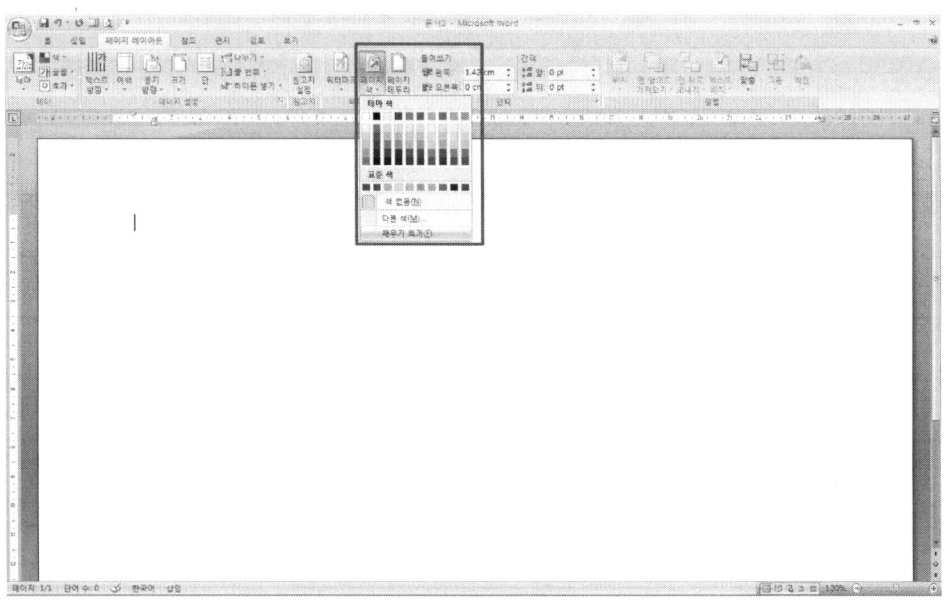

❸ '채우기 효과' 대화상자가 열리면 [질감] 탭에서 '재생지'를 선택하고 [확인] 단추를 클릭한다.

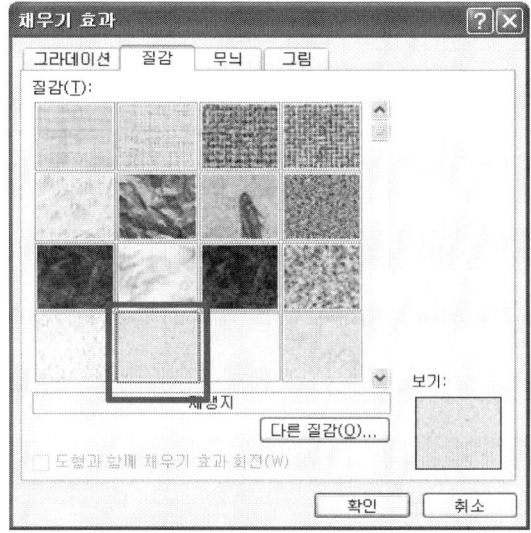

❹ 보고서 소제목으로 쓸 '인터넷 중독 현황', '인터넷 이용 실태 및 인식'이라는 텍스트를 입력하자. 입력된 텍스트를 스타일로 수정해보자. [홈] 탭 - [스타일] 그룹 - '제목1'에서 마우스 오른쪽 버튼을 눌러 '수정' 메뉴를 클릭하자.

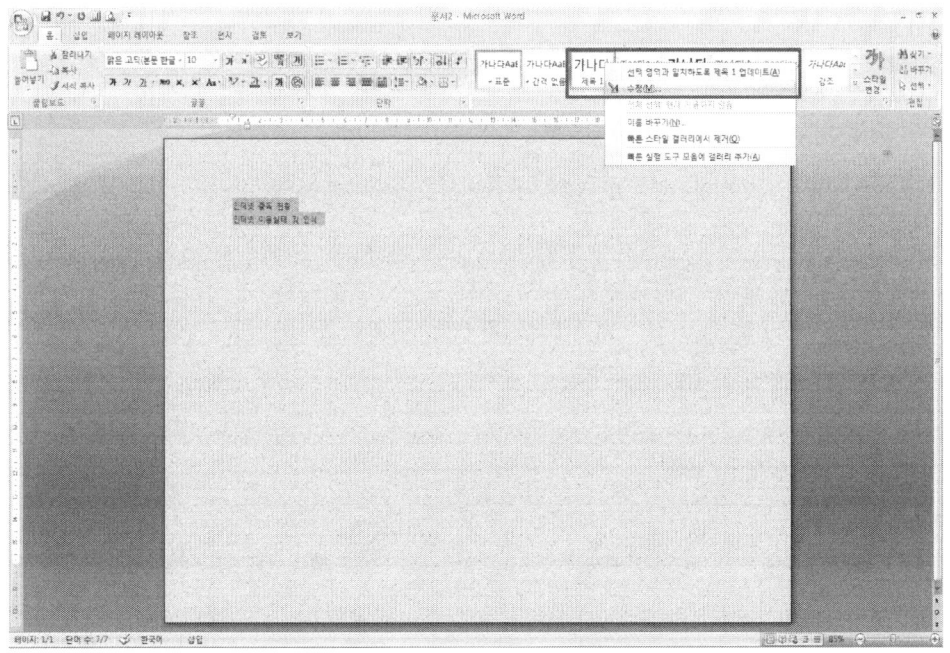

Chapter 06 프레젠테이션용 보고서 만들기_**87**

❺ 스타일 수정 대화상자가 열리면 글자크기-'24pt', 속성-'진하게', 글자색-'파랑'으로 지정한다.

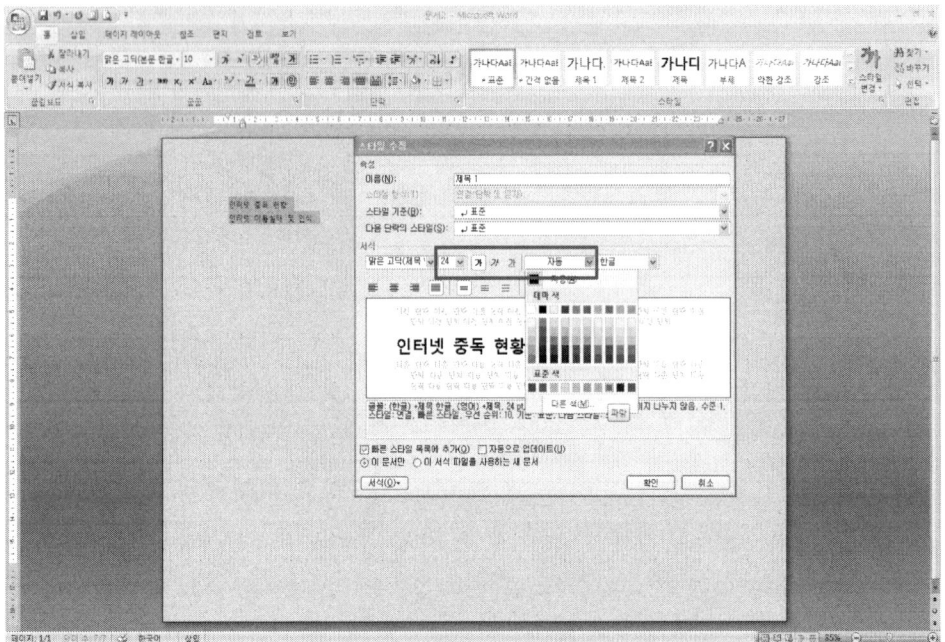

❻ 번호까지 스타일에서 설정하기 위해 [서식] 단추를 클릭해 '번호 매기기'를 선택한다.

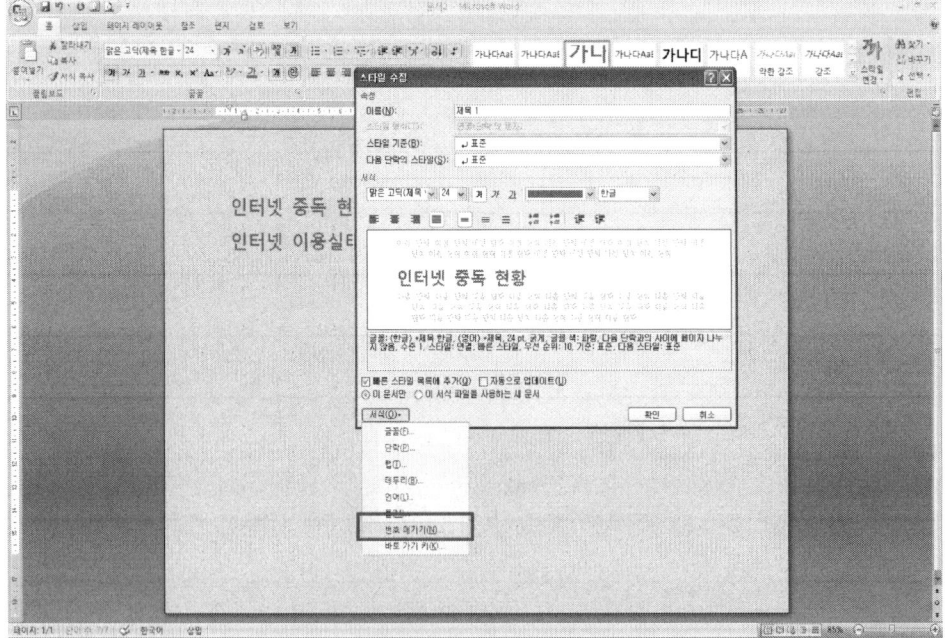

❼ '번호 매기기' 대화상자가 나타나면 번호 형식을 선택하고 [확인] 단추를 클릭한다.

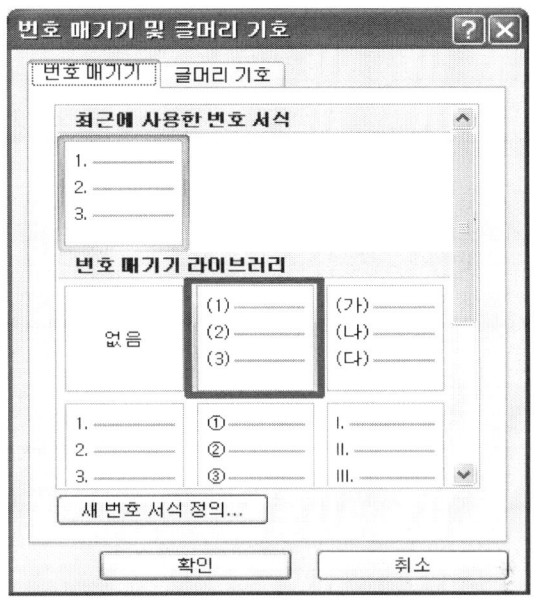

❽ 두 번째 줄 '인터넷'앞에 커서를 두고 [페이지 레이아웃] 탭 - [페이지 설정] 그룹 - [나누기] - [페이지 나누기] - '페이지'를 클릭해 다음 페이지로 넘긴다.

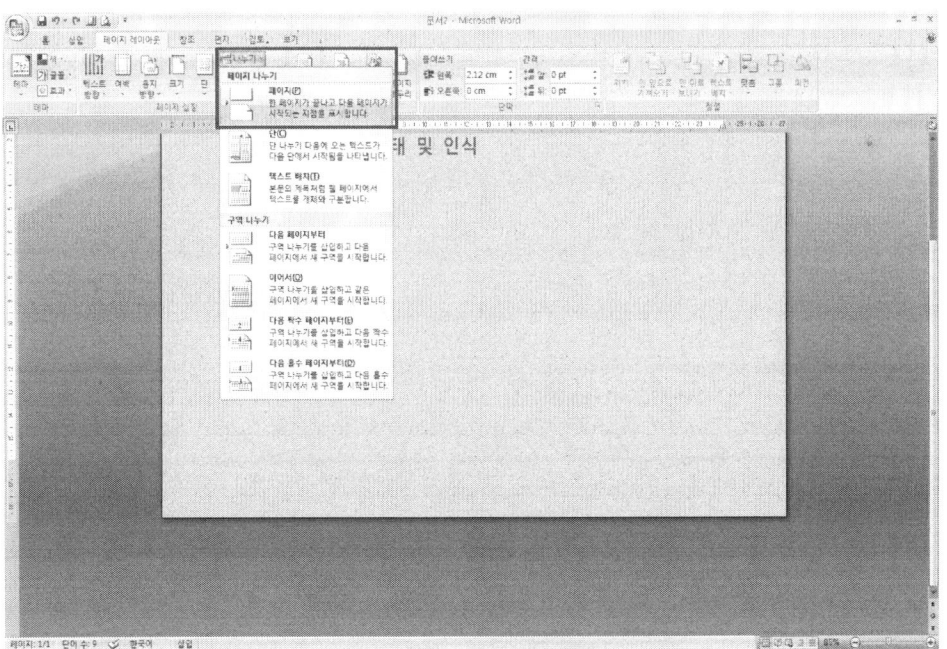

❾ 1페이지에 글자크기-'20pt', 속성-'진하게'를 적용한 텍스트를 입력한다.

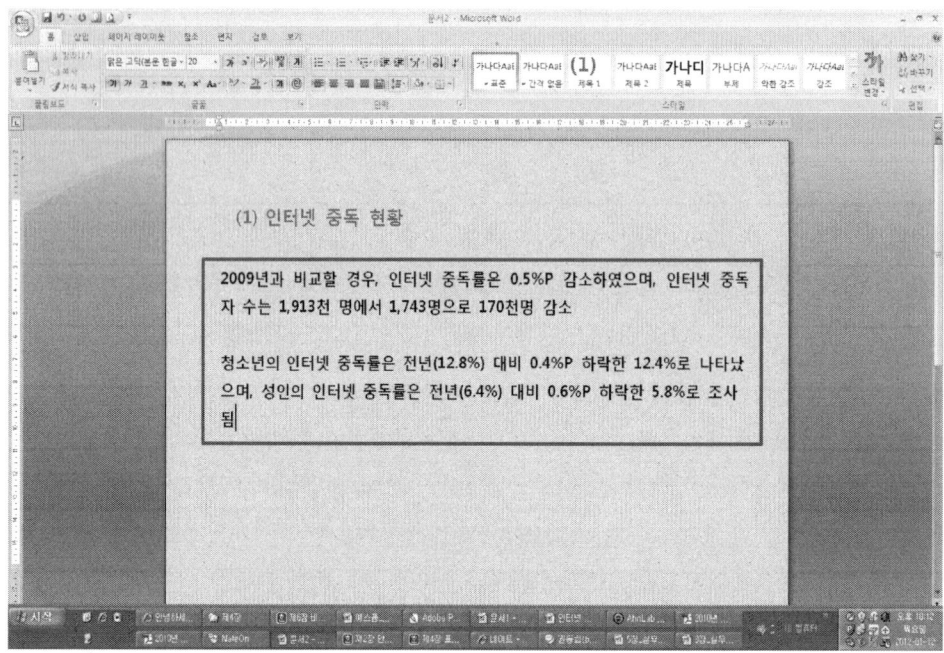

❿ 마지막으로 [홈] 탭 - [단락] 그룹 - '글머리 기호'를 클릭해 기호를 삽입한다.

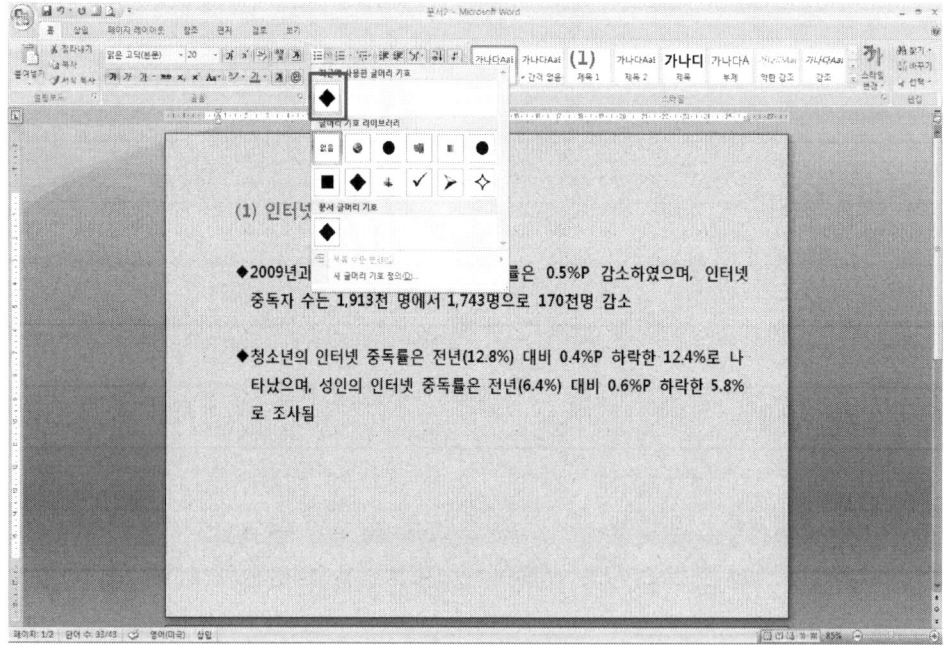

6.2 표 및 차트 프레젠테이션 만들기

❶ [삽입] 탭 – [표] 그룹 – '5×4'크기의 표를 만든다.

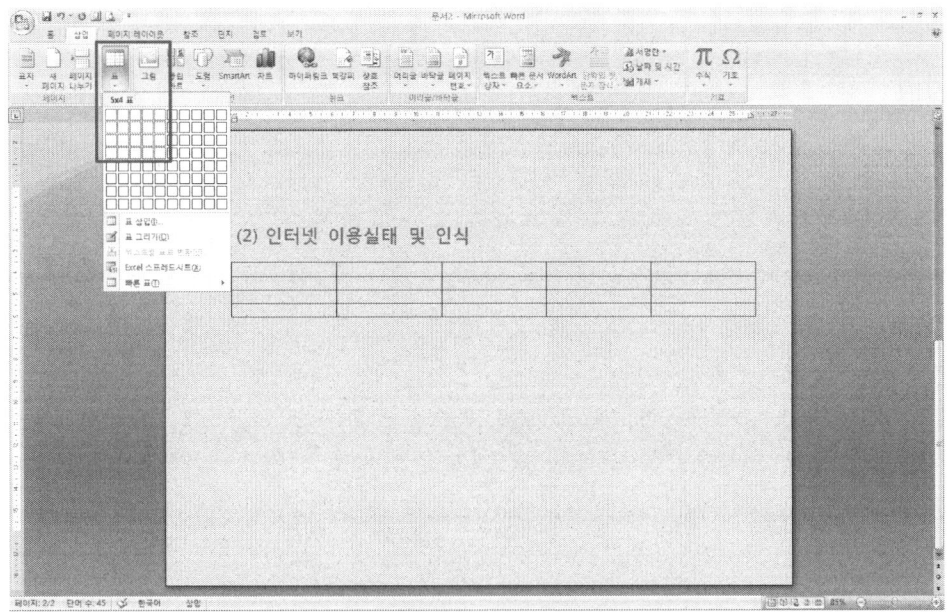

❷ 표 안에 내용을 입력하고 입력된 텍스트에 맞춰서 셀의 크기 및 표의 크기를 조절한다.

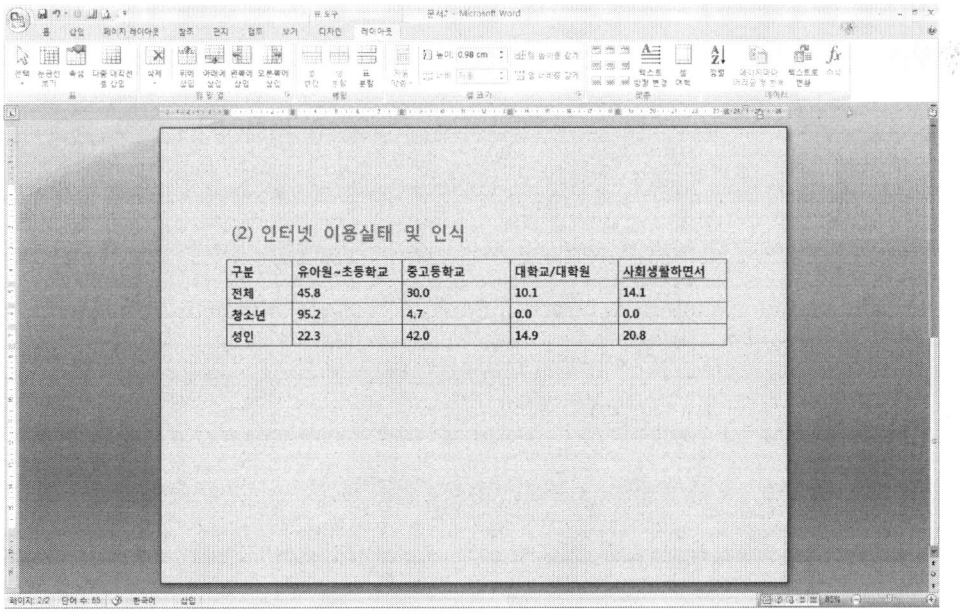

Chapter 06 프레젠테이션용 보고서 만들기_ 91

❸ 텍스트는 '가운데', 숫자는 '오른쪽'으로 정렬한다.

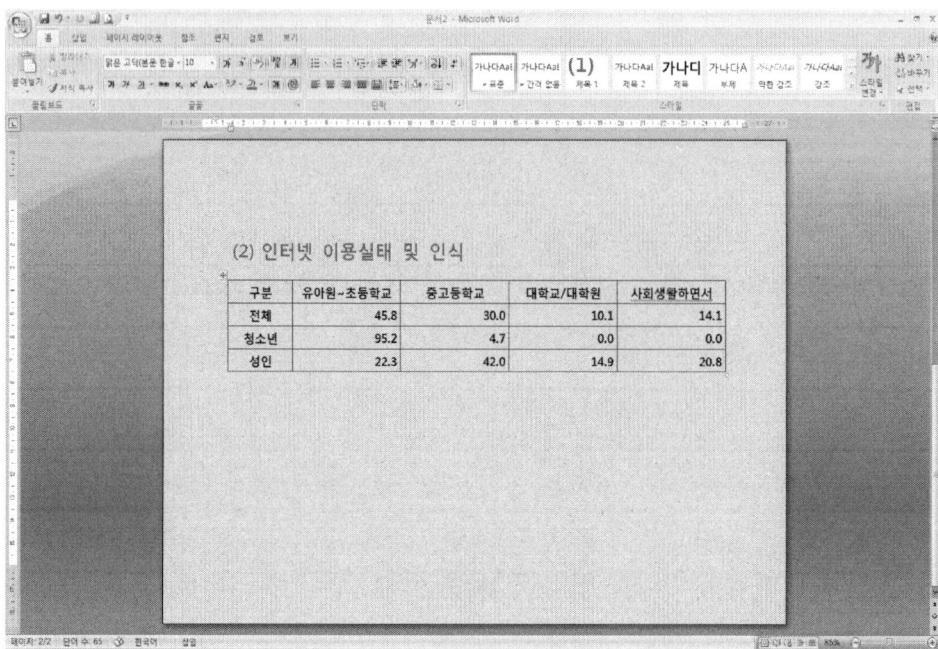

❹ 만든 표의 자료를 이용해 차트를 그려보자. [삽입] 탭 - [일러스트레이션] 그룹 - [차트]를 클릭한다.

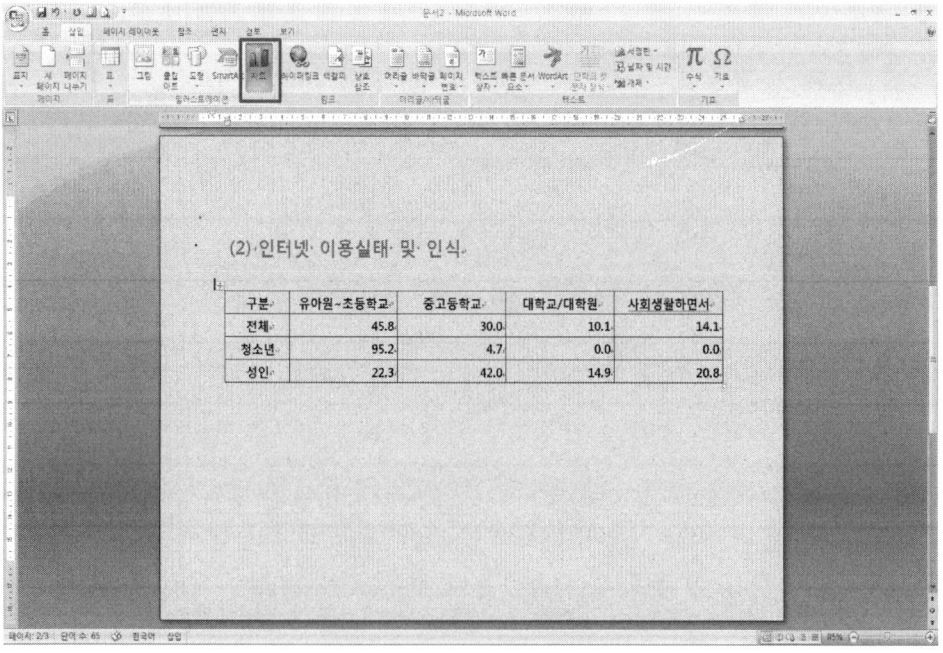

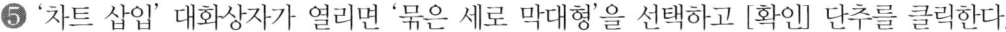

❺ '차트 삽입' 대화상자가 열리면 '묶은 세로 막대형'을 선택하고 [확인] 단추를 클릭한다.

❻ '엑셀 2007' 프로그램이 열리면서 데이터를 입력할 수 있게 된다. '워드2007'의 내용을 복사해 '엑셀2007'에 붙여넣기 한다. 맨밑에 행인 '항목4'는 필요없는 데이터이므로 행을 선택해 삭제하도록 한다.

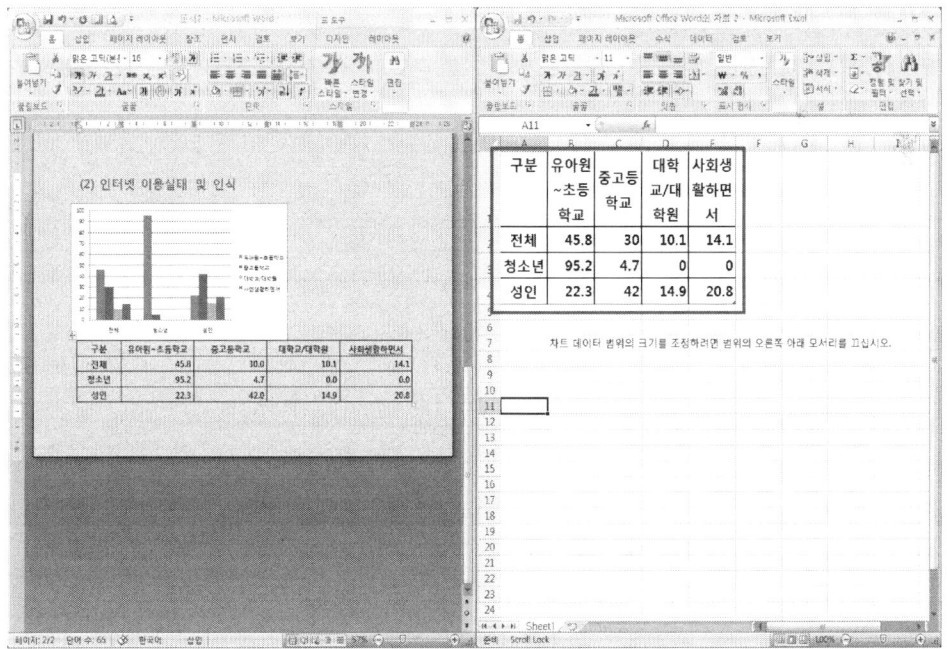

Chapter 06 프레젠테이션용 보고서 만들기_93

❼ [차트 도구] - [디자인] 탭 - [데이터] 그룹 - [행/열 전환]을 눌러 행/열을 바꾼다.

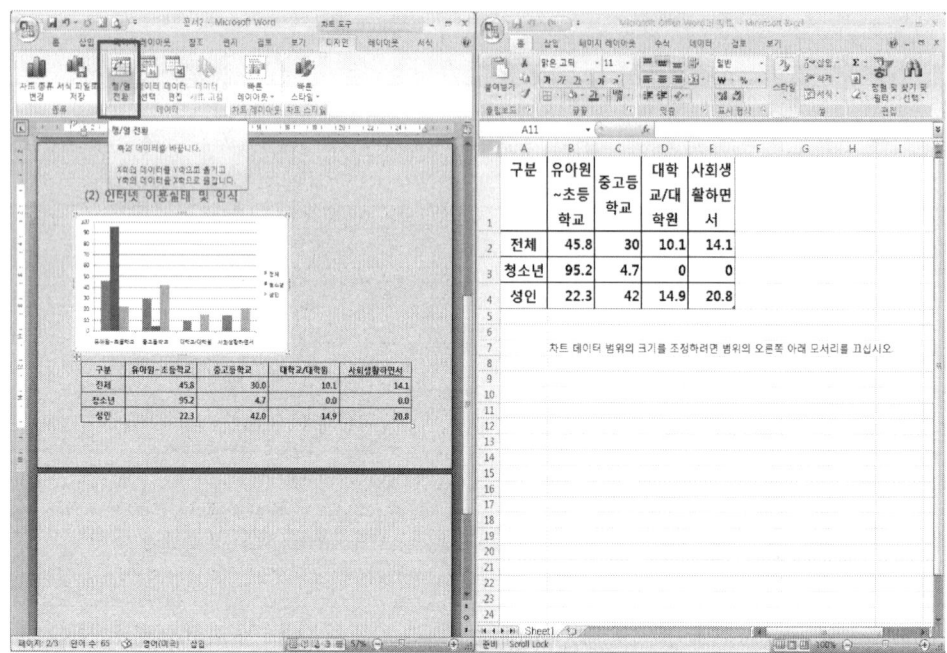

❽ 엑셀창은 이제 필요없으므로 닫고 차트는 가운데 정렬하도록 한다.

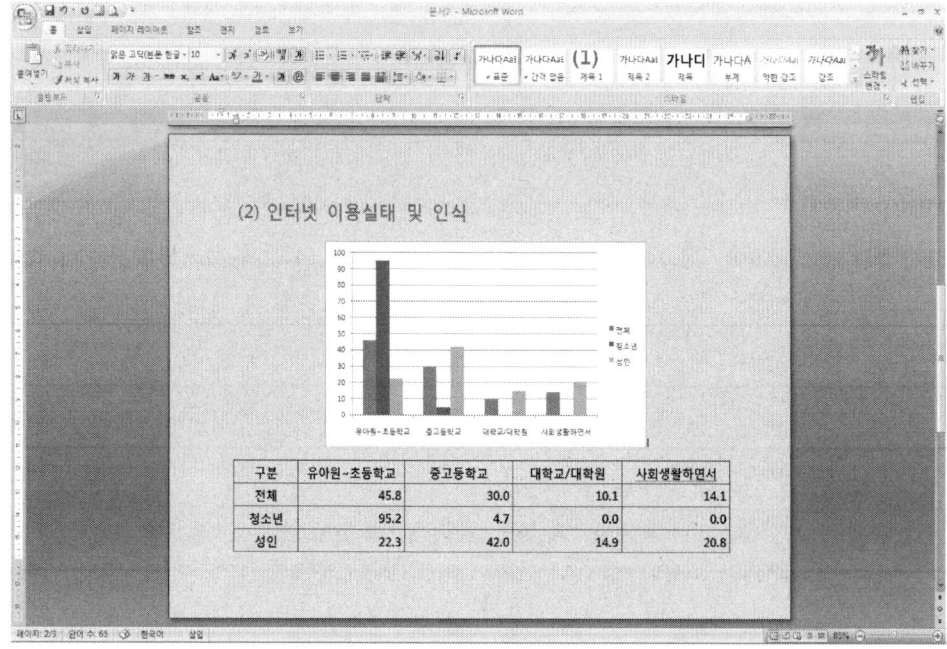

❾ '전체' 계열만 '꺾은선형'으로 변경해보자. '전체' 계열의 파란색 막대를 선택하고 마우스 오른쪽 버튼을 눌러 '계열 차트 종류 변경'을 클릭한다.

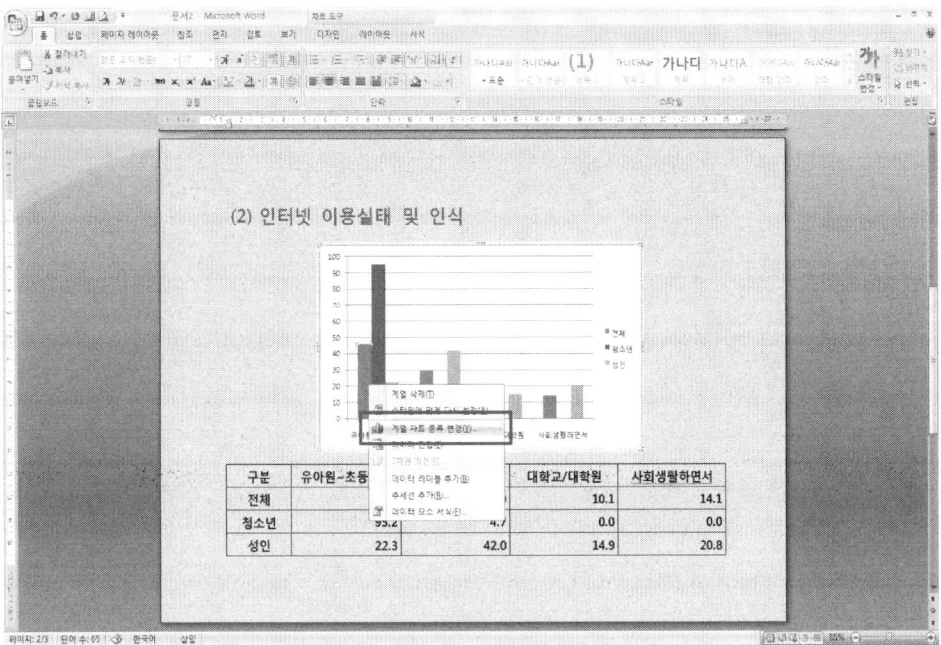

❿ '차트 종류 변경' 대화상자가 열리면 '표식이 있는 꺾은선형'을 클릭하고 [확인] 단추를 클릭한다.

Chapter 06 프레젠테이션용 보고서 만들기_**95**

⑪ [차트 도구] - [레이아웃] 탭 - [레이블] 그룹 - [차트 제목] - '차트 위'를 클릭해 제목 텍스트 상자가 만들어지면 '인터넷 최초 사용시기'라고 입력하자.

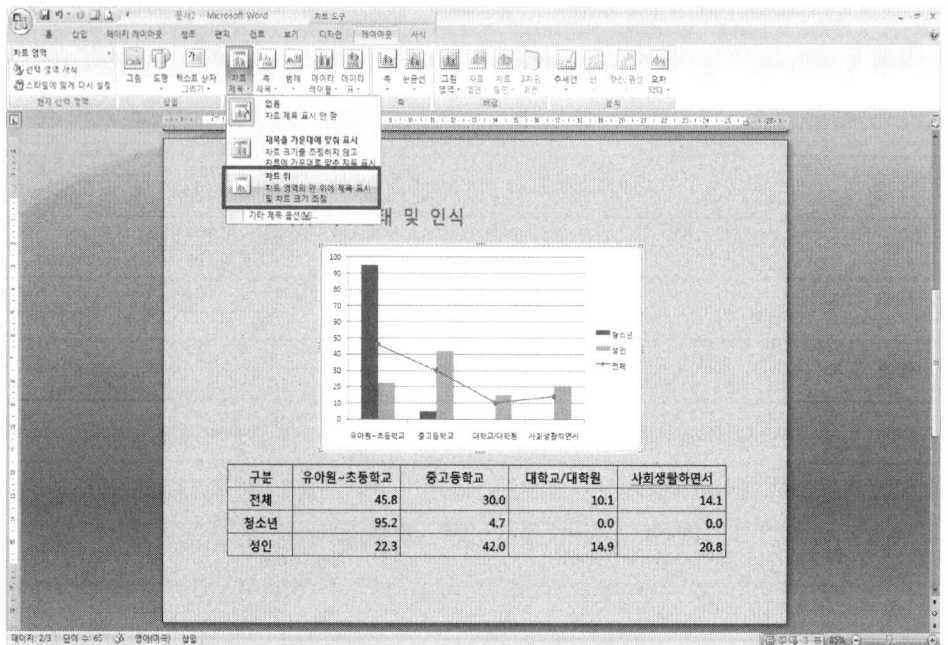

⑫ [차트 도구] - [디자인] 탭 - [차트 스타일] 그룹 - '스타일 29'를 적용해 마무리한다.

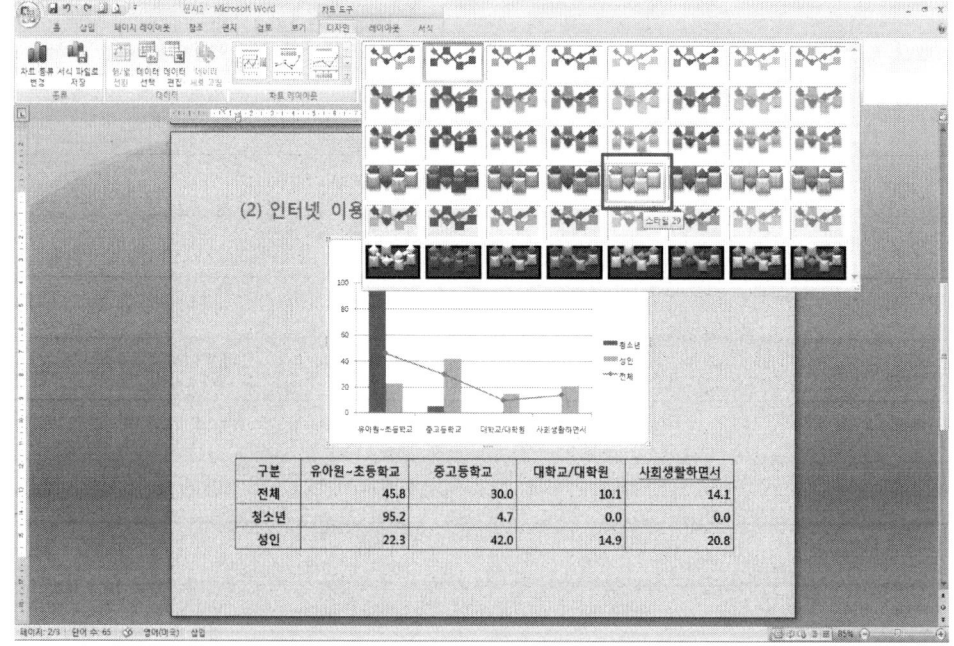

6.3 표지 만들기

❶ 첫 페이지에 커서를 위치시키고 [삽입] 탭 – [페이지] 그룹 – [표지] – '대비'를 클릭한다.

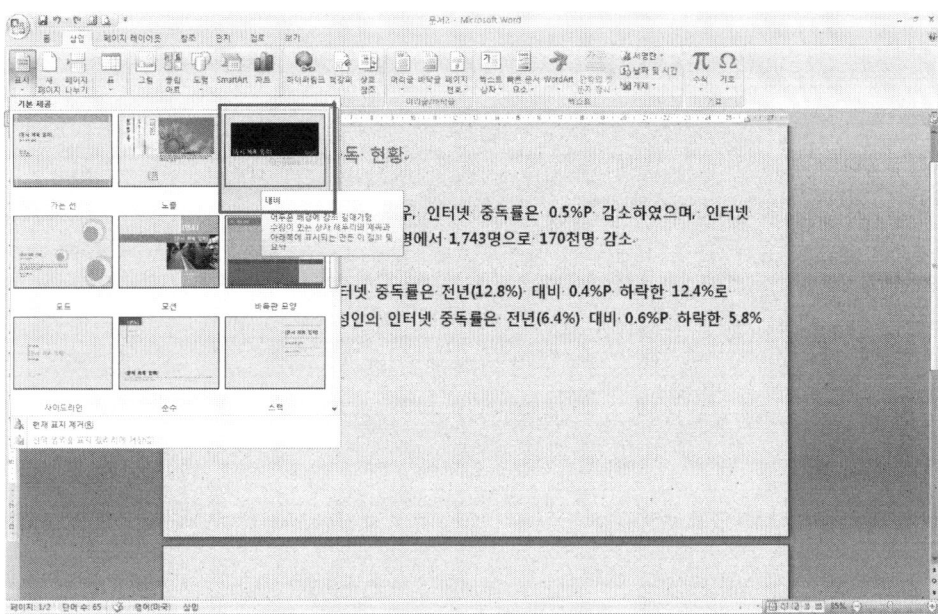

❷ '제목 텍스트 상자'에 '인터넷 중독 실태 조사 보고'라고 입력하고 글자크기 – '42pt', 속성 – '진하게', '기울임꼴'로 서식을 변경한다.

❸ 제목 아랫부분은 필요없는 부분이므로 선택해 〈Delete〉키를 눌러 삭제한다.

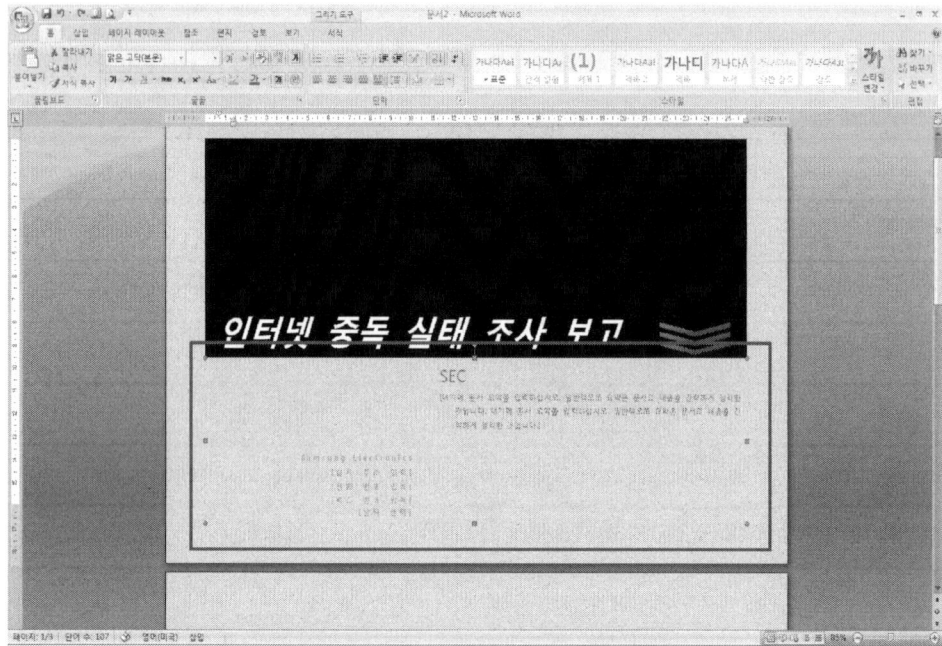

❹ [삽입] 탭 – [머리글/바닥글] 그룹 – [페이지 번호] – [아래쪽] – '사각형3'을 클릭해 페이지 번호를 추가한다.

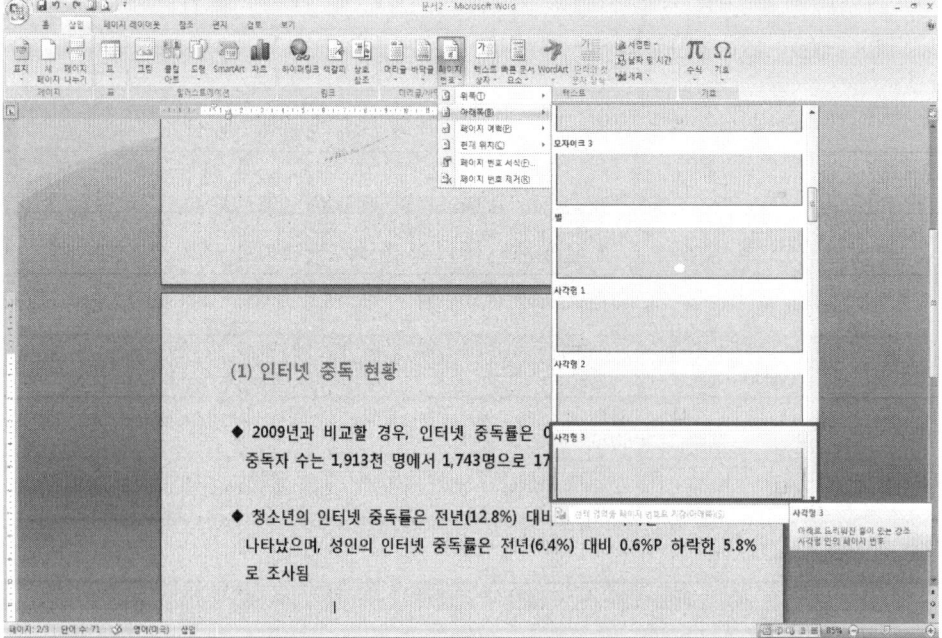

❺ 표지에는 페이지 번호는 넣지 않기 위해 [머리글/바닥글 도구] - [옵션] - '첫페이지를 다르게 지정'이 체크가 되어있는지 확인하고 [머리글/바닥글 닫기] 단추를 클릭해 본문으로 돌아온다.

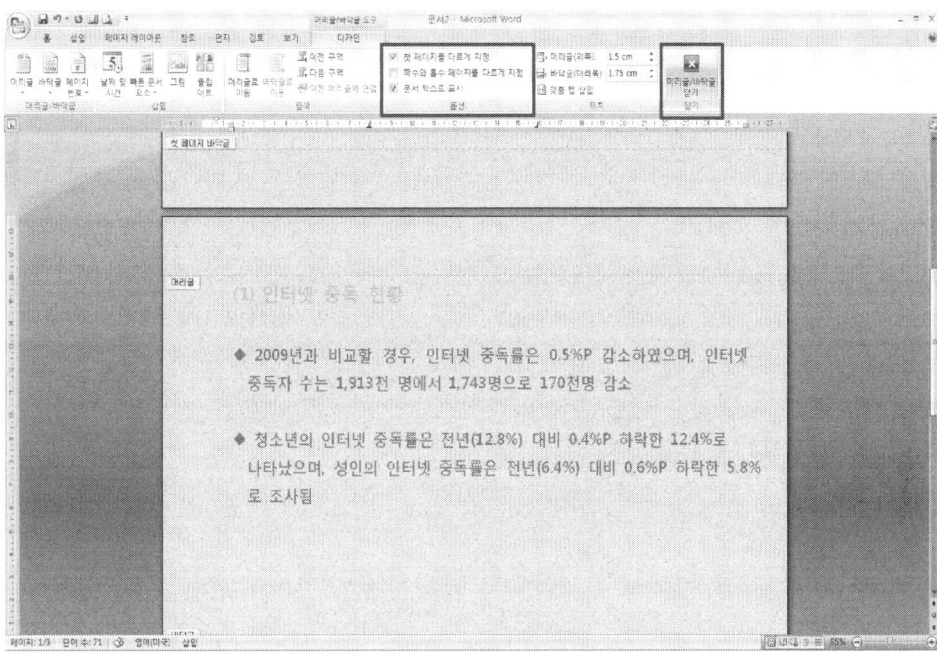

문서작성과 프레젠테이션

6.4 프레젠테이션 실행하기

❶ [보기] 탭 – [문서 보기] 그룹 – [전체 화면 읽기]를 클릭해 프레젠테이션 화면으로 전환한다.

❷ 오른쪽에 나오는 '보기 옵션'을 이용하여 다양한 옵션으로 변경할 수 있다.

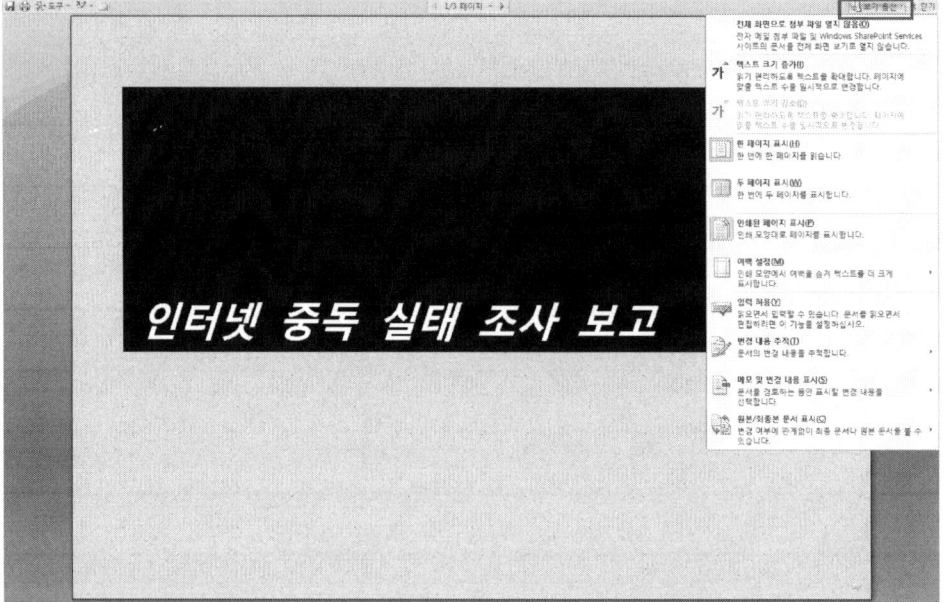

실무활용 예제

- 배경색 : 그라데이션
- 텍스트 삽입
- 차트 삽입(데이터 레이블, 데이터 표 삽입)

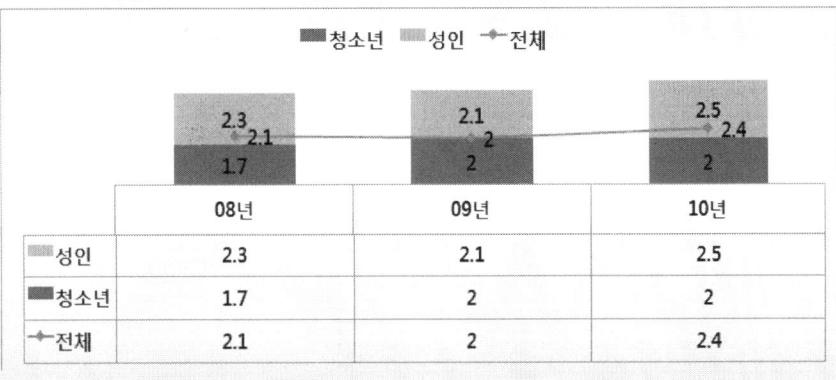

■ 1일 평균 인터넷 이용 시간

✓ 1일 평균 인터넷 이용 시간에는 성인이 2.5시간으로 청소년(2.0)시간보다 길었음

	08년	09년	10년
성인	2.3	2.1	2.5
청소년	1.7	2	2
전체	2.1	2	2.4

Part 02 프레젠테이션 실무

- **Chapter 01** 프리젠테이션 기획 및 설계
- **Chapter 02** 프레젠테이션 디자인
- **Chapter 03** 프레젠테이션 디자인의 기본 익히기1
- **Chapter 04** 프레젠테이션 디자인의 기본 익히기2
- **Chapter 05** 프레젠테이션 디자인의 기본 익히기3
- **Chapter 06** 프레젠테이션 제작, 하나부터 열까지
- **Chapter 07** 우리학교 소개
- **Chapter 08** 프레젠테이션 제작, 언제 어디에나 존재하는 유비쿼터스
- **Chapter 09** 발 표

Chapter 01 프리젠테이션 기획 및 설계

Chapter 01의 학습목표

- 프레젠테이션의 정의에 대해 말할 수 있다.
- 프레젠테이션 기획의 각 단계에 대해 말할 수 있다.
- 스토리보드와 기획서를 작성할 수 있다.

Chapter 01의 학습순서

1.1 프레젠테이션 기획
1.2 스토리보드 작성
1.3 프레젠테이션 기획서 작성
1.4 텍스트 디자인

1.1 프레젠테이션이란?

원래 프레젠테이션은 광고 분야에서 주로 사용되었던 용어이다. 이렇게 광고업계에서 주로 사용되었던 프레젠테이션이 점차 일반 기업에도 실시하고 있으며, 최근에는 취직을 위한 면접에서도 프레젠테이션이 도입되는 등 프레젠테이션의 중요성이 날로 증가되고 있다.
그렇다면 프레젠테이션은 무엇일까? 여러 가지 정의가 있습니다만 쉽고 간단히 말하자면 "청중을 설득해 원하는 결과를 이끌어내는 행위"라고 말할 수 있다.

01 프레젠테이션의 종류

❶ 정보전달형

청중이 알 필요가 있는 내용을 정리하여 일종의 보고 형식으로 발표하는 것으로, 교육이나 세미나, 신제품 발표회, 기업 소개서 등의 프레젠테이션에 주로 사용되며, 청중에게 정보를 전달하거나 메시지의 이해를 목적으로 한다.

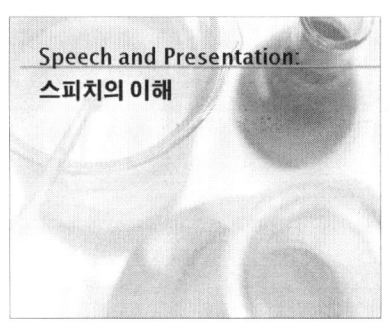

❷ 설득형

청중에게 어떠한 의견, 유익한 아이디어, 제안 등을 체계적으로 정리하여 청중이 받아들이도록 하는 것이 목적이다. 무엇보다도 청중에게 미치는 이점을 논리적으로 잘 정리하여 청중을 설득시키는 기술이 필요하다.

❸ 동기부여형

조 내의 청중을 대상으로 하며 업무 능력을 향상시키거나 단합의 의미를 부여하는 프레젠테이션으로 청중에게 어떤 변화된 의식을 갖도록 하거나 가치관이나 동기를 부여하는 것이 목적이다.

02 프레젠테이션의 활용

기업간의 치열한 경쟁, 자기 PR에 대한 욕구, 파워포인트와 같은 프로그램의 개발 및 보급으로 프레젠테이션의 활용 빈도는 계속 증가하고 있다.

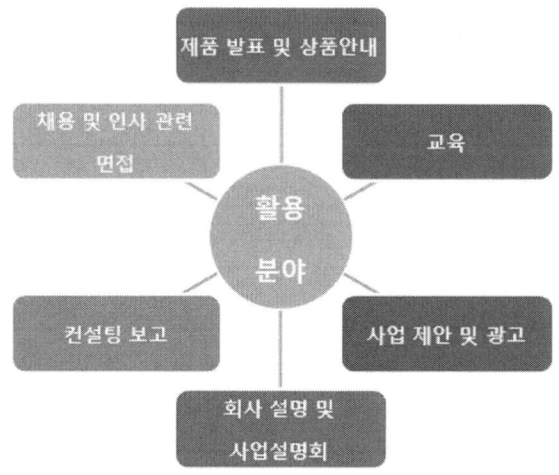

03 프레젠테이션의 매체

청중의 수, 발표 장소의 크기, 발표 목적, 청중의 나이, 성별 등에 따라 장비를 선택하는 것이 합리적이다.

❶ 빔 프로젝터와 스크린

현재 가장 많이 사용하는 장비로 노트북, PC 등과 바로 연결하여 발표 자료를 보여 줄 수 있다. 밝고 자연스러운 영상 재현이 가능한 프로젝터를 사용하고 있는 추세이다.

❷ OHP

스크린 위에 영상을 확대 투영할 수 있는 광학계 기기로 OHP 전용 필름을 사용한다. 중소기업이나 강의장에서 자주 사용하는 방법으로, 빔 프로젝터가 보급 되기 전까지 많이 사용했던 장비이다. OHP는 사용상의 편의성과 종이에 인쇄된 출력물을 통해 프레젠테이션이 가능하다는 장점 때문에 현재에도 꾸준히 사용되고 있는 장비이다.

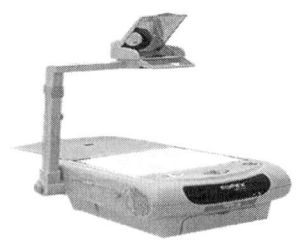

1.2 프레젠테이션 기획

성공적인 프레젠테이션을 위해서는 어떤 과정이 필요할까? 일반적으로 기획은 3단계를 거친다. 프레젠테이션의 목적과 목표를 설정하고 관련 자료를 수집한 후, 어떻게 전달할 것인지 등 전체를 설계하는 기획(Planning) 단계, 기획서와 스토리보드를 바탕으로 원고를 완성한 후, 내용에 적합한 도해를 선택하고 도식화 작업으로 프레젠테이션 자료를 만드는 준비(Preparation) 단계, 마지막으로 프레젠테이션을 위해 준비해야 할 사항들을 체크하고 준비해서 성공적인 프레젠테이션을 진행하는 발표(Presentation) 단계이다.

이 3단계 중 우리나라에서는 '기획' 부분을 중요시 여기지 않는 경향이 있다. 기획을 너무 어렵게 생각하거나 아예 필요없는 것이라 여기는 경우가 많아 생략하는 경우도 많다. 하지만 기초공사가 잘 되지 않으면 부실공사가 될 수 있듯이 성공적인 프레젠테이션을 위해서는 반드시 기획 과정이 탄탄해야만 한다.

기획의 일반적인 절차는 다음과 같이 "5W2H"를 통해 기획할 수 있다.

❶ Why
- 프레젠테이션을 왜 하는가?

❷ What
- 프레젠테이션의 목적, 목표는 무엇인가?
- 프레젠테이션을 통해 청중은 무엇을 얻고 싶어하는가?

❸ Who
- 누가 프레젠테이션 할 것인가?
- 청중은 누구인가?

❹ Where
- 어디에서 프레젠테이션 하는가?
- 관련 정보는 어디에서 얻는가?

❺ When
- 날짜, 시간은 언제 할 것인가?
- 작업 시간은 얼마나 소요되는가?

❻ How
- 프레젠테이션을 어떻게 진행할 것인가?

❼ How much
- 예산은 얼마나 들며 수익은 어느 정도 예상하는가?

01 목표 설정

기획의 제일 첫 번째 단계로 프레젠테이션의 목표를 설정해야 한다. 목표를 설정할 때 가장 중요한 것은 목표가 현실적이고 구체적이어야 한다.

목표가 정해지면 '핵심 메시지'를 확정하는 것이 좋다. 핵심 메시지는 단 1분밖에 주어지지 않았을 때 청중에게 해야 할 말이다. 즉, 결론이기도 하다. 프레젠테이션을 할 때 서두에 핵심 메시지, 즉 결론을 먼저 말하는 것이 좋다. 결론을 먼저 말하게 되면 중간에 바빠서 나가더라도 결론을 알기 때문에 나중에 자료 검토에 들어갈 수도 있고 나머지 청중들도 이미 결론을 알기 때문에 설명에 흥미를 가지고 좀 더 귀 기울여 듣게 된다.

02 청중 분석

프레젠테이션을 준비할 때 두 번째로 해야 할 일은 청중을 분석하는 것이다. 기획단계에서 상당히 중요한 부분이다.

❶ **청중은 누구이고, 누가 결정권자인가?**
청중에 어떤 사람들이 있고, 그 중에서 누가 결정권자인지 그 사람의 성향을 파악해 둘 필요가 있다. 발표시에도 결정권자의 표정을 읽어가며 분위기를 조절하도록 한다.

❷ **청중의 수준과 연령대, 성별은 어떠한가?**
청중이 전문가라면 배경 설명은 간단히 설명하고 곧바로 핵심으로 들어가는 것이 좋으며 비전문가인 경우는 전문적인 용어는 피해 설명해야 하며 최대한 쉽게 설명하도록 한다. 또한 청중이 고연령이라도 시력이 떨어져 글자가 잘 보이지 않을 수 있으므로 글꼴의 크기를 가능하게 크게 하며 저연령인 경우는 멀티미디어와 애니메이션을 활용하여 청중의 흥미를 끌도록 유도한다. 그리고 일반적으로 남자는 결과를 중요시하며 여자는 과정을 중요시하므로 이 또한 청중분석시 고려해야한다.

❸ **청중이 알고 싶어하는 것은 무엇인가?**
청중들은 오랫동안 얘기 듣는 것을 싫어한다. 청중이 알고 싶어하는 것에 대해서만 논리적으로 설명할 필요가 있다. 예를 들면 어떤 제안을 할 시 제안이 통과하면 청중들에게 돌아갈 이익이 뭐가 있는지 설명해야 한다.

❹ **청중의 성향을 파악하라.**
청중들의 성향을 파악할 필요가 있다. 어떤 청중들은 숫자 데이터로 정확한 값을 요구하는

경우가 있는가 하면 슬라이드 디자인에 취중하는 청중이 있으니 말이다. 또한 좋아하는 색상을 파악해 슬라이드 분위기를 맞추는 것도 좋은 방법이다.

❺ 제안에 찬성할 것인지? 반대할 것인지도 예측하라.

제안에 반대한다면 왜 반대를 하는지? 그리고 그 해결책을 강구해 자료를 만들 필요가 있다.

03 스토리 작성

목표 설정과 청중 분석이 끝났다면 프레젠테이션을 어떤 스토리로 끌고 갈 것인지를 구상을 해야한다. 일반적으로 널리 사용되는 전개 방식은 '서론-본론-결론'이지만 앞에서도 말했듯이 결론 부분의 핵심적인 내용부터 시작하여 청중의 관심을 유도하는 것이 바람직하며, 본론은 서론에서 제시한 결론의 이유와 근거를 제시하는 것이 효과적이다. 또한 처음에 강조했었던 결론의 핵심 부분을 재차 강조하여 청중에게 중요한 내용들을 어필하는 것이 좋다.

04 자료 수집

프레젠테이션 제작 시 기본적인 계획하에 자료조사를 실시해야 한다. 여기서 자료란 프레젠테이션 목적에 도움이 되는 내용을 담고 있는 정리된 모든 문서를 말하며, 자료 조사는 목적에 맞게 수집, 분류, 정리하여 활용할 수 있게 만들어야 한다. 또한 자료를 조사할 때는 정확성, 적합성, 신뢰성에 주의를 해야 하는데 정확하고 객관적인 데이터를 기반으로 발표자가 주장하는 바를 이끌어 낼 때 청중은 프레젠테이션에 대해 신뢰성을 형성하고 긍정적으로 검토하게 된다.

❶ 온·오프라인 매체를 통한 자료 수집

온라인 매체를 통한 자료 수집은 인터넷의 각종 정보 사이트나 인터넷 뉴스 기사등의 자료에서 데이터를 수집하는 방법이다. 자료가 방대하긴 하지만 공정성을 지닌 자료를 선별해서 활용해야 한다는 단점이 있다.

오프라인 매체를 통한 자료 수집은 전문 서적이나 신문 보드 자료등의 인쇄 매체에서 데이터를 수집하는 방법이다. 비교적 객관성을 갖고는 있지만 많은 시간이 소요된다는 단점이 있다.

❷ 정부 기관이나 협회, 통계기관을 통한 자료 수집

정부 기관이나 협회, 통계 기관에서 공시되는 자료는 통계학적 데이터가 대다수이므로 출처가 분명하고 공신력 있는 기관의 자료라는 점에서 청중에서 가장 신뢰감을 주는 자료이다. 대표적인 정부기관이나 통계기관으로는 통계청, 한국은행, 한국 무역협회등이 있으며 협회로는 한국통계연구원, 한국인터넷진흥원등이 있다.

❸ 전문가를 통한 자료수집

홈페이지를 이용하거나 포럼등을 통해 전문가의 도움을 받을 수도 있다.

1.3 스토리보드 작성

지금까지 기획을 통해 얻어진 프레젠테이션의 목표와 핵심 메시지, 대략적인 구성등이 확정이 되면 이를 기반으로 스토리보드(Storyboard)를 작성한다. 스토리보드는 제목, 도해, 발표할 내용, 애니메이션 등 프레젠테이션 제작에 필요한 모든 것을 기록하는 작업을 말한다. 하지만 매번 프레젠테이션 자료를 만들 때마다 스토리보드를 만들 수 있으면 좋겠지만 시간과 노력이 많이 소요되므로 자세하게 작성하지 않더라도 A4용지에 대략 스케치하듯이 제목과 목차 순서에 따라 구성요소의 배치와 들어갈 내용들을 기록하고 정리한다.

[슬라이드 제목]	
[레이아웃]	[슬라이드 번호]
[특기사항]	[화면 전환]

1.4 프레젠테이션 기획서 작성

기획을 진행하면서 확정된 내용들을 기록하는 곳이다.

프레젠테이션 기획서

1. 프레젠테이션 개요
    - (가) 주제 :
    - (나) 목적 :
    - (다) 장소 :
    - (라) 일시 :

2. 프레젠테이션 환경
    - (가) 청중현황 : 청중수, 성별비율, 연령층, 전문성 및 관심분야 등
    - (나) 활용매체 :
    - (다) 활용기자재 : PC, ,스크린, 빔프로젝트, 스피커 등

3. 프레젠테이션 자료
    - (가) 프리젠테이션 초안 원고
    - (나) 프레젠테이션 최종 원고

4. 향후 추진 일정
    - (가) 프레젠테이션 설계, 제작 등의 자료 준비 일정
    - (나) 팀원 분담 업무

Chapter 02 프레젠테이션 디자인

Chapter 02의 학습목표

- 텍스트 디자인의 개념을 이해한다.
- 색상 및 배색효과를 이해한다.
- 디자인에 있어 공간을 효과적으로 배열하는 기술을 이해한다.

Chapter 02의 학습순서

2.1 슬라이드 디자인
2.2 레이아웃

2.1 텍스트 디자인

타이포그래피(Topography)란 문자를 운용하는 기술이라는 말로 표현할 수 있다. 글자와 글자가 위치한 공간, 레이아웃된 모양 등 글자로 디자인된 상태 및 과정을 다루는 그래픽 과정을 통틀어 타이포그래피라 한다. 디자인이라는 새로운 학문이 탄생하면서 그 의미도 현대적 의미로 바뀌었다. 타이포그래피는 활판인쇄술 뿐만 아니라 전달의 한 수단으로써 활자를 기능과 미적인 면에서 보다 효율적으로 활용하는 기술이나 학문이라는 개념으로 바뀌었다. 뜻이 바뀌어 사진까지도 첨가하여 구성적인 그래픽 디자인 전체를 가리키고 일반의 디자인도 있다.

전통적인 타이포그래피가 읽기 위한 글자보다 보기에 좋고 아름다운 미적장식 측면 위주라면, 현대적인 타이포그래피는 미적 가치보다는 독자 중심의 기능에 초점을 두고 있다.

01 서 체

❶ 기본글꼴 및 특성

텍스트의 글꼴이 너무 현란하거나 가시성이 좋지 않은 경우에는 시선이 주위로 분산되기 때문에 제대로 내용을 이해하기가 어렵다. 최대한 가독성이 높은 텍스트의 글꼴을 선택하는 것이 좋다. 텍스트 슬라이드의 조건은 가독성과 판독성이다. 가독성은 문자의 읽기 쉬운 정도를 말하고, 판독성은 큰 제목과 같은 짧은 문자를 얼마나 쉽게 알아 볼 수 있는지를 의미한다.

일반적으로 책인 신문을 읽을 때는 세리프체가 가독성이 높고, 프레젠테이션의 경우에는 산세리프체가 가독성이 높다. 프레젠테이션 시 인쇄물보다 낮은 해상도의 빔 프로젝트를 사용하기 때문에 세리프체가 제대로 보이지 않는다. 프레젠테이션에서는 주로 산세리프체 계열의 굴림, 돋움, 고딕, 헤드라인체가 많이 이용된다.

돋움체	프레젠테이션 디자인
굴림체	프레젠테이션 디자인
견고딕체	**프레젠테이션 디자인**
헤드라인체	**프레젠테이션 디자인**
Arial	프레젠테이션 디자인
Arial Narrow	Presentation Design
Arial Black	**Presentation Design**
Tahoma	Presentation Design

한글과 영문을 혼용해서 사용할 때는 고딕체의 글꼴은 고딕체끼리, 명조체의 글꼴은 명조체끼리 사용하는 것이 가독성이 높고, 간혹 고딕체와 명조체를 함께 사용할 때는 빈번히 사용하는 것을 피한다. 많은 글꼴을 사용을 하면 시각적으로 짜임새가 없어져 보인다. 글꼴 수는 3~4개로 제한하는 것이 좋다. 한글의 글꼴 서식 지정시 밑줄 또는 그림자 지정은 가독성을 떨어뜨리므로 특별한 경우를 제외하고 사용하지 않는 것이 좋다.

❷ **글꼴크기**

본문의 흐름이 시각적으로 보기 편하기 위해서는 활자의 크기, 행폭, 행간의 비례가 서로 조화를 이뤄야 한다. 글씨의 크기가 지나치게 크거나 작게 되면 청중들의 눈은 금방 피로하거나 실증을 느끼게 된다. 행의 길이가 너무 길거나 짧아도 읽는데 리듬감에 방해를 준다. 본문 글씨 크기는 16 포인트 이상이 좋다.

제목 슬라이드의 경우 제목은 44~60 포인트, 부제목은 32~36 포인트를 사용하는 것이 좋다. 내용 슬라이드의 경우에는 제목은 36~44 포인트, 본문은 20~32 포인트를 사용하는 것이 좋다. 물론 텍스트의 분량, 발표 장소의 크기를 고려해 글자 크기를 조절할 수 있지만 본문에 사용할 크기는 18포인트 이하는 사용하지 않는 것이 좋다.

```
프레젠테이션 디자인-54pt
프레젠테이션 디자인 -44pt
프레젠테이션 디자인-36pt
프레젠테이션 디자인 -28pt
프레젠테이션 디자인 -20pt
```

❸ 글자색

글자색은 슬라이드 배경에 따라 다르게 지정한다. 슬라이드 배경이 어두운 계통이라면 밝은 색으로 슬라이드 배경이 밝은 색이라면 글자는 어두운 색으로 지정한다. 발표를 목적으로 하는 슬라이드를 만들 때는 배경색은 검정, 군청 계열이 좋으며, 글자색은 흰색, 노랑색, 주황색 계열이 적당하다.

명시성이 높음

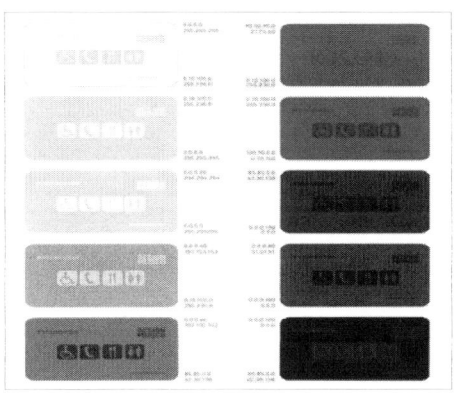
명시성이 낮음

❹ 내 용

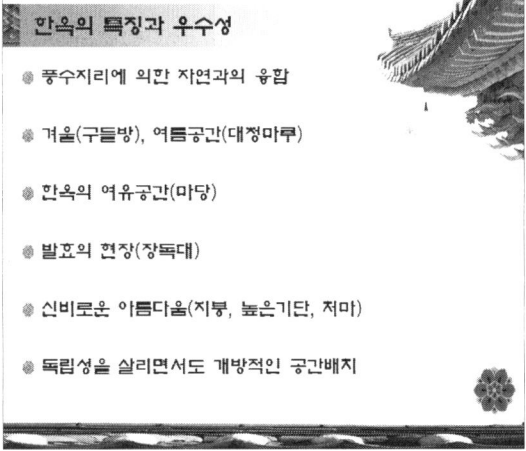

지나치게 긴 문장의 텍스트는 읽기도 어려울 뿐만 아니라 내용에 대한 이해도 어렵게 만든다. 따라서 청중에게 발표내용을 효과적으로 전달하기 위해서 내용을 간결하게 작성하는 것이 좋다.

슬라이드의 모든 글씨는 가로쓰기를 기본으로 하지만, 특별히 강조하기 위해서는 세로로 써야 할 경우도 있다. 단, 세로쓰기를 할 경우 책의 제목을 쓰는 것과 반대로 사용하는 것이 좋다. 한 슬라이드에는 7줄 이하, 한 줄에는 7단어 이하로 하는 것이 좋으며, 경우에 따라 조절하는 것이 좋다. 서술형 문장을 간결하게 요약하기 위해서는 서술형, 쉼표, 마침표, 따옴표와 같은 문장부호를 생략할 수 있다.

영어의 경우 동일한 글꼴을 사용했더라도 대문자와 소문자에 따라 읽기의 난이도가 달라진다. 모두 대문자로 썼을 때는 읽기가 어려우므로, 대문자보다 소문자로 쓰는 것이 좋다.

❺ **가독성**

문자, 기호 또는 도형이 얼마나 쉽게 읽히는가 하는 시각적 속성으로 서체, 굵기, 크기, 자간에 따라 결정이 된다. 색의 경우 명시성이 높아 멀리서도 잘 보이는 정도를 말한다. 가독성은 타이포그래피에서 활자를 보다 쉽게 읽히게 하는 시각적 속성으로 서체, 굵기, 크기, 자간에 따라 결정된다. 가독성을 높이기 위해서는 어느 부분보다 자간의 역할이 크다. 문장에서 자간이 불규칙하거나 지나치게 멋을 내면 시각적 변덕스러움이 강조돼 가 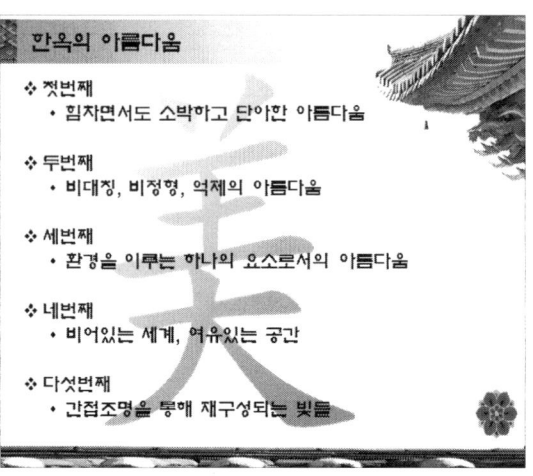 독성이 떨어지기 때문에 강조해야 할 부분이나 제목에서는 적당할 수 있겠지만, 본문과 같이 많은 내용이 들어가는 부분에서는 적절하지 못하다.

2.2 슬라이드 디자인

01 색의 이해

모든 색은 유채색과 무채색으로 구분이 된다. 무채색은 백색에서 회색을 거쳐 흑색에 이르는 색상과 채도가 없고 명도만으로 구별된다. 일반적으로 백색에서 흑색까지 무채색의 밝은 정도를 감각적으로 등분하여 늘어놓고, 그 배열에 붙인 번호로써 밝기를 구별하며, 이를 다시 유채색을 포함한 모든 색의 밝기의 척도로 삼는 경우가 많다. 주로 텍스트 입력에 사용된다. 유채색은 물체의 색 중에서 색상이 있는 색을 의미하며, 무채색을 제외한 모든 색을 말한다. 일반적으로 관용되고 있는 색명은 단순히 색상뿐이 아닌 색의 채도·명도를 포함해서 독자적인 색을 말하는 경우가 있다.

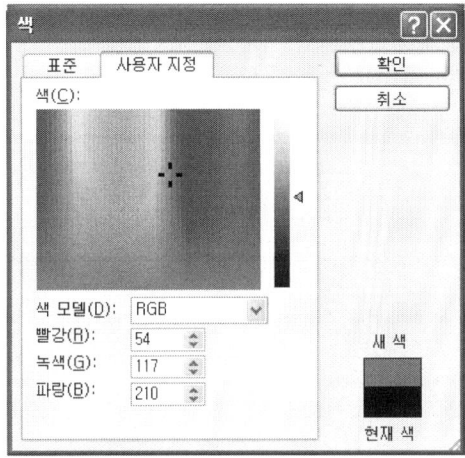

02 색의 3속성

색의 3속성이란 색상(Hue), 명도(Brightness), 채도(Saturation) 3가지를 말한다. 3차원 공간의 각각의 축으로 형성된 색 공간은 컬러 디자인이나 컬러 공학 등의 학문 또는 산업분야에서 컬러를 다루는데 있어서 기본적으로 이해하여야 할 개념이다.

❶ 색상(Hue)

색상은 빨강, 노랑, 초록, 파랑, 보라 등으로 구분할 수 있는 색의 종류를 말한다. 색조와 거의 같은 뜻으로 쓰이는데, 색상의 변화를 계통적으로 고리 모양으로 배열한 것이 색상환이다. 마주보고 있어 거리가 가장 먼 색을 보색이라 하고, 가까운 쪽에 있어 색상 차이가 작은 색을 유사색이라 한다. 우리나라에서는 먼셀의 색체계를 사용하고 있다.

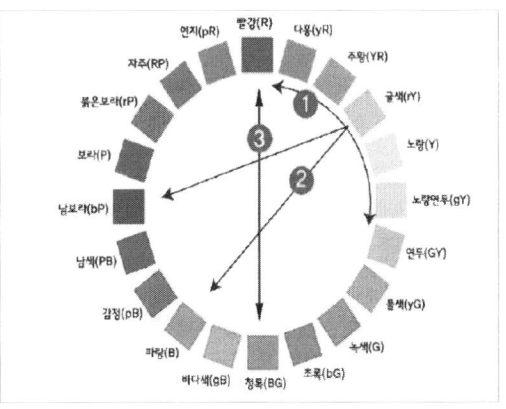

- **유사대비** : 색상환에서 가깝게 근접해 있는 색상을 말한다. 즉, 유사 조화란 같거나 비슷한 성격을 가진 색들끼리의 배색으로 안정감, 편안함, 부드러운 느낌을 표현할 수 있다.
- **반대대비** : 서로 다른 색이나 성격이 반대되는 색들이 배색 되었을 때 얻어지는 조화를 말한다. 보색 대비와 비슷한 느낌이며, 강하면서도 고급스러운 느낌을 전달 할 수 있다.
- **보색대비** : 강한 대비의 배색으로 색상환에서 반대되는 색상끼리 배색되었을 때 얻어지는 조화를 말한다. 명도, 채도 대비를 함께 고려하여 배색하면 강한 인상을 줄 수 있다.

❷ 명도(Brightness)

명도는 색의 밝고 어두운 정도를 말한다. 검은색에 가까울수록 저명도, 흰색에 가까울수록 고명도라고 하며, 명도는 슬라이드의 명시성과 가독성을 결정하는 주요 요소이자 프레젠테이션 디자인의 전체 분위기를 결정한다.

명도가 다른 두 색을 배색 하였을 때, 밝은 색은 더욱 밝게, 어두운 색은 더욱 어둡게 보이는 현상이다. 밝고 어두운 차이가 크게 나는 배색으로 선명함, 깨끗함을 표현할 수 있다. 명도 차이를 크게 하는 것은 배색의 기본이다.

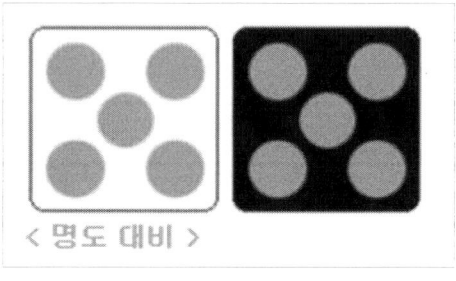

< 명도 대비 >

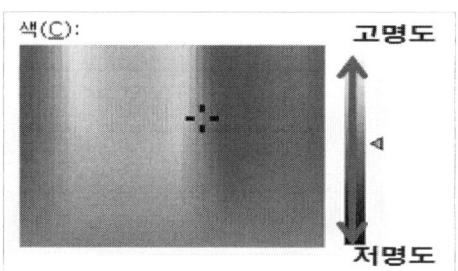

❸ 채도(Saturation)

채도는 색의 맑고 탁함, 순수한 정도, 색의 강약, 포화도를 나타내는 성질을 말한다. 가장 깨끗하고 순수하게 원래의 색에 가까울 때 채도가 높다고 하고, 반대로 흰색이나 검은색이 많이 섞여 탁하게 느껴질 때는 채도가 낮다고 한다. 흰색, 검은색, 회색은 무채색이다.

채도가 다른 두 색을 인접하였을 때 서로의 영향을 받아 채도가 높은 색은 더욱 높아 보이고, 채도가 낮은 색은 더욱 낮아 보이는 현상을 채도대비라 한다. 채도가 높은 색과 낮은 색으로 배색을 하면 산뜻하고, 고급스러운 느낌을 표현할 수 있다.

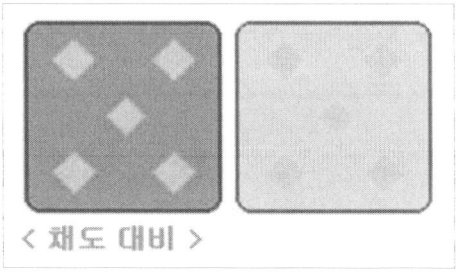

< 채도 대비 >

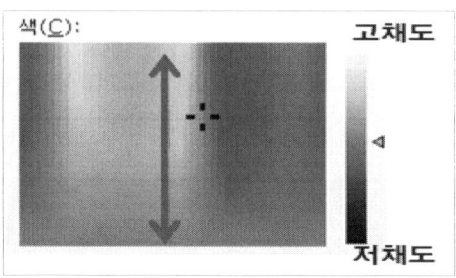

03 배색효과

배색은 단순히 색을 혼합하는 것이 아니라 두 가지 이상의 색을 서로 위치시키거나 배치시키는 것이다. 색은 인접한 색에 따라 느낌이 달라지므로 배색은 디자인에 있어 매우 중요한 부분이라고 할 수 있다. 배색을 할 때는 청중의 시선을 끌 수 있는 색, 주제와 부합되는 색, 주위 환경과 조화를 이룰 수 있는 색, 청중의 분위기와 어울리는 색, 쉽게 피로를 느끼지 않는 색 등 디자인의 목적과 기능에 맞춰야 하고, 색의 심리적인 작용과 유용성을 고려해야 한다.

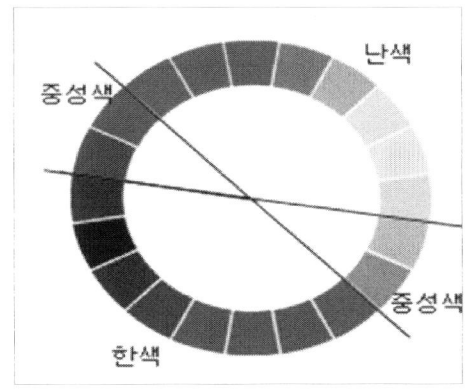

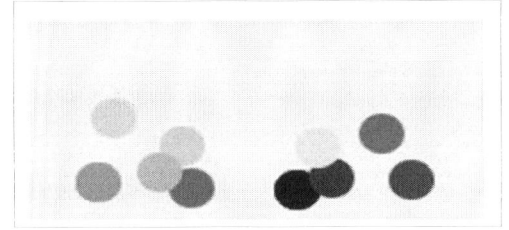

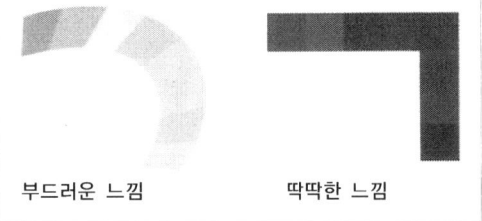

부드러운 느낌   딱딱한 느낌

부드러운 색

딱딱한 색

2.3 레이아웃

디자인·광고·편집에서 문자·그림·기호 등의 각 구성요소를 제한된 공간 안에 효과적으로 배열하는 일, 또는 기술을 말하며, 효과적인 커뮤니케이션을 위해 일정하게 배정된 지면에 레이아웃 구성요소들을 조화롭고 균형있게 배치하는 작업을 말한다. 레이아웃은 모든 디자인의 기본이 되며, 좋은 레이아웃은 전달성, 가독성, 주목성, 심미성 등이 뛰어나며 안정적인 구조를 갖는데, 이는 파워포인트의 슬라이드 디자인에서도 중요한 역할이다.

 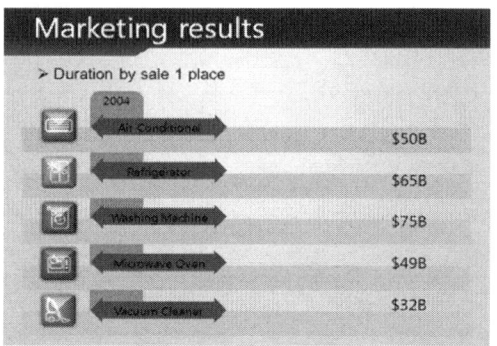

레이아웃이 적용되지 않은 예　　　　　　레이아웃이 적용된 예

01 균 형

균형은 시각적인 무게감에서 동등한 분배로 안정감을 느끼는 것을 말하며, 대칭과 비대칭, 비례가 있다. 대칭은 중앙을 중심으로 양쪽에 동일한 형태로 배치되는 것을 말하며 경직되고 정적인 느낌을 갖는다. 비대칭은 비슷하지 않은 요소가 비중에 의해 시각적으로 안정되어 보이는 것으로 감각적인 느낌을 주며, 비례는 수량이나 면적, 길이의 대비관계를 말하며 비율이라고도 한다. 슬라이드 레이아웃에서도 대칭을 이용한 균형미가 강조된 도해 디자인이 많다.

균형미가 없는 슬라이드

02 강조와 대비

강조는 한 가지 요소가 다른 요소들과 다를 때 나타나는 현상으로 색채, 분리, 대비, 배치 등에 의해 표현되며, 대비는 서로 다른 요소들이 대비되는 현상으로, 유동적이고 강렬한 느낌으로 표현된다. 슬라이드 레이아웃에서도 색채나 배치를 통한 강조를 통해 주제어를 부각시키거나 대비를 통해 대립적 의미를 표현하기도 한다.

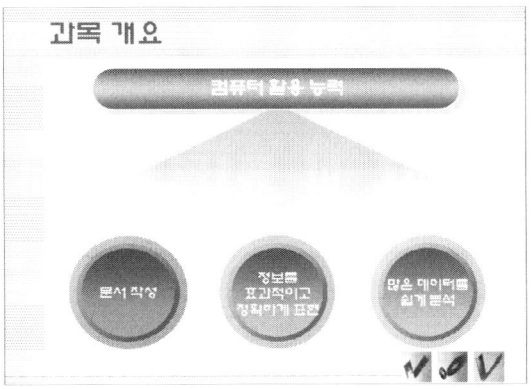

03 여 백

여백은 슬라이드에서 도형이나 텍스트, 이미지 등이 들어가지 않은 빈 공간을 의미하며 가독성과 주목성, 심미성 등과 밀접한 연관성을 갖는다. 내용으로 가득 메워진 여백이 없는 슬라이드는 청중으로 하여금 내용을 읽는 데 피로함을 느끼게 하고 거부감을 줄 수 있다. 위아래, 줄간격의 적당한 여백은 세련된 느낌과 함께 내용에 대한 가독성을 높여준다.

Chapter 03 프레젠테이션 디자인의 기본 익히기1

Chapter 03의 학습목표

- 파워포인트에서 텍스트를 입력할 수 있다.
- 스마트아트를 이용해 조직도를 만들 수 있다.

Chapter 03의 학습순서

3.1 파워포인트 2007 처음 사용하기

3.2 텍스트 슬라이드

3.3 SmartArt 슬라이드

결과 미리보기

성공적인 프레젠테이션이란?

한국대학교
홍길동

목 차

1. 프레젠테이션이란?
2. 프레젠테이션의 3단계
   * 기획
   * 준비
   * 발표

결과 미리보기

프레젠테이션 3단계

- **기획**: 프레젠테이션의 목적과 목표를 설정하고 관련 자료를 수집한 후, 어떻게 전달할 것인지 등 전체를 설계
- **준비**: 기획서와 스토리보드를 바탕으로 원고를 완성한 후, 내용에 적합한 도해를 선택하고 도식화
- **발표**: 프레젠테이션을 위해 준비해야 할 사항들을 체크하고 준비해서 프레젠테이션을 진행

슬라이드 레이아웃의 3요소

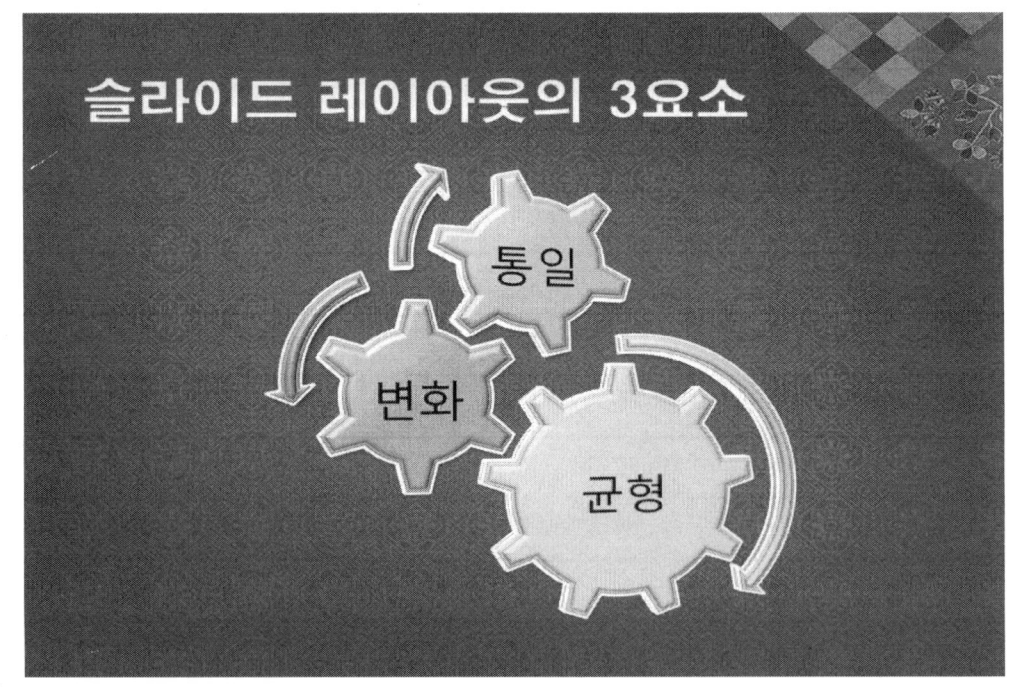

통일 / 변화 / 균형

3.1 파워포인트 2007 처음 사용하기

파워포인트를 시작하고 종료하는 방법에 대해 알아보자.

01 파워포인트 실행하기

파워포인트를 실행하는 방법은 2가지 방법이 있다.

❶ [시작] 버튼 - [모든 프로그램] - [Microsoft Office] - [Microsoft Office Powerpoint 2007] 을 클릭하여 실행한다.
❷ 바탕화면의 파워포인트 바로 가기 아이콘을 더블클릭하여 파워포인트를 실행한다.

02 파워포인트 화면 구성

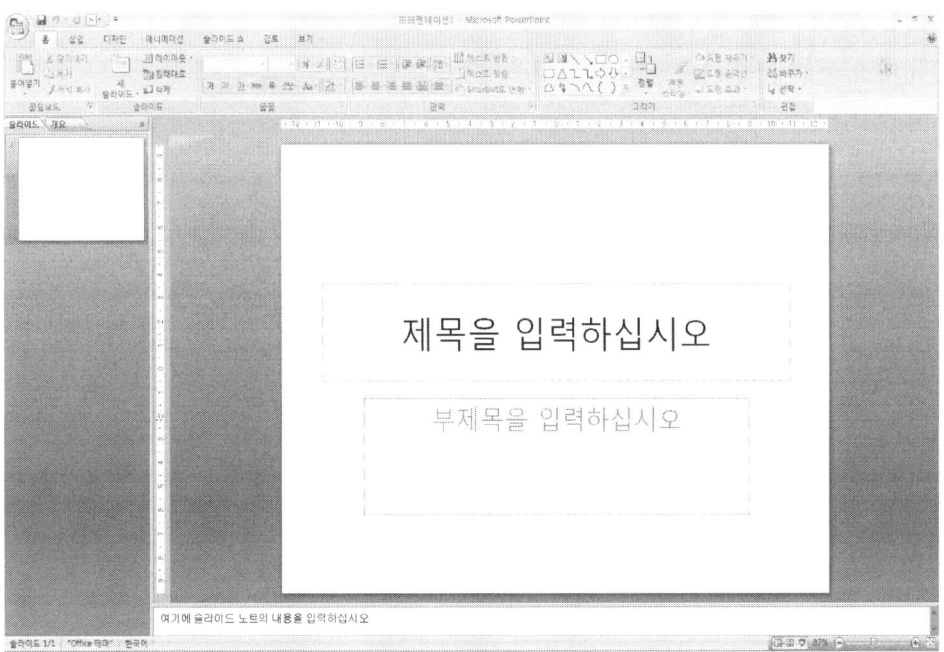

03 파워포인트 파일 저장하기

❶ 파워포인트 화면 왼쪽 상단의 [Office] 버튼 - [다른 이름으로 저장] - [PowerPoint 프레젠테이션]을 선택한다.

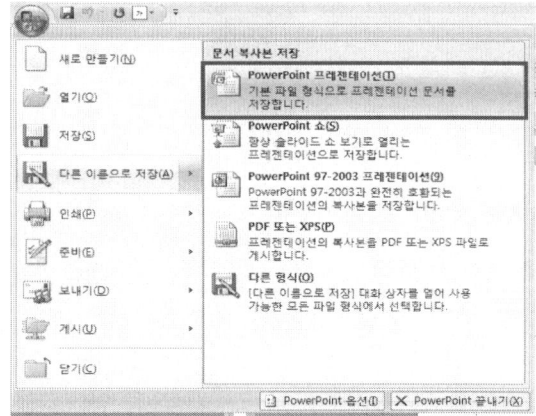

❷ 저장할 폴더를 선택하고 '연습하기.pptx' 로 저장한다.

04 파워포인트 종료하기

파워포인트를 종료하는 방법 역시 2가지가 있다.

❶ 파워포인트 화면 오른쪽 상단의 [닫기] 버튼을 클릭하여 파워포인트를 종료한다.
❷ 파워포인트 화면 왼쪽 상단의 [Office] 버튼을 클릭하여 [PowerPoint 끝내기]를 클릭하여 파워포인트를 종료한다.

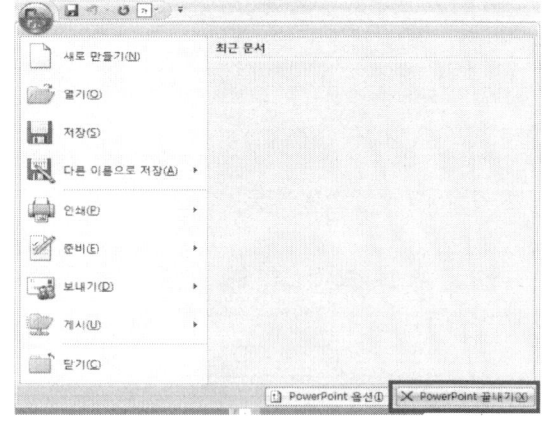

3.2 텍스트 슬라이드

01 개체틀에 텍스트 입력하기

제목 슬라이드에서 제목과 부제목을 입력하는 개체들이 2개가 있다. 개체틀 내부를 클릭해 텍스트를 입력할 수 있는 상태(개체틀 테두리가 점선으로 변경)로 바뀌게 되면 각각의 개체틀에 제목과 부제목을 입력한다.

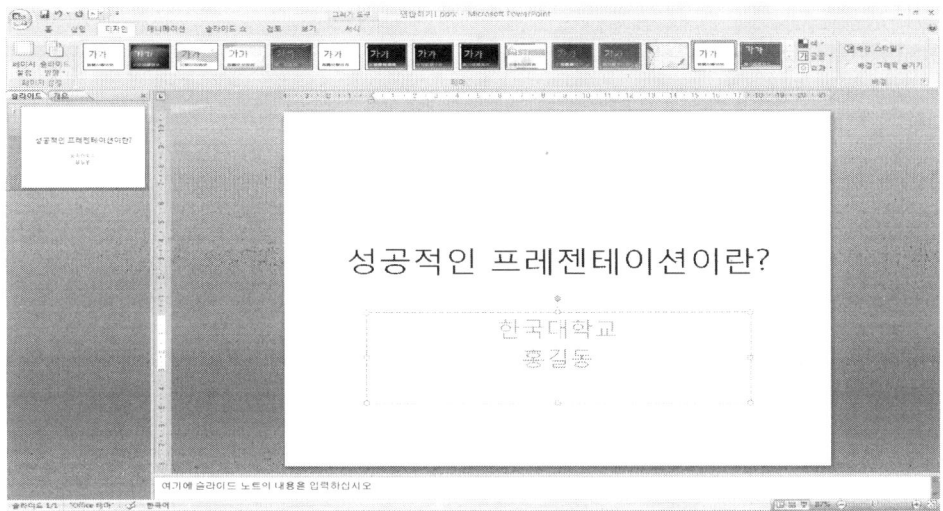

02 디자인 적용하기

[디자인] 탭 - [테마] 그룹 - [보자기] 테마를 선택한다.

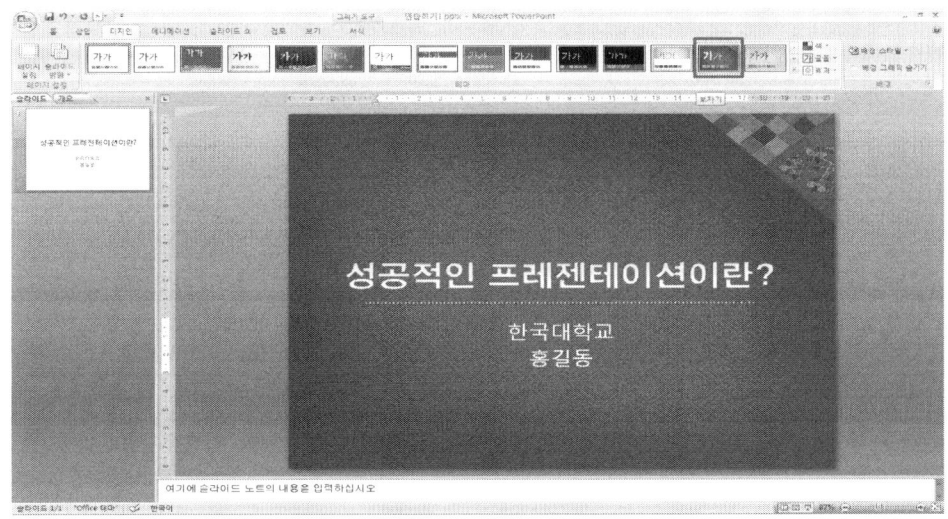

03 새 슬라이드 삽입하기

두번째 텍스트 슬라이드를 만들기 위해서 [홈] 탭 - [슬라이드] 그룹 - [새 슬라이드]에 있는 화살표를 클릭하여 '제목 및 내용' 레이아웃을 선택한다.

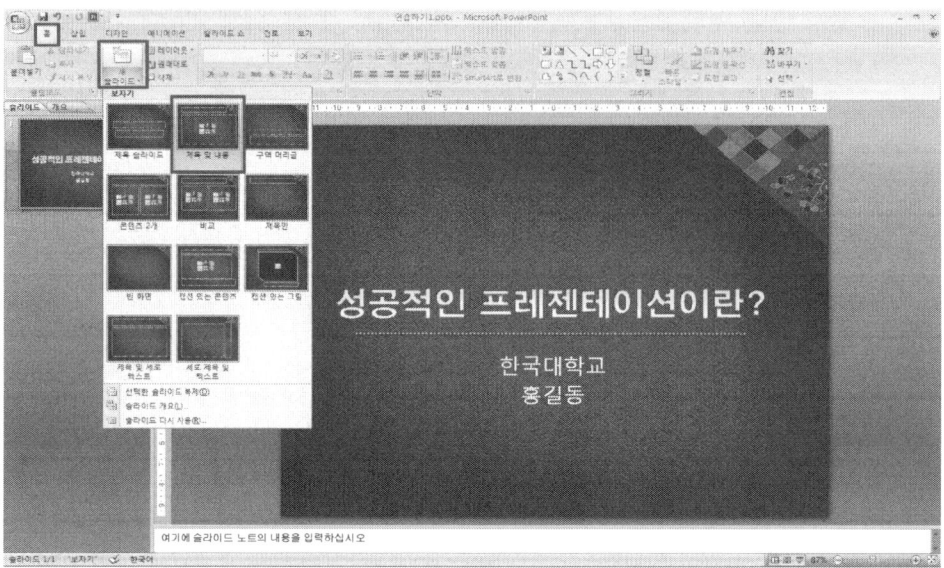

04 텍스트 편집하기

❶ 제목 개체틀에 '목차'를 입력하고 내용 개체틀에 다음의 내용을 입력한다. 이 때 줄바꿈을 위해서 〈Enter〉키를 이용한다.

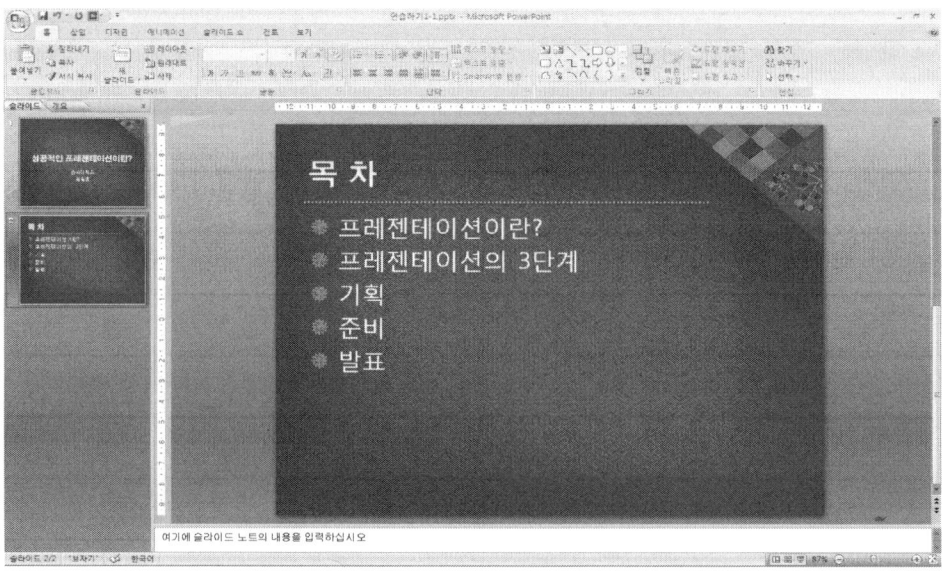

❷ 내용 개체들의 3,4,5번째의 단락은 한 단계씩 들여쓰기 위해 단락을 선택한 후 [홈] 탭 - [단락] 그룹에 있는 목록 수준 늘림을 클릭하거나 〈Tab〉키를 클릭한다.

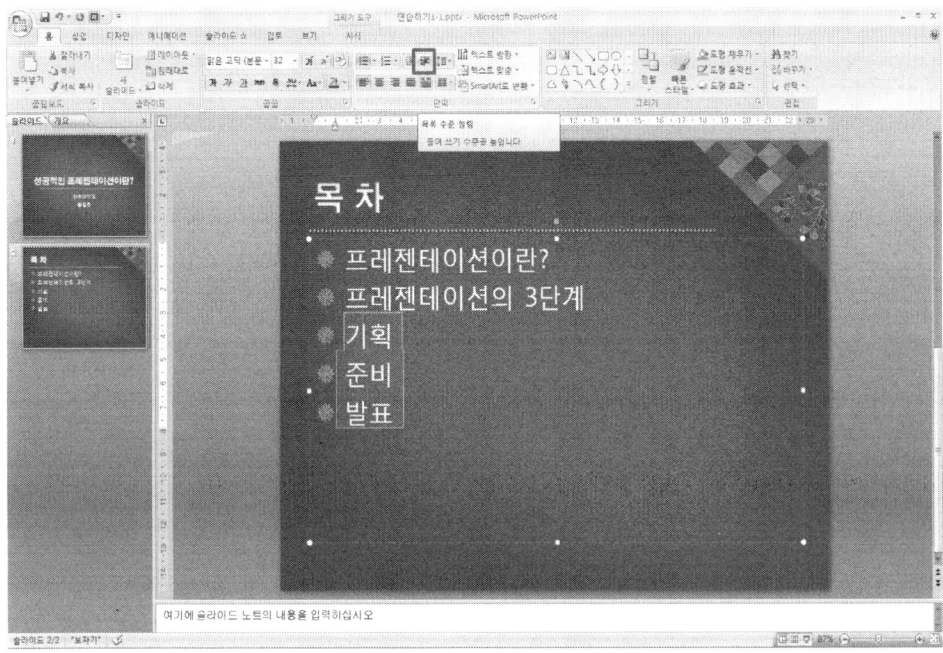

❸ [홈] 탭 - [단락] 그룹 - [줄간격]에서 1.5줄을 선택한다.

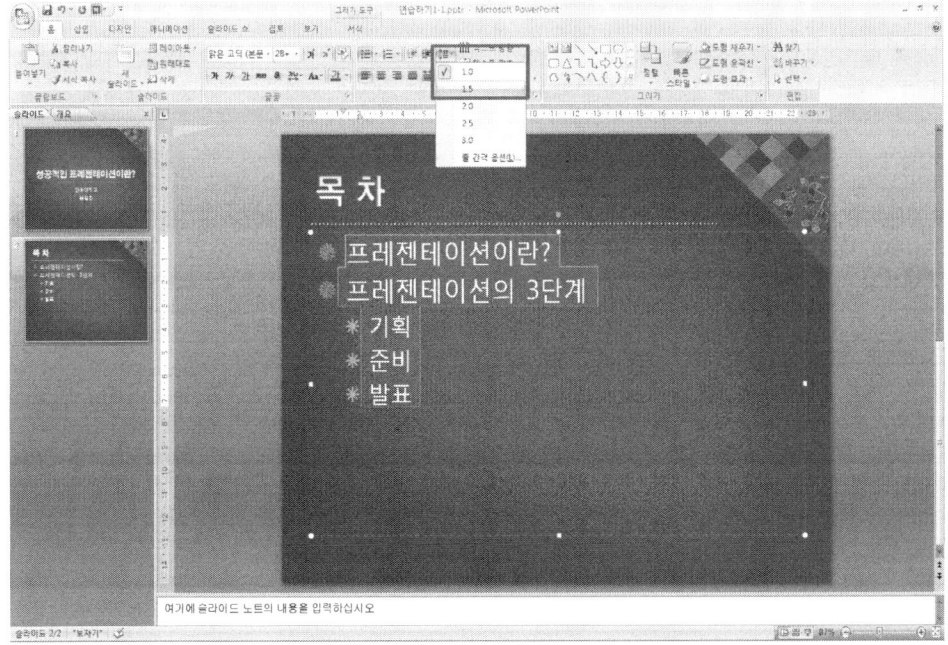

❹ 첫 번째 수준의 글머리 기호를 번호로 바꿔서 매겨보자. [홈] 탭 - [단락] 그룹 - [번호 매기기] 메뉴의 화살표를 클릭해 원하는 번호를 선택한다.

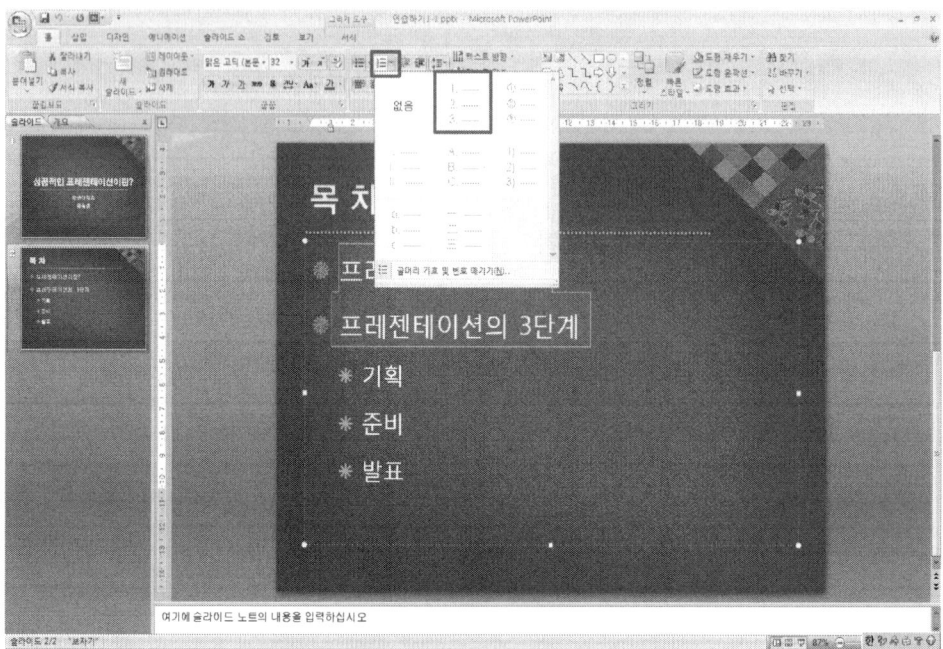

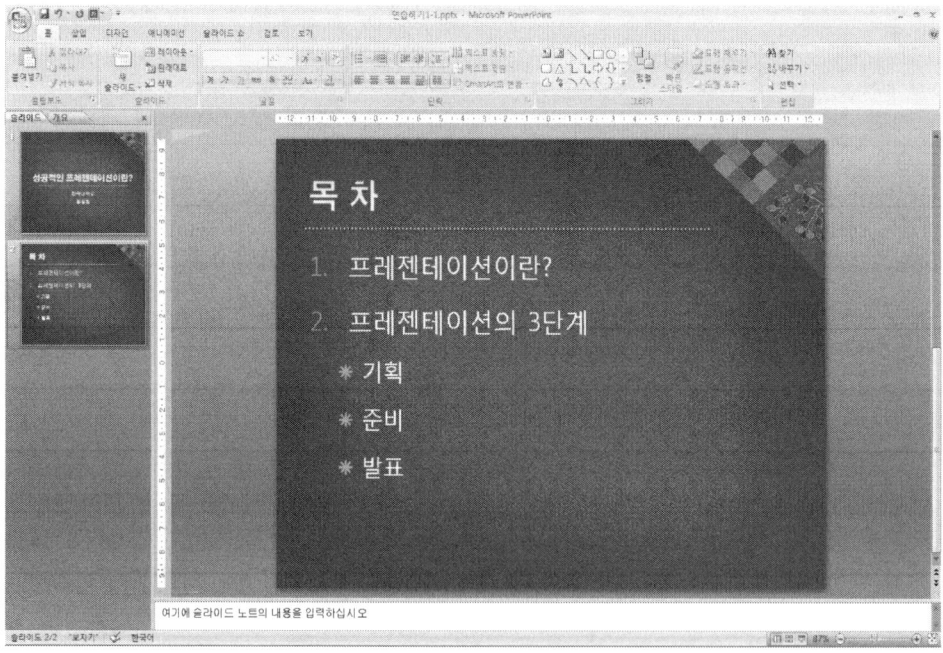

3.3 SmartArt 슬라이드

텍스트보다 일러스트레이션과 같은 그래픽이나 도형이 정보를 이해하는데 더 많은 도움이 되지만 대부분의 사용자가 전문 디자이너가 아니기 때문에 어려움을 겪고 있다. 하지만 SmartArt 기능을 이용하면 클릭 몇 번만으로 디자이너 수준의 전문적인 일러스트레이션을 만들 수 있다. SmartArt 그래픽은 정보와 아이디어를 시각적으로 표현한 것이다. 여러 레이아웃 중 하나를 선택하여 SmartArt 그래픽을 만드는 방식으로 메시지를 빠르고 쉽게 효과적으로 전달할 수 있다.

01 입력된 텍스트를 활용하여 SmartArt 삽입하기

이미 입력된 텍스트를 SmartArt로 변환할 수 있다. 입력된 텍스트를 바탕으로 SmartArt로 변환하는 방법은 다음과 같다.

❶ SmartArt로 변환할 텍스트를 블록 설정 후 [홈] 탭 - [단락] 그룹 - [SmartArt로 변환] - [기타 SmartArt 그래픽]을 클릭한다.

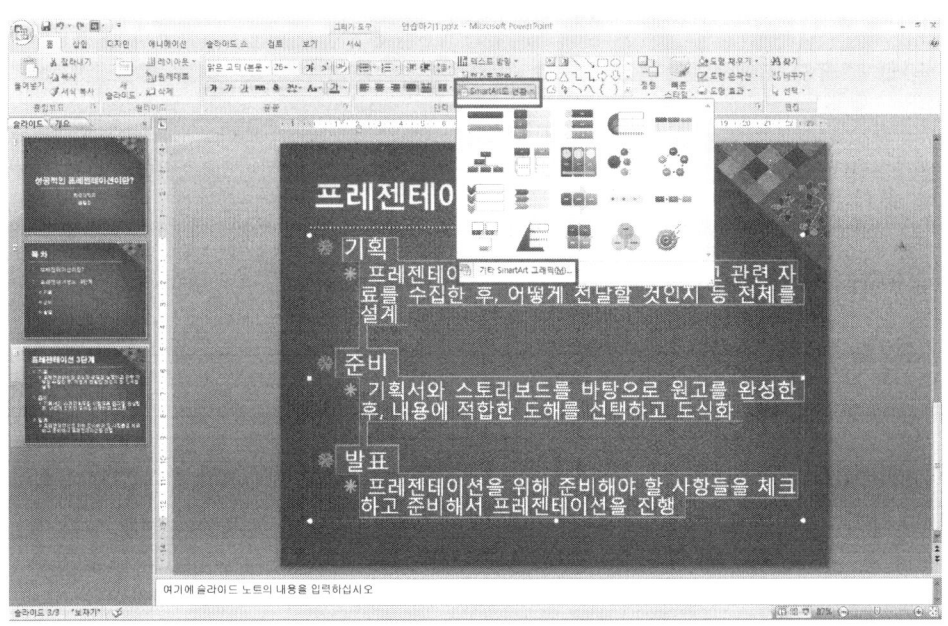

❷ SmartArt 그래픽 선택 대화상자가 열리면 [프로세스형]에서 교대흐름형을 선택하고 [확인] 단추를 클릭한다.

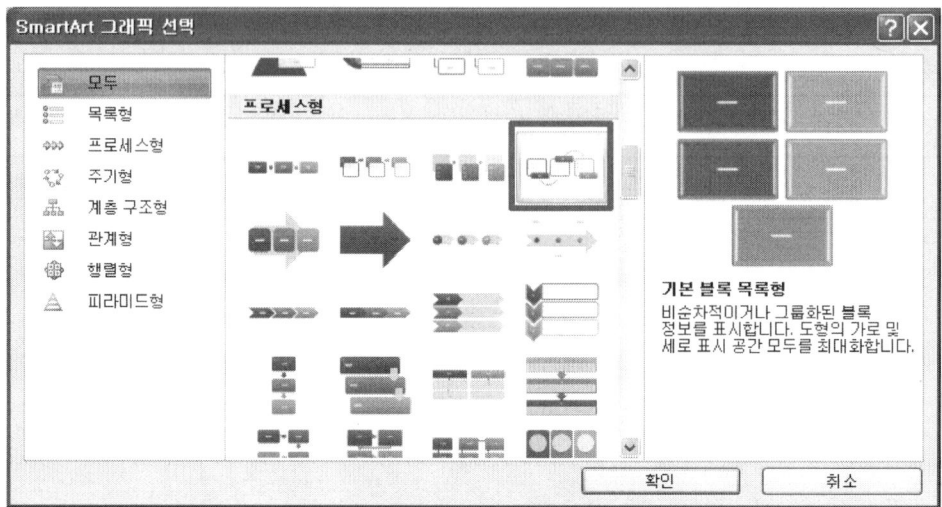

❸ 색상을 변경하기 위해 [SmartArt 도구] - [디자인] 탭 - [SmartArt 스타일] 그룹 - [색변경] 메뉴에서 [색상형 범위 - 강조색 4 또는 5]를 선택한다.

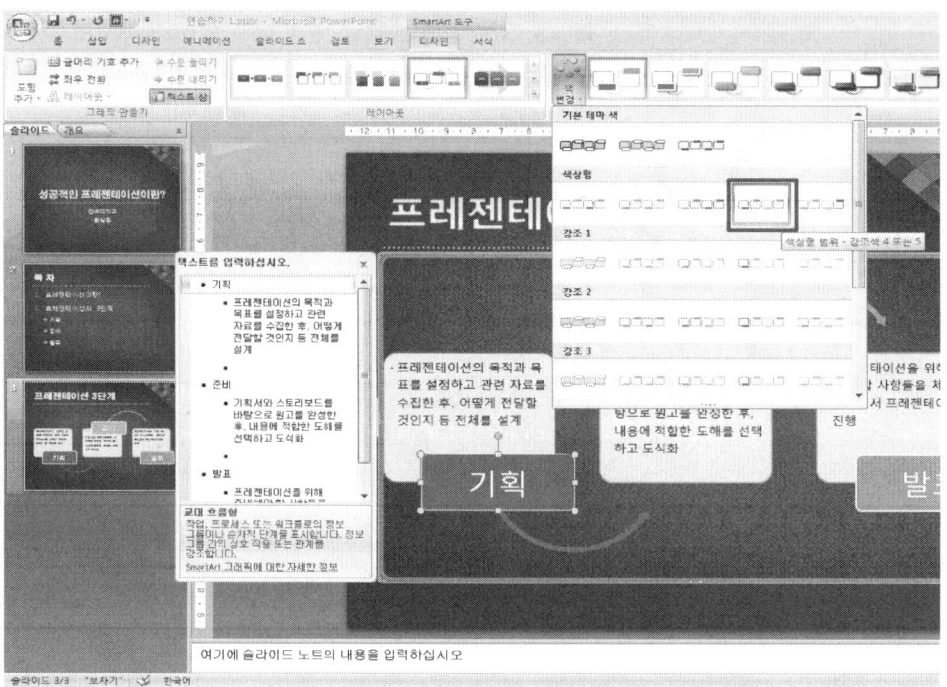

❹ 스타일을 변경하기 위해 [SmartArt 도구] - [디자인] 탭 - [SmartArt 스타일] 그룹 - [자세히] - [3차원] - [만화]를 선택한다.

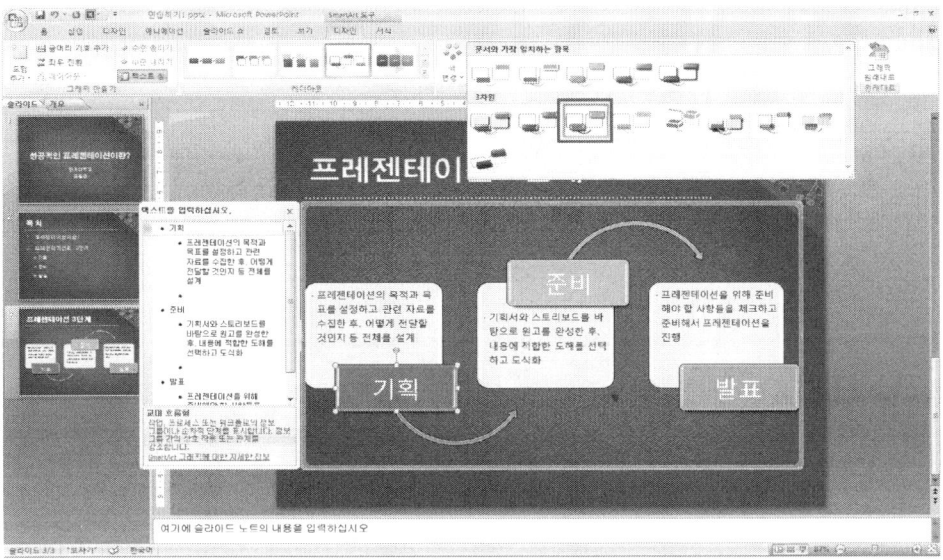

02 SmartArt 삽입하기

❶ '제목만' 레이아웃으로 새 슬라이드를 삽입한 후 제목을 '슬라이드 레이아웃의 3요소'로 입력한다.
❷ [삽입] 탭 - [일러스트레이션] 그룹 - [SmartArt]를 클릭하여 [SmartArt 그래픽 선택] 대화상자가 나타나면 [주기형]에서 톱니바퀴형 다이어그램을 선택하고 [확인]을 클릭한다.

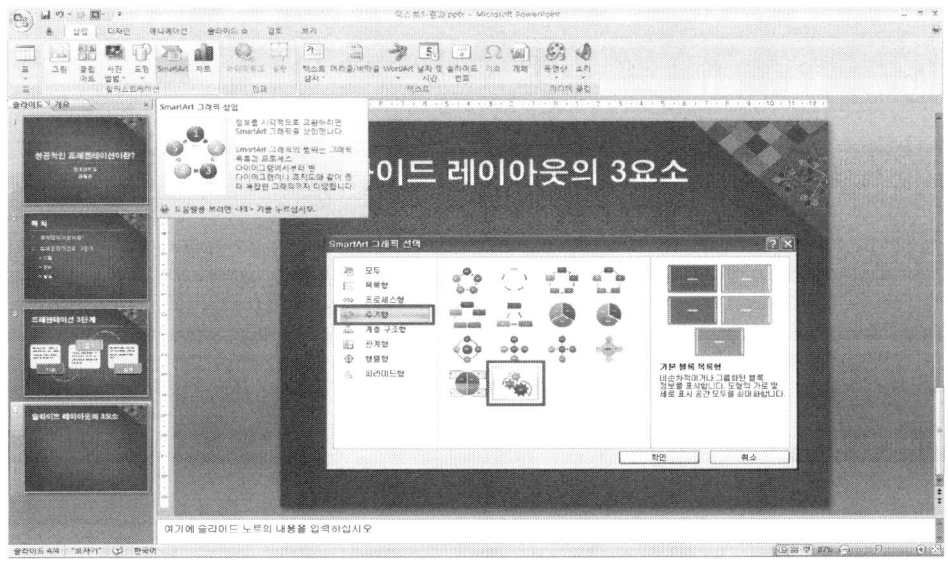

❸ 왼쪽 텍스트 창에서 3요소인 텍스트(균형, 통일, 변화)를 입력한다.

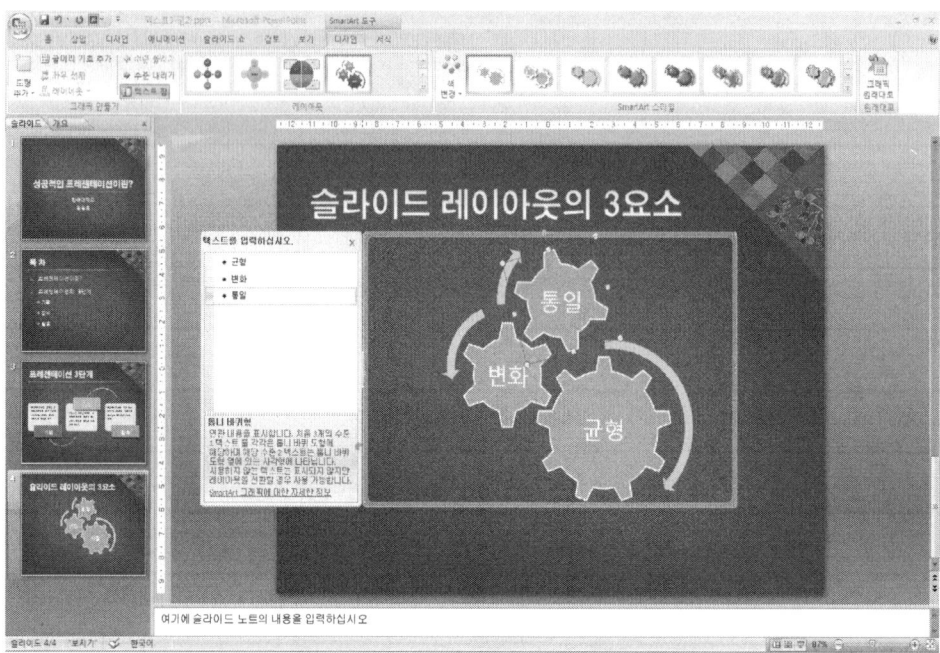

❹ 각각의 도형과 화살표를 선택해 [SmartArt 도구] - [서식] 탭 - [도형 스타일] 그룹 - 스타일 자세히 단추를 눌러 '미세 효과-강조2'로 스타일을 변경한다.

❺ SmartArt 개체틀을 선택한 후 [SmartArt 도구] – [서식] 탭 – [도형 스타일] 그룹에서 [도형 효과] – [입체 효과] – '아트 데코' 효과를 적용한다.

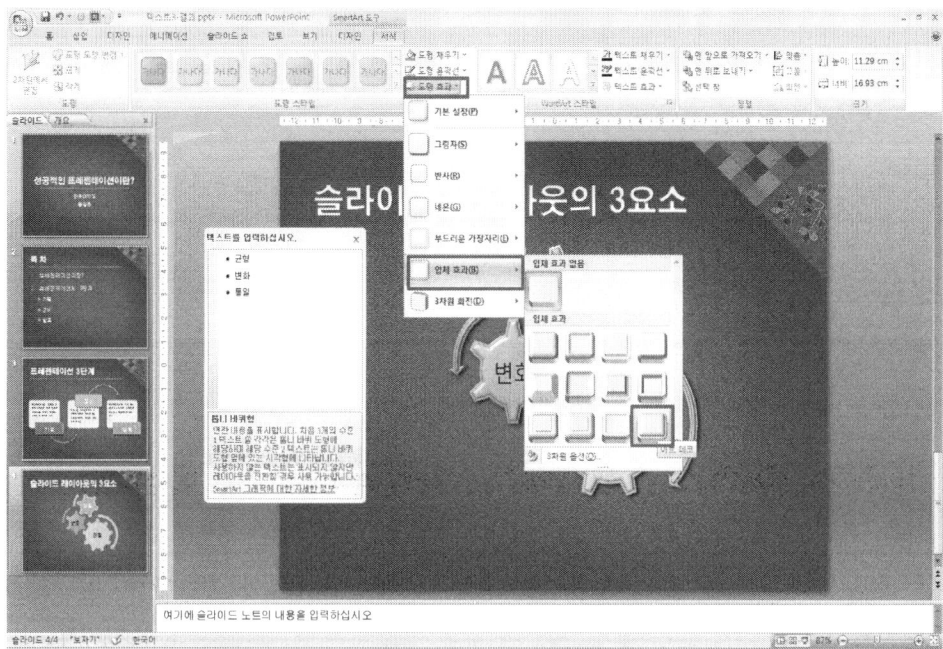

❻ 좀 더 멋있게 나타내기 위하여 3차원 서식을 지정해보자. 6개의 도형을 〈Ctrl〉키를 이용하여 선택한 후 [SmartArt 도구] – [서식] 탭 – [도형 스타일] 그룹에서 [자세히] 버튼을 클릭한 후 대화상자가 열리면 아래와 같이 3차원 서식과 3차원 회전을 변경한다.

• 3차원 서식
  – 깊이 : 색(흰색), 깊이(10pt)
  – 외형선 : 색(흰색), 깊이(3pt)
	• 3차원 회전
	  – 미리설정 : 원근감(앞쪽)
	  – 회전 : X(345도), 원근감(60도)
	  – 개체위치 : 밑면에서의 거리(4pt)

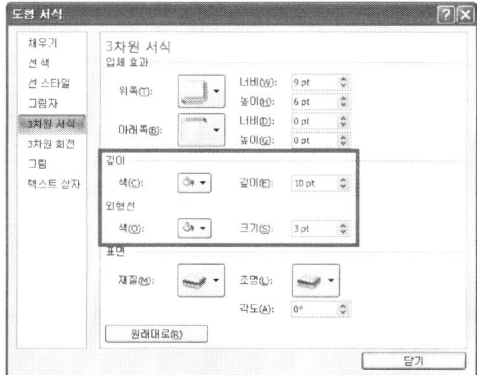
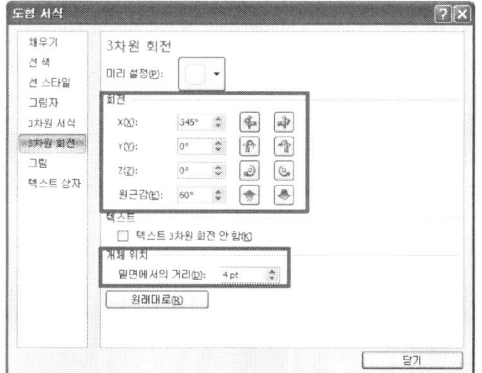

❼ 개체틀을 선택해 슬라이드 크기에 맞게 SmartArt의 크기를 조절한다.

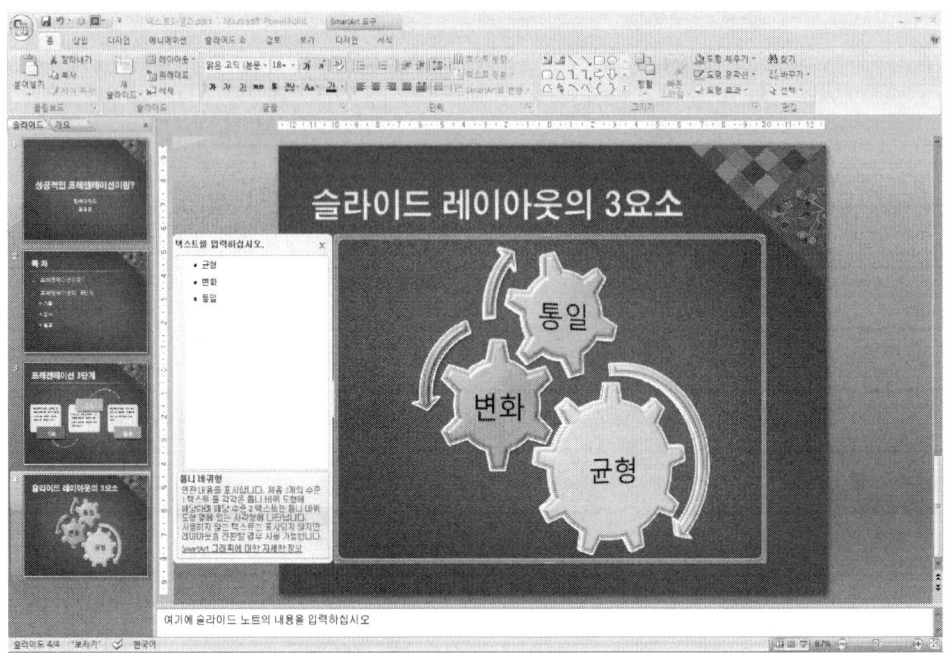

실무활용 예제

- ① '제목' 슬라이드 레이아웃 사용
- ② 제목
  - 글자체 : 휴먼둥근헤드라인
  - 크기 : 54pt
  - 속성 : 진하게, 그림자
- ③ 부제목
  - 글자체 : HY견고딕
  - 크기 : 26pt

목차

I. 녹색성장은?
   - 추진배경
   - 개념
   - 필요성
II. 녹색성장의 길잡이
III. 녹색성장의 미래
IV. 녹색정보화
V. 친환경에너지 효율화

- ① '제목 및 내용' 슬라이드 레이아웃 사용
- ② 제목
  - 글자체 : HY견고딕
  - 크기 : 40pt
- ③ 내용
  - 글자체 : 굴림
  - 크기 : 26pt
  - 속성 : 진하게
  - 글머리 및 번호 매기기

녹색 성장의 추진 배경

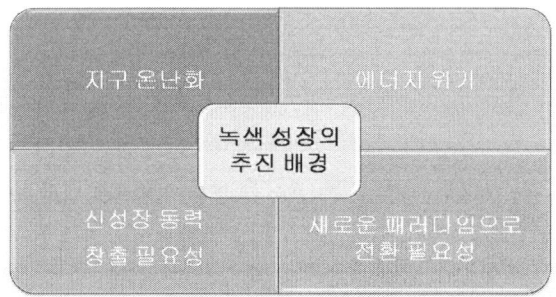

- ① '제목 및 내용' 슬라이드 레이아웃 사용
- ② SmartArt
  - 행렬형 : 제목 있는 행렬형
  - 색 : 강조색
  - 스타일 : 만화

Chapter 04 프레젠테이션 디자인의 기본 익히기2

Chapter 04의 학습목표

- 표를 그리는 방법과 편집하는 기능을 활용할 수 있다.
- 자료를 이용하여 다양한 그래프로 표현하는 방법을 활용할 수 있다.
- 기본적인 도형을 삽입하는 방법과 편집 등을 익혀 슬라이드를 도식화 할 수 있다.

Chapter 04의 학습순서

4.1 표 슬라이드
4.2 차트 슬라이드
4.3 그림 및 개체 슬라이드

결과 미리보기

프레젠테이션 단계별 솔루션

단계별	해결 방법
청중과의 대화	발표 내용을 책을 읽듯 시선을 낮추면 공감대를 이끌어 내기가 어렵다. 청중과 눈을 맞추고 대화하듯 이야기 하는 것이 좋다.
구어체를 사용	프레젠테이션은 사람에게 말로 표현하는 일이다. 틀에 맞춘 설명은 금방 지루하기 쉽다. 분위기에 따라 유행어 등을 사용해 주목을 집중 시키는 것도 좋다.
명료한 톤	끝을 흐지부지 맺는 버릇, 힘 없는 목소리 등은 발표 시 청중의 집중력이 저하된다. 또박또박 설명하는 연습을 해야 한다.
15분 내외	슬라이드의 개수가 30장이 넘어가면 청중은 지루함을 느낀다. 지루하지 않게 효과적으로 전달하려면 15분이 적당하다.
준비와 리허설	철저한 준비는 깔끔한 프레젠테이션으로 이어진다. 여러 번의 리허설은 예상치 못한 상황을 극복할 수 있다.

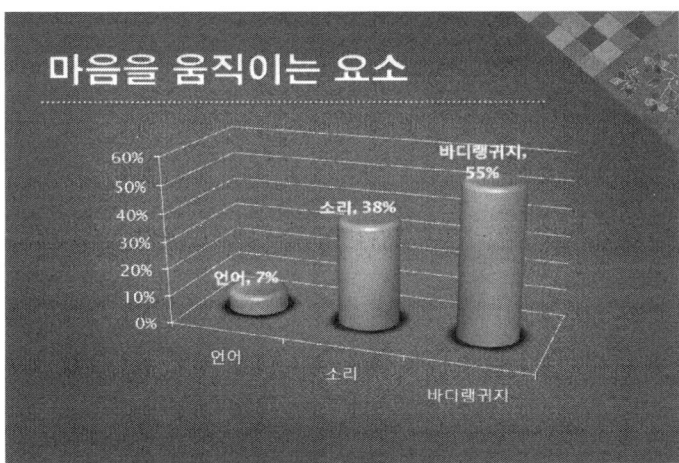

문서작성과 프레젠테이션

4.1 표 슬라이드

내용을 한 눈에 파악하기 쉽고 깔끔하게 정리하기 위한 기능이 표 슬라이드이다.

01 표를 이용한 슬라이드

(1) **표 삽입**

❶ 리본메뉴에서 [홈] 탭 - [슬라이드] 그룹 - [새 슬라이드] - '제목 및 내용' 레이아웃을 클릭하여 슬라이드를 삽입한다.

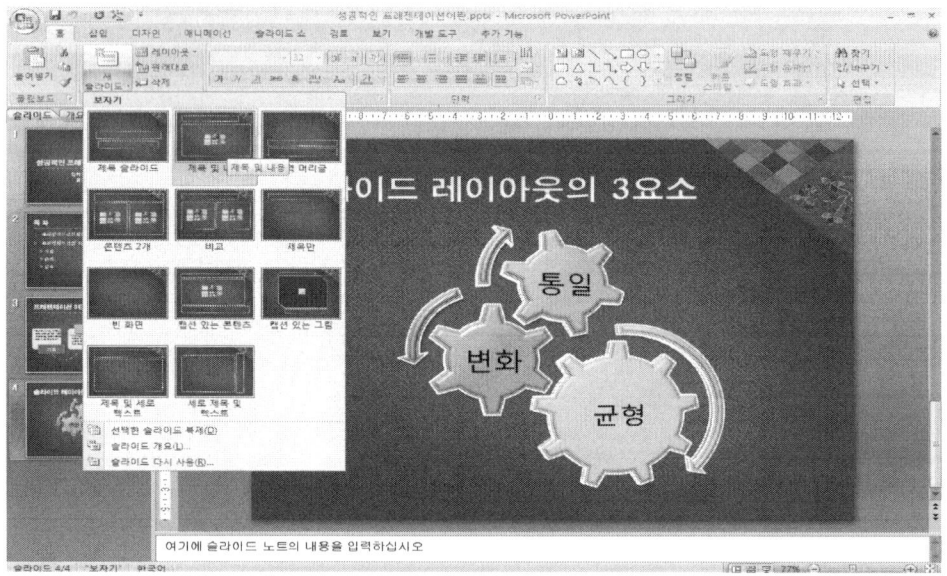

❷ 삽입된 슬라이드에서 제목을 입력하고, '표 삽입' 아이콘을 클릭하여, 열 개수 '2', 행 개수 '6'을 입력하고 확인을 누른 후 내용을 입력한다.
❸ 입력이 마무리 되면 마우스를 이용하여 열의 너비와 표 전체의 크기를 조정한다.

(2) **서식 지정**

❶ 머리글 부분을 드래그하여 '가운데 정렬'로 설정한다.
❷ 표 안의 줄 간격을 조절하기 위해 [홈] 탭 - [단락] 그룹을 클릭 한 후 줄 간격을 '배수'로 설정하고 값은 '1.2'로 조정한다.

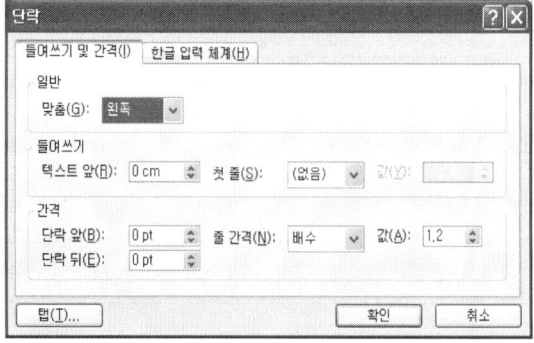

02 표 도구 활용

(1) 표 스타일 및 레이아웃

❶ 활성된 [표 도구] - [디자인] 탭 - [표 스타일] 그룹 - '보통 스타일2-강조 3'을 클릭한다.

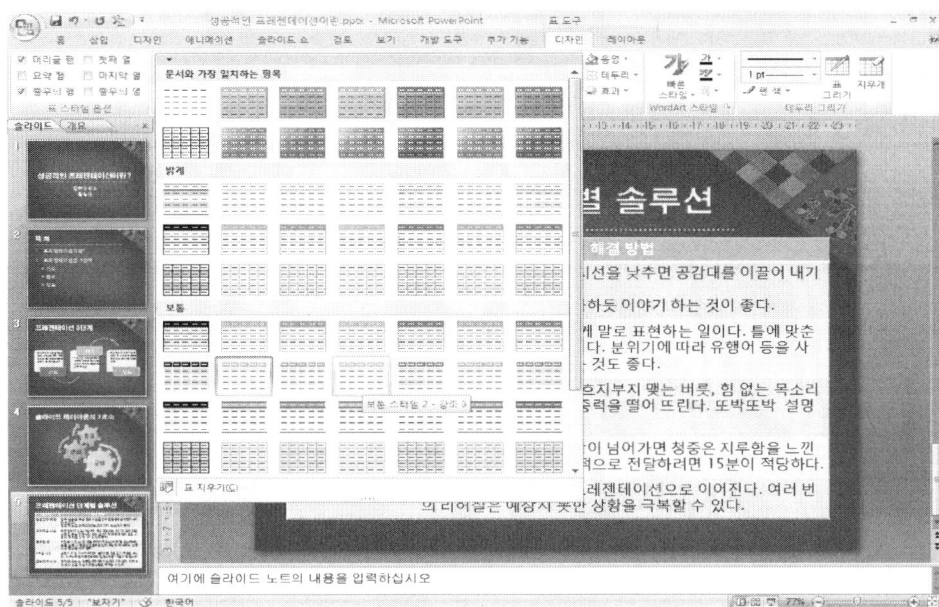

❷ 표의 각 셀에 입체적인 효과를 주기 위해 [표 도구] - [디자인] 탭 - [표 스타일] 그룹 - [효과] - [셀 입체 효과] - '둥글게'를 클릭한다.

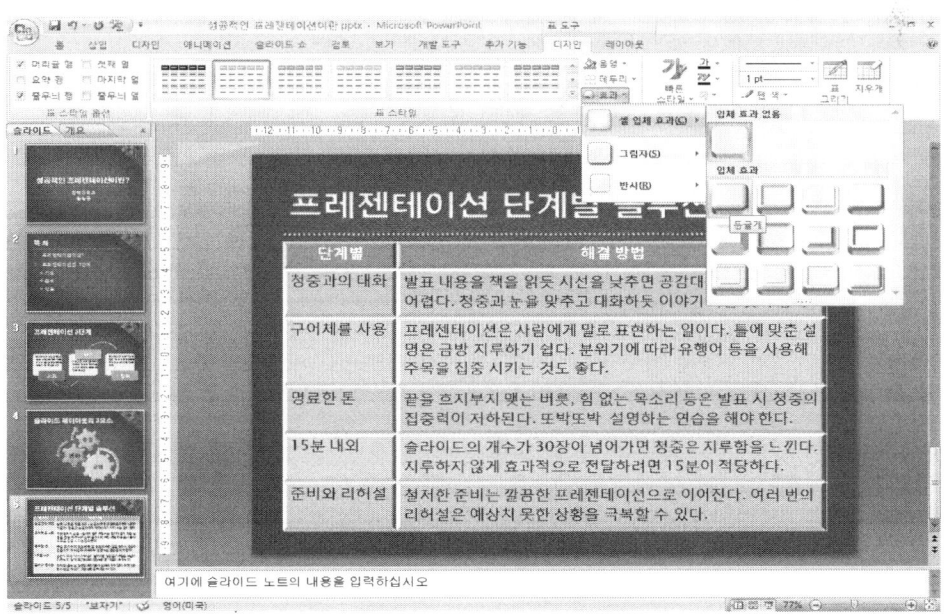

❸ 표에 행 및 열이 부족하거나 삭제해야 할 경우에 [표 도구] – [레이아웃] 탭 – [행 및 열] 그룹에서 삽입하거나 삭제 할 수 있다.

❹ 셀을 합치거나 나누기를 할 경우에 [표 도구] – [레이아웃] 탭 – [병합] 그룹에서 셀 병합을 하거나 셀 분할을 할 수 있다.

4.2 차트 슬라이드

수치 데이터를 가장 잘 표현할 수 있는 방법이 차트 슬라이드이다. 차트 슬라이드는 수치나 백분율 등을 나타내는데 있어서 가장 효과적인 도구이며, 쉽고 빠르게 이해 할 수 있다. 또한 눈으로 보면서 데이터의 변화와 추이를 분석할 수 있다.

01 차트를 이용한 슬라이드

(1) 차트 삽입

❶ 리본메뉴에서 [홈] 탭 – [슬라이드] 그룹 – [새 슬라이드] – '제목 및 내용' 레이아웃을 클릭하여 슬라이드를 삽입한다.

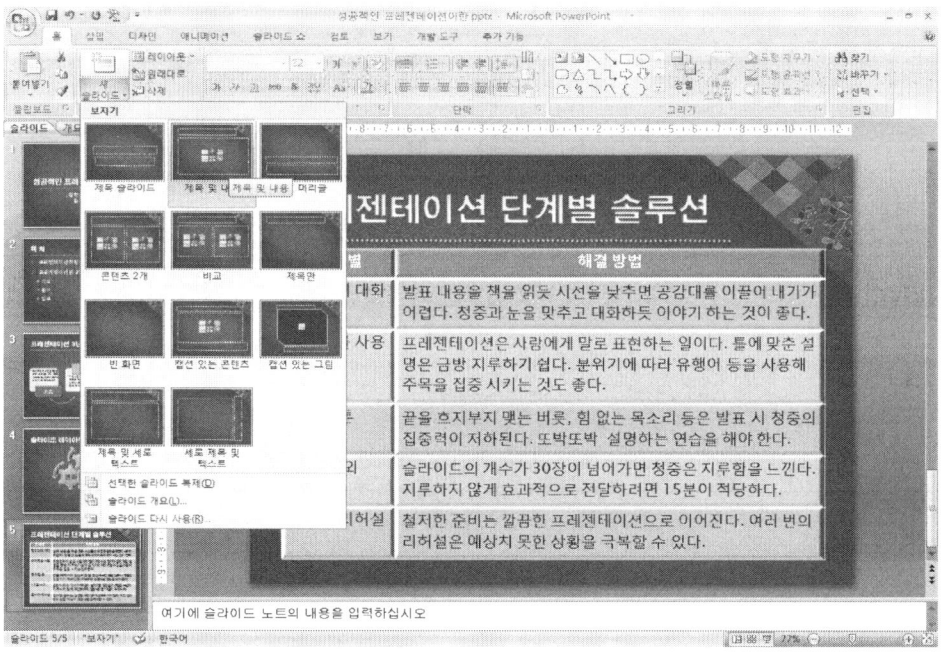

❷ 삽입된 슬라이드에서 제목을 입력하고, '차트 삽입' 아이콘을 클릭한다.

❸ 데이터를 분석하여 적당한 차트를 선택합니다. 여기서는 단일 항목에 효과적인 '3차원 원형' 차트를 선택한다.

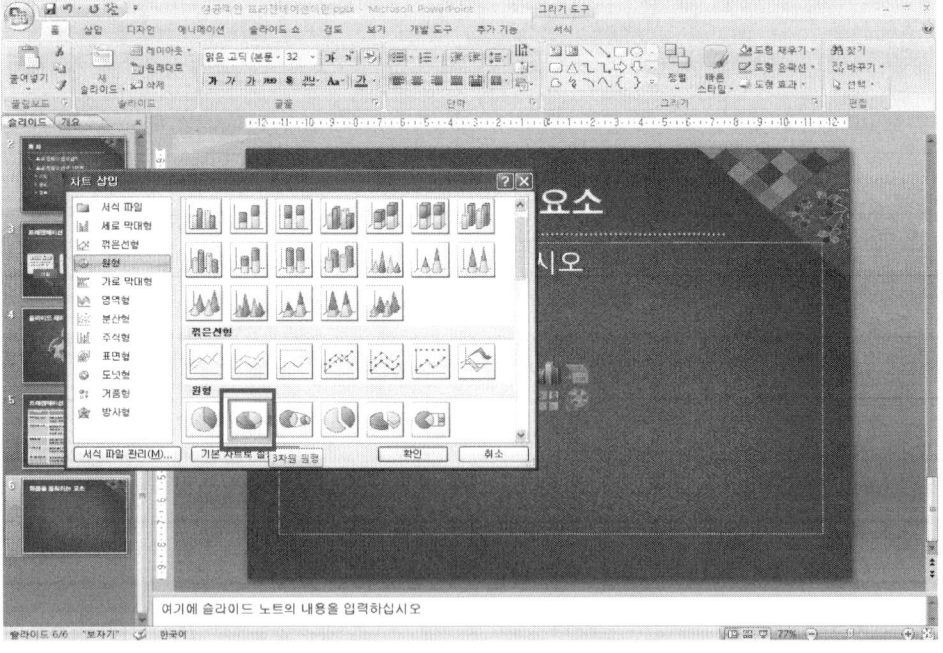

❹ 파워포인트 2007 버전부터는 차트를 작성할 때 데이터 입력을 위해 엑셀 프로그램이 띄워진다. 엑셀 창에서 데이터를 입력한다. 데이터 범위를 표시하는 파란선을 데이터 마지막 행까지 드래그하여 조절한다. 파란선 테두리 안에 내용이 차트에 표시되는 값이다.

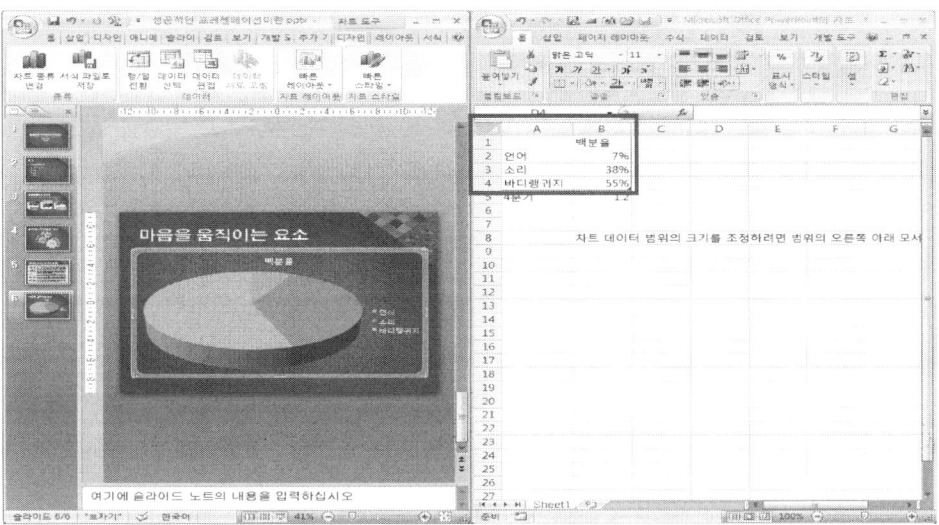

❺ 데이터가 입력이 되면 엑셀 창을 닫는다.

02 차트 도구 활용

(1) **레이아웃 및 차트 스타일 적용**

❶ 레이아웃을 지정하기 위해 [차트 도구] - [디자인] 탭 - [차트 레이아웃] 그룹 - '레이아웃 4'를 선택한다.

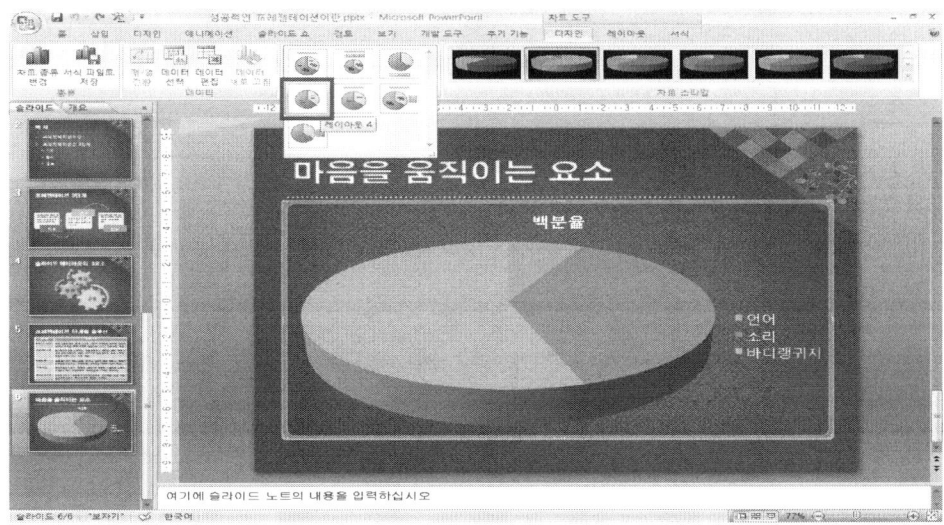

❷ 스타일을 지정하기 위해 [차트 도구] - [디자인] 탭 - [차트 스타일] 그룹 - '스타일26'을 선택한다.

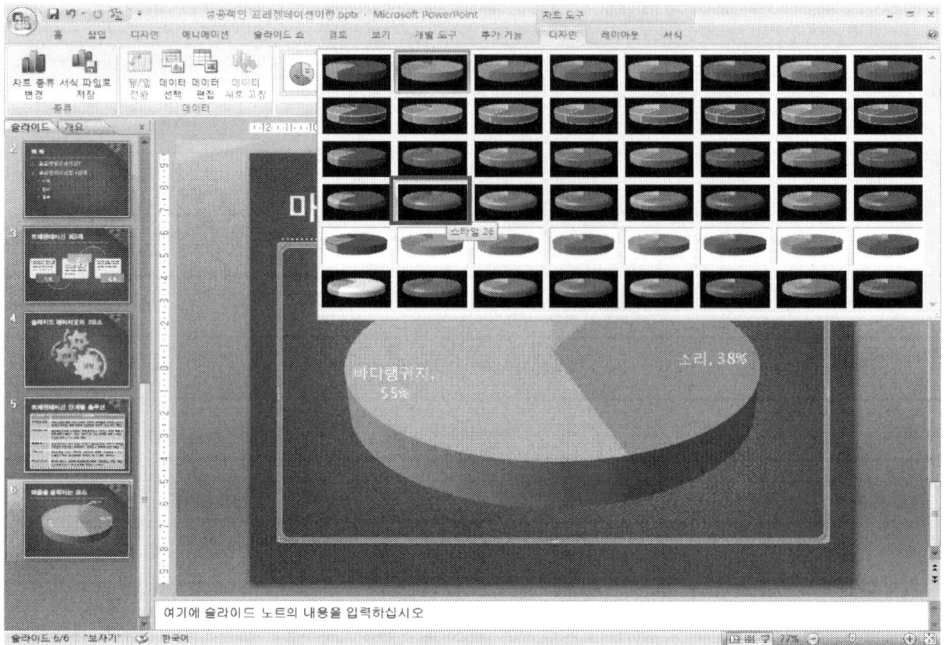

❸ 3차원 차트를 방향을 조정하기 위해 [차트 도구] - [레이아웃] 탭 - [배경] 그룹 - '3차원 회전'을 선택한 후 회전 X의 값 10°, Y의 값 20°를 입력하고 닫기를 누른다.

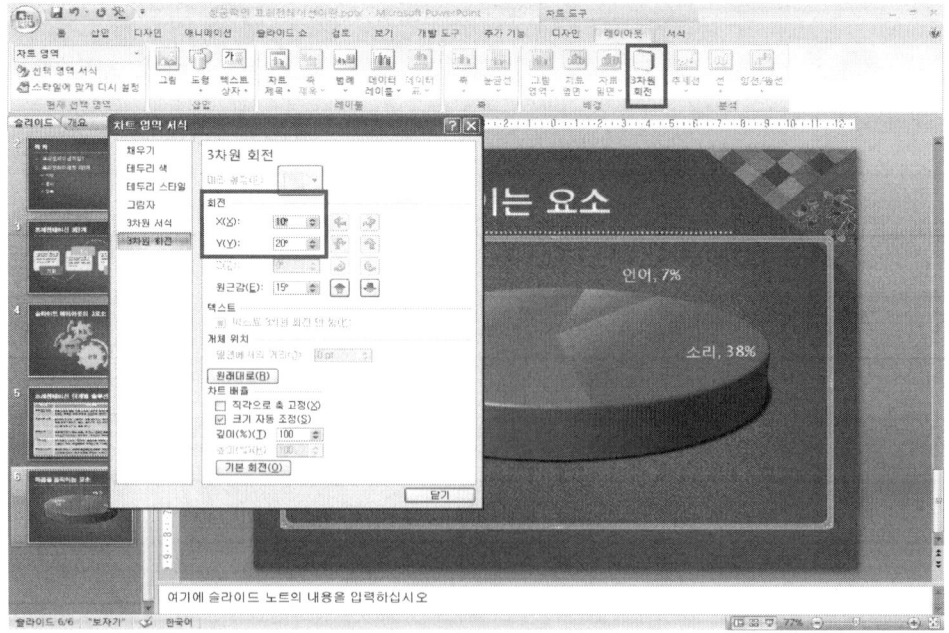

❹ '3차원 원형'차트의 일부분을 조각 내기 위해서 마우스로 원형 차트를 한 번 클릭 한 후 '바디랭귀지' 조각 부분을 한번 더 클릭하면, '바디랭귀지' 조각 부분만 선택 되어진다.
❺ 선택된 상태에서 [차트 도구] – [서식] 탭 – [현재 선택 영역] 그룹 – '선택 영역 서식'을 클릭한다.

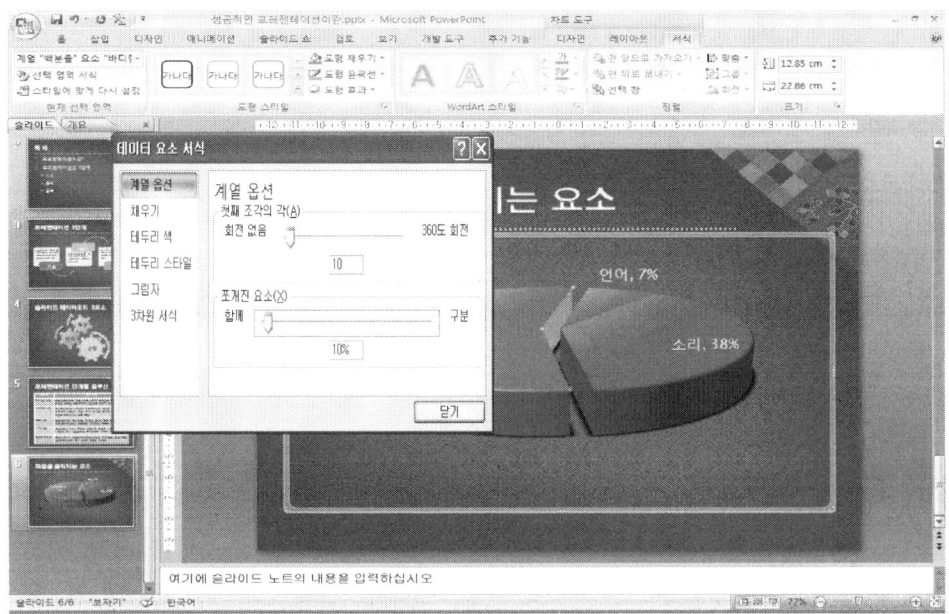

❻ '데이터 요소 서식' 대화상자 창이 열리면 범주에서 '계열 옵션'을 선택하고 '쪼개진 요소'의 값을 '10%'로 조정하면 조각이 쪼개지는 것을 알 수 있다.
❼ 닫기 버튼을 클릭하여 창을 닫는다.

❶ 알아두면 좋아요

막대형 차트의 눈금선 변경하기

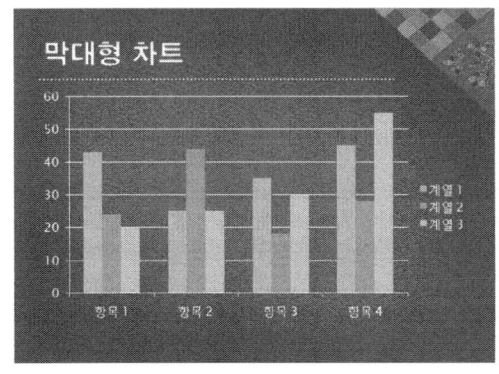

- 차트 왼쪽의 세로축을 클릭한다.
- [차트 도구] – [서식] 탭 – [현재 선택 영역] 그룹 – '선택 영역 서식'을 클릭하면 '축 서식' 대화상자가 나타난다.
- '축 서식' 대화상자의 '축 옵션'에서 최소값, 최대값, 주단위의 옵션 버튼을 고정으로 선택한 후 최소값은 0, 최대값은 80, 주 단위값은 20으로 입력한 후 닫기를 클릭한다.

(2) 차트 서식 변경

차트를 꾸밀 때 시각적으로 효과를 줄 수 있는 것이 데이터 계열의 색상이다. 데이터 계열의 색상은 차트의 중요한 부분을 표현하는데 효과적이다.

❶ 데이터 계열의 색상을 변경하기 위해 '소리'의 데이터 계열을 선택한다.
❷ [차트 도구] – [서식] 탭 – [도형 스타일] 그룹 – [도형 채우기] – [테마 색] – '파랑, 강조 4, 40%, 더 밝게'를 클릭한다.

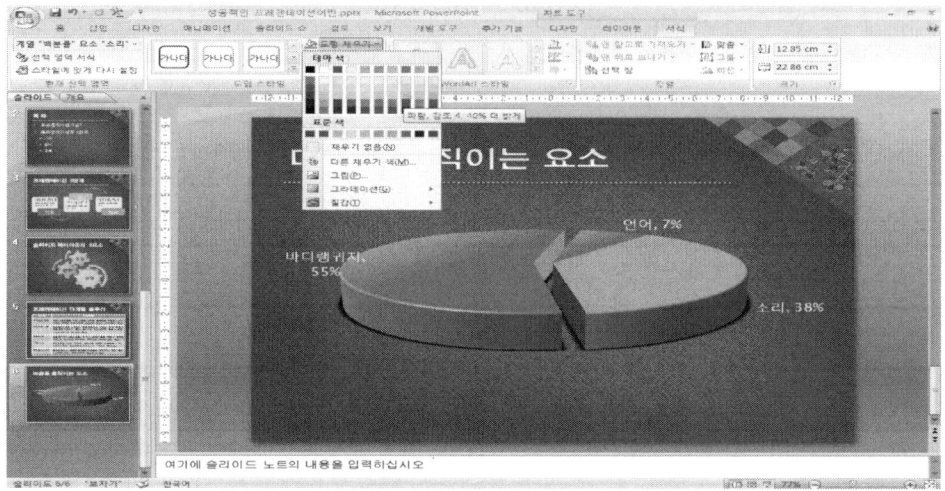

❸ 다시 [차트 도구] – [서식] 탭 – [도형 스타일] 그룹 – [도형 채우기] – [그라데이션] – '선형 대각선'을 클릭한다.
❹ 계열의 데이터 레이블의 텍스트 서식을 변경하기 위해 [차트 도구] – [서식] 탭 – [WordArt 스타일] 그룹 – '채우기-강조1, 안쪽 그림자-강조1'를 클릭한다.

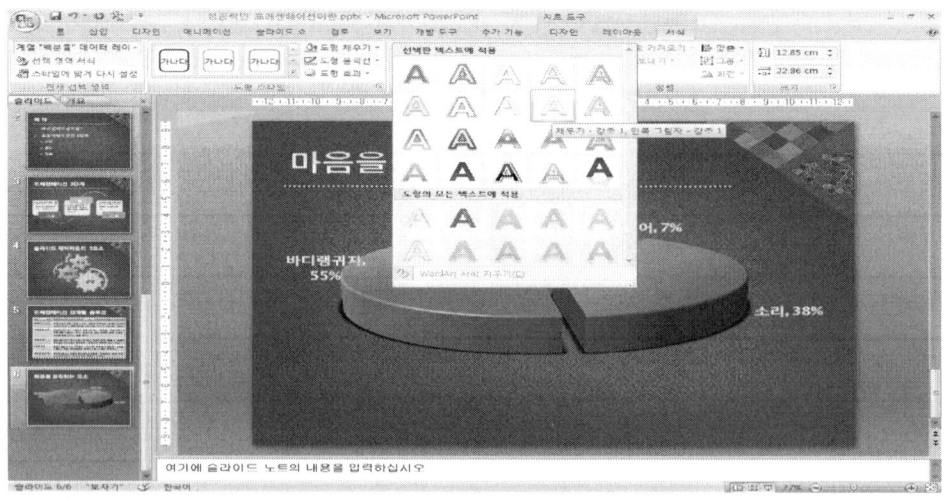

❺ 다른 방법으로 [차트 도구] - [서식] 탭 - [WordArt 스타일] 그룹 - [텍스트 채우기]에서 원하는 '테마 색'을 클릭하여 텍스트의 색상을 변경한다.

❶ 알아두면 좋아요

범례 위치

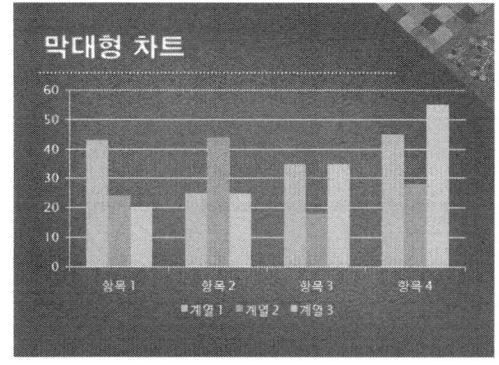

- 차트 오른쪽의 범례를 클릭한다.
- [차트 도구] - [레이아웃] 탭 - [레이블] 그룹 - [범례] - '아래쪽에 범례 표시'를 클릭한다.
- 범례가 왼쪽 그림처럼 아래에 표시가 되어지고, 오른쪽 범례 공간 만큼 차트의 크기가 조절되는 것을 알 수 있다.

(3) 데이터 레이블 표시

각 데이터 계열의 수치를 표시해 차트의 이해를 도울 수 있다.

❶ '원형' 차트를 클릭하여 전체가 선택이 되도록 한다.
❷ [차트 도구] - [레이아웃] 탭 - [레이블] 그룹 - '데이터 레이블'의 '바깥쪽 끝에'를 클릭한다.

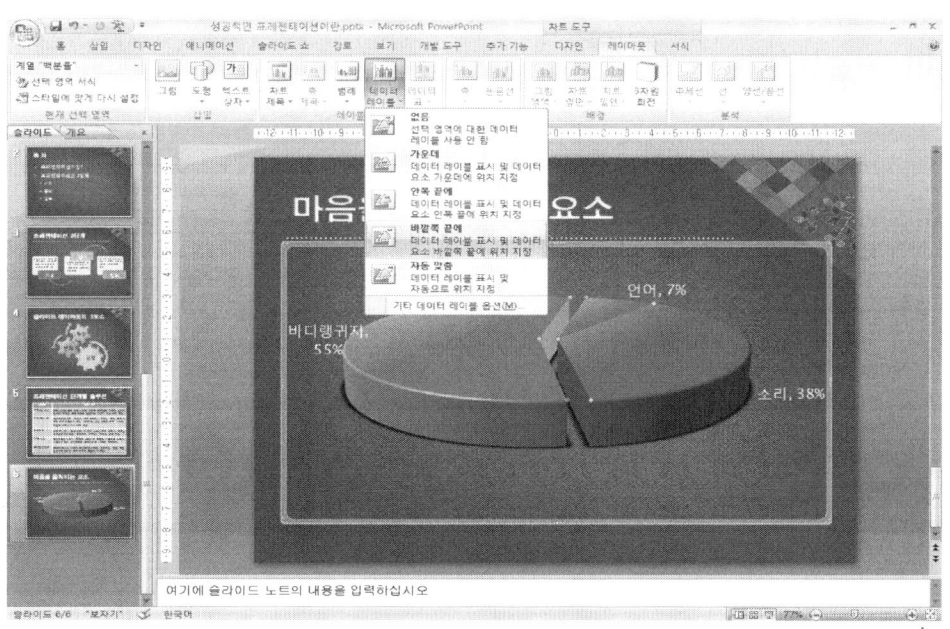

❸ 모든 계열의 데이터에 레이블이 표시되는 것을 확인 할 수 있다.
❹ 하나의 데이터에 레이블을 표시하고자 할 때는 표시하고자 하는 데이터를 클릭 한 후 다시 한 번 클릭하면 표시하고자 하는 데이터만 조절점이 생긴다.
❺ 이 때 위와 같은 방법인 [차트 도구] - [레이아웃] 탭 - [레이블] 그룹 - '데이터 레이블'의 '바깥쪽 끝에'를 클릭하면 하나의 데이터에 레이블이 표시가 된다.
❻ 한 계열의 데이터 레이블을 삭제하기 위해서는 삭제하려는 레이블의 값을 마우스로 클릭 한 후 〈Delete〉키를 누른다.
❼ 선택된 레이블이 삭제되는 것을 알 수 있다.

(4) 차트 종류 변경

❶ 차트를 선택한다.
❷ [차트 도구] - [디자인] 탭 - [종류] 그룹 - '차트 종류 변경'을 클릭하면 '차트 종류 변경' 대화상자가 나타난다.

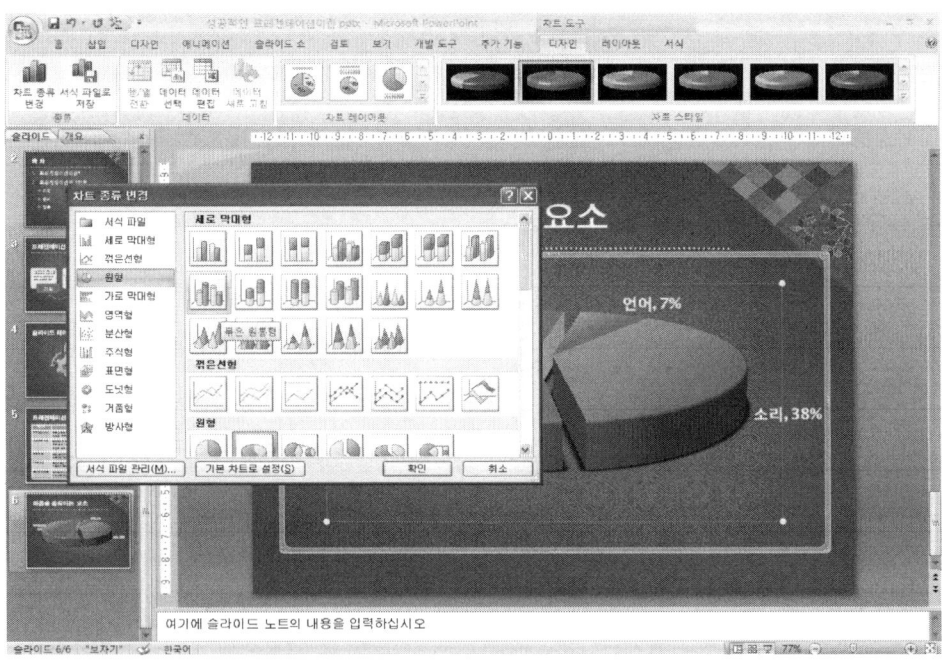

❸ 변경할 차트로 '묶은 원통형'을 선택한 후 확인을 누른다.

❹ 원형 차트에서 원통형 차트로 변경되는 것을 알 수 있다.

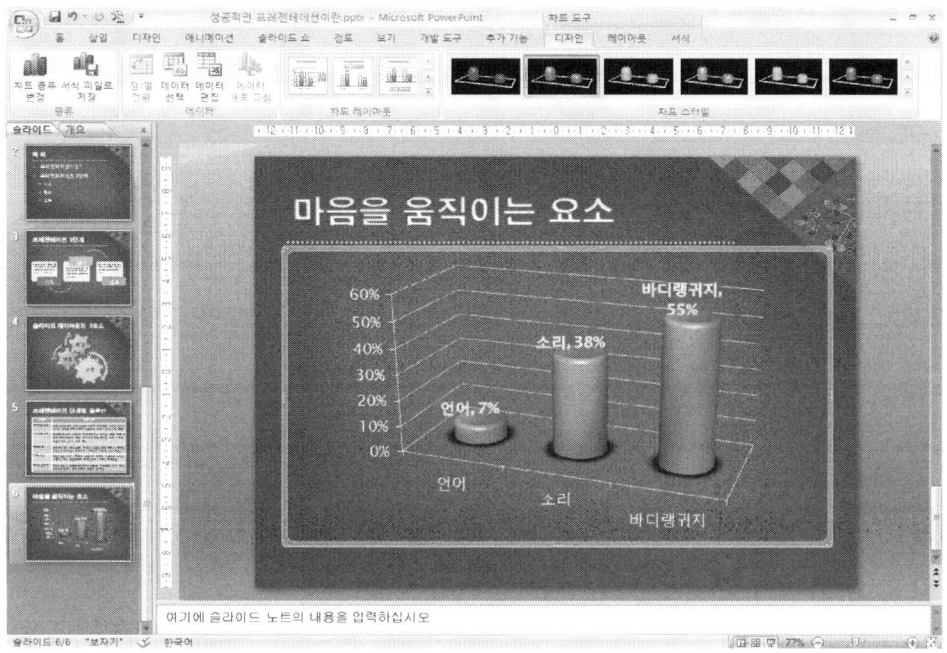

4.3 그림 및 개체 슬라이드

청중에게 발표자가 전달할 내용을 한 눈에 들어오도록 이해하기 쉽게 표현하기 위해서는 이미지를 활용하는 것이 효과적이다.

01 그림을 이용한 슬라이드

(1) 그림 삽입하기

❶ 리본메뉴에서 [홈] 탭 – [슬라이드] 그룹 – [새 슬라이드] – '제목만' 레이아웃을 클릭하여 슬라이드를 삽입한다.
❷ 슬라이드의 제목을 입력한다.
❸ [삽입] 탭 – [일러스트레이션] 그룹 – [도형] – '모서리가 둥근 직사각형'을 선택하여 적당한 크기로 그린다.
❹ [그리기도구] – [서식] 탭 – [도형 스타일] 그룹 – '자세히' 단추를 클릭하면 '도형서식' 대화상자가 나타난다.

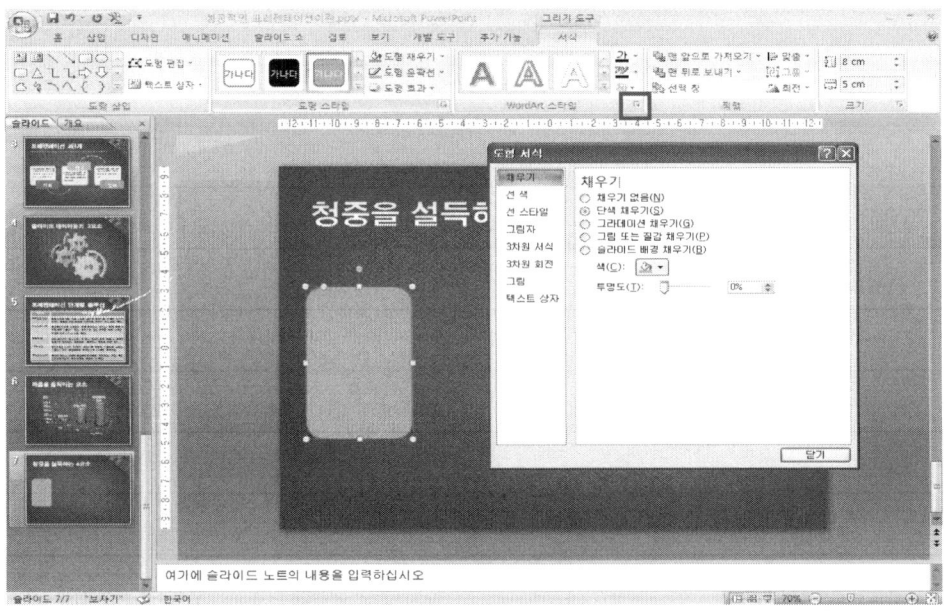

❺ [선색] – '선 없음'을 선택한다.

❻ [채우기] - [그라데이션 채우기] - '종류 : 선형, 방향 : 선형 위쪽, 중지점1 - 위치 : 0%, 색 : 라임, 강조1, 25%, 더 어둡게'를 선택한다.
❼ • 중지점2와 중지점3을 추가하여 값을 조정한다.
 • 중지점2 - 위치 : 50%, 색 : 라임, 강조1, 60%, 더 밝게
 • 중지점3 - 위치 : 100%, 색 : 라임, 강조1, 80%, 더 밝게

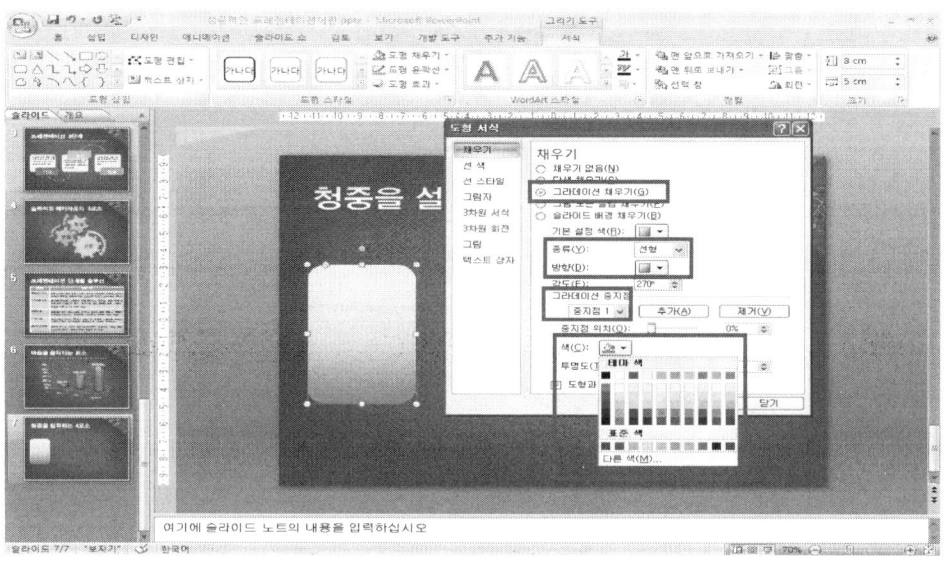

❽ 〈Ctrl+Shift〉키를 이용하여 3개 더 복사한다.
❾ 4개의 도형을 모두 선택하여 [그리기 도구] - [서식] 탭 - [정렬] 그룹 - [맞춤] - '가로 간격을 동일하게'를 클릭하여 간격을 일정하게 유지시킨다.

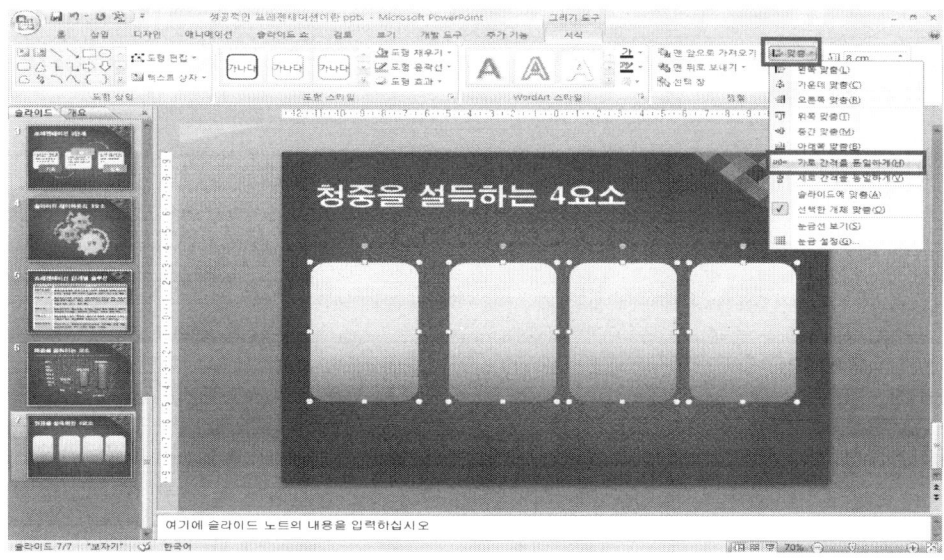

⑩ 2번째 도형을 선택하여 그라데이션 채우기 색상을 변경한다.
- 중지점1 – 위치 : 0%, 색 : 옥색, 강조3, 25%, 더 어둡게
- 중지점2 – 위치 : 50%, 색 : 옥색, 강조3, 60%, 더 밝게
- 중지점3 – 위치 : 100%, 색 : 옥색, 강조3, 80%, 더 밝게

⑪ 3번째 도형을 선택하여 그라데이션 채우기 색상을 변경한다.
- 중지점1 – 위치 : 0%, 색 : 파랑, 강조4, 25%, 더 어둡게
- 중지점2 – 위치 : 50%, 색 : 파랑, 강조4, 60%, 더 밝게
- 중지점3 – 위치 : 100%, 색 : 파랑, 강조4, 80%, 더 밝게

⑫ 4번째 도형을 선택하여 그라데이션 채우기 색상을 변경한다.
- 중지점1 – 위치 : 0%, 색 : 밝은녹색, 강조5, 25%, 더 어둡게
- 중지점2 – 위치 : 50%, 색 : 밝은녹색, 강조5, 60%, 더 밝게
- 중지점3 – 위치 : 100%, 색 : 밝은녹색, 강조5, 80%, 더 밝게

⑬ 1번째 도형을 선택하고 'Element 1'을 입력하고, 글꼴 – 휴먼모음 T, 크기 – 20을 지정한다.

⑭ [그리기도구] – [서식] 탭 – [도형 스타일] 그룹 – '자세히' 단추를 클릭하여 '도형서식' 대화상자에서 [텍스트 상자] – [세로 맞춤] – '위쪽'을 클릭한다.

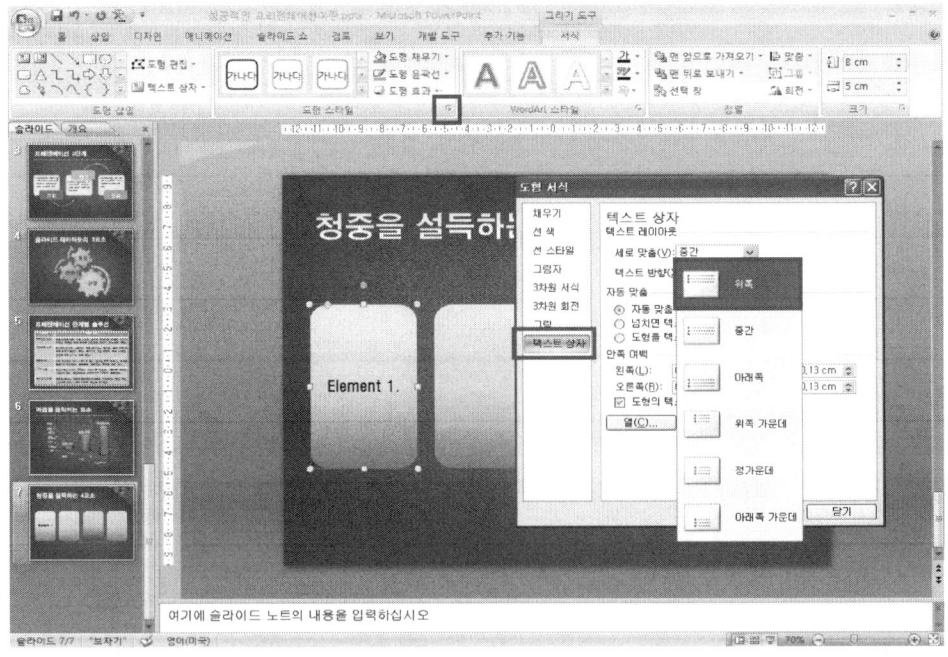

⑮ 나머지 도형도 같은 방법으로 설정한다.

⑯ 다시 도형을 삽입하기 위해 [삽입] 탭 – [일러스트레이션] 그룹 – [도형] – '모서리가 둥근 직사각형'을 선택하여 1번째 도형 안에 적당한 크기로 그린다.

⓱ [그리기도구] – [서식] 탭 – [도형 스타일] 그룹 – '자세히' 단추를 클릭하여 '도형서식' 대화상자에서 [채우기] – [그림 또는 질감 채우기] – [파일] – '4_3_2_01.jpg' 그림 파일을 선택하고, 투명도는 적당히 조절한다.

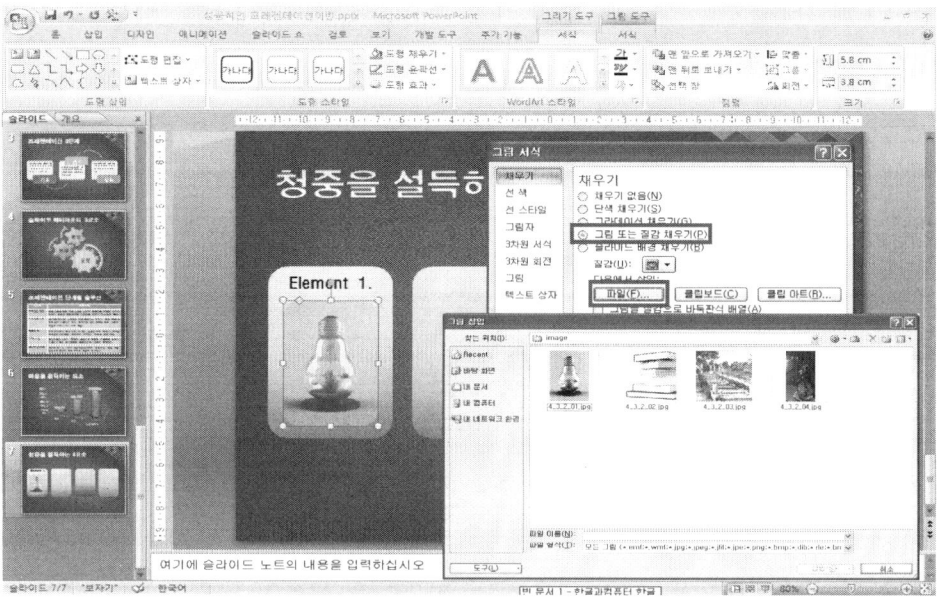

⓲ 텍스트를 입력한다.
⓳ 2번째, 3번째, 4번째 도형에도 각각 '4_3_2_02.jpg', '4_3_2_03.jpg', '4_3_2_04.jpg' 그림 파일을 선택하여 넣고, 텍스트를 입력한다.

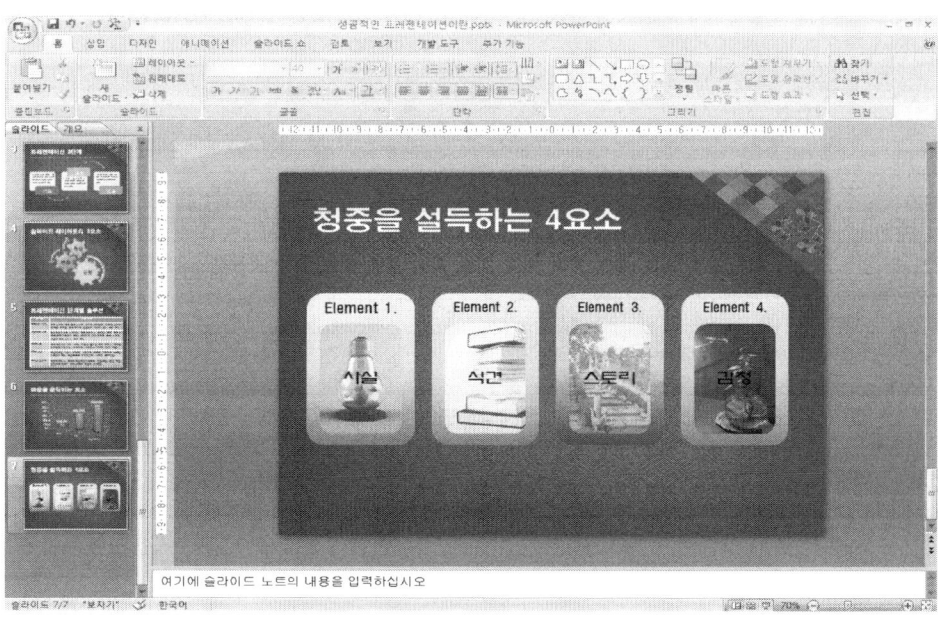

(2) 그림 스타일 적용하기

❶ 완성된 슬라이드에 그림 스타일을 적용해 본다.
❷ 1번째 도형의 그림 도형을 선택한다.
❸ [그림 도구] – [서식] 탭 – [그림 스타일] 그룹 – [그림 효과] – [입체 효과] – '둥글게'를 클릭한다.

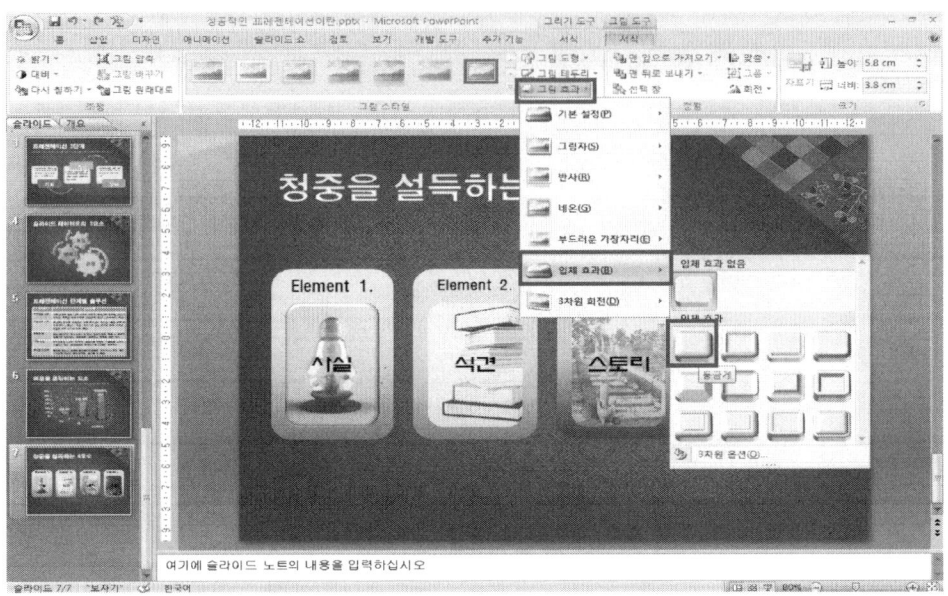

❹ 나머지 도형도 같은 효과를 주어 완성한다.

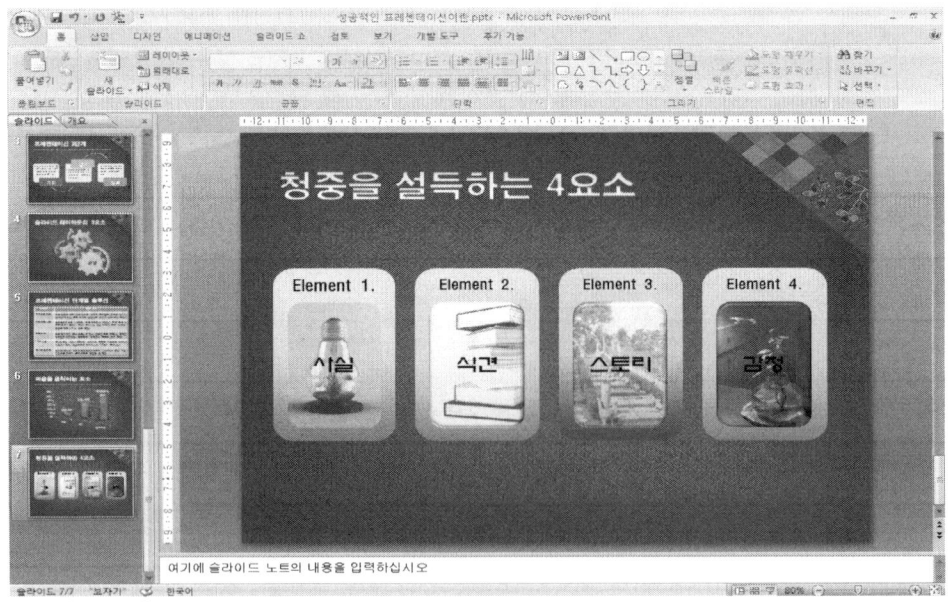

❗알아두면 좋아요

그림 다시 칠하기-투명한 색 설정

그림 다시 칠하기의 투명한 색 설정은 배경색을 투명하게 만들고자 할 때 효과적인 기능이다.
- [삽입] 탭 – [클립아트] – '검색대상 : 감정'을 검색하여 배경색이 있는 클립아트를 선택한다.
- 클립아트를 선택한 상태에서 [그림 도구] – [서식] 탭 – [조정] 그룹 – [다시 칠하기] – '투명한 색 설정'을 클릭하면 마우스 포인터 모양이 변경된다.
- 그 상태에서 배경색을 클릭하면 배경색이 투명하게 된다.
- [그림1]의 배경이 [그림2]의 투명색으로 변경되는 것을 알 수 있다.

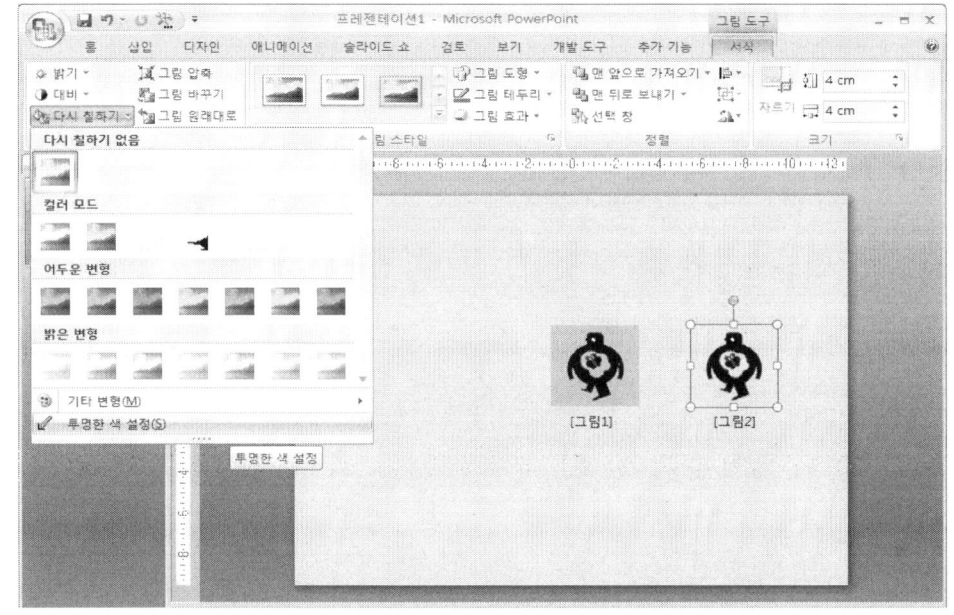

실무활용 예제

❶ 제목 : 워드아트 사용
❷ 클립아트 삽입

❶ 글머리기호를 이용한다.

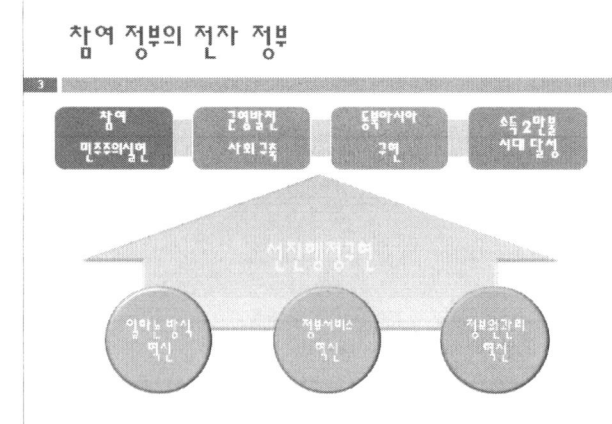

❶ 첫 번째 도형은 SmartArt를 삽입하여 일부 도형을 변경한다.
❷ 나머지는 도형을 이용하여 알맞은 서식을 지정하여 완성한다.

실무활용 예제

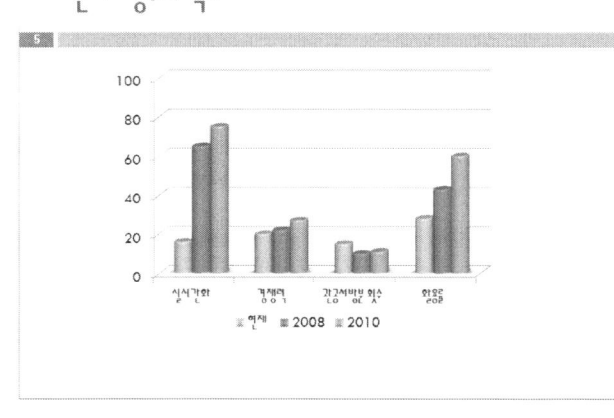

❶ 표를 삽입한다.
❷ 표 스타일의 효과를 이용하여 완성한다.

❶ 4번 슬라이드의 값을 이용하여 차트를 완성한다.
❷ 그림을 보고 차트를 수정한다.
❸ 차트 스타일을 이용하여 서식을 지정한다.

- '가을' 디자인 서식 지정
- 머리글/바닥글을 삽입하여 슬라이드 번호만 넣는다.

프레젠테이션 디자인의 기본 익히기3

Chapter 05의 학습목표

- 텍스트에 하이퍼링크를 걸어 다른 슬라이드로 연결할 수 있다.
- 애니메이션을 이용하여 화면전환을 할 수 있다.
- 동영상 파일을 광고 슬라이드를 만들 수 있다.

Chapter 05의 학습순서

5.1 하이퍼링크 만들기
5.2 애니메이션 효과 지정
5.3 멀티미디어 삽입
5.4 슬라이드 마스터 디자인

결과 미리보기

목 차

1. 프레젠테이션의 3단계
2. 슬라이드 레이아웃의 3요소
3. 프레젠테이션 단계별 솔루션
4. 마음을 움직이는 요소
5. 청중을 설득하는 4요소

참고 사이트

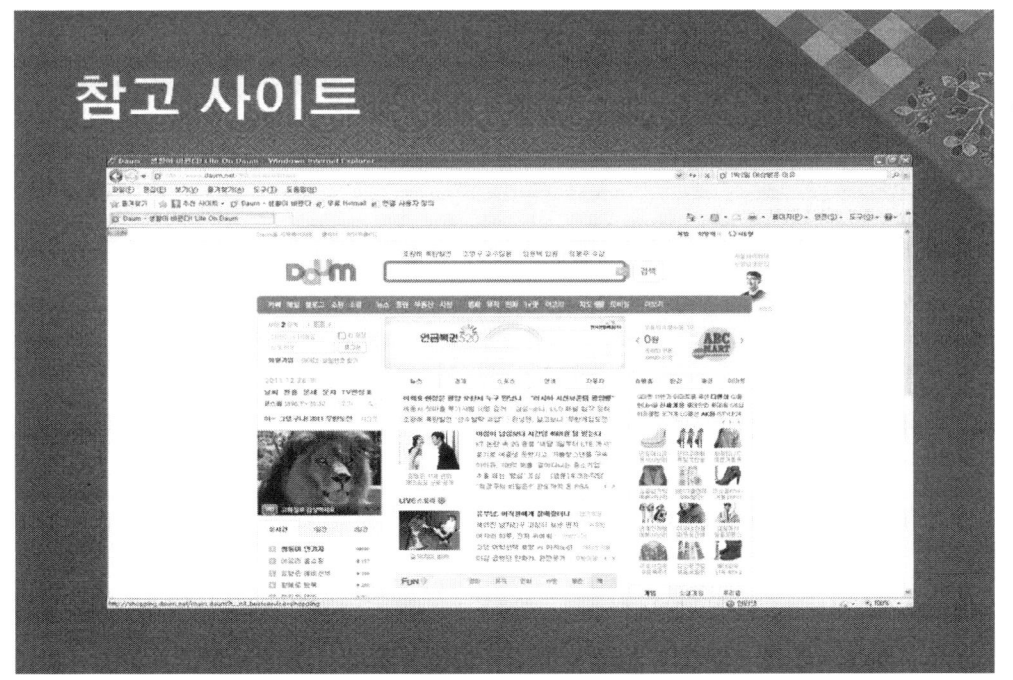

문서작성과 프레젠테이션

결과 미리보기

소리 파일 삽입하기

차분한 음악을 감상하면서 잠시 휴식을 취합니다.

동영상 파일 삽입하기

5.1 하이퍼링크 만들기

❶ [홈] 탭 – [슬라이드] 그룹 – [새 슬라이드] – '제목만' 레이아웃을 선택해 아래와 같이 제목을 입력한다.

❷ 익스플로러에서 Daum에 연결한 상태에서 〈Print Screen〉을 눌러 화면 전체를 캡처한다.

❸ 파워포인트에서 〈Ctrl+v〉를 눌러 붙여넣기 한 후 슬라이드 크기에 맞게 크기 조절을 한다.

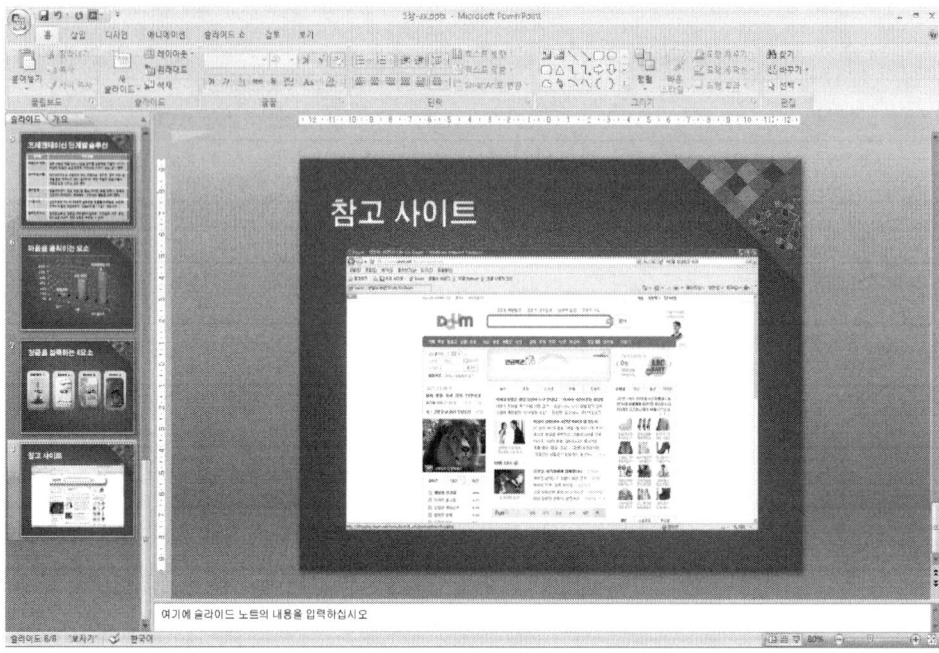

❹ 이미지를 선택하고 [삽입] 탭 - [링크] 그룹 - [하이퍼링크]를 클릭해 대화상자가 열리면 '연결대상-기존 파일/웹페이지', '주소-http://www.daum.net'으로 선택 및 입력한다.

❺ 화면 화단의 '슬라이드 쇼' 버튼을 클릭하고 그림을 클릭해 'Daum' 사이트가 열리는지 확인한다.

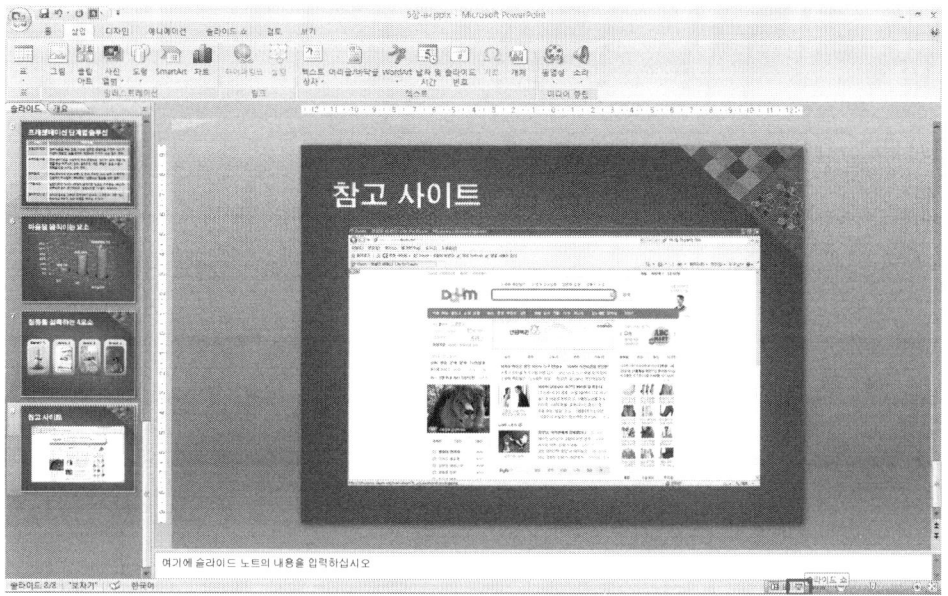

❻ 목차 슬라이드에서 7번 슬라이드 제목을 클릭해 7번 슬라이드가 연결되도록 하이퍼링크를 걸어보도록 하자. '청중을 설득하는 4요소'를 블록 설정하고 [삽입] 탭 - [링크] 그룹 - [하이퍼링크] 대화상자가 열리면 '연결대상-현재문서', '이 문서에서 위치 선택-7.청중을 설득하는 4요소'를 클릭하고 [확인] 단추를 클릭한다.

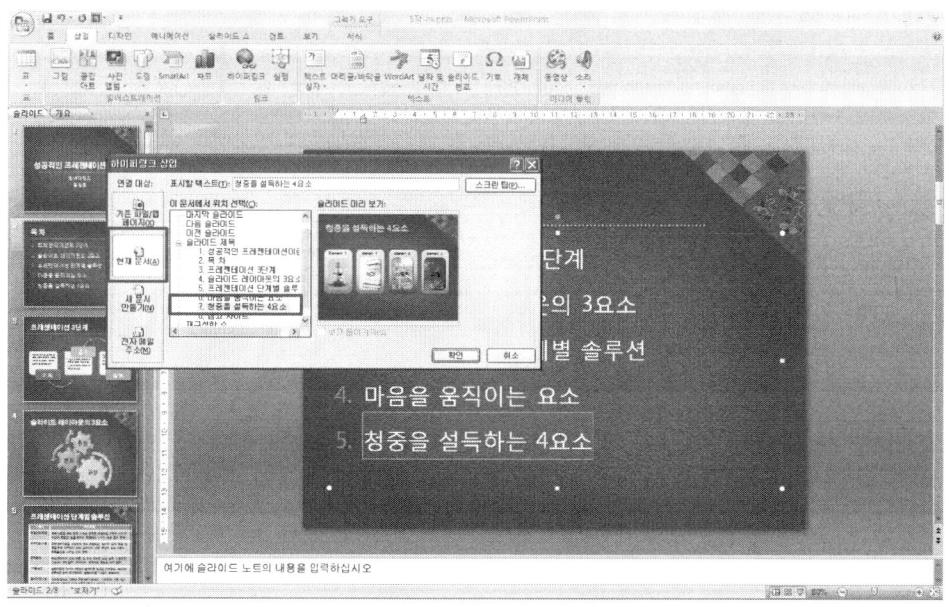

❼ 실행 단추를 이용하여 목차 슬라이드에 홈으로 되돌아가는 하이퍼링크를 설정해보자. [삽입] 탭 - [일러스트레이션] 그룹 - [도형] - [실행단추] - '홈'을 클릭해 슬라이드 오른쪽 하단에 드래그 해 그린 후 마우스를 떼면 실행설정 대화상자가 열리게 된다.

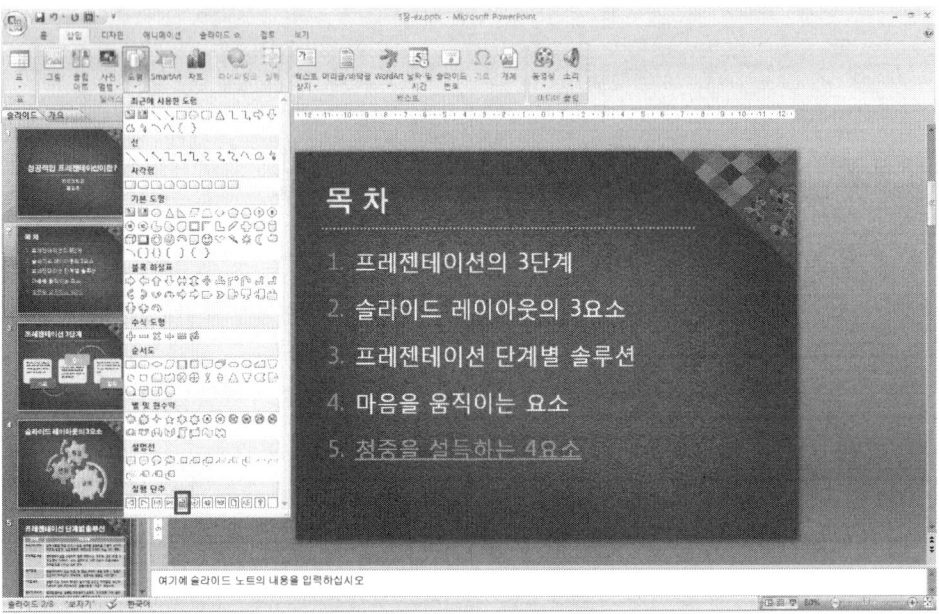

❽ 대화상자에서 '하이퍼링크 - 첫째 슬라이드'를 선택하고 [확인] 단추를 클릭하고 '슬라이드 쇼' 보기에서 하이퍼링크를 확인한다.

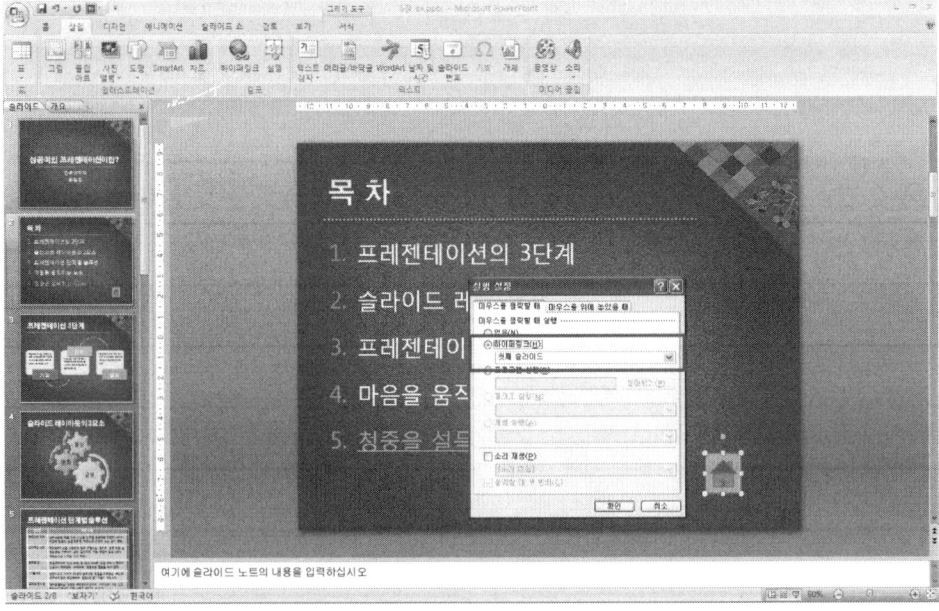

5.2 애니메이션 효과 지정

01 화면 전환 지정

첫 번째 제목 슬라이드에서 두 번째 목차 슬라이드로 넘어갈 때 화면 전환을 지정해보자.

❶ 목차 슬라이드가 선택된 상태에서 [애니메이션] 탭 – [슬라이드 화면 전환] 그룹 – '오른쪽으로 닦아내기'를 클릭한다.

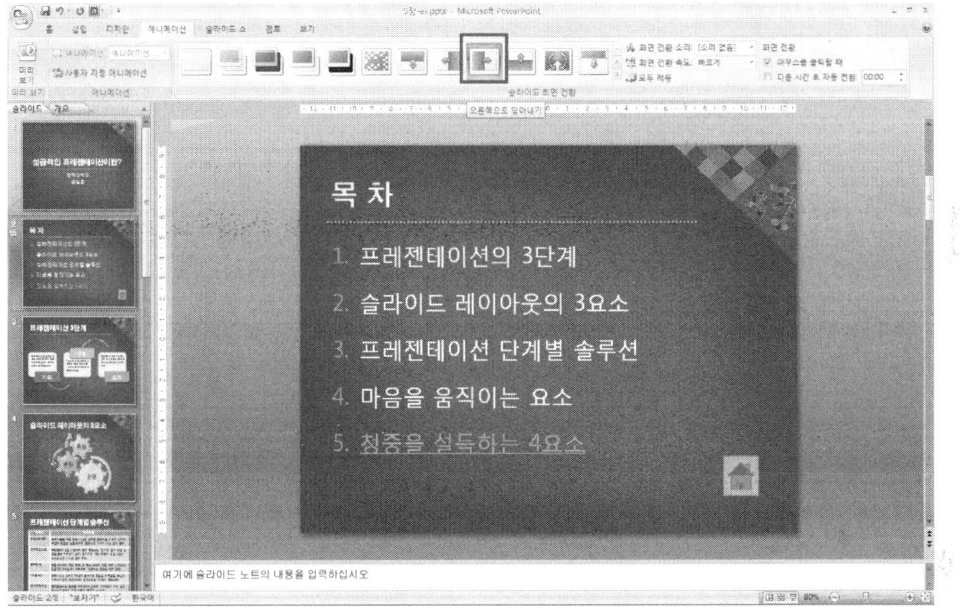

> **❶ 알아두면 좋아요**
> • 화면 전환 역시 '슬라이드 쇼' 보기로 확인해야 한다.
> • 그룹 '자세히' 단추를 클릭하여 다른 화면 전환 효과도 적용해보자.

02 애니메이션 지정

7번 슬라이드의 도형이 차례대로 화면상에 나타나도록 애니메이션을 지정해보자.

문서작성과 프레젠테이션

❶ 7번 슬라이드에 첫 번째 도형과 그림을 같이 선택하고 마우스 오른쪽 버튼을 눌러 '그룹-그룹' 메뉴를 클릭해 그룹 설정한다. 나머지 도형들도 같은 방법으로 그룹 지정한다.

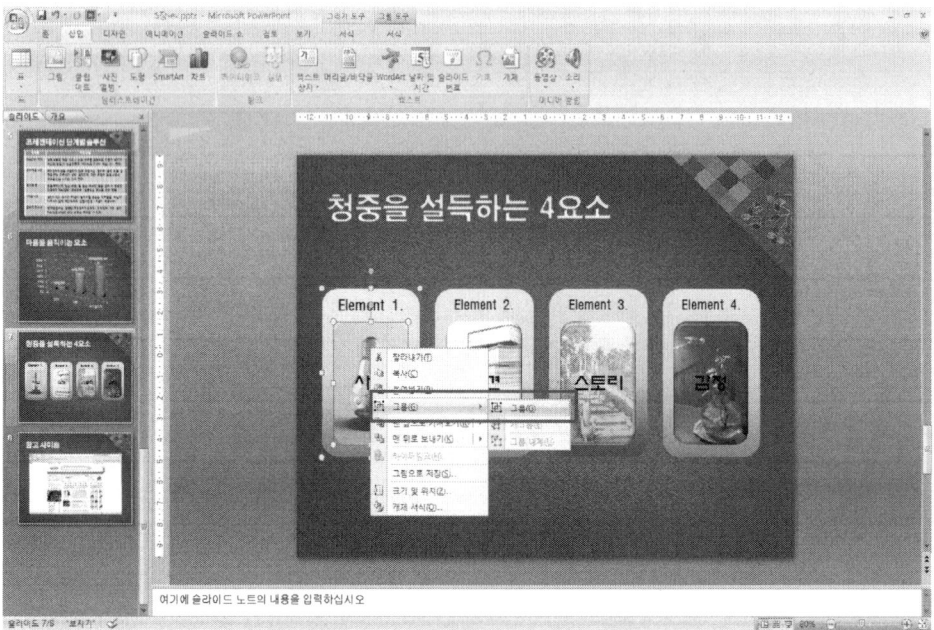

❷ 첫 번째 도형 그룹을 선택하고 [애니메이션] 탭 - [애니메이션] 그룹 - [사용자 지정 애니메이션]을 클릭한다.

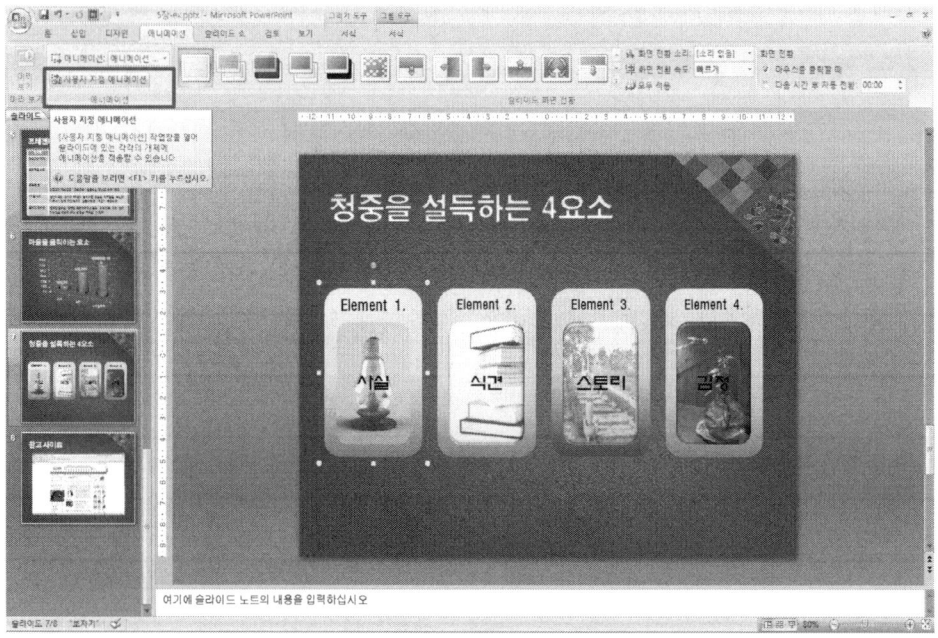

❸ 화면 오른쪽 '사용자 지정 애니메이션' 작업창에서 [효과 적용] - [나타내기] - [기타 효과] 메뉴를 클릭한다.

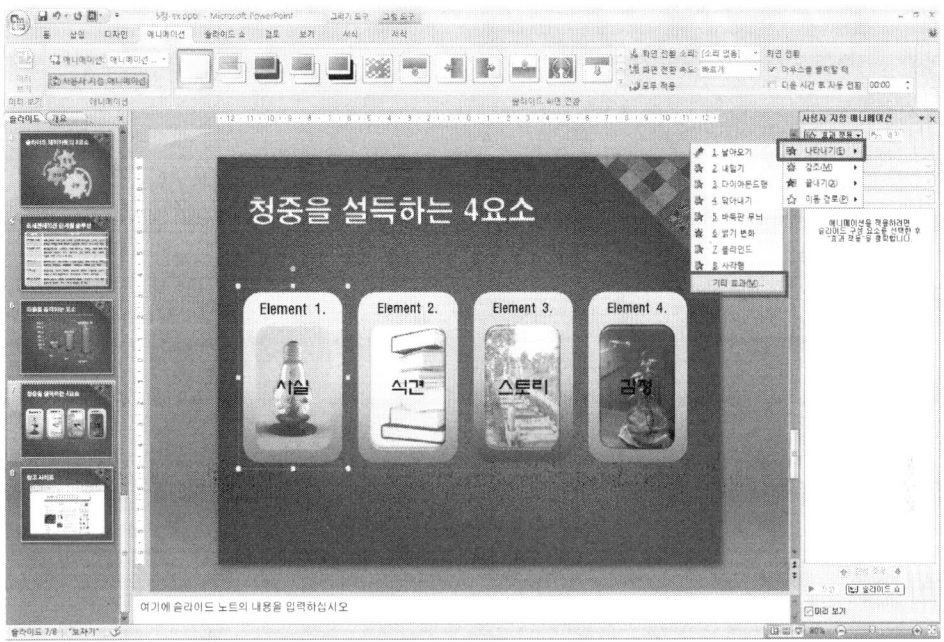

❹ '기본 효과-날아오기' 메뉴를 선택하고 [확인] 단추를 클릭한다. 나머지 도형 그룹들도 ❷, ❸ 과정을 반복해 '날아오기' 애니메이션을 지정한다.

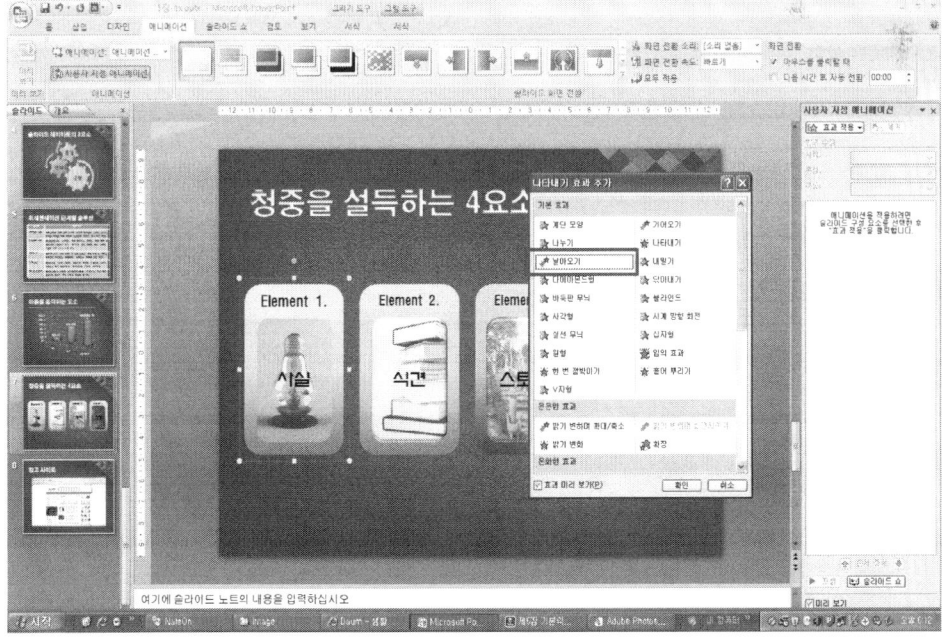

❺ 각 도형 앞과 작업창에 번호가 생기게 되는데 이는 애니메이션 실행 순서 번호를 나타낸다.

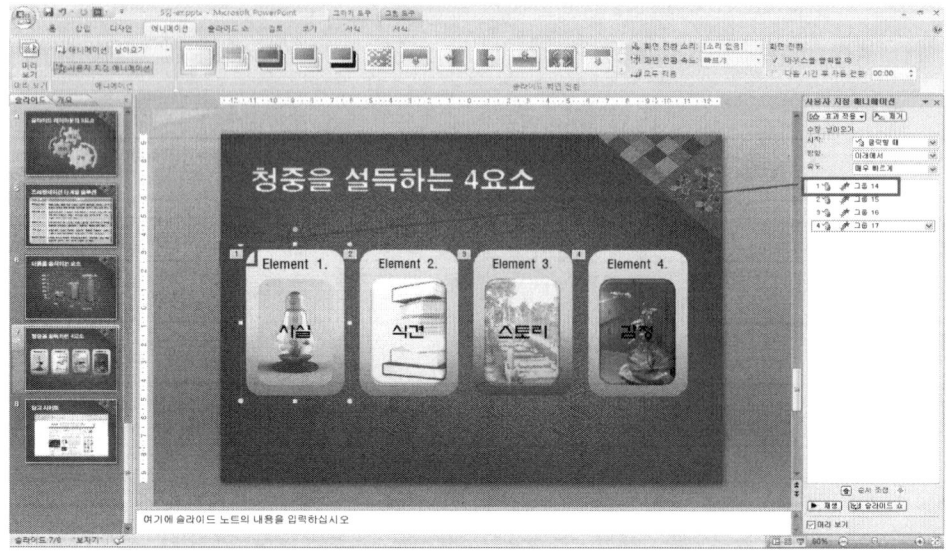

❻ '슬라이드 쇼' 보기에서 확인하면 클릭을 할 때마다 도형 그룹이 하나씩 나타나는 것을 확인할 수 있다.

03 애니메이션 수정

❶ 이번에는 첫 번째 도형 하나만 클릭을 해서 나타내고 나머지는 자동으로 연이어 실행하도록 만들어보자. '사용자 지정 애니메이션' 작업창에서 2번 애니메이션을 선택하고 '시작 : 이전 효과 다음에'로 변경한다.

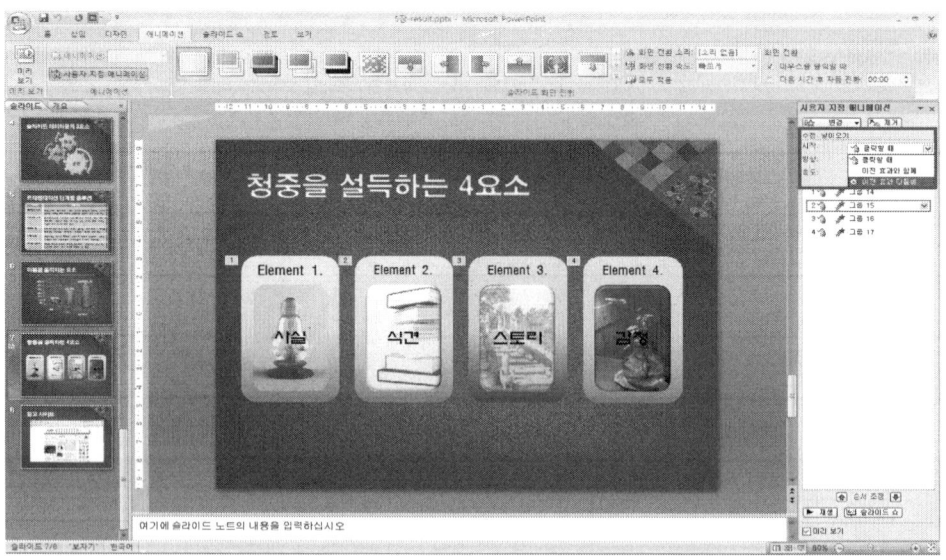

❷ 3,4번째 애니메이션도 같은 방법으로 시작을 변경한다. 애니메이션 번호가 모두 1번으로 바뀐것을 확인할 수 있다.

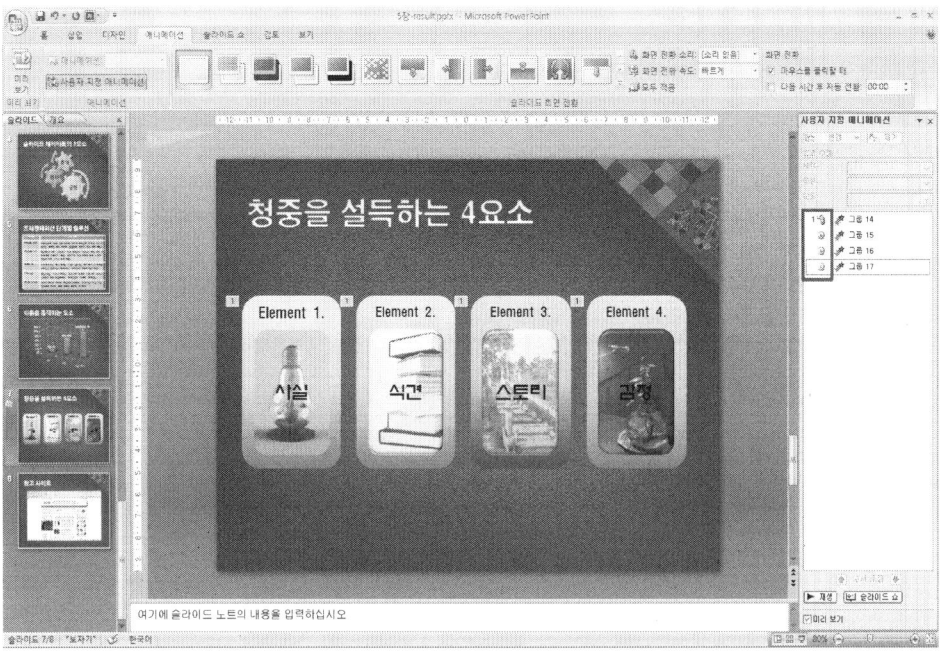

문서작성과 프레젠테이션

5.3 멀티미디어 삽입

01 소리 파일 삽입

❶ [홈] 탭 - [슬라이드] 그룹 - [새 슬라이드] - '제목만' 레이아웃을 선택해 아래와 같이 제목을 입력합니다.

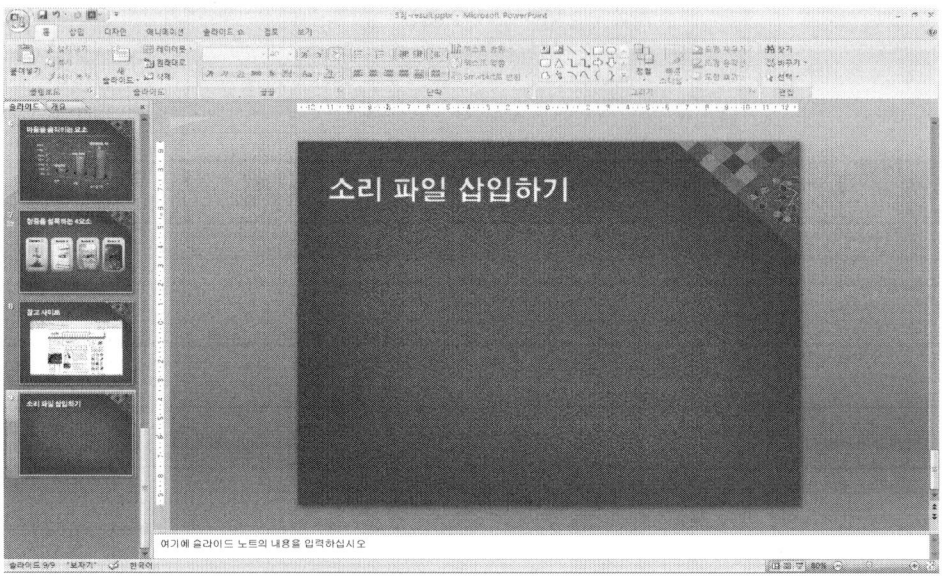

❷ [삽입] 탭 - [텍스트] 그룹 - [텍스트 상자] - '가로 텍스트 상자'를 삽입해 텍스트를 입력한다.

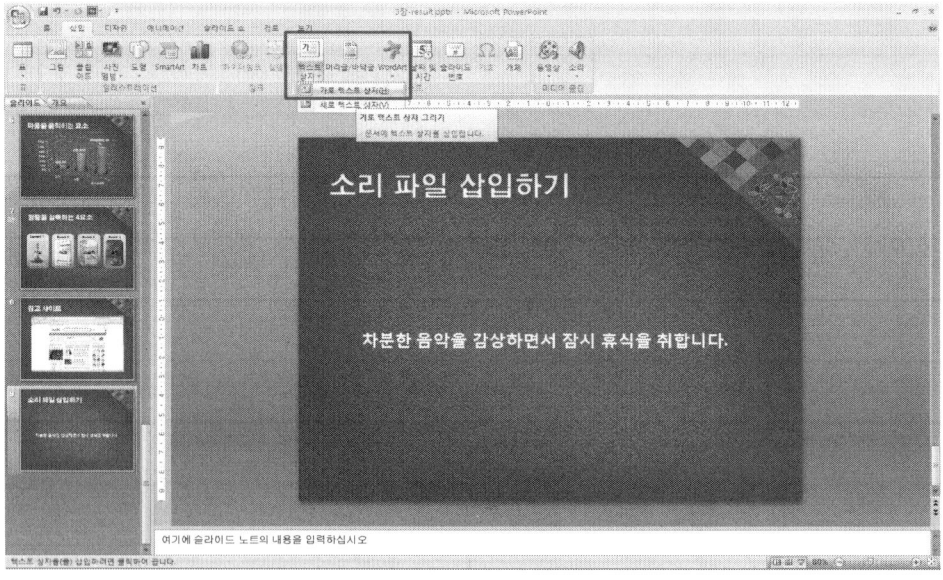

❸ [삽입] 탭 – [미디어 클립] 그룹 – [소리] – [소리 파일]을 클릭해 대화상자가 열리면 소리 파일을 선택하고 [확인] 버튼을 클릭한다.

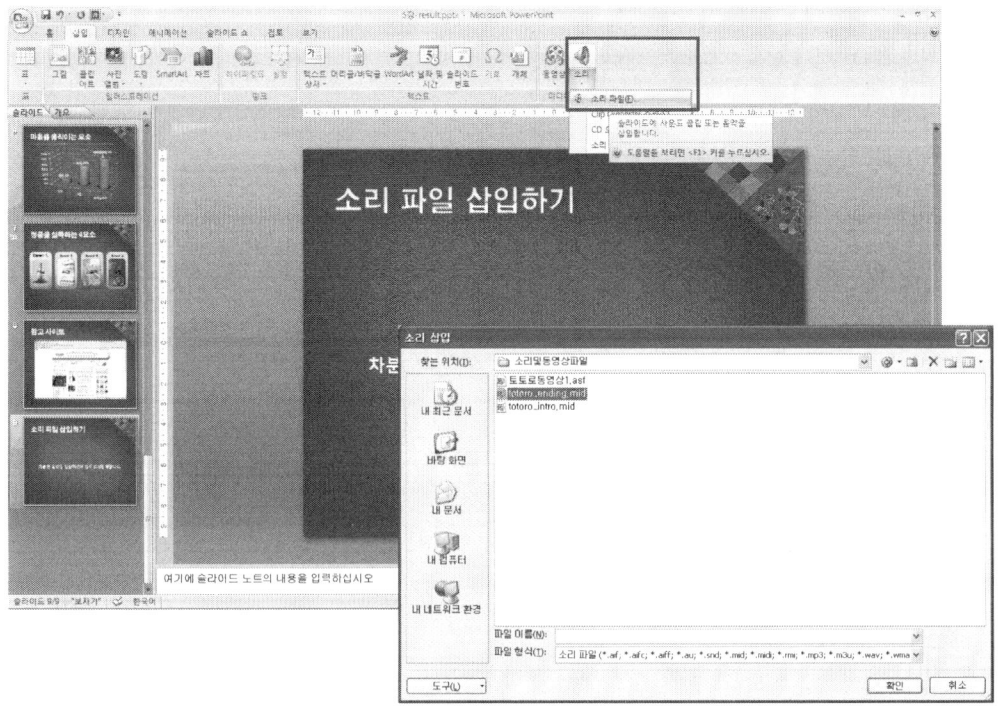

❹ 슬라이드 쇼 실행시 어떻게 실행할 것인지 묻는 대화상자가 나타나는데 여기서는 [자동 실행]을 선택해 슬라이드 쇼를 실행하면 자동으로 실행되도록 한다.

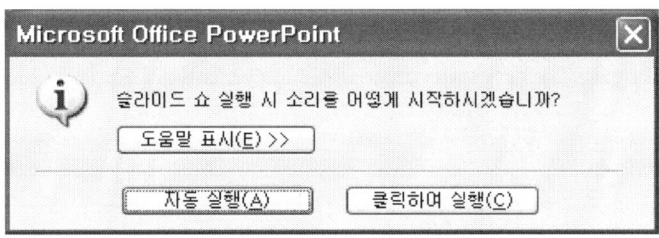

❺ 슬라이드에 소리 아이콘이 나타나게 되는데 편집 상태에서만 보이고 슬라이드쇼 진행시에는 보이지 않도록 처리해보자. [소리 도구] - [옵션] 탭 - [소리 옵션] 그룹 - [쇼 동안 숨기기]를 체크한다.

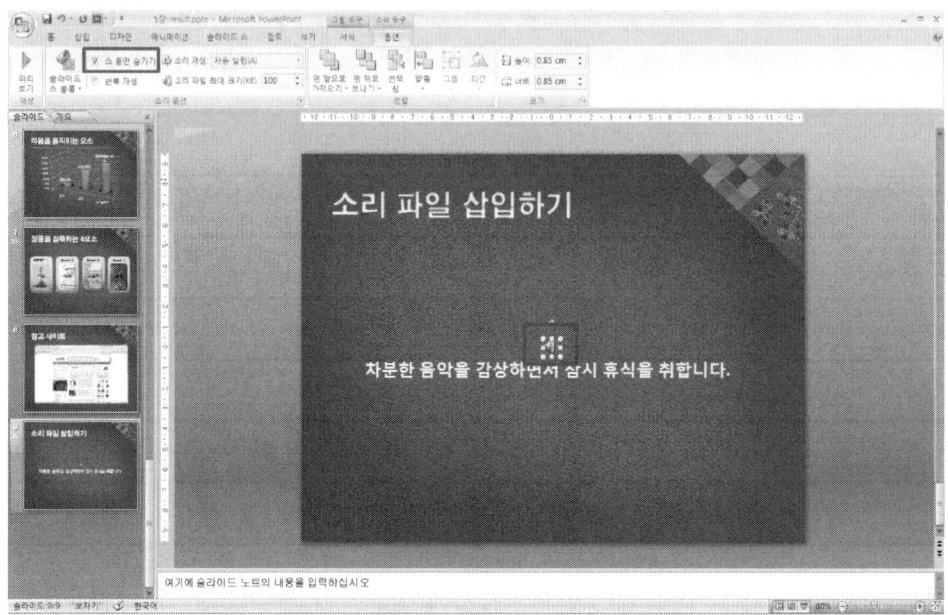

❻ 이번에는 반복적으로 계속 재생되도록 해보자. [소리 도구] - [옵션] 탭 - [소리 옵션] 그룹 - [반복 재생]을 체크한다.

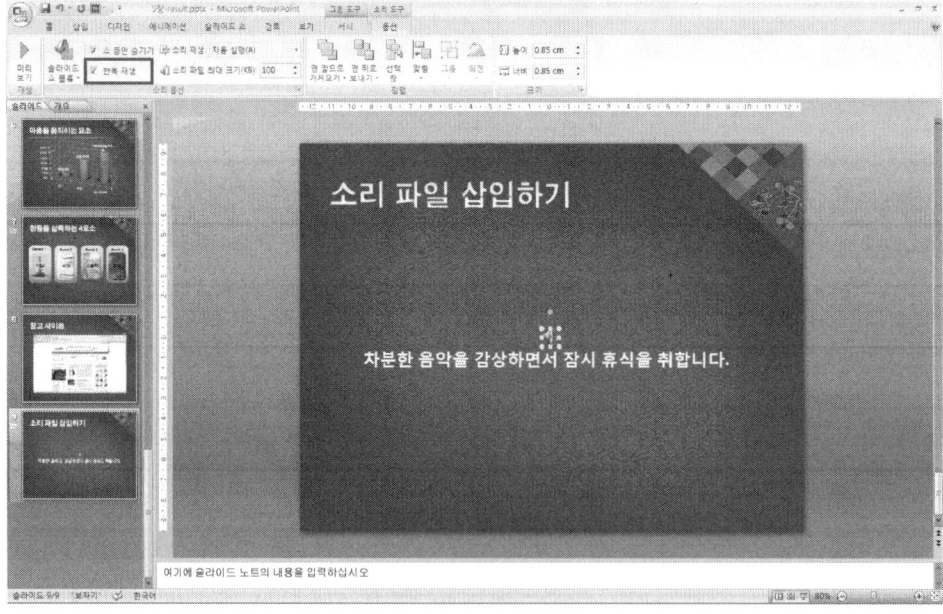

02 동영상 파일 삽입하기

❶ [홈] 탭 - [슬라이드] 그룹 - [새 슬라이드] - '제목만' 레이아웃을 선택해 아래와 같이 제목을 입력합니다.

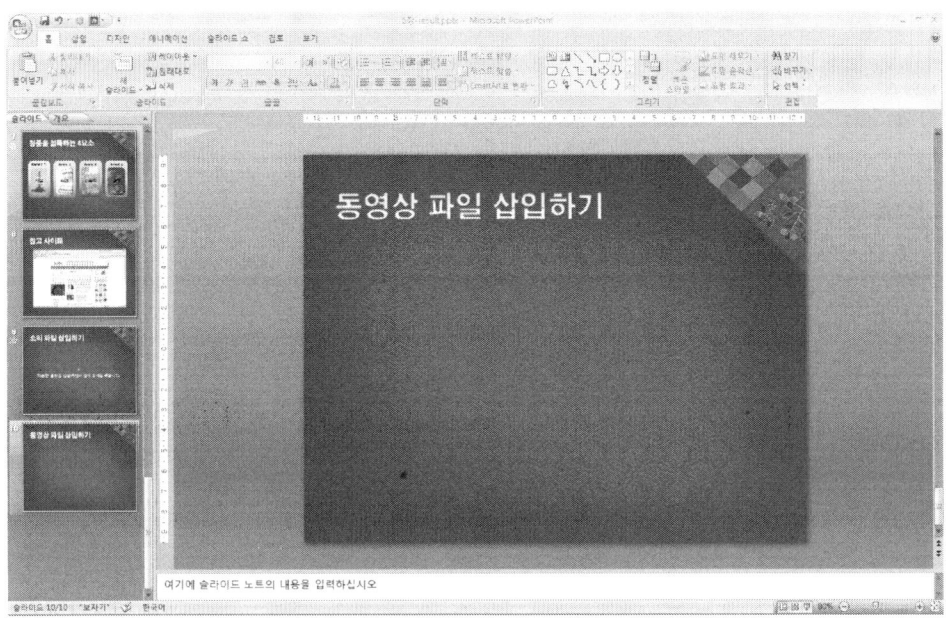

❷ [삽입] 탭 - [미디어 클립] 그룹 - [동영상] - [동영상 파일]을 클릭해 대화상자가 열리면 동영상 파일을 선택하고 [확인] 버튼을 클릭한다.

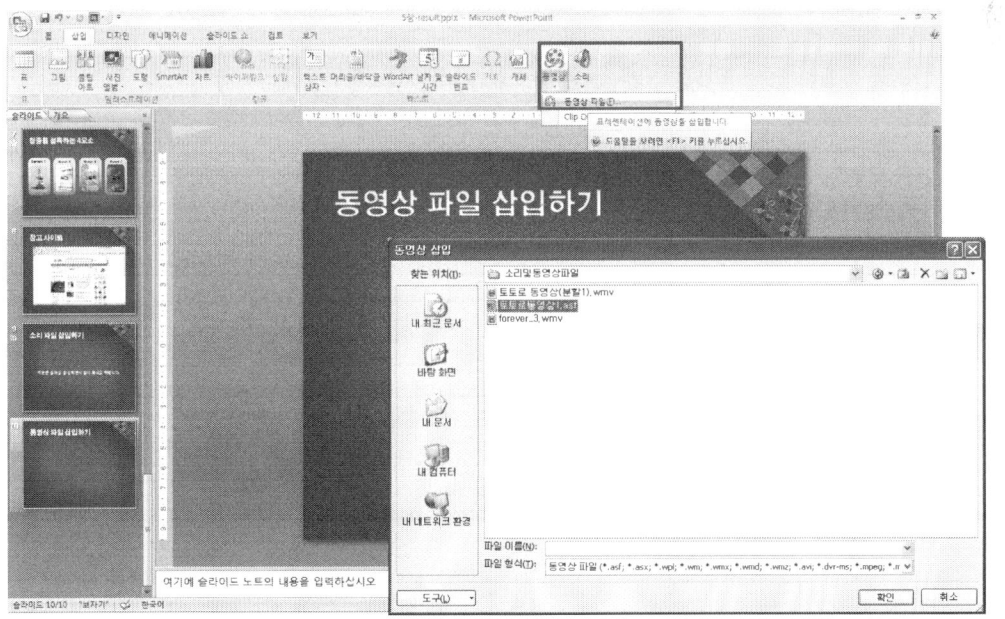

❸ 소리와 마찬가지로 슬라이드 쇼 실행시 어떻게 실행할 것인지 묻는 대화상자가 나타나는데 여기서는 [클릭하여 실행하기]를 선택해 클릭시 실행되도록 하자

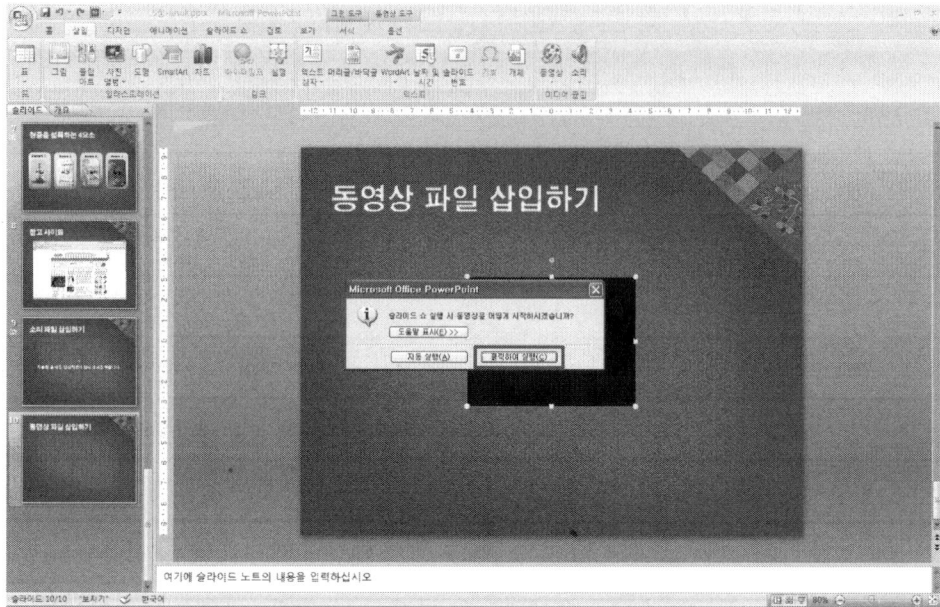

❹ 동영상이 실행될 검은색 도형의 크기를 적절히 조절한 후 '슬라이드 쇼' 보기로 확인하면 된다.

5.4 슬라이드 마스터 디자인

슬라이드 마스터는 슬라이드 계층 구조에서 배경, 색, 글꼴, 효과, 개체 틀 크기 및 위치를 포함하여 프레젠테이션의 슬라이드 레이아웃과 모든 테마 정보를 저장하는 최상위 슬라이드를 말한다. 쉽게 말하면 개체의 위치, 서식등을 미리 설정하여 모든 슬라이드에 똑같은 서식이 적용될 수 있도록 하는 기능을 말하므로 적절히 이용하면 일관된 슬라이드 뿐만 아니라 작업 효율도 높일 수 있다.

01 슬라이드 마스터 편집하기

슬라이드 마스터에 대한 모든 변경 내용은 해당 마스터를 사용하는 모든 슬라이드에 적용되고 슬라이드 레이아웃에 대한 변경 내용은 해당 레이아웃을 사용하는 모든 슬라이드에 적용된다. 예를 들어 프레젠테이션에 있는 모든 제목 슬라이드의 글꼴 색을 변경하려면 슬라이드 마스터 보기에서 제목 스타일 레이아웃을 클릭한 후 텍스트 서식을 변경한다.

만약 현재 파일에서 '제목' 텍스트 상자의 글꼴 바꾸려면 어떻게 해야 할까? 슬라이드 한 장 한 장을 선택해 바꿔야 한다? 아니다. 슬라이드 마스터로 작업하면 현재까지 만든 슬라이드뿐만 아니라 앞으로 만들게 될 슬라이드의 '제목' 텍스트 상자의 글꼴도 바꿔서 만들 수 있다. 그렇다면 한번 바꿔보도록 하자.

❶ [보기] 탭 - [프레젠테이션 보기] 그룹 - [슬라이드 마스터]를 선택한다.

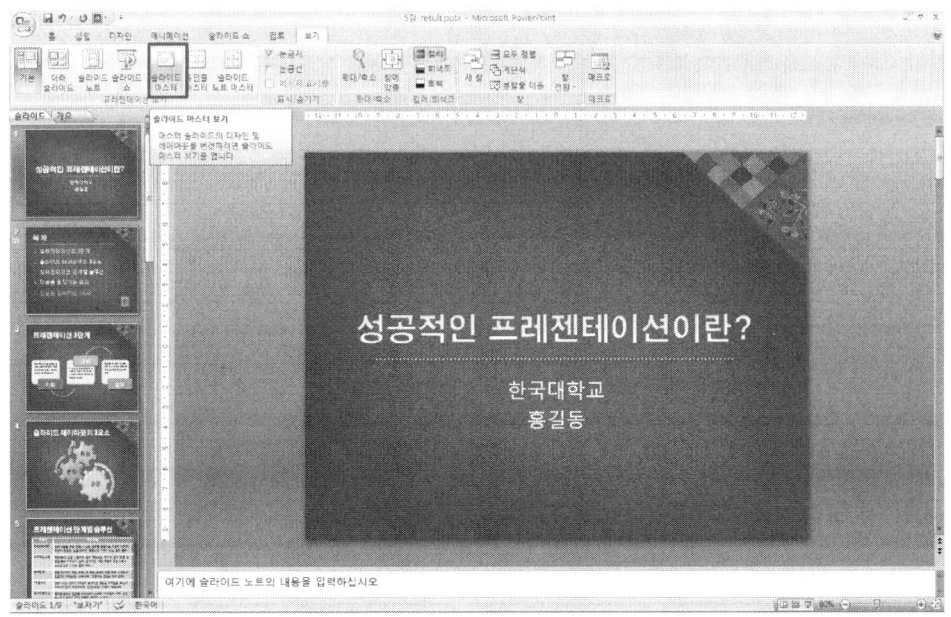

❷ 현재 사용된 모든 레이아웃의 '제목' 텍스트 상자의 서식을 변경하기 위해 '슬라이드 마스터' 레이아웃을 선택한다.

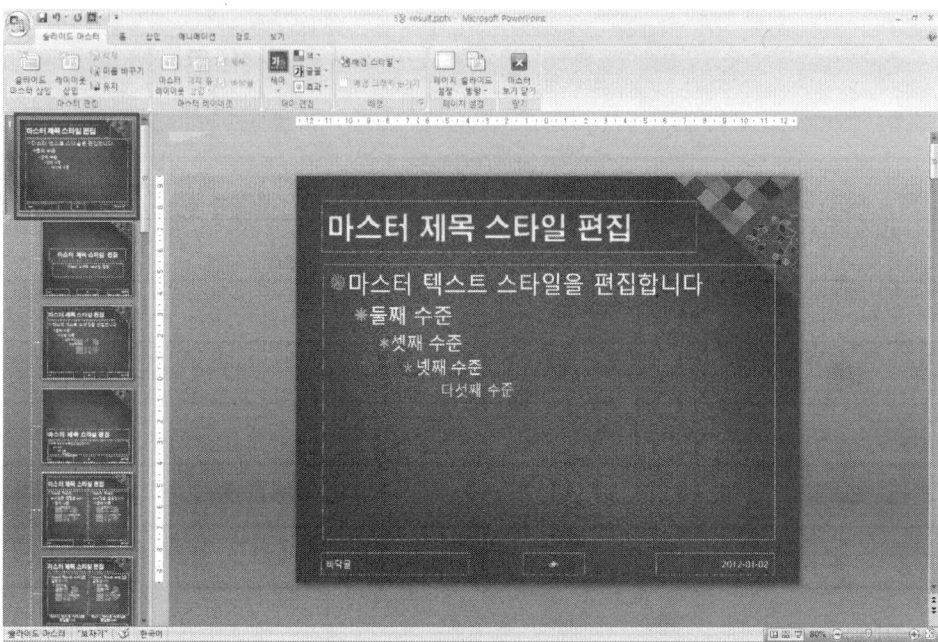

❸ '제목' 텍스트 상자를 선택하고 [홈] 탭 – [글꼴] 그룹에서 글자체를 '휴먼둥근헤드라인'으로 변경한다.

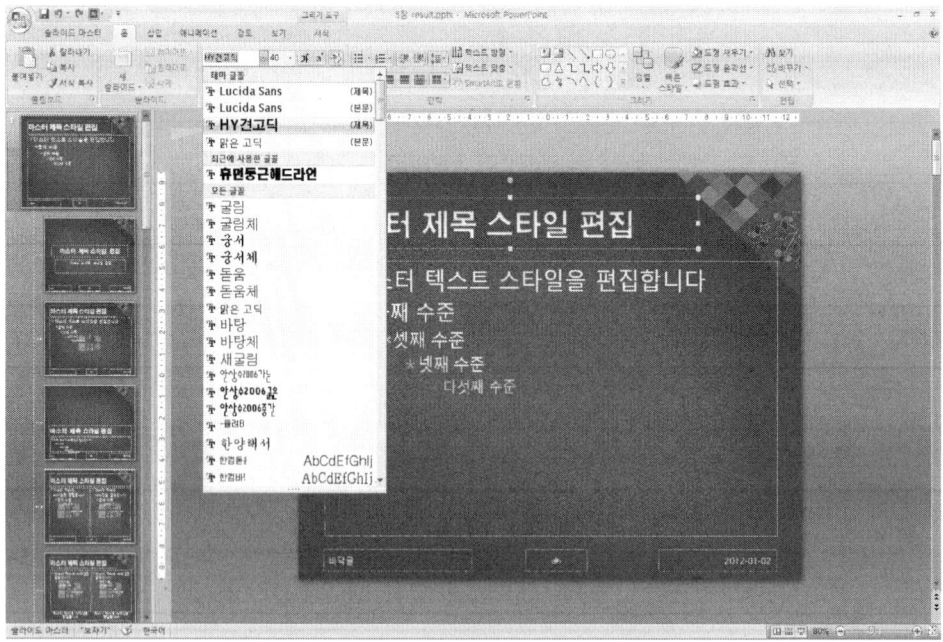

❹ 변경 결과를 확인하기 위해 '기본 보기'로 돌아가자. [슬라이드 마스터] 탭 - [닫기] 그룹 - [마스터 보기 닫기]를 클릭한다.

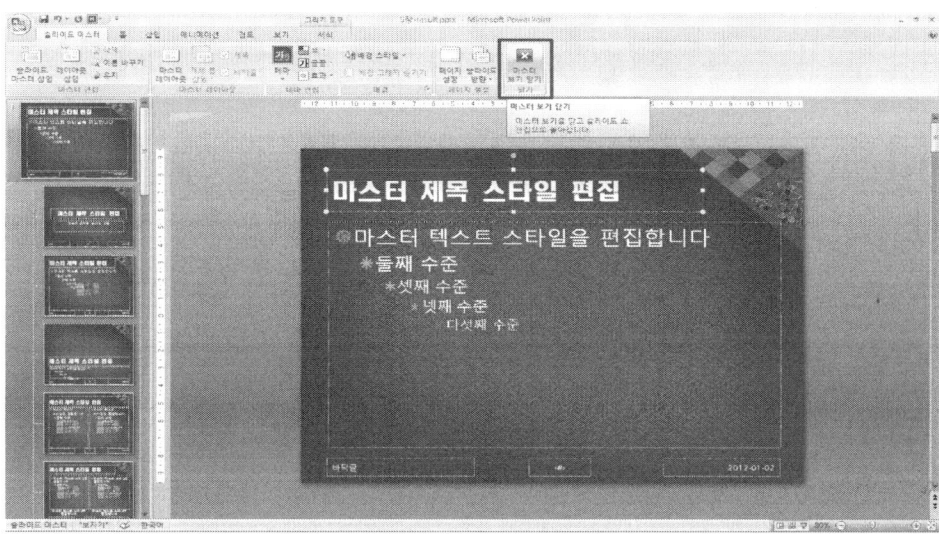

❺ 예제 파일을 보면 1번 슬라이드는 '제목' 레이아웃, 2,3,5,6번 슬라이드는 '제목 및 내용' 레이아웃, 나머지 슬라이드는 '제목만' 레이아웃으로 작성되어 있다. 슬라이드를 살펴보면 '제목 및 내용' 레이아웃에는 '제목' 텍스트 상자 밑에 밑줄이 그려져 있고 '제목만' 레이아웃에는 없는걸 확인할 수 있다. '제목만' 레이아웃에도 밑줄을 그려보자. [보기] 탭 - [프레젠테이션 보기] 그룹 - [슬라이드 마스터]를 선택한다.

❻ '제목 및 내용' 레이아웃에 있는 밑줄을 선택해 〈Ctrl+c〉를 눌러 복사하고 '제목만' 레이아웃에서 〈Ctrl+v〉를 눌러 복사한다.

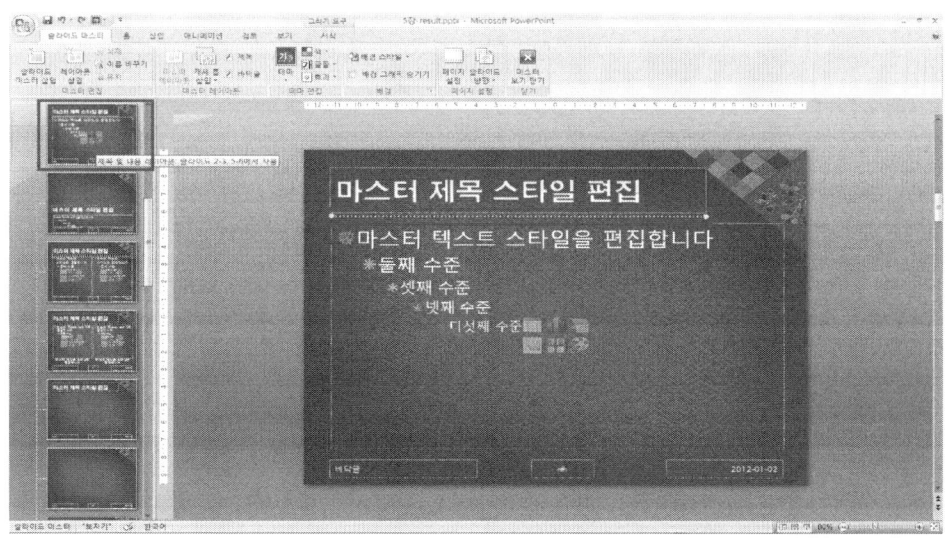

문서작성과 프레젠테이션

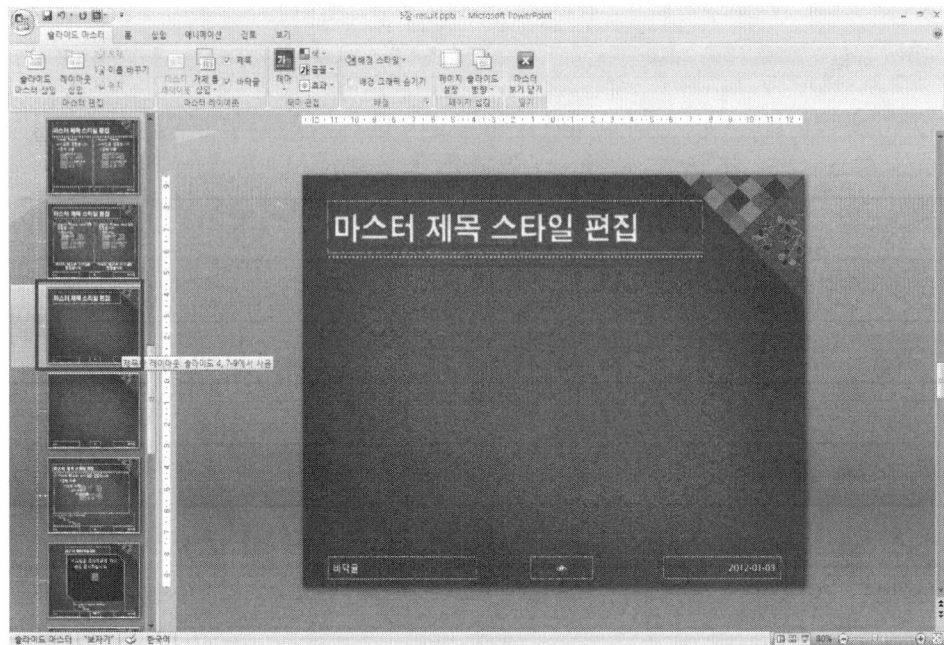

❼ [슬라이드 마스터] 탭 - [닫기] 그룹 - [마스터 보기 닫기]를 클릭한다.

실무활용 예제

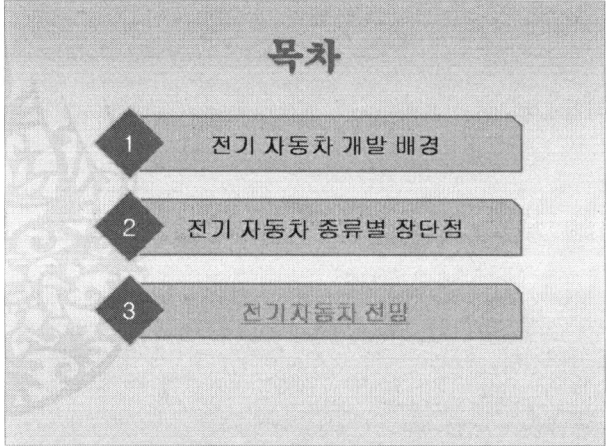

❶ 디자인 테마
  • 연꽃 당초 무늬

❶ 각 번호끼리 그룹 지정(3개)
❷ 사용자지정 애니메이션 지정
  • 종류 : 내밀기
  • 시작 : 1번(클릭할 때),
    2,3번(이전 효과 다음에)
  • 방향 : 아래에서
  • 속도 : 매우 빠르게

❶ 화면 전환 사용
  • 오른쪽 닦아내기

실무활용 예제

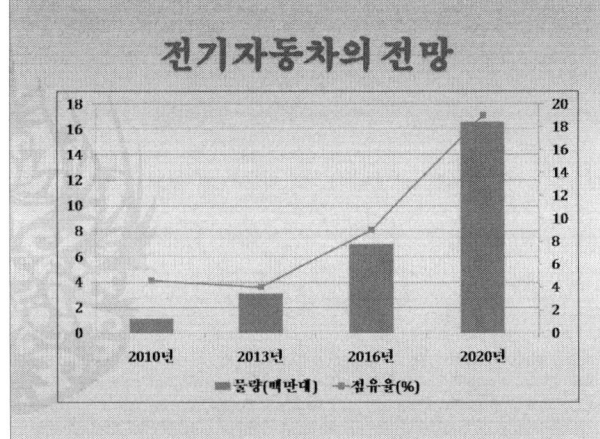

❶ 화면 전환 사용
  • 오른쪽 닦아내기

❶ 화면 전환 사용
  • 오른쪽 닦아내기
❷ 사용자지정 애니메이션 지정
  • 종류 : 시계 방향 회전
  • 시작 : 클릭할 때
  • 살 : 4
  • 속도 : 매우 빠르게

❶ 실행 단추 삽입
  • '홈으로' 실행 단추 삽입

Chapter 06 프레젠테이션 제작, 하나부터 열까지

Chapter 06의 **학습목표**

- 슬라이드 마스터 기능을 이용하여 나만의 서식 디자인을 만들 수 있다.
- 스마트아트, 도형 등을 이용하여 주제에 맞는 슬라이드를 표현할 수 있다.
- 애니메이션 기능을 이용하여 내용에 맞게 적절한 효과를 적용할 수 있다.

Chapter 06의 **학습순서**

- 6.1 제목 슬라이드 디자인
- 6.2 스마트 아트를 이용한 목차 디자인
- 6.3 글머리 기호를 이용한 텍스트 디자인
- 6.4 도형으로 4가지 주제를 표현한 디자인
- 6.5 입체감 있는 피라미드를 이용한 디자인
- 6.6 애니메이션을 활용한 디자인

문서작성과 프레젠테이션

> 결과 미리보기

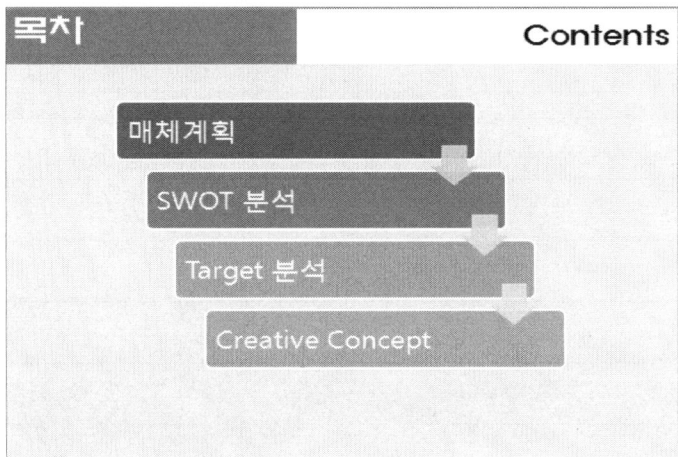

결과 미리보기

SWOT 분석

- 대포간 고속도로
- 영일만 개발 계획
- 현대 중공업 진입
- 롯데 시네마 집객력

- 상가 부정적 인식 팽배
- 임대 수익 시스템의 인식 부재

S W
O T

- 홈플러스 입점 및 죽도시장 활성화로 오거리 상권 확대
- 브랜드 아울렛의 기초 인지도

- 발코 플러스의 저기분양 대응력
- 북부 전통 부도심 상권 활성화
- 중앙상권 수요이동의 어려움

타겟 분석 — Target Analysis

- 유도타겟 — 전문상가 투자자 및 부동산 종사자
- 표적타겟 — 상가운영자 및 일반투자자
- 부업타겟 — 은퇴후를 준비하는 목돈 투자자

창조적인 컨셉트 — Creative Concept

성공은 당신의 선택에 달려 있다.

6.1 제목 슬라이드 디자인

01 제목 슬라이드 만들기

❶ 파워포인트 2007을 실행한다.
❷ [홈] 탭 – [슬라이드] 그룹 – [레이아웃] – '빈화면'을 클릭한다.
❸ 빈 슬라이드에서 마우스 오른쪽 버튼을 눌러 '배경 서식'을 클릭한다.
❹ 단색 채우기에서 '검정, 텍스트1'을 선택한 후 닫기를 클릭한다.
❺ [삽입] 탭 – [텍스트] 그룹 – [WordArt] – '채우기, 강조2, 무광택 입체'를 선택한다.

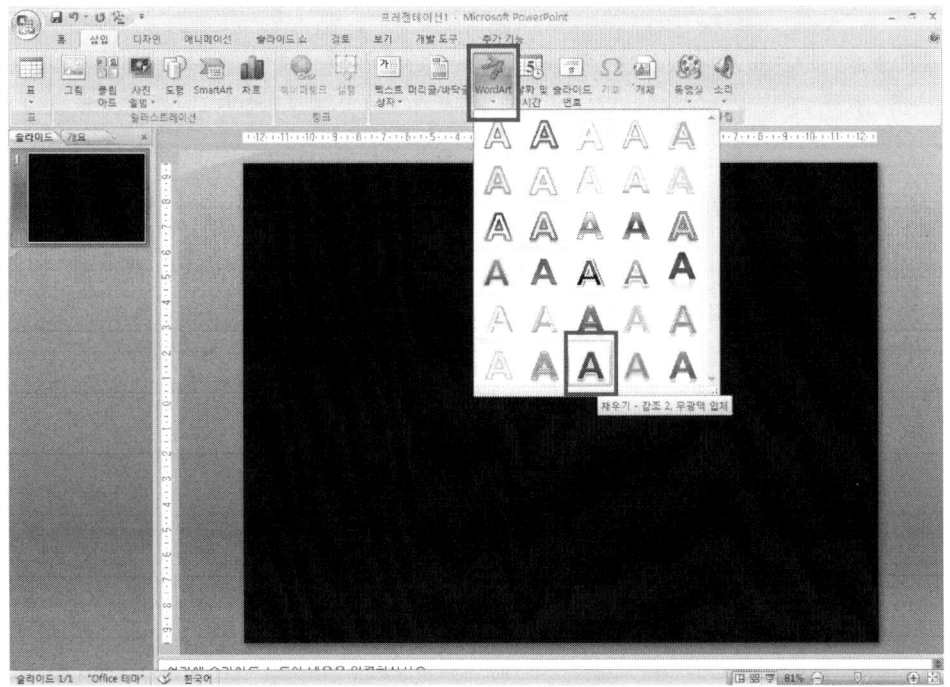

❻ 'W'를 입력하고, 글자크기는 '127'로 조정한다.
❼ 다시 [삽입] 탭 – [텍스트] 그룹 – [WordArt] – '채우기, 흰색 그림자'를 선택한다.
❽ 'onderful Your life story'를 두 줄에 입력하고, 글자크기는 '48', 정렬은 왼쪽정렬로 조정한다.

❾ 'W'글자와 위치를 조정한다.

❿ [삽입] 탭 - [텍스트] 그룹 - '가로 텍스트 상자 그리기'를 이용하여 글자를 입력한다.

입력내용 : ACE산업개발
포항 상가 커뮤니케이션 전략

⓫ 글자색-흰색, 글자크기-24, 정렬-오른쪽 정렬로 지정한 후 적당한 위치에 텍스트 상자를 이동한다.

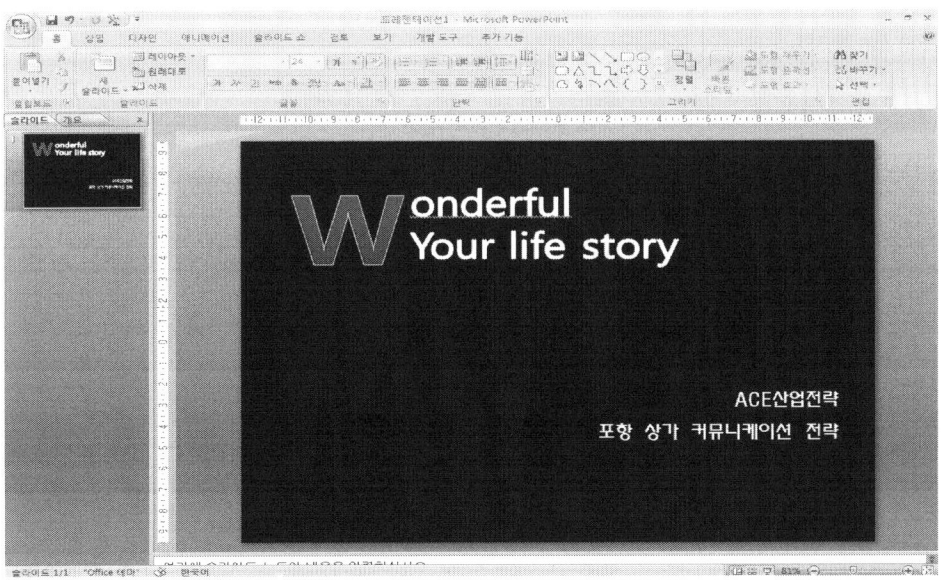

6.2 스마트 아트를 이용한 목차 디자인

01 디자인 서식 지정하기

❶ [홈] 탭 - [슬라이드] 그룹 - [새슬라이드] - '제목만'를 클릭하여 슬라이드를 삽입한다.
❷ 모든 슬라이드에 사용할 디자인 및 서식을 마스터에서 지정을 하면 편리하므로 슬라이드 작업 전에 마스터 작업을 먼저한다.
❸ [보기] 탭 - [프레젠테이션 보기] 그룹 - [슬라이드 마스터]를 클릭한다.
❹ 슬라이드 마스터 창으로 화면이 전환되면 1번 슬라이드 'Office 테마 슬라이드 마스터'를 클릭한다.

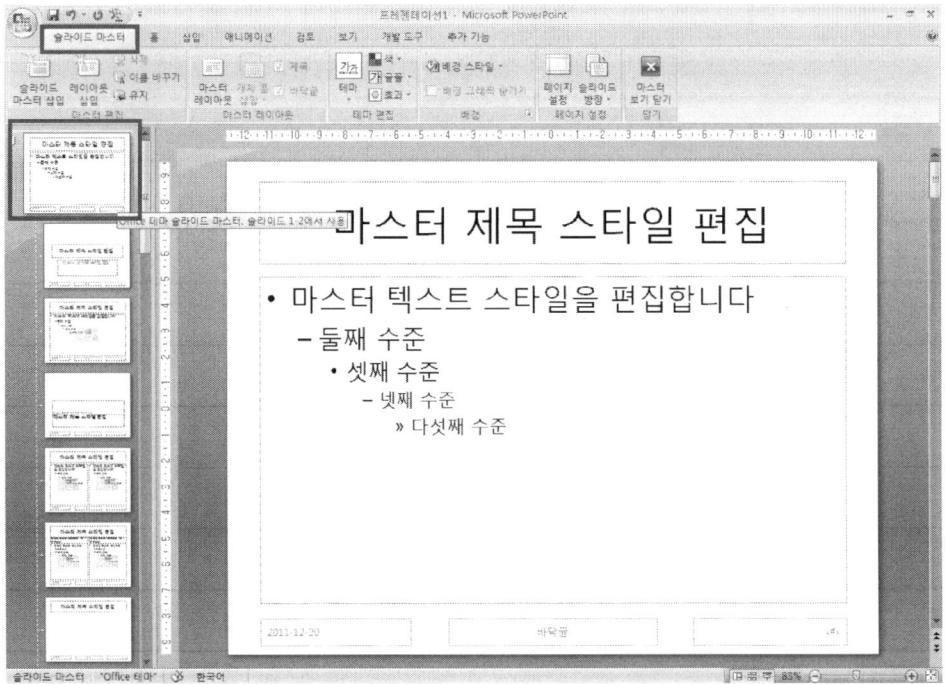

❺ 'Office 테마 슬라이드 마스터'에서 마우스 오른쪽 버튼을 눌러 '배경 서식' 메뉴를 선택한다.
❻ 단색 채우기에서 '주황, 강조6, 80% 더 밝게'을 선택한 후 닫기를 클릭한다.
❼ '제목 틀'의 크기를 조정하기 위해 [그리기 도구] - [서식] 탭 - [크기] 그룹 - 높이를 2.3으로 설정한다.

❽ 'Office 테마 슬라이드 마스터'의 '제목 틀'을 선택한 후 너비를 2/3크기로 줄인 후 오른쪽으로 배치한다.
글자체-휴먼엑스포, 글자크기-32, 오른쪽정렬로 설정한다.
❾ '제목 틀'의 배경색을 지정하기 위해 [그리기 도구] - [서식] 탭 - [도형 스타일] 그룹 - [도형 채우기] - '흰색, 배경1'을 선택하고, [도형 스타일] 그룹 - [도형 윤곽선] - '윤곽선 없음'을 선택한다.

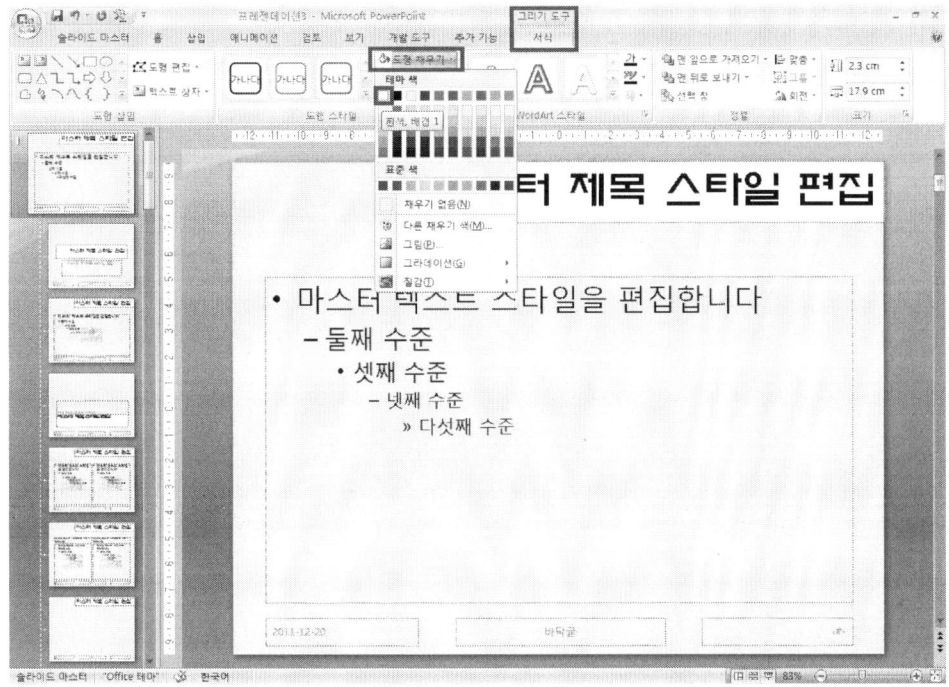

❿ '제목 틀'의 왼쪽 부분에 도형을 삽입하기 위해 [삽입] 탭 - [일러스트레이션] 그룹 - [도형] - '직사각형'을 선택한다.
⓫ '제목 틀'의 왼쪽 부분에 맞게 도형을 삽입한다.

⑫ '제목 틀'의 도형에 배경색을 지정하기 위해 [그리기 도구] - [서식] 탭 - [도형 스타일] 그룹 - [도형 채우기] - '파랑, 강조1'을 선택하고, [도형 스타일] 그룹 - [도형 윤곽선] - '윤곽선 없음'을 선택한다.

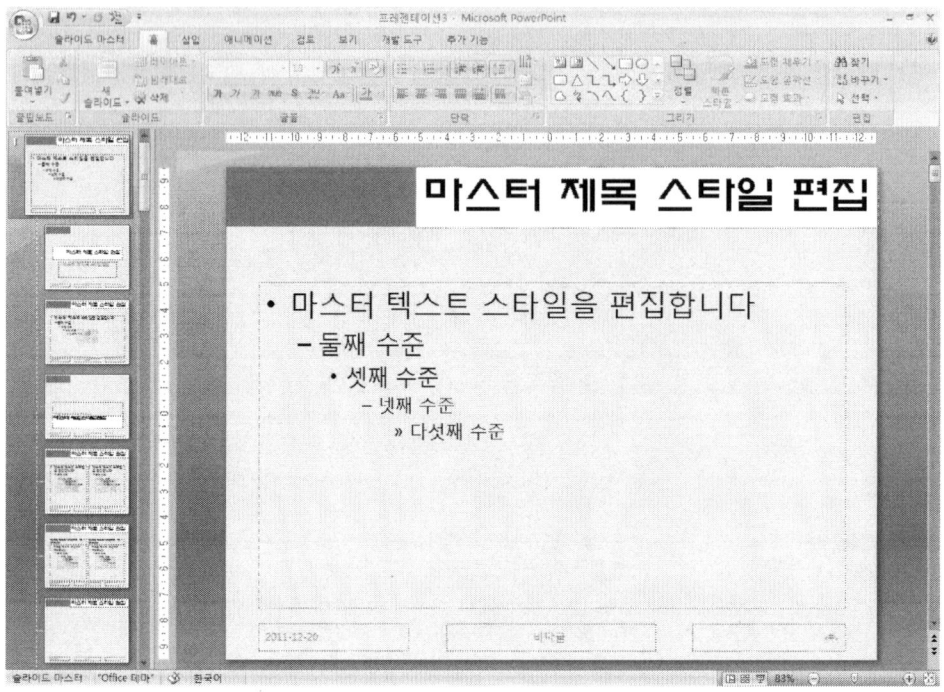

⑬ '제목 틀'과 도형의 위치가 맞지 않을 경우 [그리기 도구] - [서식] 탭 - [정렬] 그룹 - [맞춤]을 이용하여 조정한다.
⑭ '텍스트 틀'의 크기도 조정하기 위해 [그리기 도구] - [서식] 탭 - [크기] 그룹 - 높이를 14로 설정한다.
⑮ '텍스트 틀'의 전체 글자체-휴먼모음T로 설정한다.

⑯ 1-3수준에 적당한 글머리 기호를 설정한다.

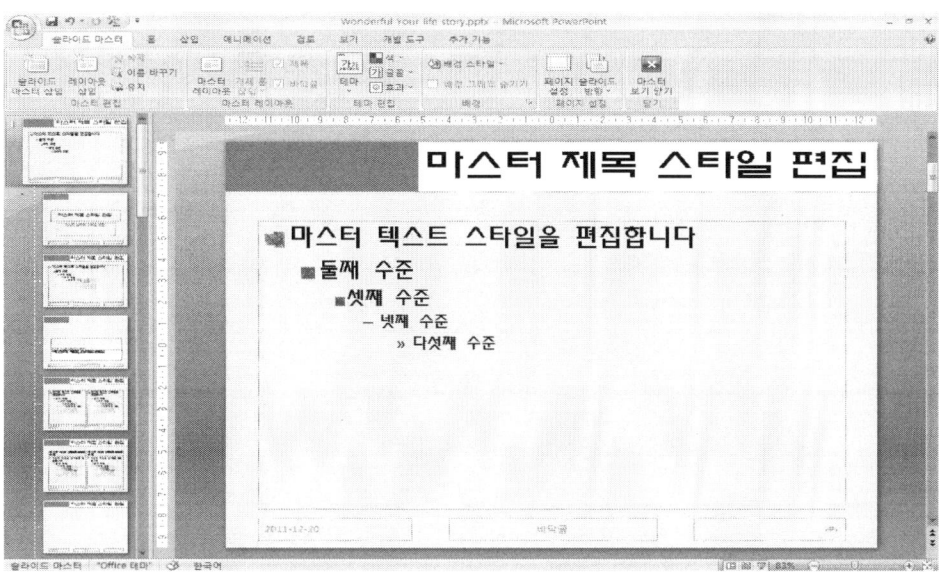

⑰ '제목 슬라이드 레이아웃'에 '제목 틀'은 'Office 테마 슬라이드 마스터'의 서식이 적용되므로 일부 수정을 한다.
⑱ '제목 틀'을 선택하여 [그리기 도구] - [서식] 탭 - [도형 스타일] 그룹 - [도형 채우기] - '채우기 없음'을 선택하고, 가운데 정렬을 한다.
⑲ '마스터 보기 닫기' 메뉴를 클릭하여 나온다.

⑳ 마스터가 완료되면 'Wonderful Your life story.pptx' 파일로 저장한다.

02 목차 만들기

❶ [삽입] 탭 - [일러스트레이션] 그룹 - [SmartArt] - [프로세스형] - '지그재그 프로세스형'을 선택한다.
❷ '제목 틀'에 제목을 입력한다.
❸ [삽입] 탭 - [텍스트] 그룹 - '가로 텍스트 상자 그리기'를 클릭하여 '제목 틀'의 도형의 가로 크기에 맞게 그린다.
❹ '목차'를 입력하고 '휴먼엑스포', '40', 글자색-'흰색', 왼쪽 정렬을 한다.
❺ 텍스트 창을 이용하여 내용을 입력한다.

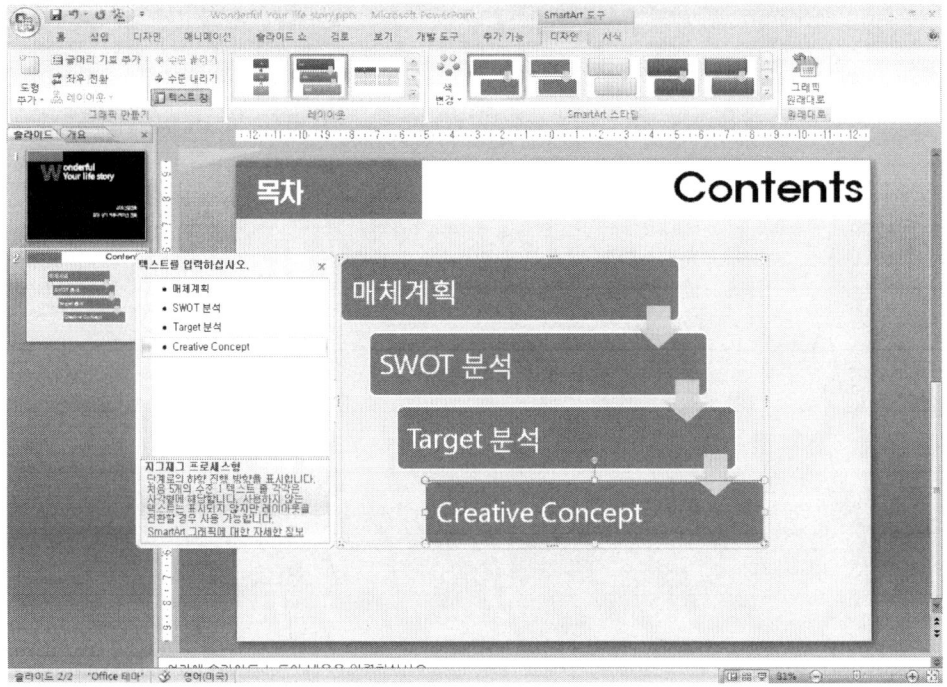

❻ [SmartArt 도구] – [디자인] 탭 – [SmartArt 스타일] 그룹 – [색변경] – '색상형 범위–강조색2 또는 3'을 선택한다.

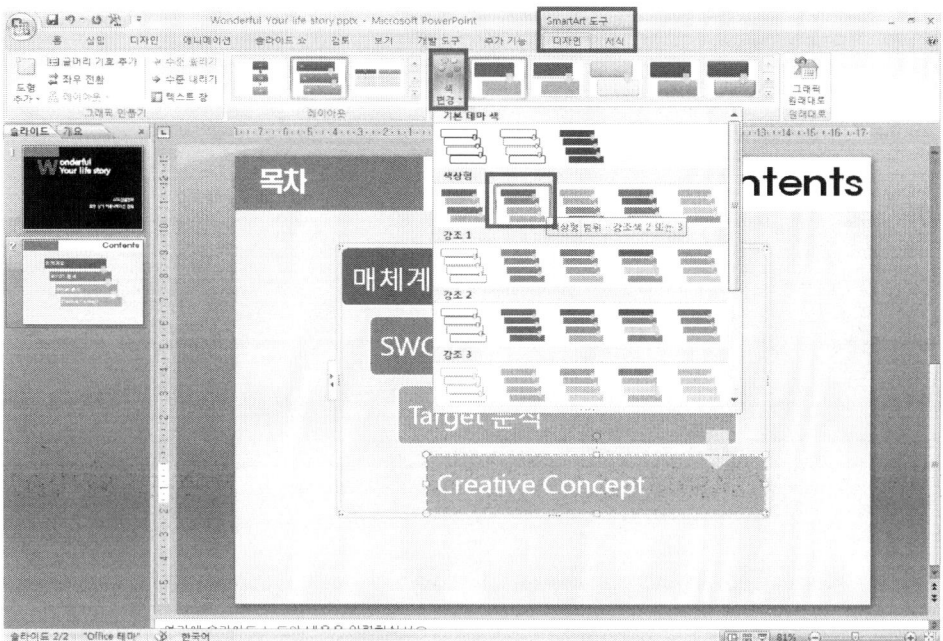

❼ [SmartArt 도구] – [디자인] 탭 – [SmartArt 스타일] 그룹 – [3차원] – '광택처리'을 선택한다.

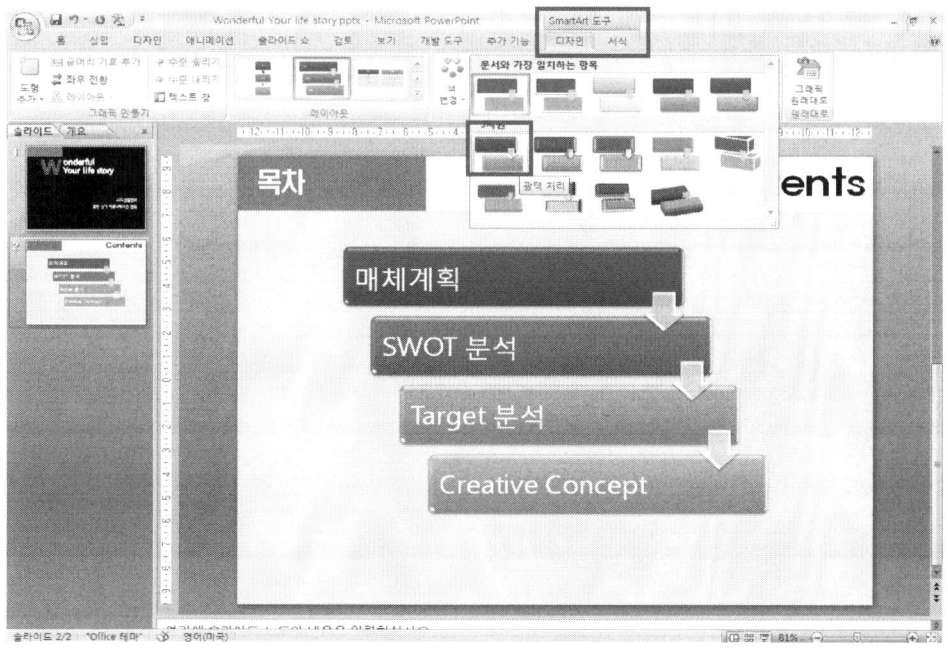

6.3 글머리 기호를 이용한 텍스트 디자인

01 텍스트 슬라이드 이용하기

❶ [홈] 탭 – [슬라이드] 그룹 – [새슬라이드] – '비교'를 클릭하여 슬라이드를 삽입한다.
❷ '제목 틀'에 내용을 입력한다.
❸ '목차 슬라이드'와 마찬가지로 '제목 틀'의 도형에 제목을 입력하기 위해 '목차 슬라이드'의 '가로 텍스트 상자 그리기'를 복사하여 붙여 넣는다.

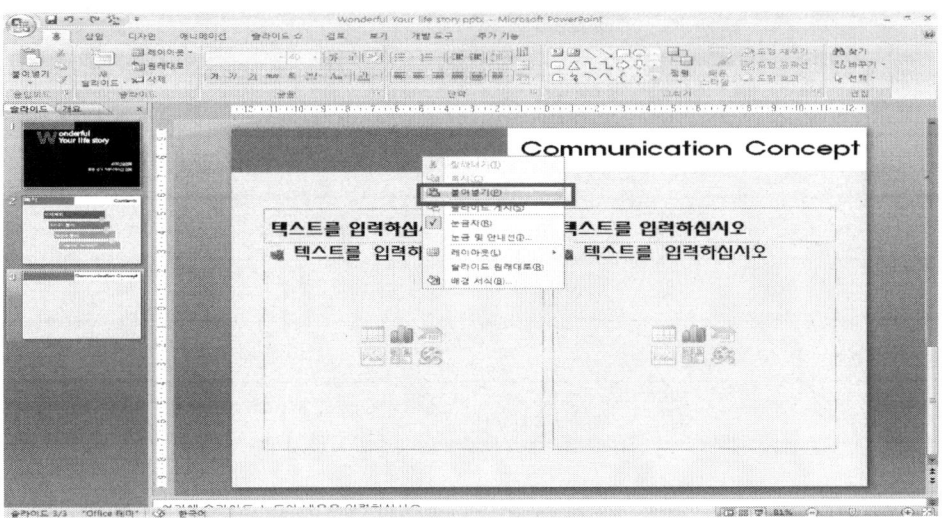

❹ 기존의 내용을 지우고 '매체계획'을 입력한다.
❺ '텍스트 틀'에 소제목을 입력하고 글머리 기호를 이용하여 나머지 내용을 입력한다.

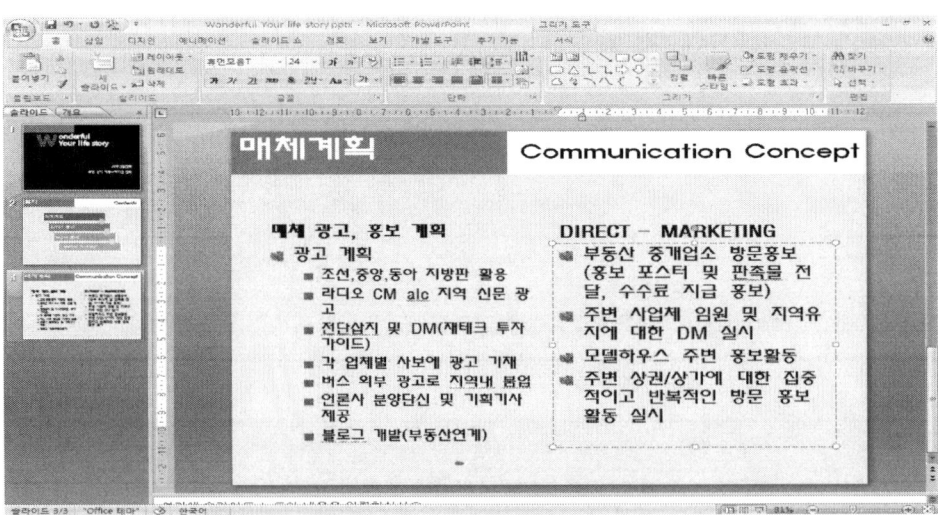

> **❶ 알아두면 좋아요**
>
> **글머리 기호 활용하기**
> - 1수준에서 내용을 입력한 후 엔터를 치면, 같은 수준이 그대로 내려온다. 이때 수준을 한단계 내리기 위해서는 〈Tab〉키를 누르면 한 수준이 내려간다. 다시 한 수준을 올리기 위해서는 〈Shift+Tab〉키를 누르면 수준이 올라간다.
> - 같은 수준으로 사용하되, 줄을 변경하고자 할 때는 〈Shift+Enter〉키를 누르면 된다.

❻ 〈Shift〉키를 이용하여 '텍스트 틀'의 소제목 2개를 선택한다.

❼ 선택된 틀을 가운데 정렬한다.

❽ 서식을 지정하기 위해 [그리기 도구] - [서식] 탭 - [도형 스타일] 그룹 - '미세효과-강조2'를 선택한다.

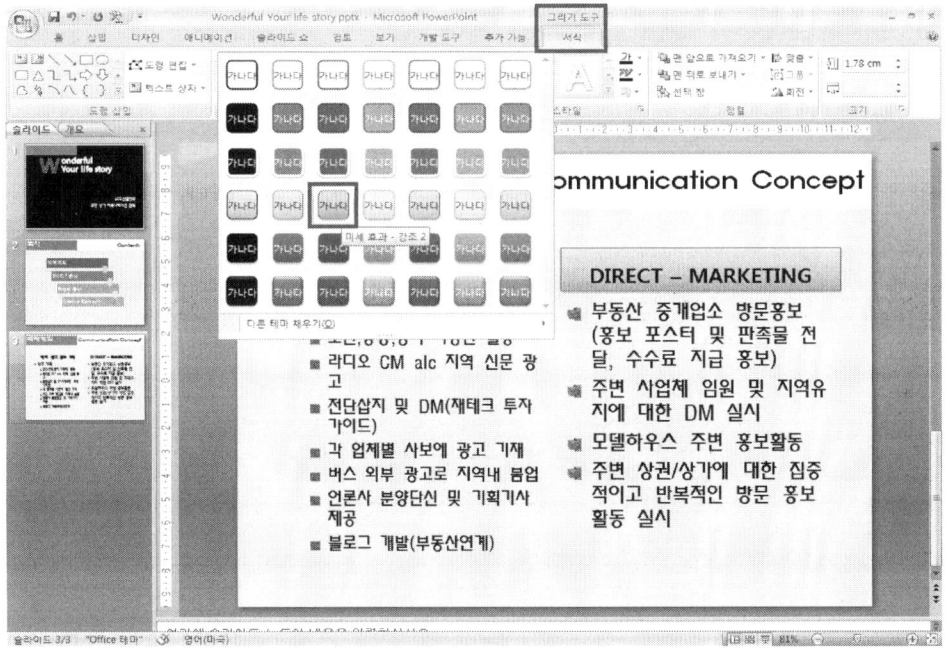

❾ 입체적인 효과를 주기 위해 [그리기 도구] - [서식] 탭 - [도형 스타일] 그룹 - [도형 효과] - [입체 효과] - '십자형으로'를 선택한다.

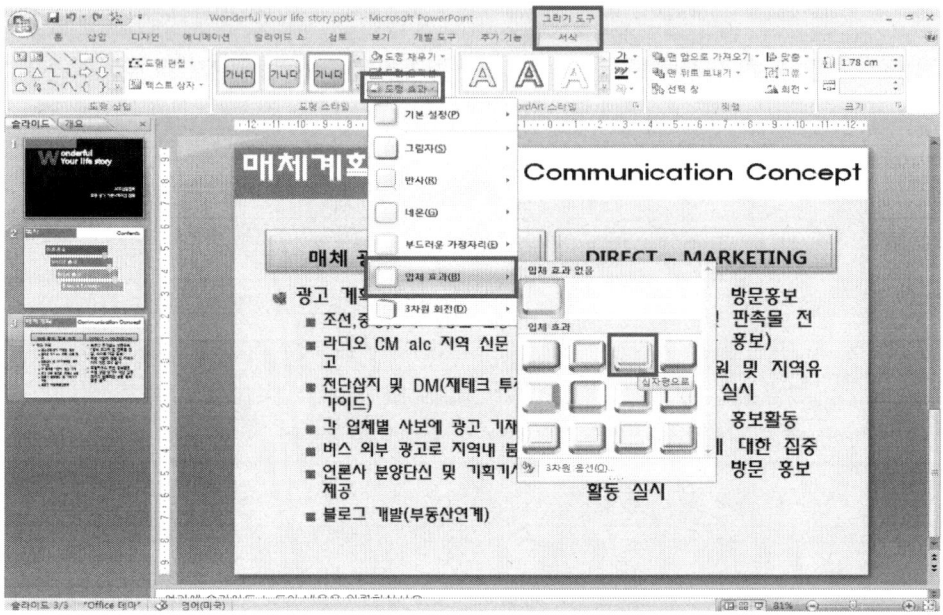

❿ 텍스트의 위치가 변경하기 위해 [그리기 도구] - [서식] 탭 - [도형 스타일] 그룹의 '자세히' 버튼을 클릭한다.
⓫ '도형 서식' 대화상자가 열리면 [텍스트 상자] - [세로 맞춤] - '중앙'을 선택한다.

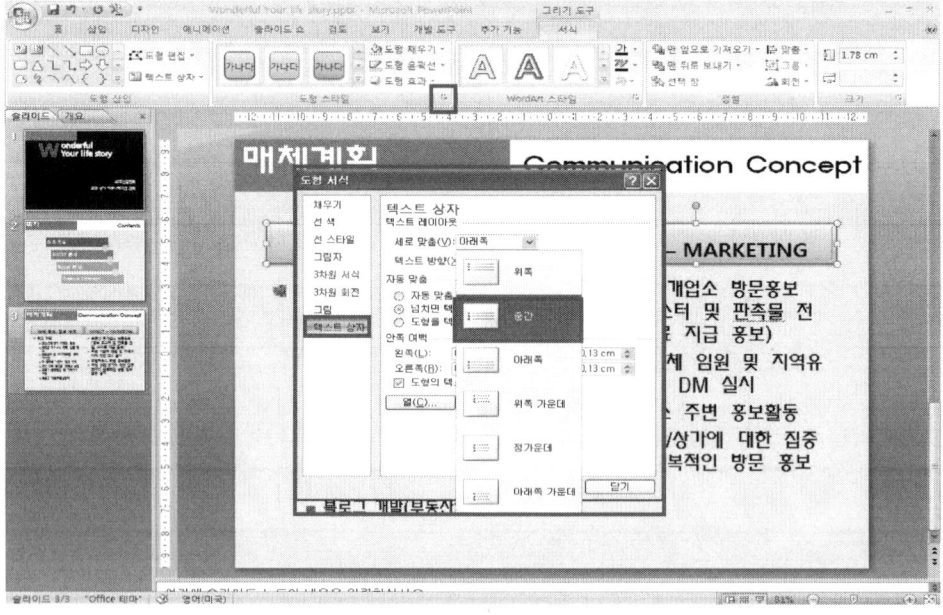

6.4 도형으로 4가지 주제를 표현한 디자인

01 도형을 활용하기

❶ [홈] 탭 – [슬라이드] 그룹 – [새슬라이드] – '제목만'를 클릭하여 슬라이드를 삽입한다.
❷ '비교 슬라이드'와 마찬가지로 '제목 틀'의 도형에 제목을 입력하기 위해 '비교 슬라이드'의 '가로 텍스트 상자 그리기'를 복사하여 붙여 넣는다.
❸ 'SWOT 분석'을 입력한다.
❹ [삽입] 탭 – [일러스트레이션] 그룹 – [도형] – '직사각형'을 선택한다.
❺ 빈화면의 1/4 정도의 크기로 그린다.(가로 : 9cm, 세로 : 6cm)
❻ 도형을 선택한 상태에서 마우스 오른쪽 버튼을 눌러 단축메뉴가 나타나면 '텍스트 편집'을 클릭한다.
❼ 도형 안에 커서가 깜빡이는 것을 확인 할 수 있는데, 왼쪽 정렬과 글머리 기호를 지정한다.

❽ 첫 번째 도형에 넣을 내용을 입력한다.
❾ 입력이 완료되면 도형을 선택한 상태에서 마우스 오른쪽 버튼을 눌러 '도형 서식'을 선택하고, '텍스트 상자'에서 '세로 맞춤'을 '위쪽'으로 선택한다.
❿ '휴먼모음 T', '18'포인트, 줄간격 1.5를 선택한다.

⓫ 도형을 선택하여 [그리기 도구] – [서식] 탭 – [도형 스타일] 그룹 – [도형 윤곽선] – '윤곽선 없음'을 선택한다.

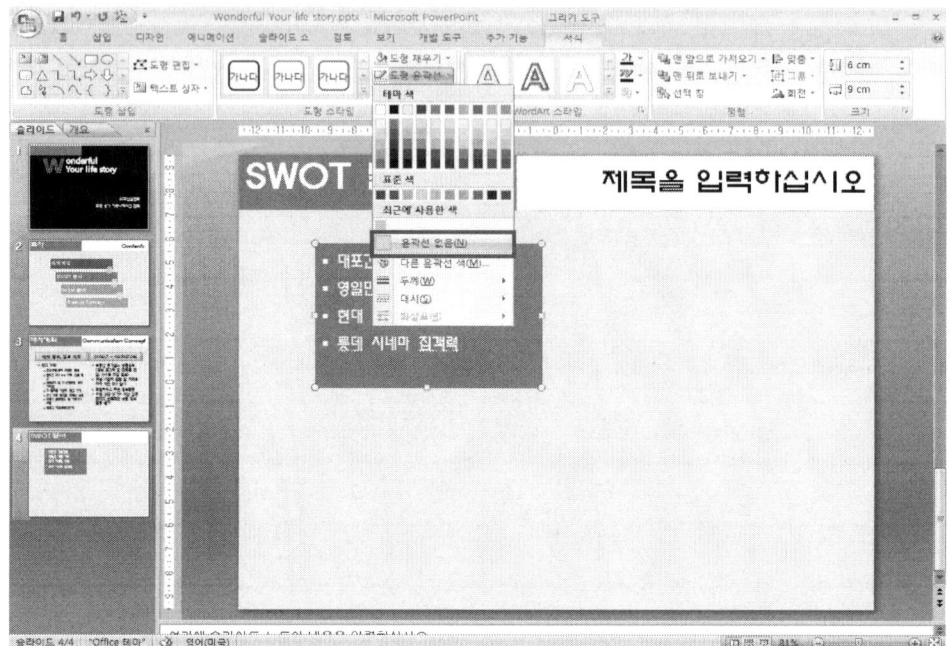

⓬ 〈Ctrl+Shift〉키를 이용하여 도형을 오른쪽으로 복사한다. 도형과 도형사이에는 간격이 없도록 한다.

> **❶ 알아두면 좋아요**
>
> **〈Ctrl〉키와 〈Shift〉키 알고 사용하기**
> • 〈Ctrl〉키는 마우스와 같이 사용할 경우에는 복사 기능을 하고, 도형을 그릴 때 〈Shift〉키는 정원을 그릴 때 사용을 한다. 〈Ctrl〉키와 〈Shift〉키를 같이 사용을 하게 되면 〈Ctrl〉키는 복사의 기능을 하고, 〈Shift〉키는 오른쪽으로 복사할 경우에는 위쪽 정렬의 기능을 하게 된다.
> • 도형을 조금 이동하고자 할때 방향키를 사용하면 간격의 너비가 넓게 유지된다. 이때 〈Ctrl〉키와 방향키를 같이 사용을 하면 도형의 이동 간격을 섬세하게 유지할 수 있다.

⓭ 기존의 내용을 드래그하여 지우고, 두 번째 도형에 넣을 내용을 입력한다.
⓮ 〈Ctrl+Shift〉키를 이용하여 도형을 아래쪽으로 복사한다. 도형과 도형사이에는 간격이 없도록 한다.

⑮ 기존의 내용을 드래그하여 지우고, 세 번째 도형에 넣을 내용을 입력한다.

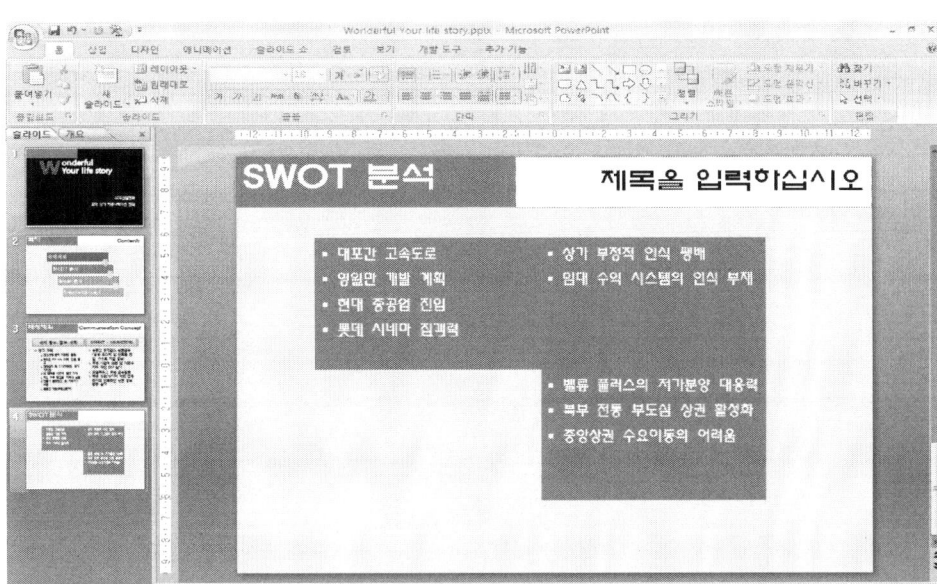

⑯ 세 번째 도형을 선택한 후 마우스 오른쪽 버튼을 눌러 '도형 서식'을 선택하고 '텍스트 상자'에서 '세로 맞춤'을 '아래쪽'으로 설정한다.
⑰ 〈Ctrl+Shift〉키를 이용하여 도형을 왼쪽으로 복사한다. 도형과 도형사이에는 간격이 없도록 한다.
⑱ 기존의 내용을 드래그하여 지우고, 네 번째 도형에 넣을 내용을 입력한다.

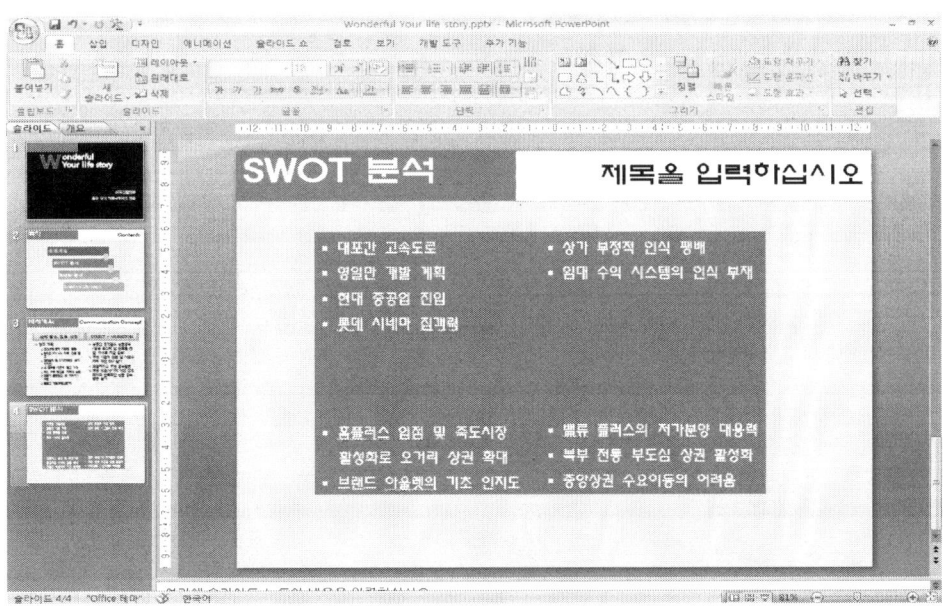

⑲ 첫 번째 도형을 선택하고 [그리기 도구] - [서식] 탭 - [도형 스타일] - '보통 효과, 강조1'을 선택한다. 두 번째 도형은 '보통 효과, 강조3'을 세 번째 도형은 '보통 효과, 강조5'을 네 번째 도형은 '보통 효과, 강조6'을 각각 선택한다.

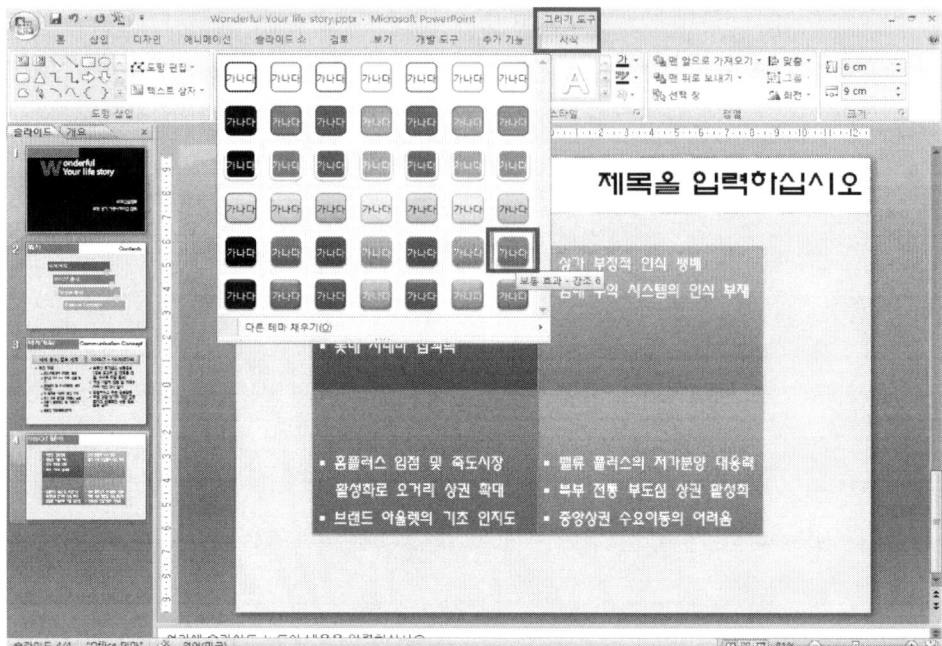

⑳ '타원' 도형을 선택하여 가운데 정원을 그린다. 이때 마우스의 위치는 네 개 도형의 중심에 위치시키고 〈Ctrl+Shift〉키를 이용하여 마우스로 드래그를 한다.

> **알아두면 좋아요**
>
> 〈Ctrl+Shift〉+마우스의 기능
> 〈Ctrl〉키와 〈Shift〉키를 마우스와 같이 사용을 하게 되면 방향키와는 또 다른 기능을 제공하는데 여러개의 도형이 겹쳐 그릴 때 중심에서부터 도형을 그릴 수 있는 기능이다.

㉑ [그리기 도구] - [서식] 탭 - [도형 윤곽선] - '윤곽선 없음'을 선택한다.

㉒ 다시 [도형 채우기] - [다른 채우기 색] - '흰색'을 선택하고, 투명도를 '50%'로 설정한다.

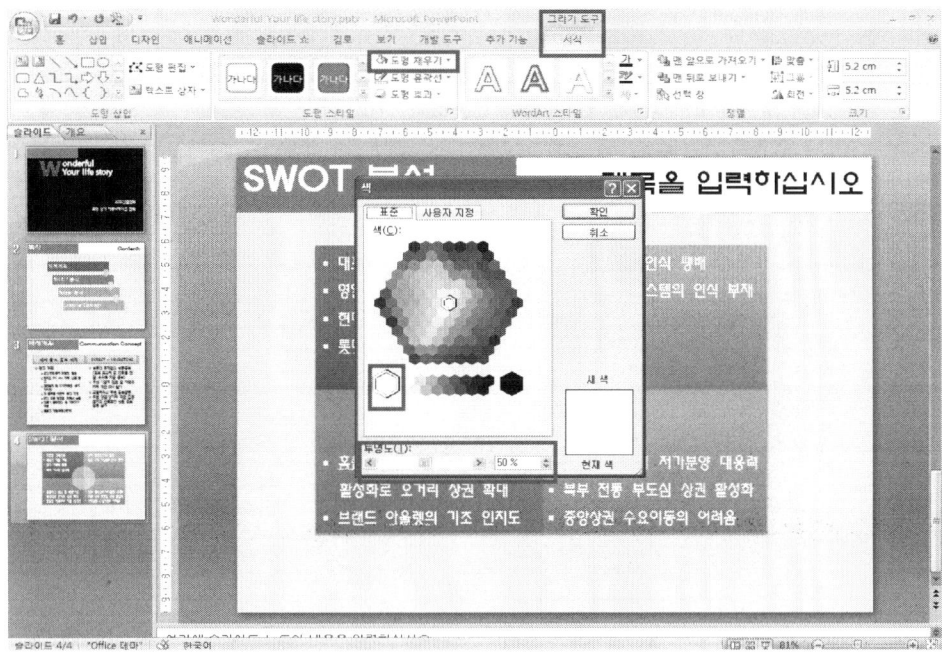

㉓ 투명도가 적용되어 도형 네 개의 색상들이 비쳐지는 것을 확인 할 수 있다.

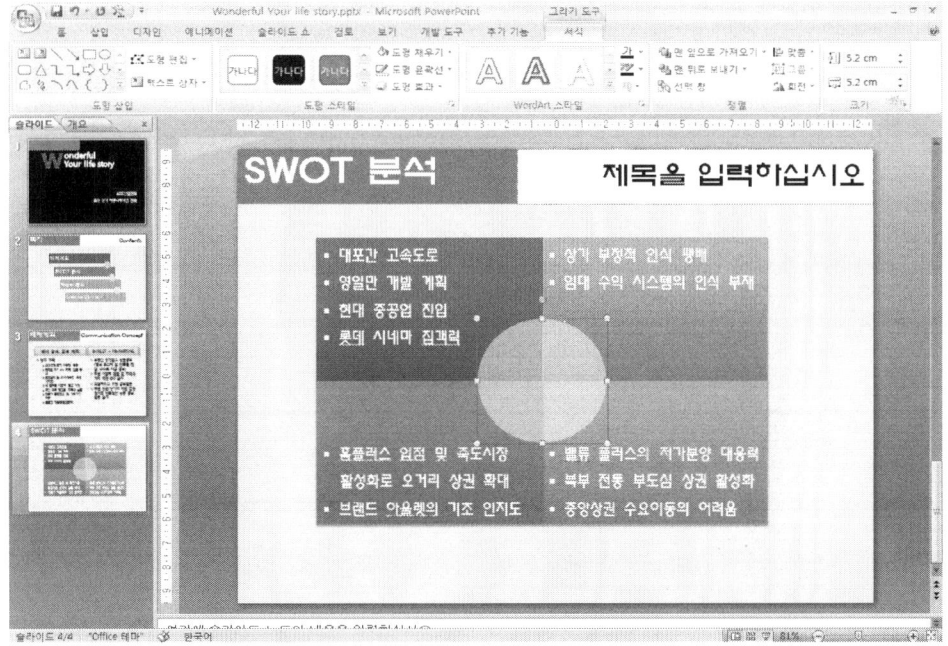

㉔ 작은 원을 그리기 위해 '타원' 도형을 선택하여 가운데 정원을 그린다. 이때 마우스의 위치는 네 개 도형의 중심에 위치시키고 〈Ctrl+Shift〉키를 이용하여 마우스로 드래그를 한다.
㉕ [그리기 도구] – [서식] 탭 – [도형 윤곽선] – '윤곽선 없음'을 선택한다.
㉖ 다시 [도형 채우기] – [다른 채우기 색] – '주황, 강조6, 80% 더 밝게'를 선택하여 배경색과 동일한 색상을 지정한다.

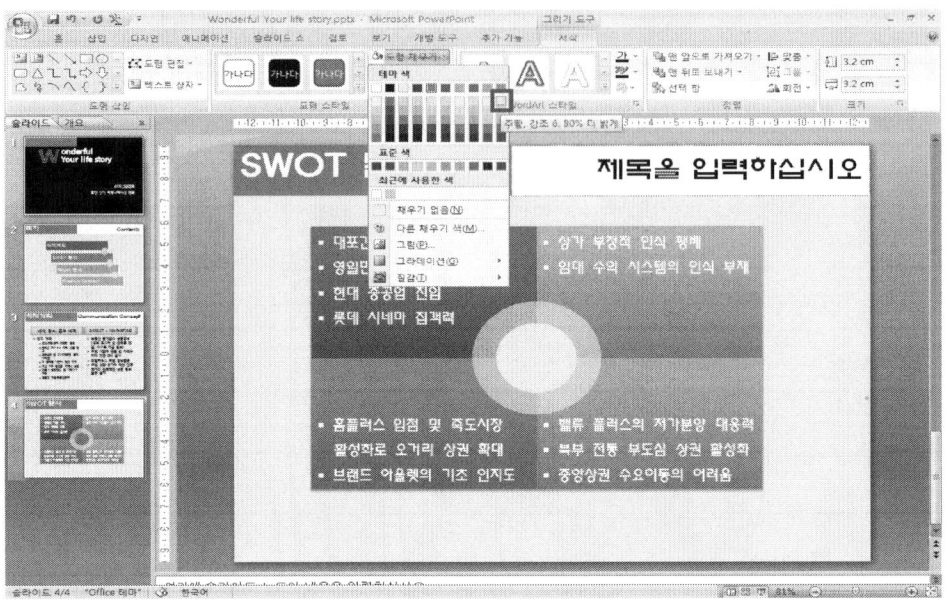

㉗ '텍스트 상자'를 클릭하여 'S'를 입력하고 '휴먼엑스포', '40'포인트를 설정한다.

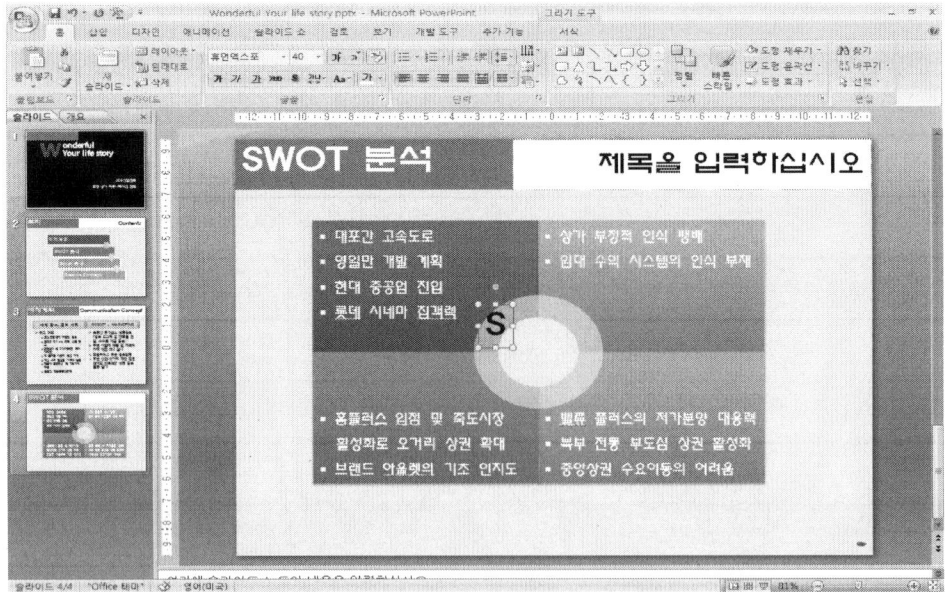

㉘ 〈Ctrl+Shift〉키를 이용하여 오른쪽으로 복사한다. 도형 복사할 때와 마찬가지로 총 4개가 되도록 하고 각각 'W', 'O', 'T'를 입력한다.

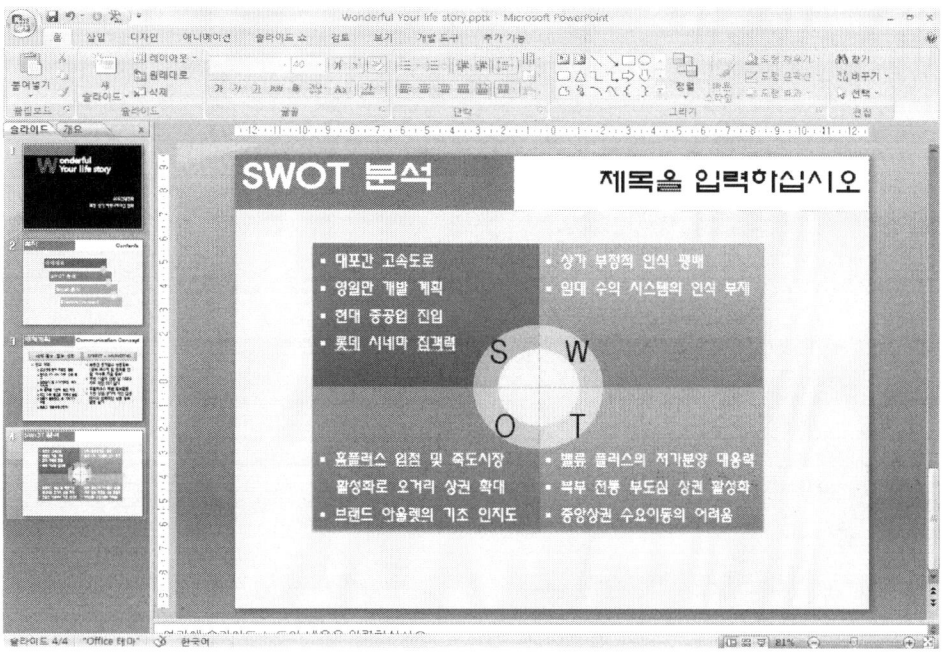

6.5 입체감 있는 피라미드를 이용한 디자인

01 입체감 있는 슬라이드 만들기

❶ [홈] 탭 – [슬라이드] 그룹 – [새슬라이드] – '제목만'를 클릭하여 슬라이드를 삽입한다.
❷ 4번 슬라이드와 마찬가지로 '제목 틀'의 도형에 제목을 입력하기 위해 4번 슬라이드의 '가로 텍스트 상자 그리기'를 복사하여 붙여 넣는다.
❸ [삽입] 탭 – [일러스트레이션] 그룹 – [SmartArt] – [피라미드형] – '기본 피라미드형'을 선택한 후 확인을 누른다.

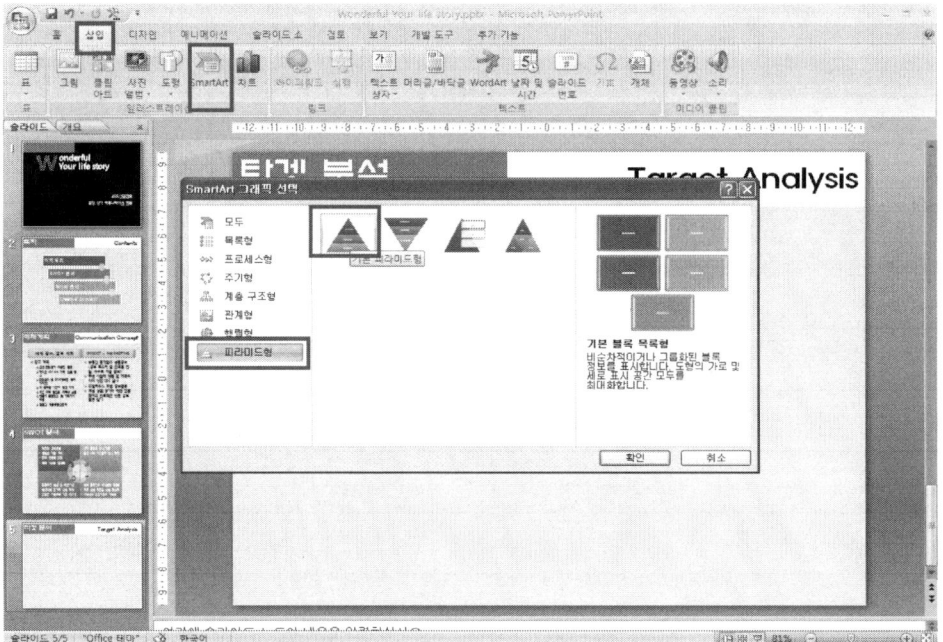

❹ '텍스트 창'을 이용하여 내용을 입력한다.
❺ 입력이 완료되면 [SmartArt 도구] – [디자인] – [SmartArt 스타일] 그룹 – [색변경] – '색상형 범위–강조색'을 선택한다.

❻ [SmartArt 도구] - [디자인] 탭 - [SmartArt 스타일] 그룹 - [3차원] - '벽돌'을 선택한다.

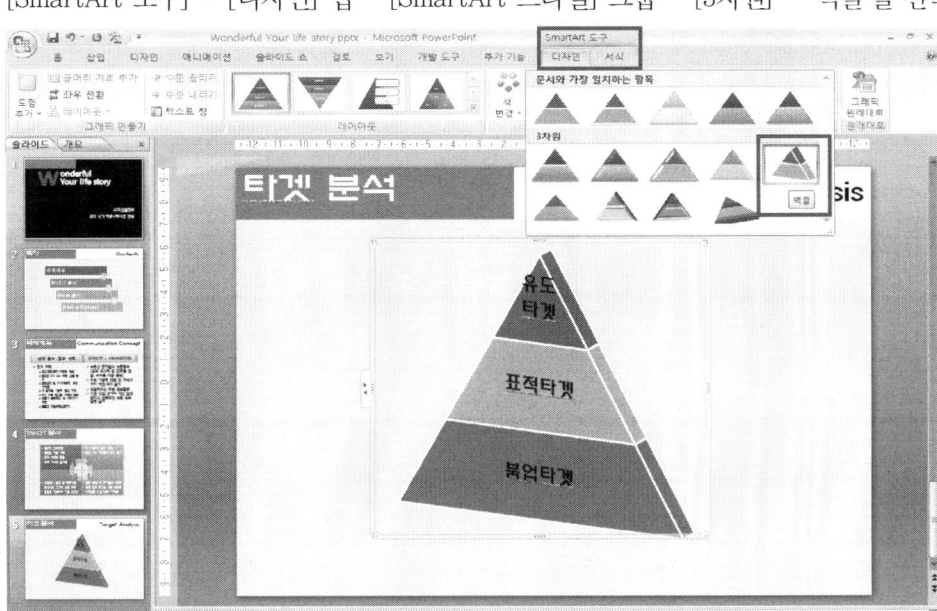

❼ '텍스트 상자'를 이용하여 각 피라미드 조각 옆에 부가적인 내용을 입력한다.
❽ 입력이 완료되면 '텍스트 상자'를 적당한 위치로 이동시킨다.

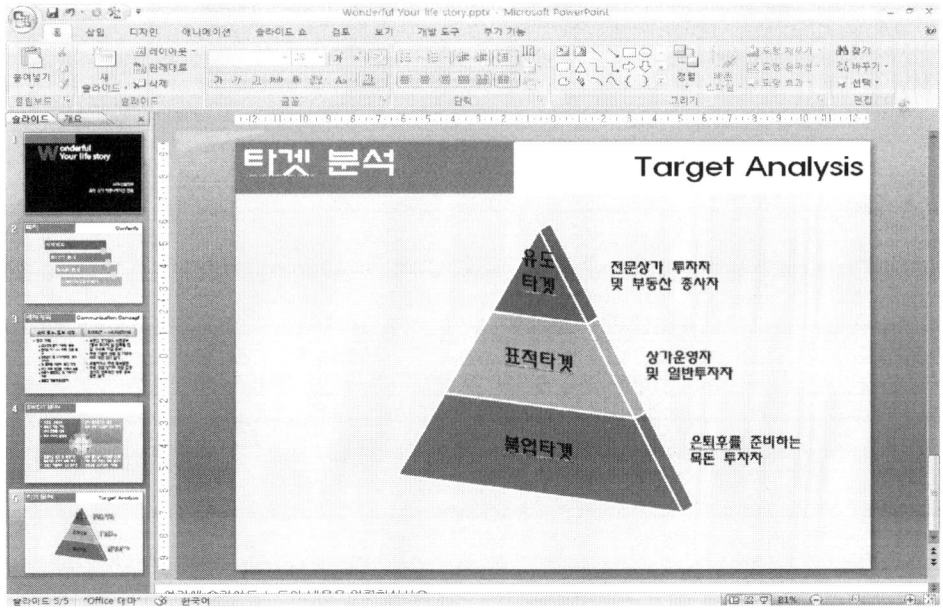

❾ 3개의 텍스트 상자를 모두 선택한다.

❿ [그리기 도구] – [서식] 탭 – [도형 스타일] 그룹 – [도형 효과] – '자세히 버튼'을 클릭하여 '도형 서식' 대화상자가 나타나도록 한다.
⓫ [채우기] – [단색 채우기] – '흰색', '투명도 50%'를 선택한다.
⓬ [3차원 서식] – [입체 효과] – '둥글게'를 선택한다.
⓭ [3차원 서식] – [표면] – [재질] – '파우더'를 선택한다.
⓮ [3차원 서식] – [표면] – [조명] – '퍼지게'를 선택한다.

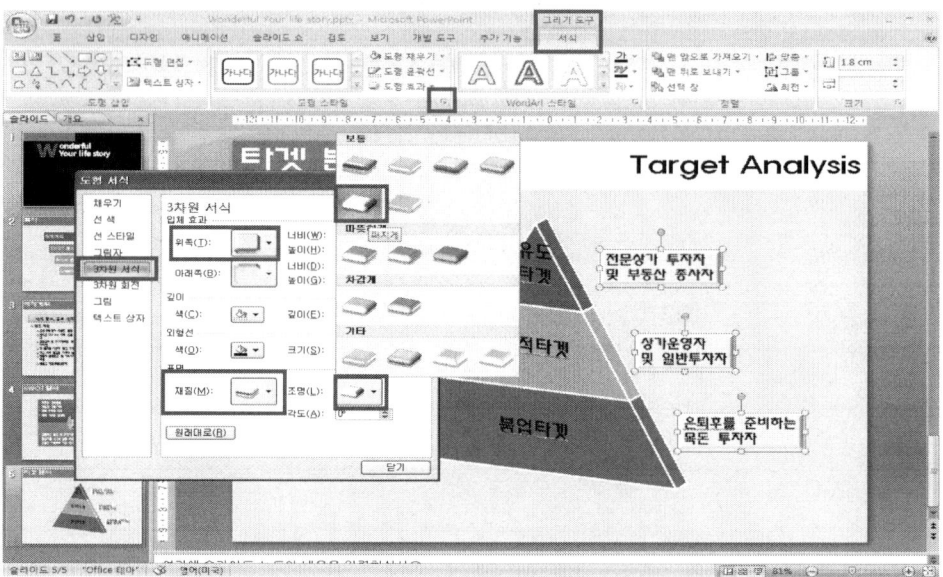

⓯ 닫기를 누르면 완성된다.

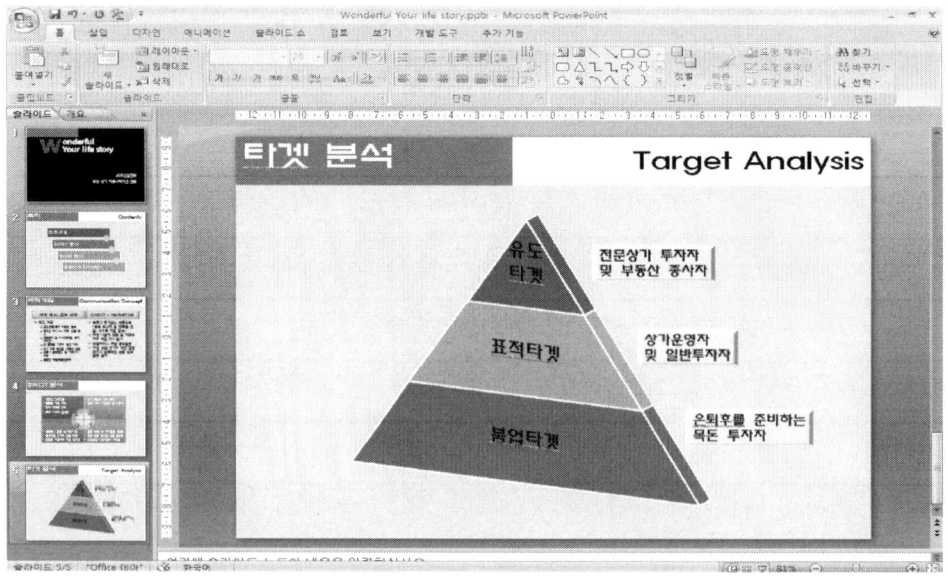

6.6 애니메이션을 활용한 디자인

01 애니메이션 활용하기

❶ [홈] 탭 - [슬라이드] 그룹 - [새슬라이드] - '제목만'을 클릭하여 슬라이드를 삽입한다.
❷ 5번 슬라이드와 마찬가지로 '제목 틀'의 도형에 제목을 입력하기 위해 5번 슬라이드의 '가로 텍스트 상자 그리기'를 복사하여 붙여 넣는다.
❸ [삽입] 탭 - [일러스트레이션] 그룹 - [도형] - '선'을 선택한다.
❹ 선을 이용하여 슬라이드 밖에서부터 반대 방향으로 선을 긋는다.
❺ [그리기 도구] - [서식] 탭 - [도형 윤곽선] - '빨강, 강조 2, 40% 더 밝게'를 선택한다.

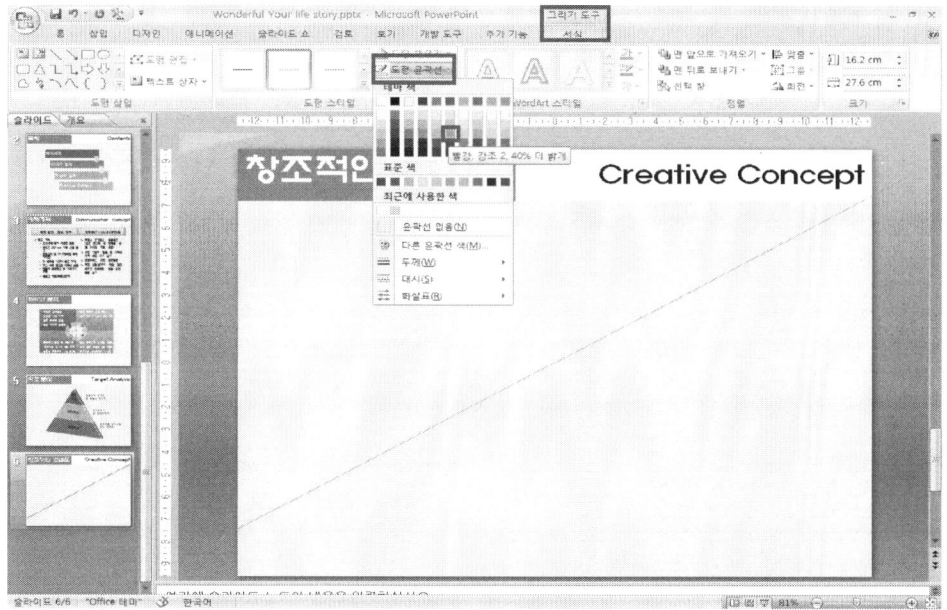

❻ 불규칙적으로 여러 개의 선을 긋는다.
❼ 모든 선은 마우스 오른쪽 버튼을 눌러 단축메뉴에서 '맨 뒤로 보내기'를 선택한다.
❽ [삽입] 탭 - [일러스트레이션] 그룹 - [도형] - '타원'을 선택한다.
❾ 슬라이드 크기만큼의 타원을 그린다.
❿ 테두리 선을 지정하기 위해 [그리기 도구] - [서식] 탭 - [도형 윤곽선] - '빨강, 강조 2, 40% 더 밝게'를 선택한다.
⓫ [도형 채우기] - '채우기 없음'을 선택한다.
⓬ 마우스 오른쪽 버튼을 눌러 단축메뉴에서 '맨 뒤로 보내기'를 선택한다.
⓭ 앞에 삽입한 타원을 복사하여 크기를 조절한다.

⓮ 다시 [삽입] 탭 - [일러스트레이션] 그룹 - [도형] - '타원'을 선택한다.
⓯ 슬라이드의 중간에 위치하도록 타원을 그린 후 [그리기 도구] - [서식] 탭 - [도형 스타일] 그룹 - '색 채우기-어둡게 1'을 선택한다.

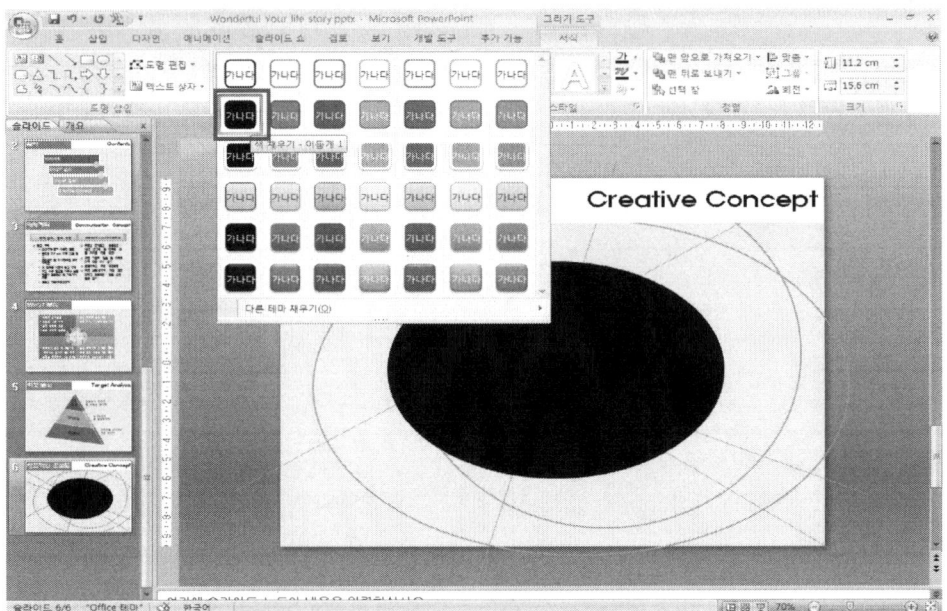

⓰ 도형에 '성공은 당신의 선택에 달려있다.'의 내용을 입력한다.

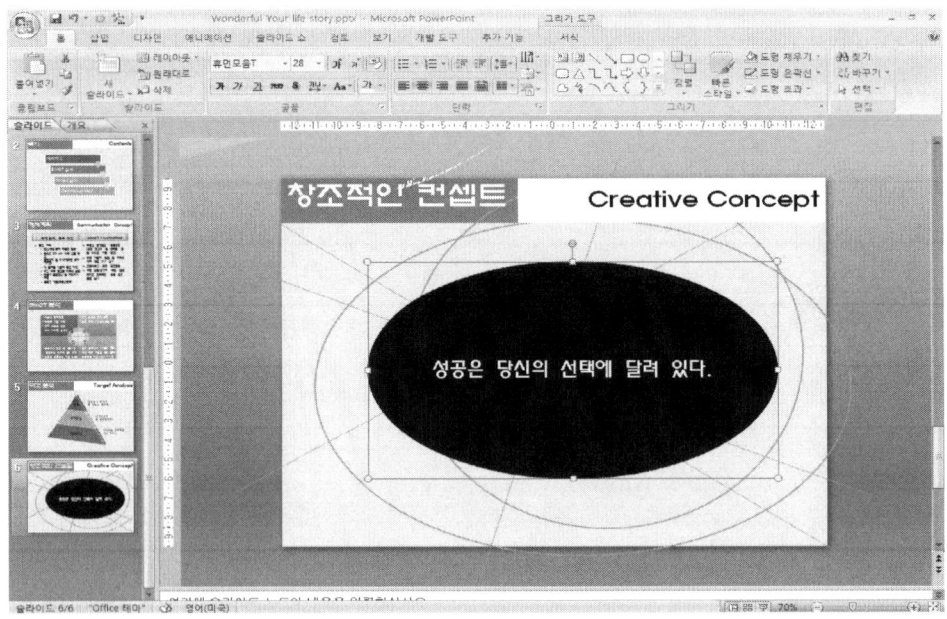

⓱ 이제 애니메이션을 지정하기 위해 임의의 '선'을 선택한다.

⑱ [애니메이션] 탭 - [애니메이션] 그룹 - [사용자 지정 애니메이션]을 선택하면 오른쪽 화면에 작업창이 표시되고, [효과적용] - [나타내기] - '십자형'을 선택한다.

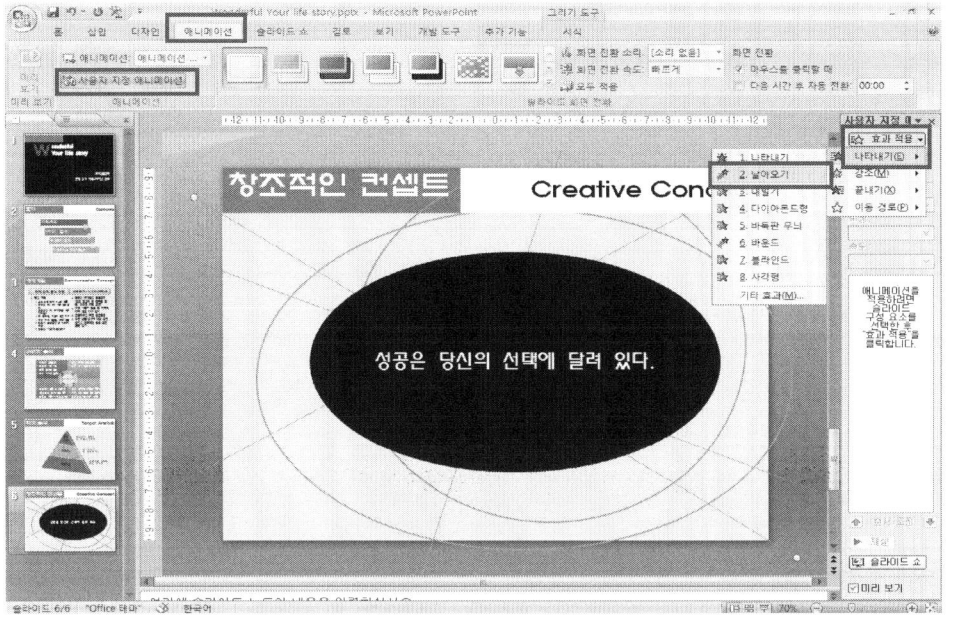

⑲ 〈Ctrl〉키를 이용하여 나머지 선을 모두 선택하여, [효과적용] - [나타내기] - '십자형'을 선택한다.
⑳ [사용자 지정 애니메이션] 작업창에서 '시작', '방향', '속도'등을 임의대로 지정한다.

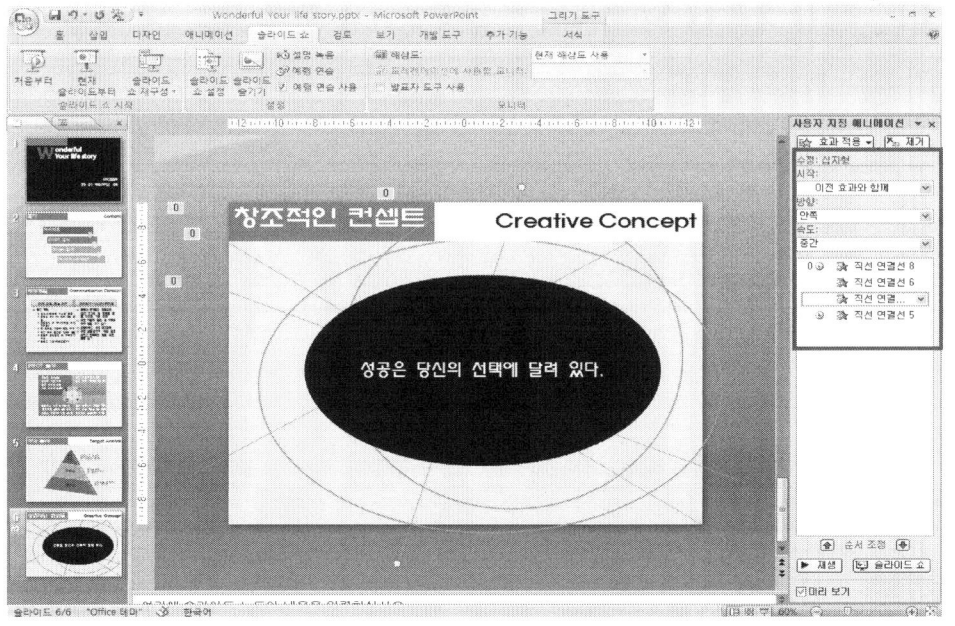

㉑ 큰 타원을 선택하여 [효과적용] - [나타내기] - '밝기 변하며 확대/축소' 애니메이션을 선택하고 '시작:이전 효과 다음에', '속도:중간'을 선택한다.
㉒ 작은 타원도 선택하여 [효과적용] - [나타내기] - '확장' 애니메이션을 선택하고 '시작 : 이전 효과 다음에', '속도 : 빠르게'을 선택한다.
㉓ 텍스트가 입력된 타원을 선택하여 [효과적용] - [나타내기] - '압축' 애니메이션을 선택하고 '시작 : 이전 효과 다음에', '속도 : 중간'을 선택한다.

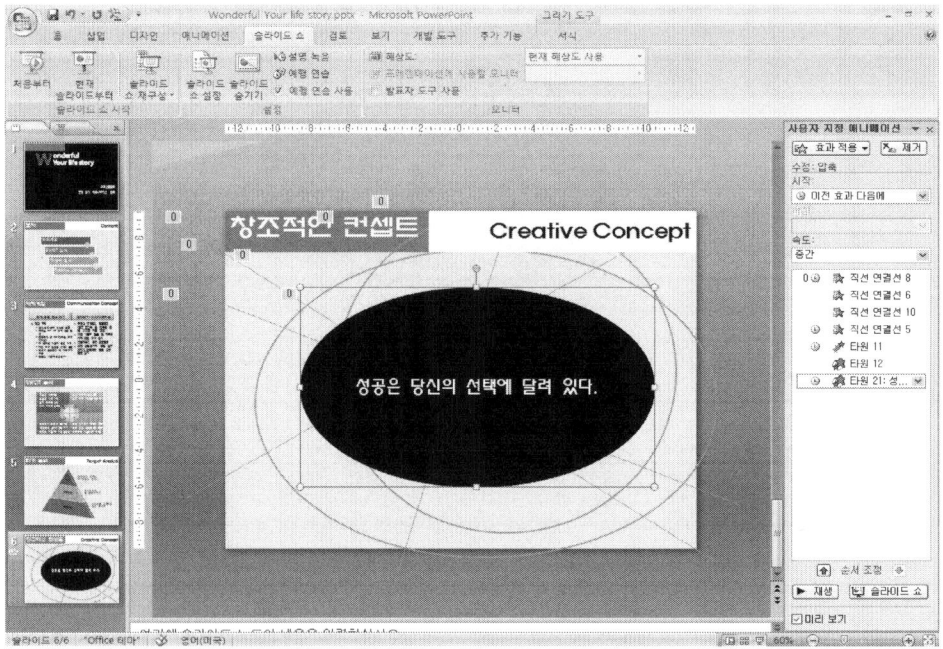

㉔ 애니메이션이 완성이 되면 [슬라이드 쇼]를 실행시켜 확인을 한다.

실무활용 예제

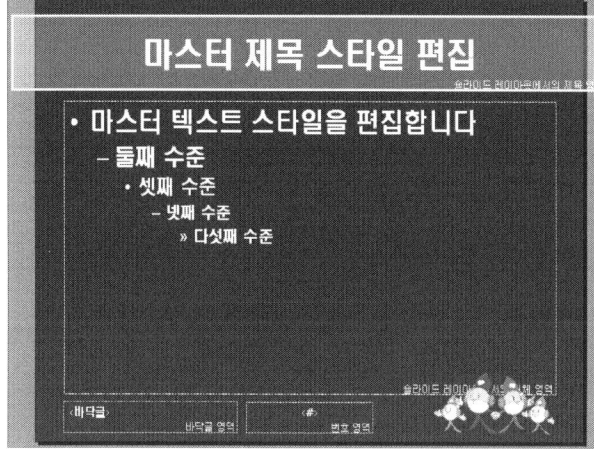

❶ 마스터 제목 스타일 편집
  • 글자 크기 : 40 pt
  • 텍스트 상자 서식
    – 너비 27 cm
    – 색채우기 – 흰색, 투명도 70%
    – 테두리선 – 흰색, 3 pt
  • 애니메이션 사용자 지정
    – 닦아내기, 왼쪽에서, 매우빠르게
    – 시작 – 이전 효과 다음에
❷ 〈날짜영역〉 삭제
❸ 〈바닥글영역〉 왼쪽
❹ 〈번호영역〉 가운데
❺ "캐릭터.png" 삽입

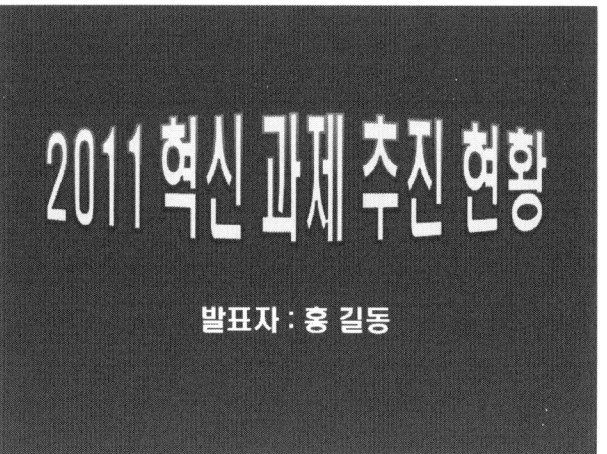

❶ 제목슬라이드 사용
❷ 워드 아트 삽입
❸ 임의의 서식을 지정한다.

실무활용 예제

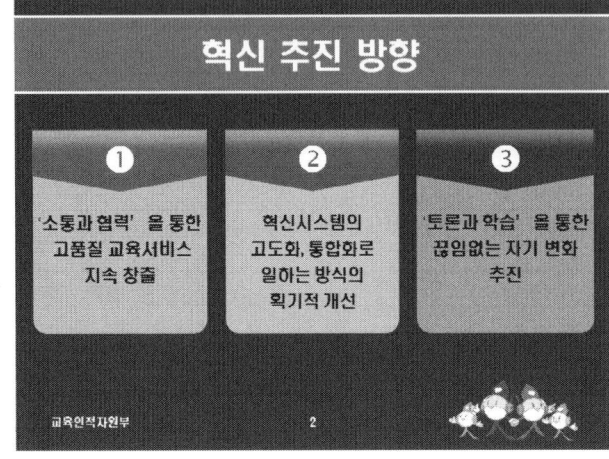

❶ 제목만 슬라이드
❷ 도형 삽입
  - 모서리가 둥근 직사각형과 오각형을 이용한다.
  - 오각형 도형에 임의의 도형효과를 지정한다.

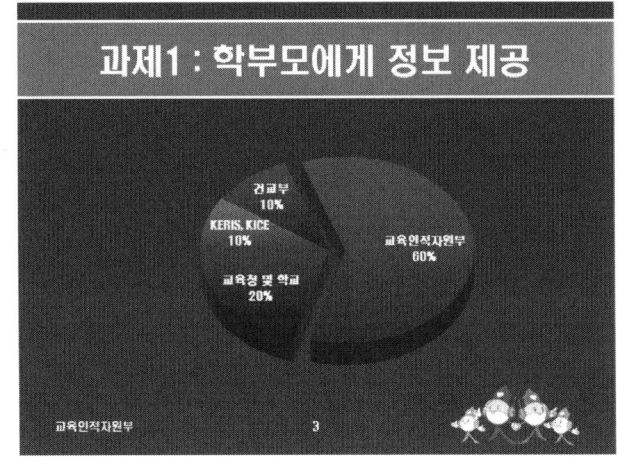

❶ 제목 및 내용 슬라이드
❷ 차트 삽입
  - 원형 차트를 삽입
  - 차트 서식을 그림을 참고하여 작성한다.

❶ 제목 슬라이드를 제외한 모든 슬라이드에 슬라이드 번호와 바닥글(교육인적자원부) 삽입
❷ 모든 슬라이드에 화면 전환 효과 적용 : "사각형 펼치기"(속도 : 빠르게)
❸ 글꼴 바꾸기 : 굴림 → HY헤드라인M

Chapter 07 우리학교 소개

Chapter 07의 학습목표

- 학교 소개 및 회사 소개등의 프레젠테이션을 만들 수 있다.

Chapter 07의 학습순서

7.1 마스터 슬라이드 설정

7.2 제목 슬라이드

7.3 목차 슬라이드

7.4 학교 소개 슬라이드

7.5 교육 목표 슬라이드

7.6 장학제도 안내 슬라이드

문서작성과 프레젠테이션

결과 미리보기

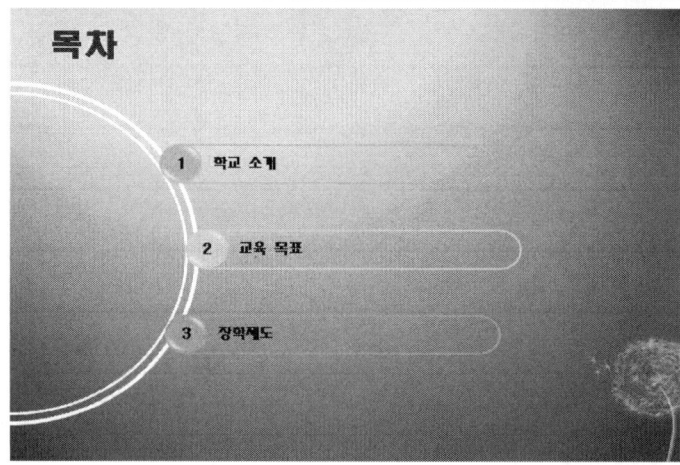

결과 미리보기

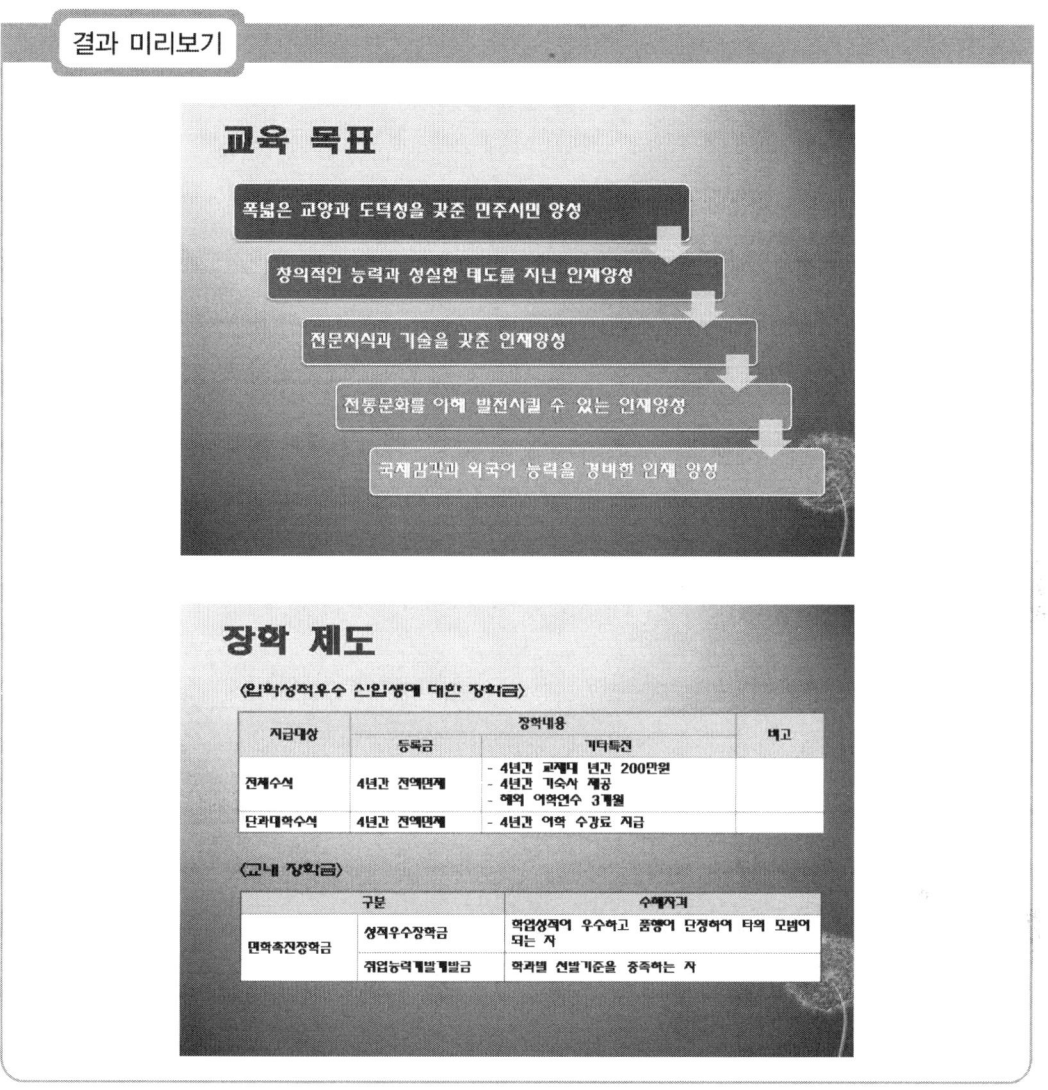

문서작성과 프레젠테이션

7.1 마스터 슬라이드 설정

온라인으로 새로운 테마를 다운받아 마스터 슬라이드를 설정해보자.

01 테마 다운받기

❶ [디자인] 탭 - [테마] 그룹의 '자세히' 버튼-Microsoft Office Online의 다른 테마를 클릭한다.

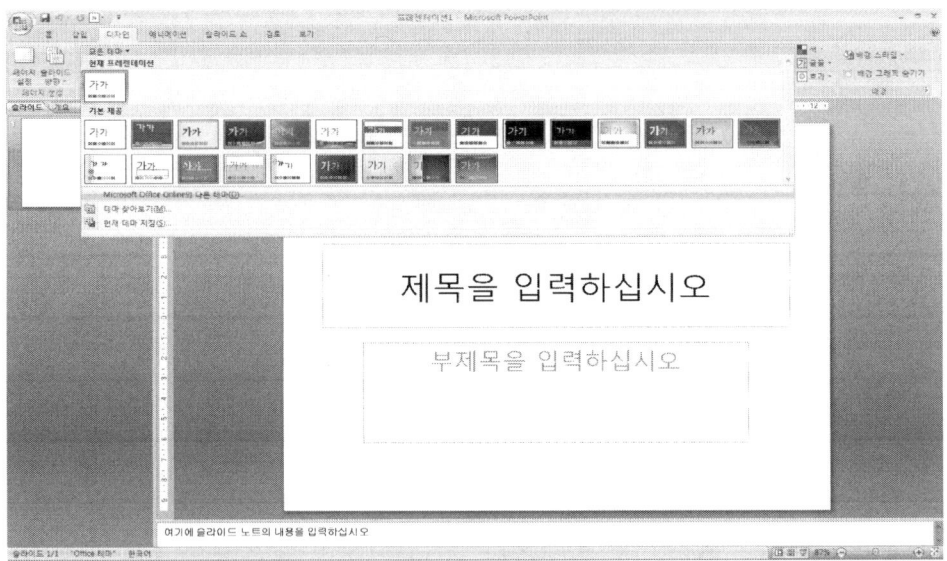

❷ 목록들 중에서 'Air Theme'를 선택하고 다운로드 받는다.

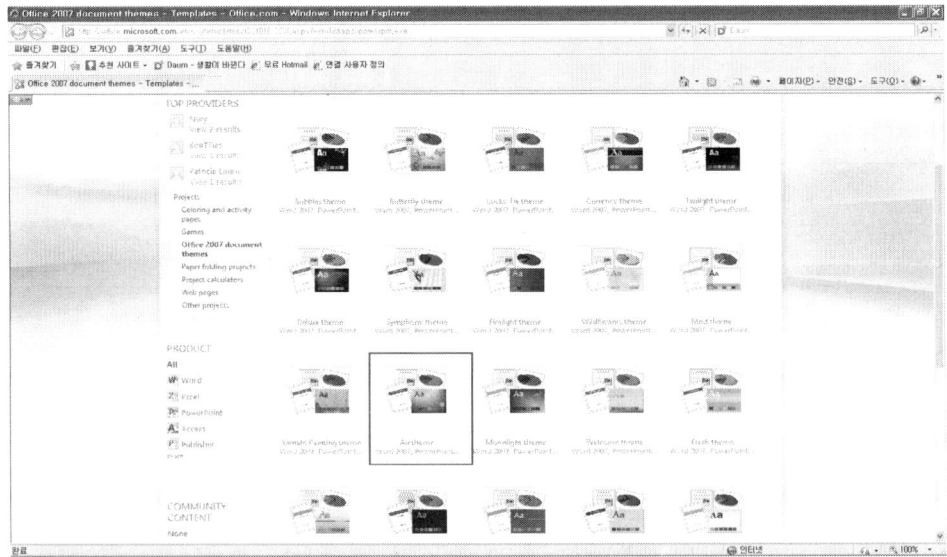

216_Part 02 프레젠테이션 실무

❸ [디자인] 탭 - [테마] 그룹 - [자세히] - [사용자 지정] - 'Air Theme'를 선택한다.

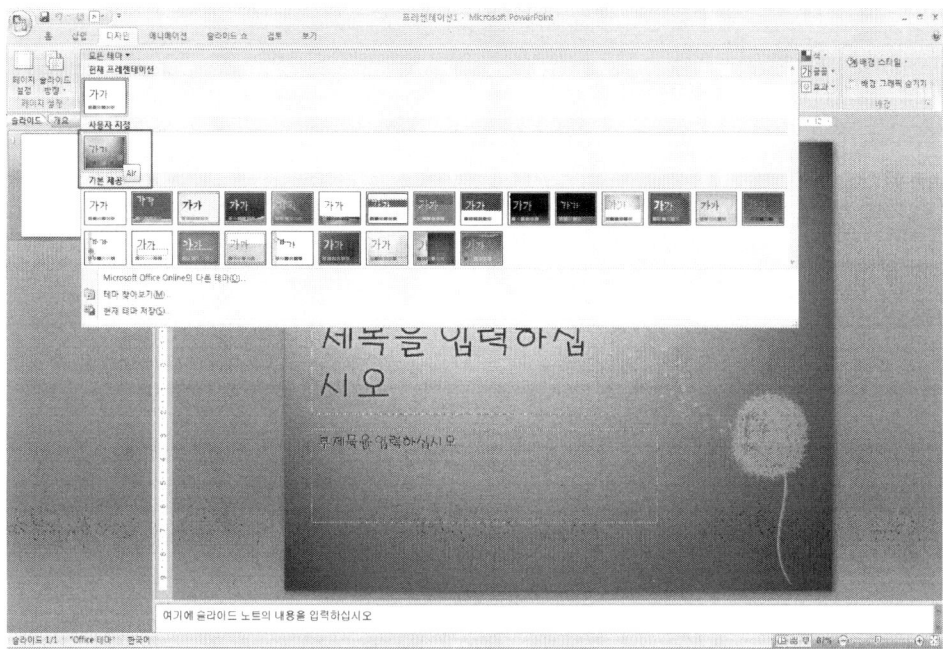

❹ 마스터를 수정하기 위해 [보기] 탭 - [프레젠테이션 보기] 그룹 - [슬라이드 마스터]를 클릭한다.

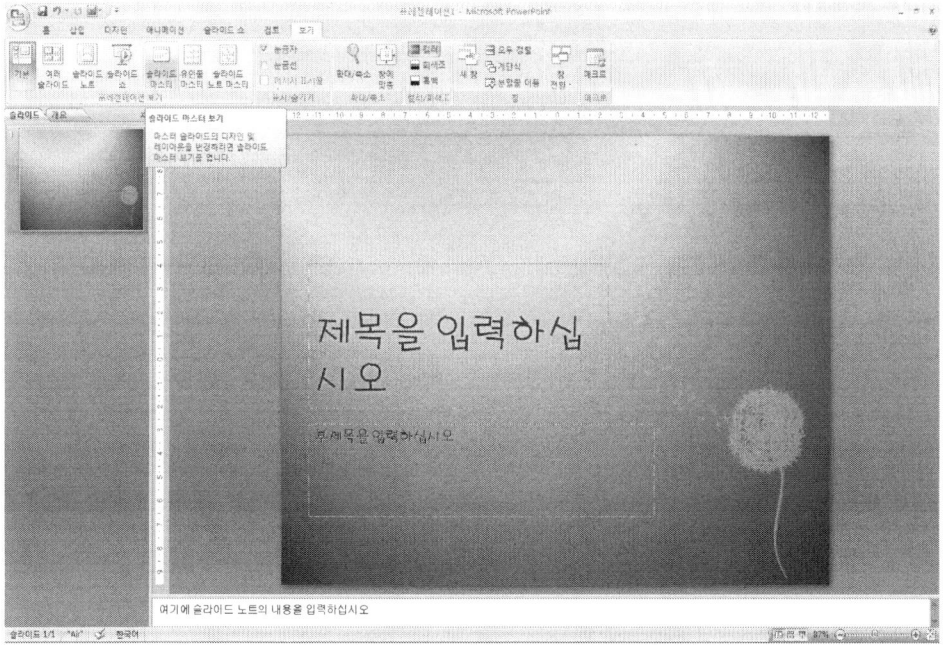

❺ 슬라이드 마스터를 선택한 후 제목 개체틀을 선택하고 '휴먼둥근헤드라인', '36pt'로 글자서식을 수정한 후 알맞은 크기로 조절한다.

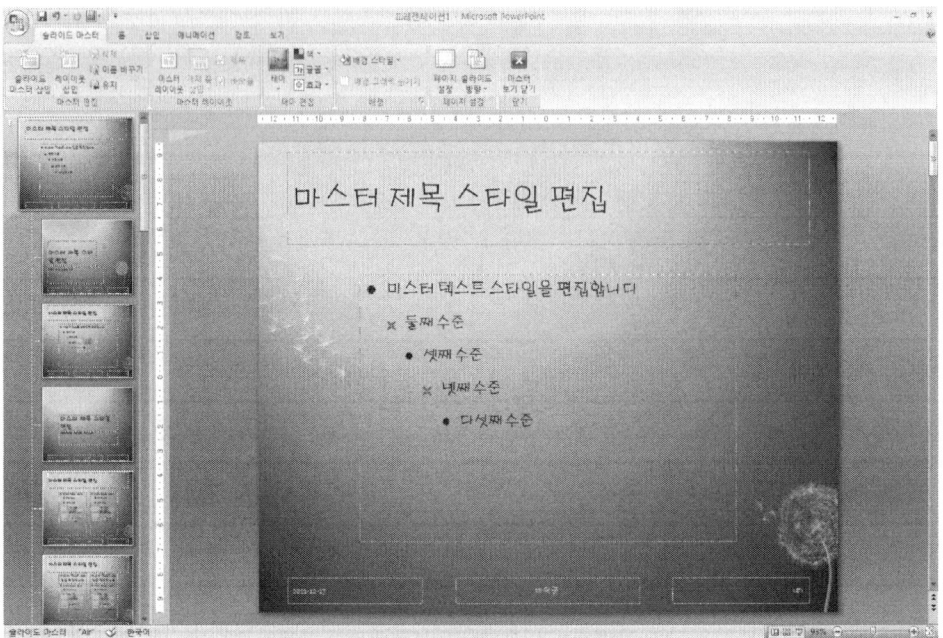

❻ 텍스트 개체틀도 선택하여 '휴먼엑스포'로 변경하고 알맞은 크기로 조절한다. 슬라이드 아래쪽에 나오는 날짜, 바닥글, 슬라이드 번호 개체틀도 '휴먼모음T'로 변경한다.

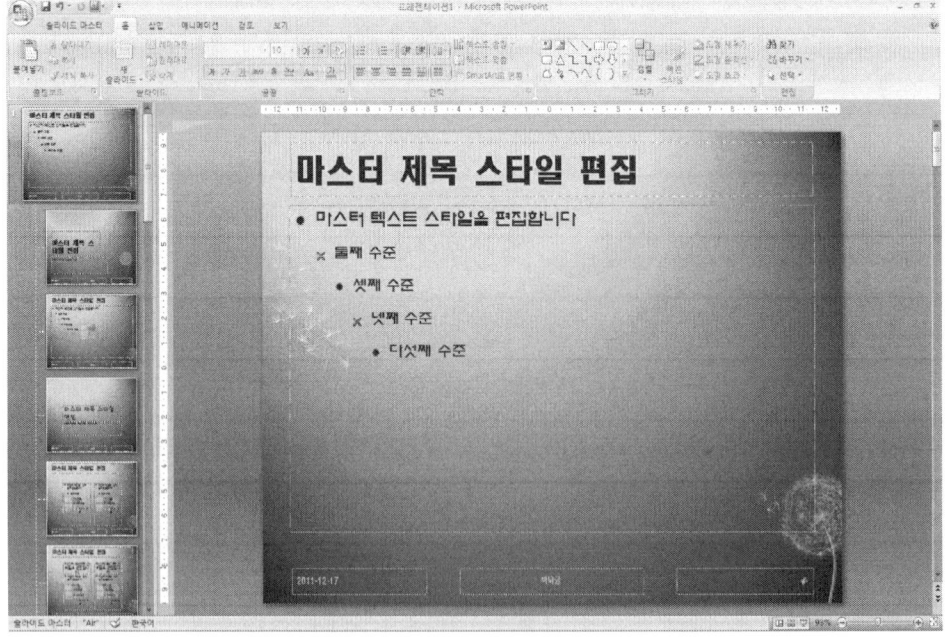

❼ 슬라이드 왼쪽에 나오는 그림을 선택한 후 〈Delete〉키를 눌러 삭제한다.

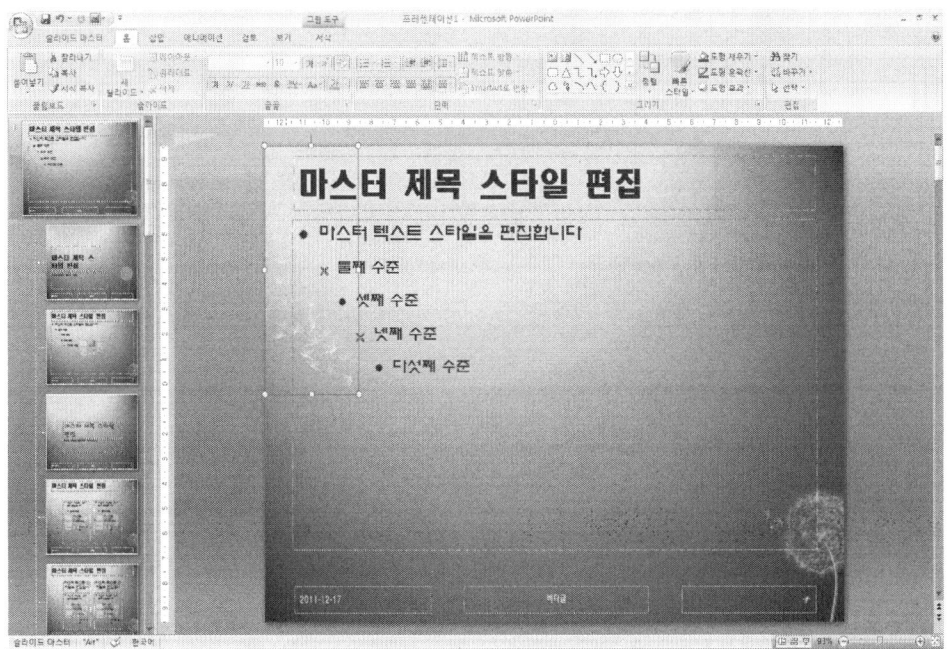

❽ 이번엔 2번째 '제목 슬라이드 레이아웃'을 선택한 후 부제목, 날짜, 바닥글, 슬라이드 번호 개체틀은 삭제하고 제목 개체틀을 선택해 적당한 크기로 조절한다.

❾ [슬라이드 마스터] 탭 – [닫기] 그룹 – [마스터 보기 닫기] 메뉴를 클릭해 마스터 설정을 마친다.

7.2 제목 슬라이드

❶ 제목 슬라이드에서 제목 개체틀을 선택한 후 아래와 같이 텍스트를 입력한다.

❷ '미래를 향한 큰 대학'을 블록 설정 후 28pt, '한국대학교'는 72pt로 크기 조절 후 전체를 선택해 오른쪽 정렬시킨다.

❸ 개체틀을 선택해 [그리기 도구] - [서식] 탭 - [WordArt 스타일] 그룹 - [텍스트 윤곽선]
  - 테마색에서 '흰색'을 클릭한다.

❹ 개체틀을 선택해 [그리기 도구] - [서식] 탭 - [WordArt 스타일] 그룹 - [텍스트 윤곽선]
  - 두께에서 '1 1/2pt'를 클릭한다.

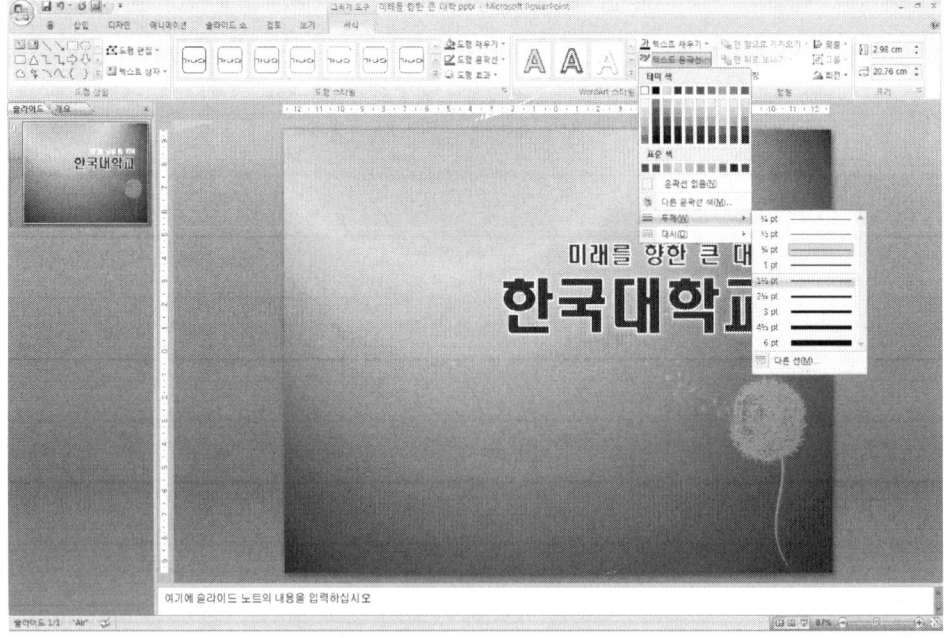

❺ '한국대학교'만 블록 설정 후 [그리기 도구] - [서식] 탭 - [WordArt 스타일] 그룹 - [텍스트 효과] - [그림자] - [원근감] - '원근감 대각선 오른쪽 아래'를 클릭한다.

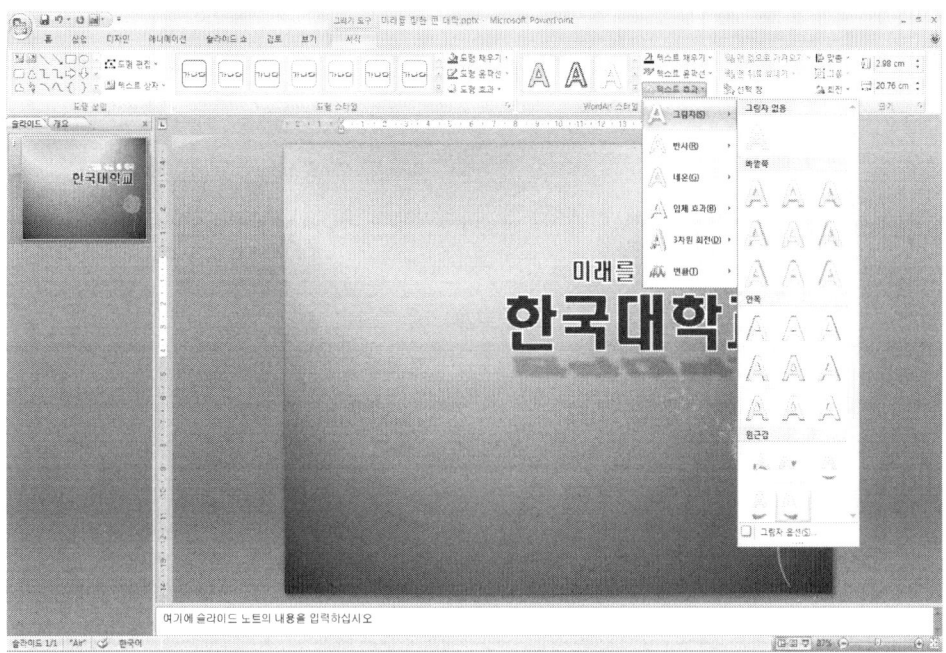

7.3 목차 슬라이드

❶ 목차 슬라이드를 만들기 위해 [홈] 탭 – [슬라이드] 그룹 – [새 슬라이드] – '제목만' 레이아웃을 클릭한다.

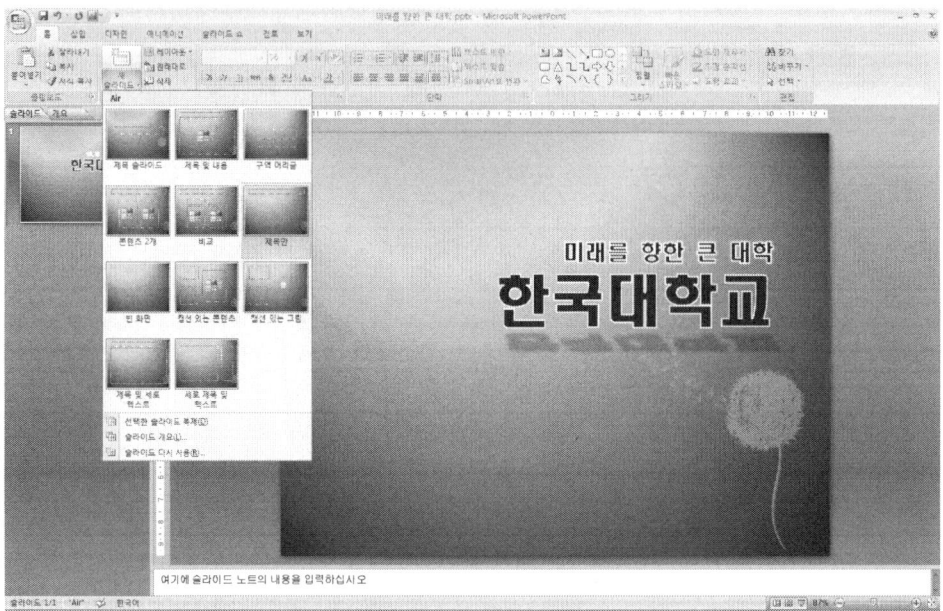

❷ 제목 개체틀을 선택해 '목차'를 입력한다.

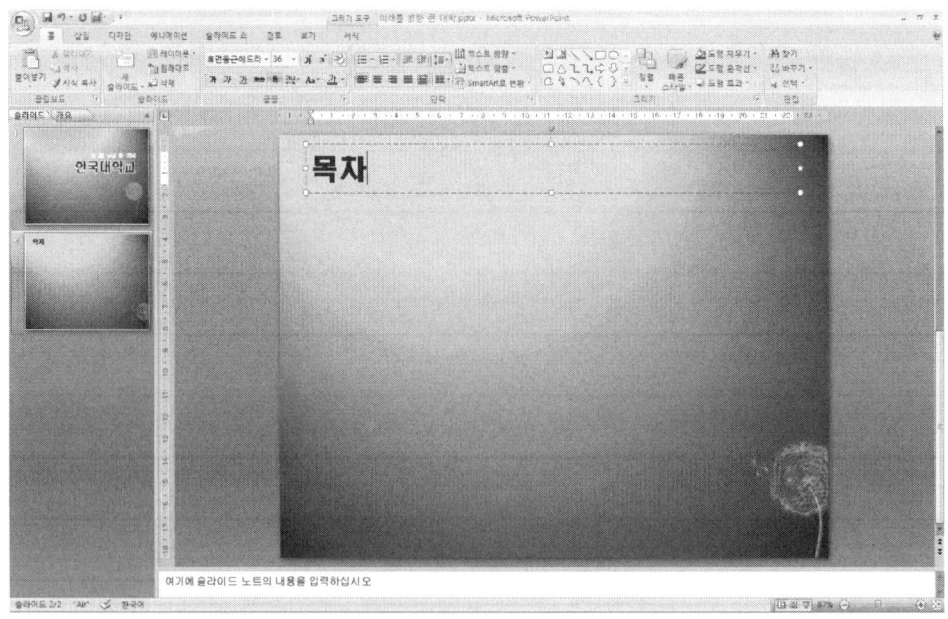

❸ [삽입] 탭 - [일러스트레이션] 그룹 - [기본] - '타원'을 클릭하고 〈Shift〉키를 눌러 정원을 그린다.

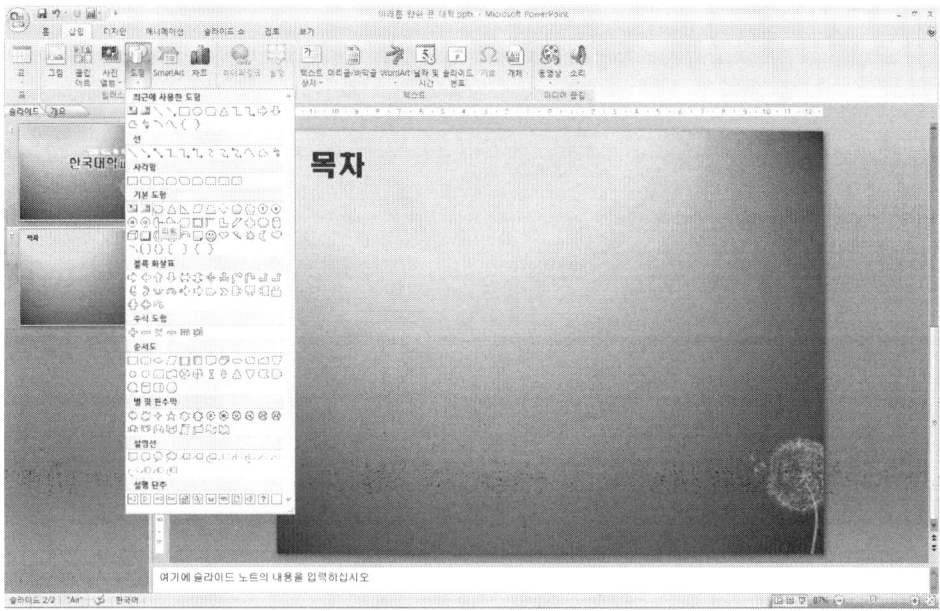

❹ 원을 선택하고 [그리기 도구] - [서식] 탭 - [도형 채우기] - '채우기 없음', [그리기 도구] - [서식] 탭 - [도형 윤곽선] - [두께] - [테마색] - '흰색', [그리기 도구] - [서식] 탭 - [도형 윤곽선] - [두께] - '3pt'를 클릭한다.

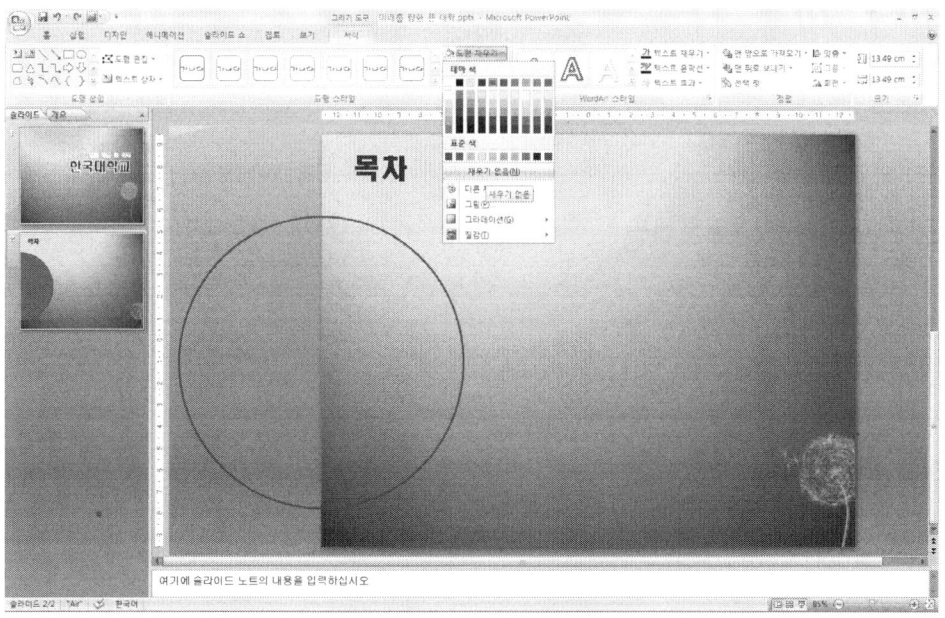

❺ 원을 선택하고 〈Ctrl〉를 눌러 복사하고 모서리 조절점을 클릭한 상태에서 〈Shift〉키를 눌러 크기를 키운다. [그리기 도구] - [서식] 탭 - [정렬] 그룹 - [맞춤] - '가운데 맞춤', [그리기 도구] - [서식] 탭 - [정렬] 그룹 - [맞춤] - '중간 맞춤'을 클릭해 정렬한다.

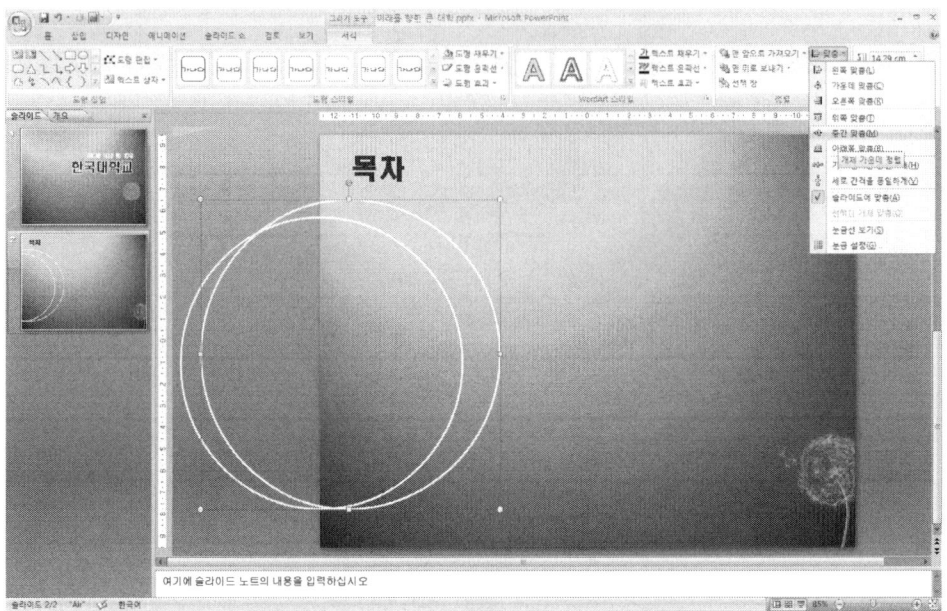

❻ 바깥원을 선택하고 [그리기 도구] - [서식] 탭 - [도형 윤곽선] - [두께] - '4 1/2pt'를 클릭한다.

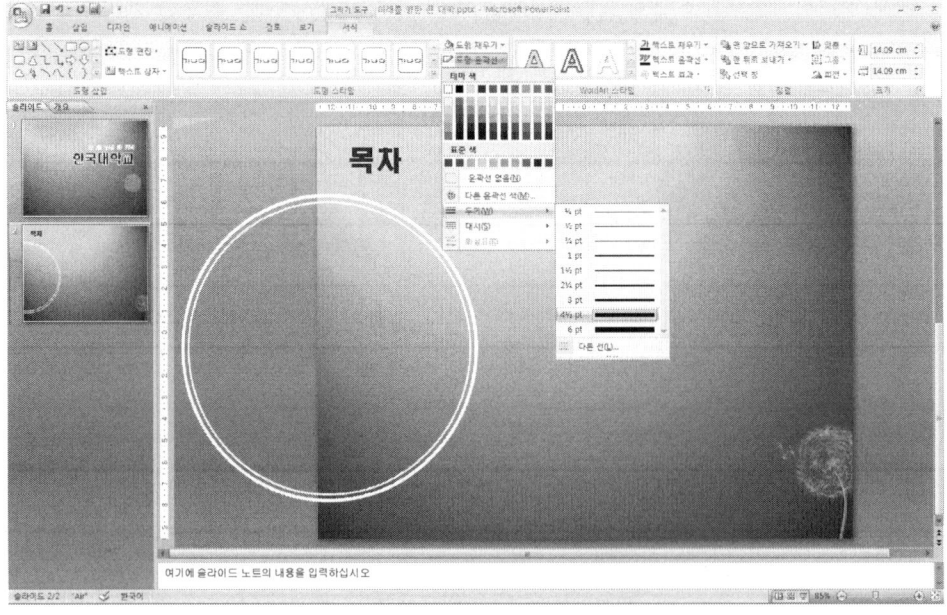

❼ [삽입] 탭 - [일러스트레이션] 그룹 - [도형] - '모서리가 둥근 사각형'을 선택해 긴 사각형을 하나 그린다.

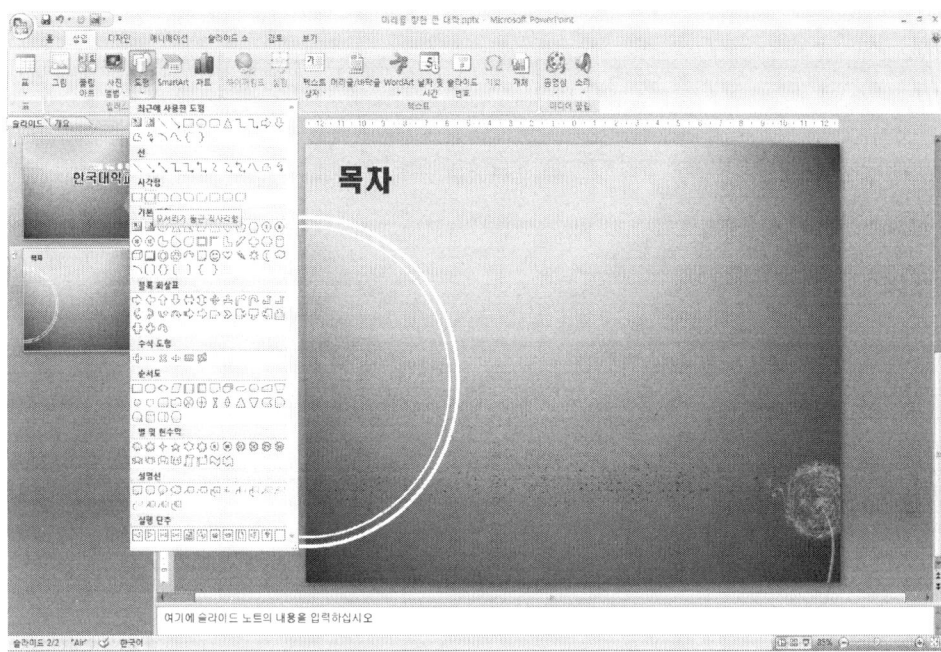

❽ 모양 조절 핸들을 오른쪽으로 밀어 왼쪽/오른쪽이 둥글게 처리되도록 한다.

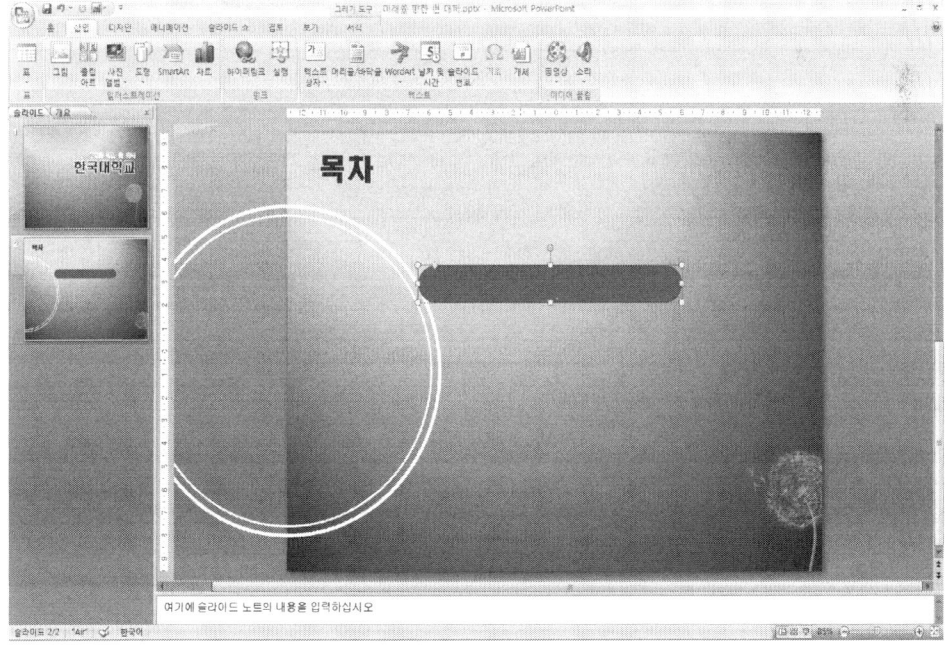

❾ 도형을 선택하고 [그리기 도구] – [서식] 탭 – [도형 스타일] 그룹 – [도형 채우기] – '채우기 없음', [그리기 도구] – [서식] 탭 – [도형 스타일] 그룹 – [도형 윤곽선] – '밤색, 강조5, 40% 더 밝게', [그리기 도구] – [서식] 탭 – [도형 스타일] 그룹 – [도형 윤곽선] – [두께] – '2 1/4 pt'로 설정한다.

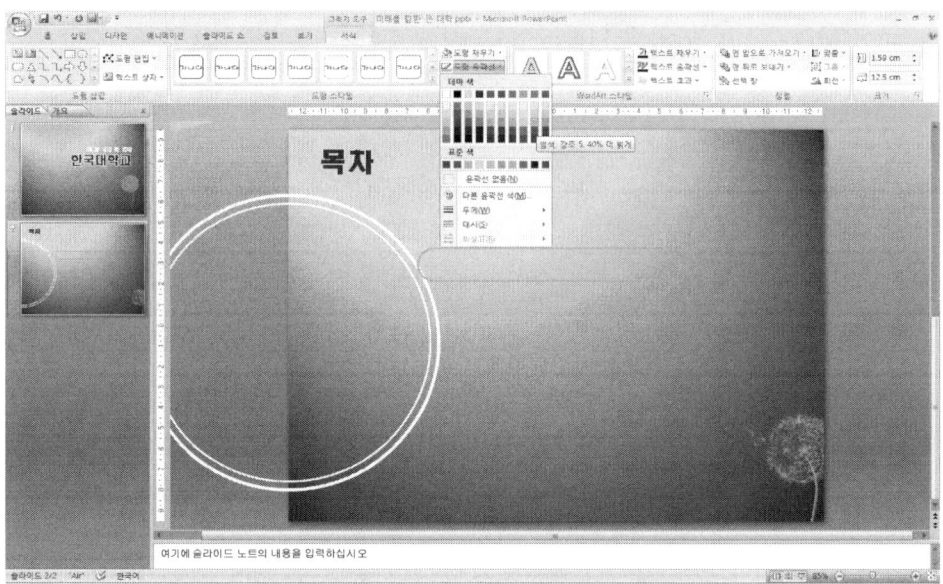

❿ [삽입] 탭 – [일러스트레이션] 그룹 – [도형] – '원'을 선택해 사각형과 겹치게 그린 후 [그리기 도구] – [서식] 탭 – [도형 스타일] 그룹 – [도형 채우기] – '밤색, 강조5, 40% 더 밝게', [그리기 도구] – [서식] 탭 – [도형 스타일] 그룹 – [도형 윤곽선] – '채우기 없음'을 클릭한다.

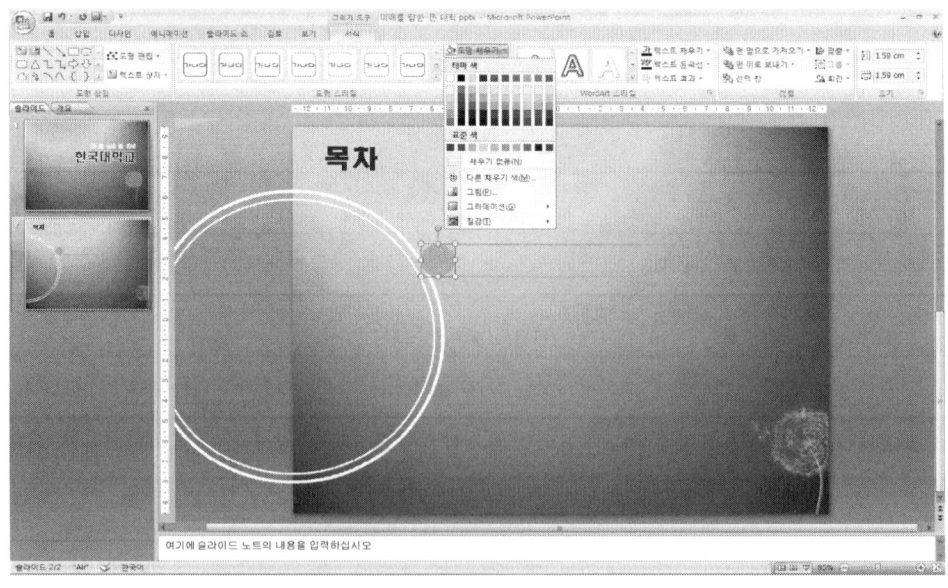

⓫ 원을 선택하고 [그리기 도구] – [서식] 탭 – [도형 스타일] 그룹 – [도형 효과] – [기본 설정] – '기본설정3'을 선택한다.

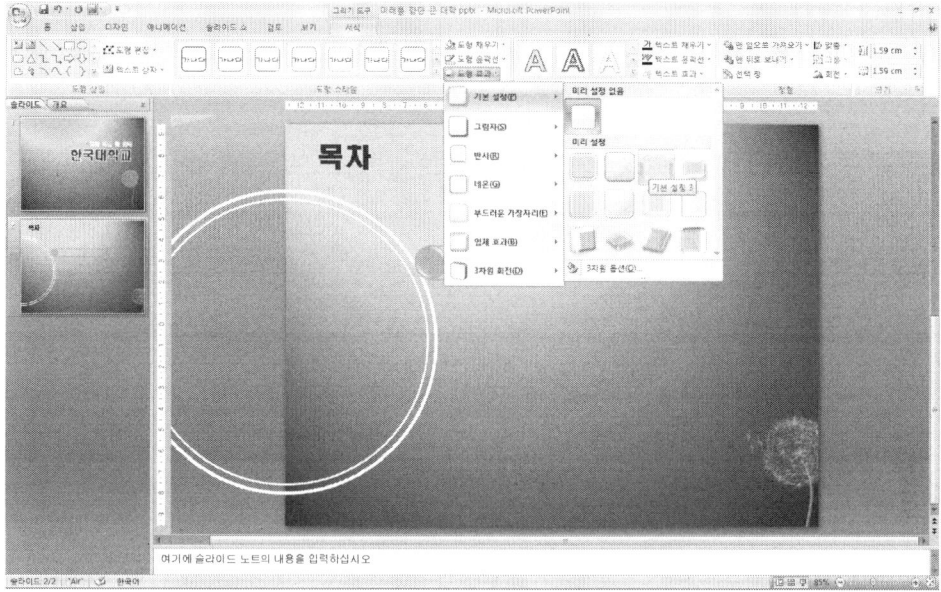

⓬ 두 도형을 모두 선택하고 〈Ctrl〉키를 눌러 2개를 더 복사하고 위치를 조절한다.
⓭ 복사되어진 2번째 사각형의 윤곽선과 2번째 원의 채우기를 '라임, 강조4, 40% 더 밝게'로 변경하고 3번째 사각형의 윤곽선과 3번째 원의 채우기를 '파랑, 강조6, 40% 더 밝게'로 변경한다.

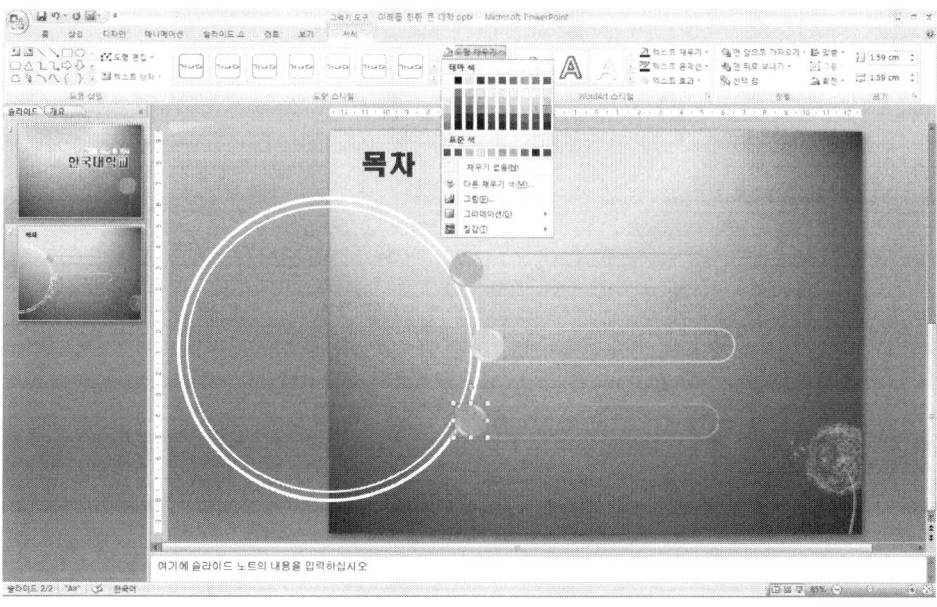

문서작성과 프레젠테이션

⑭ 도형 안에 텍스트를 입력하고 [홈] 탭 - [글자] 그룹에서 글자체-'휴먼모음 T', 글자색-'검정'으로 서식 변경 후 사각형만 선택하여 [홈] 탭 - [단락] 그룹 - [자세히]를 선택해 대화상자가 열리면 [일반] - [맞춤] - '왼쪽', [들여쓰기] - [텍스트 앞] - '1.5cm'를 입력한다.

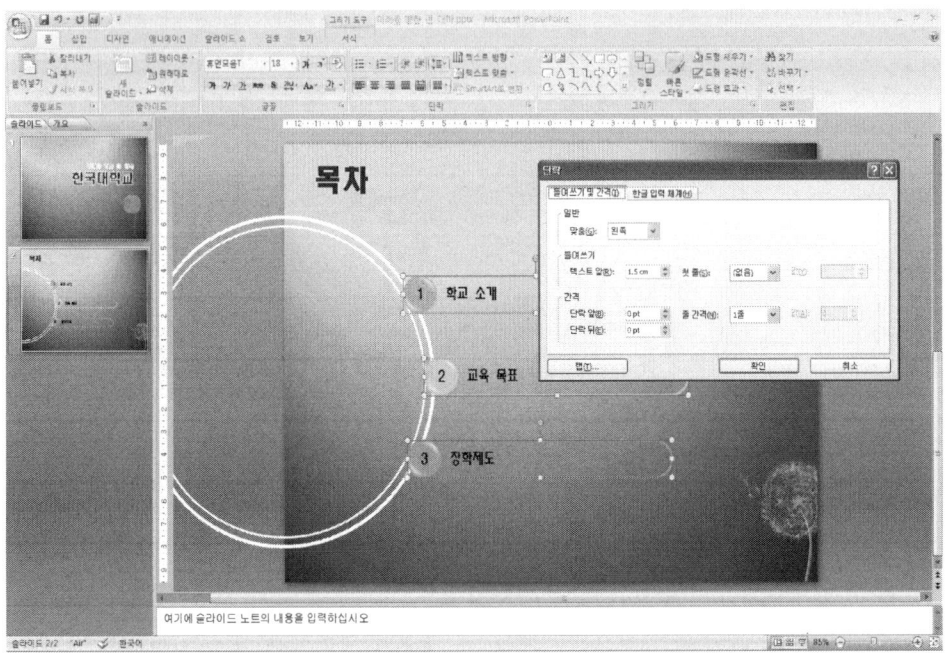

7.4 학교 소개 슬라이드

❶ [홈] 탭 - [슬라이드] 그룹 - [새 슬라이드] - '제목 및 내용' 레이아웃을 클릭해 새 슬라이드를 삽입한다.
❷ 아래 그림과 같이 제목틀과 내용틀에 내용을 입력한다.

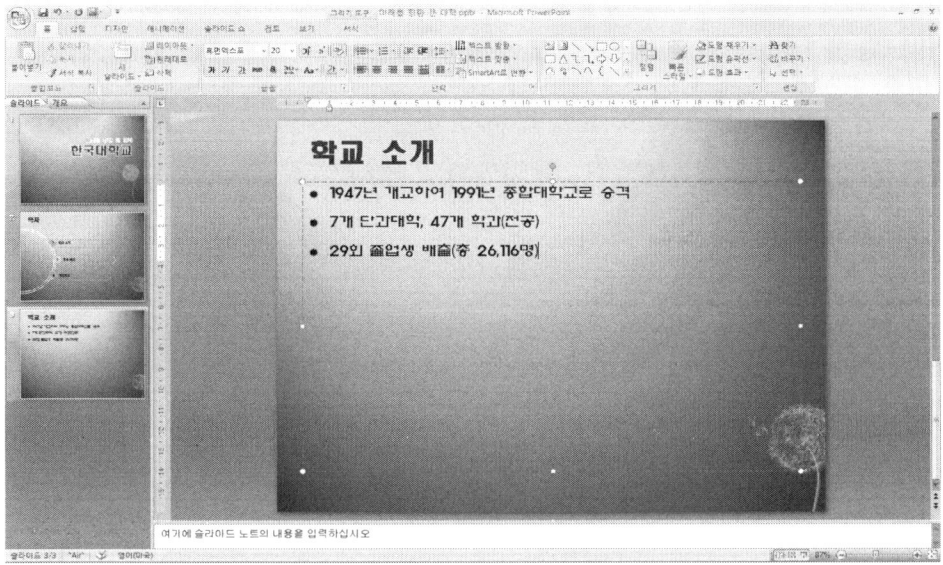

❸ [삽입] 탭 - [일러스트레이션] 그룹 - [그림]을 클릭하고 '학교소개.jpg'를 선택해 그림을 삽입한다.

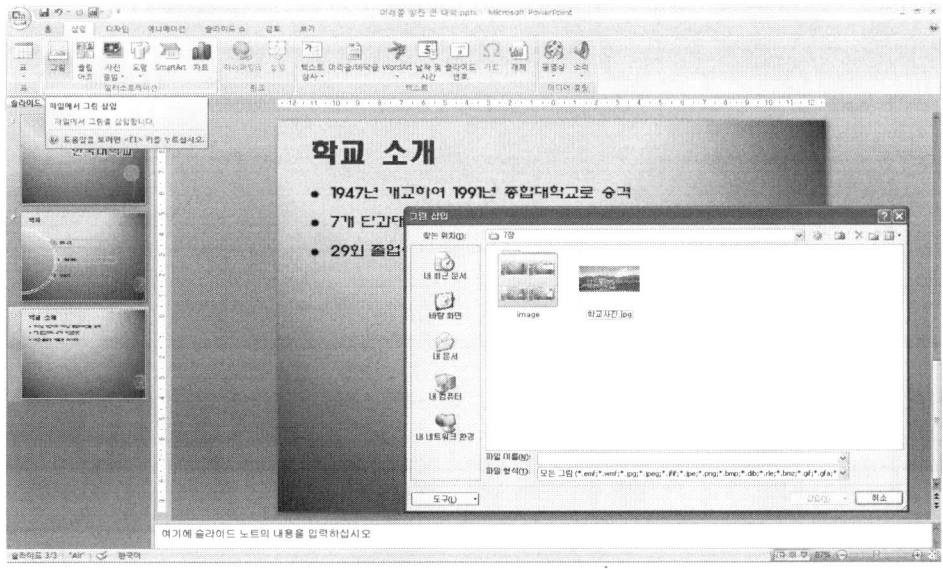

❹ [그림 도구] - [서식] 탭 - [그림 스타일] 그룹 - [그림 도형] - [사각형] - '모서리가 둥근 직사각형'을 선택해 모양을 변경한다.

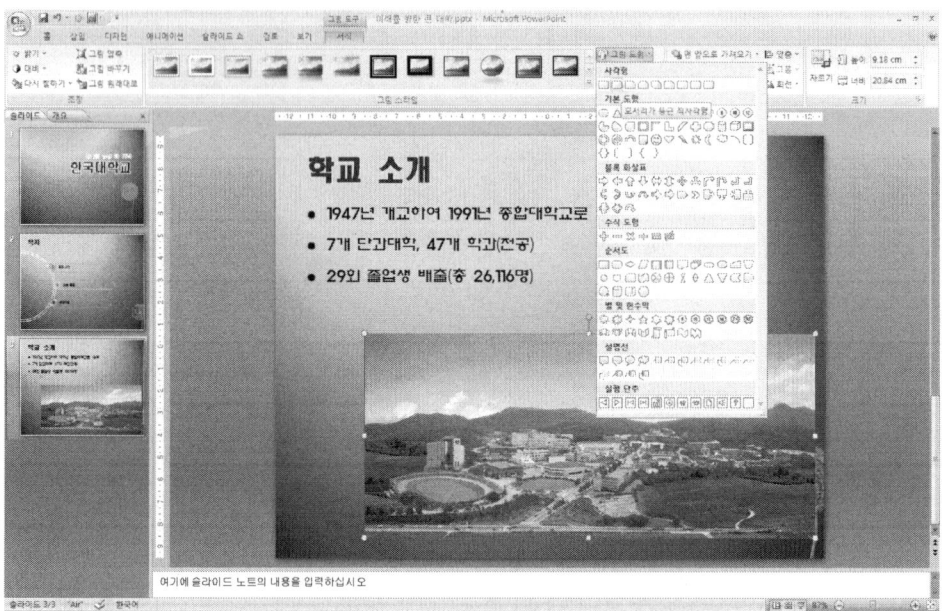

❺ 모양 조절 핸들을 오른쪽으로 밀어 모서리를 좀 더 둥글게 한 다음 [그림 도구] - [서식] 탭 - [그림 스타일] 그룹 - [그림 효과] - [부드러운 가장자리] - '25포인트'를 클릭해 가장자리를 부드럽게 처리한다.

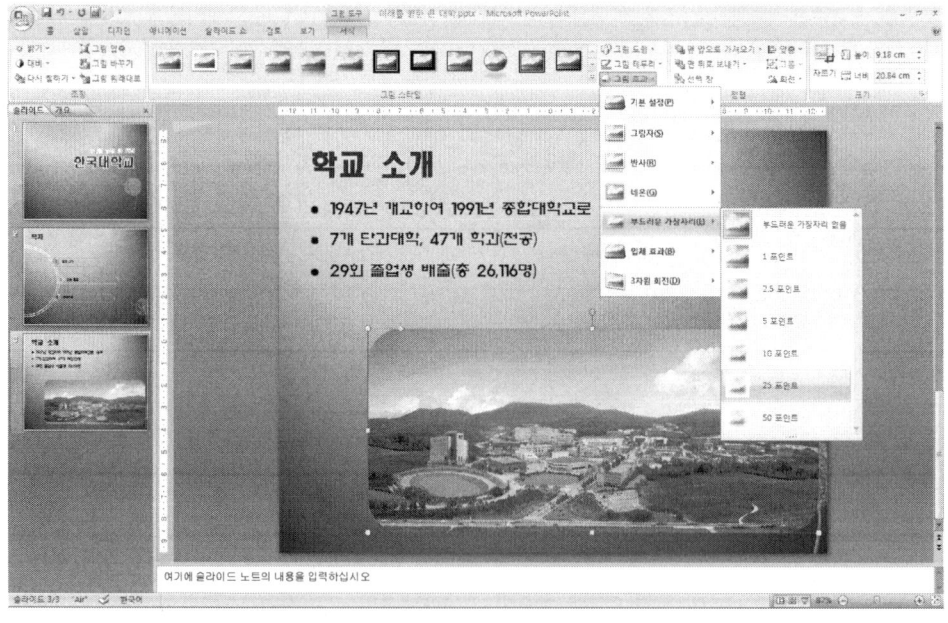

❻ 배경색과 어울리게 하기 위해 [그림 도구] – [서식] 탭 – [조정] 그룹 – [다시 칠하기] – [밝은 변경] – '밝은 강조색2'를 클릭한다.

문서작성과 프레젠테이션

7.5 교육 목표 슬라이드

❶ [홈] 탭 - [슬라이드] 그룹 - [새 슬라이드] - '제목만' 레이아웃을 클릭해 새 슬라이드를 삽입한다.
❷ 제목틀을 선택해 제목 텍스트를 입력한다.

❸ [삽입] 탭 - [일러스트레이션] 그룹 - [SmartArt] - [프로세스형] - '지그재그 프로세스형'을 선택한다.

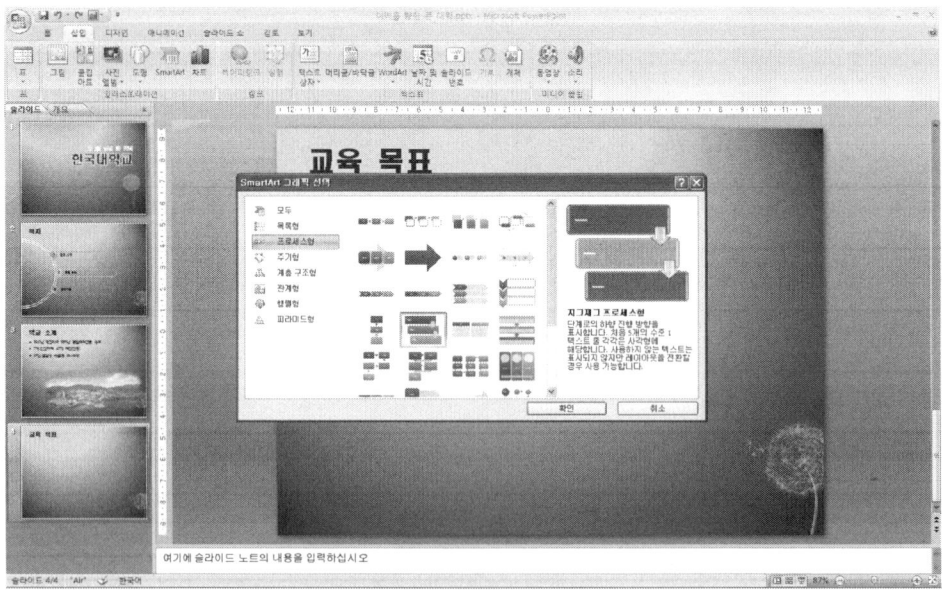

❹ 텍스트 입력창에 교육 목표를 입력하고 입력창은 이제 필요없으므로 닫기 버튼을 눌러 없앤다.

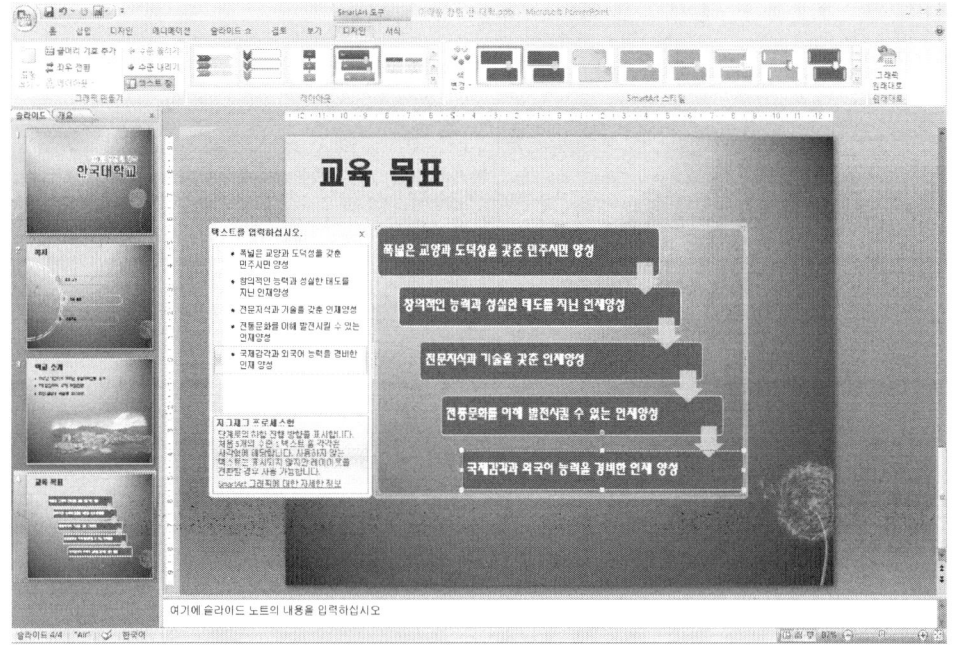

❺ SmartArt를 선택해 슬라이드에 맞게 크기 조절을 한 후 [SmartArt 도구] - [디자인] 탭 - [SmartArt 스타일] 그룹 - [색 변경] - [강조2] - '그라데이션 범위-강조2'를 클릭한다.

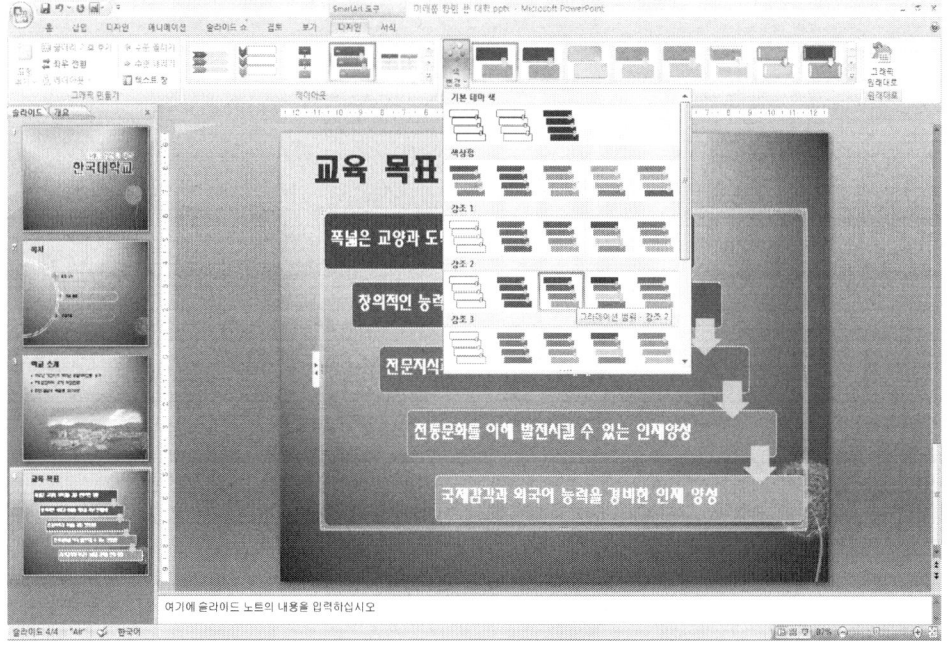

❻ [SmartArt 도구] - [디자인] 탭 - [SmartArt 스타일] 그룹 - [자세히] - [문서에서 가장 일치하는 항목] - '흰색 윤곽선'을 클릭해 완성한다.

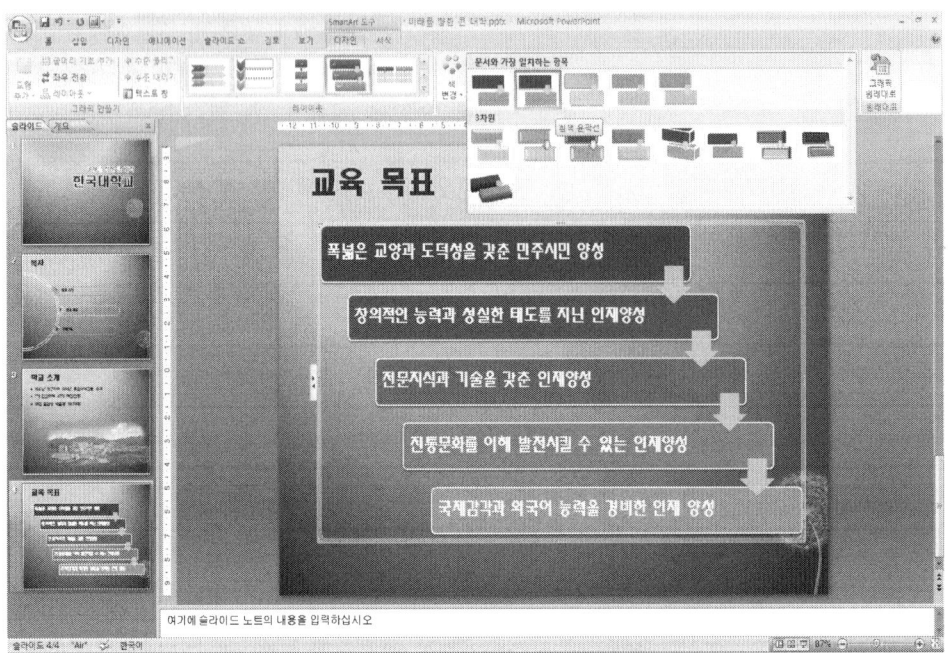

7.6 장학제도 안내 슬라이드

❶ [홈] 탭 – [슬라이드] 그룹 – [새 슬라이드] – '제목만' 레이아웃을 클릭해 새 슬라이드를 삽입하고 제목틀을 선택하여 '장학 제도'를 입력한다.
❷ [삽입] 탭 – [표] – '4×4'사이즈의 표를 만든다.

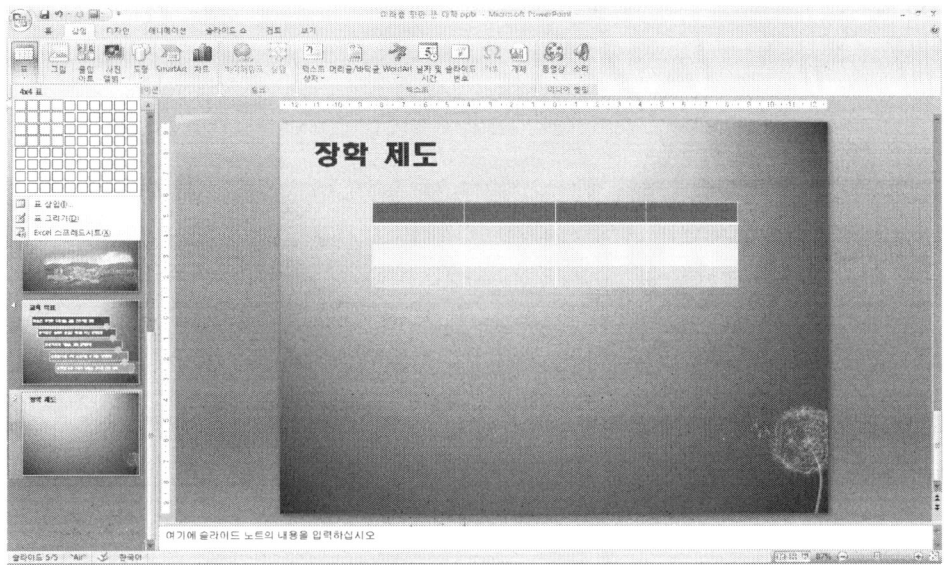

❸ 표를 선택 후 [표 도구] – [디자인] 탭 – [표 스타일 옵션] 그룹 – '머리글 행, 줄무늬 행'의 선택을 해제해 표 스타일을 해제한다.

❹ 표 전체를 블록 설정 후 [홈] 탭 - [글자] 그룹 - '휴먼모음T', '16pt', '검정색'으로 글자 서식을 변경한다.

❺ 아래 그림과 같이 표에 텍스트를 입력하고 표 크기 및 셀 크기를 조절한다.

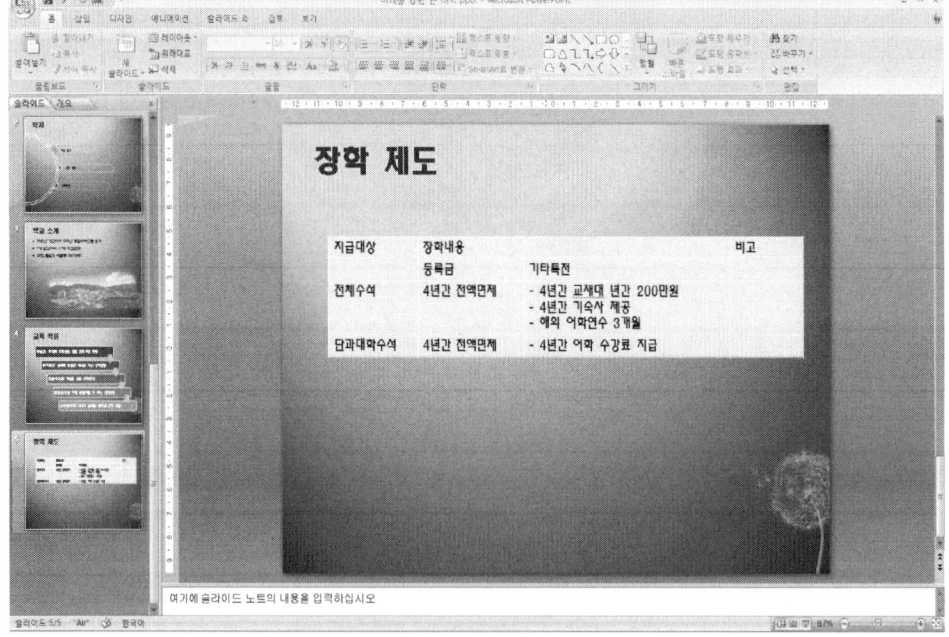

❻ [표 도구] – [레이아웃] 탭 – [병합] 그룹 – [셀 병합]을 클릭해 셀을 합친다.

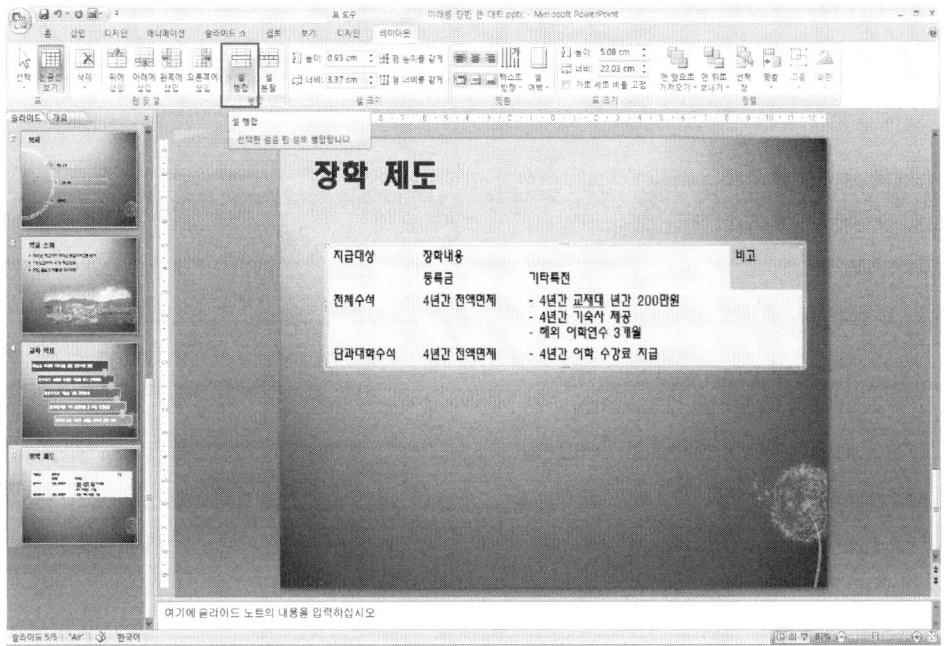

❼ 제목행만 블록 설정 후 [표 도구] – [디자인] 탭 – [표 스타일] 그룹 – [음영] – '밤색, 강조 5, 60% 더 밝게', 내용 셀은 '흰색, 배경1'으로 변경한다.

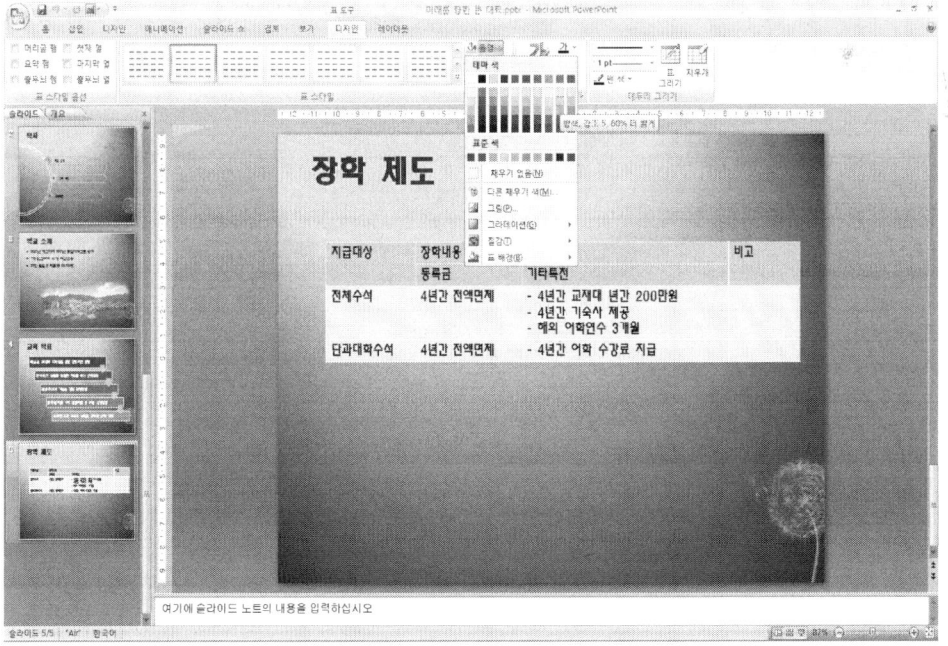

❽ 표 전체셀을 블록 설정 후 [표 도구] – [디자인] 탭 – [테두리 그리기] 그룹 – [두께] – 1pt, [펜색] – '밤색, 강조5, 25% 더 어둡게'로 설정한다.

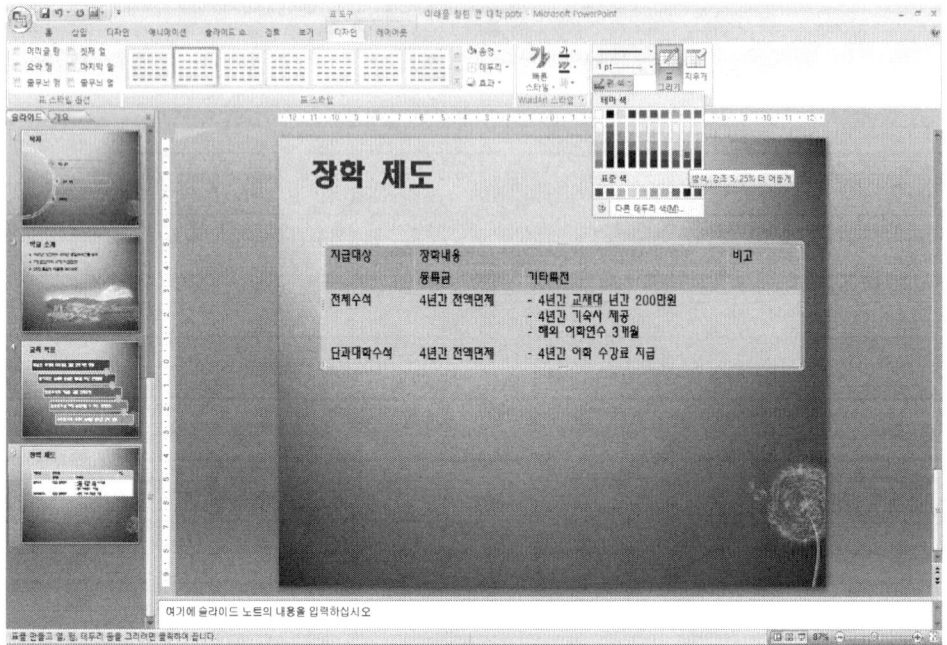

❾ [표 도구] – [디자인] 탭 – [표 스타일] 그룹 – [테두리] – '안쪽 테두리'를 설정한다.

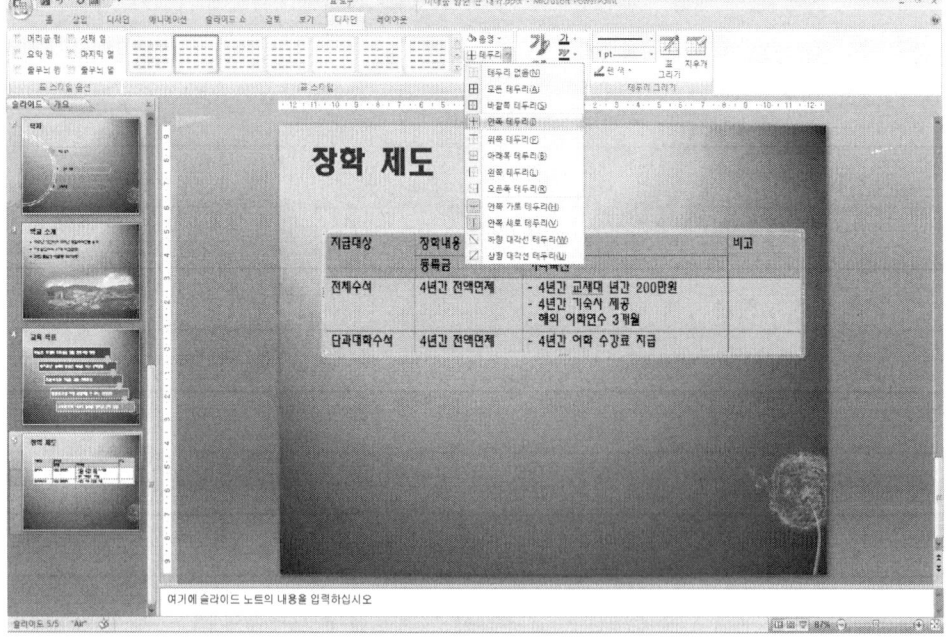

❿ [표 도구] – [디자인] 탭 – [테두리 그리기] 그룹 – [두께] – '1.5pt', [표 도구] – [디자인] 탭 – [표 스타일] 그룹 – [테두리] – '바깥쪽 테두리'를 설정한다.

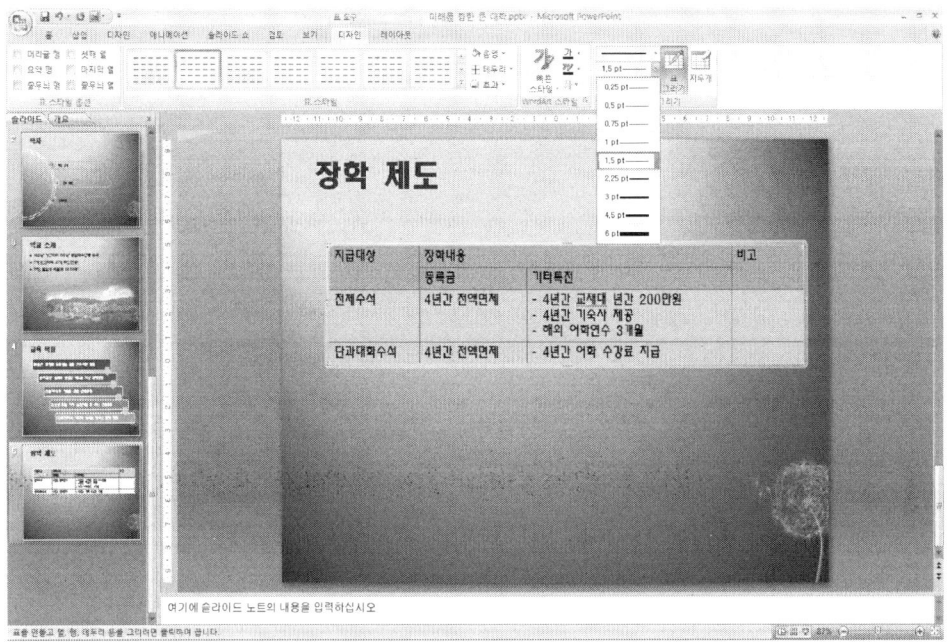

⓫ 제목행을 블록 설정 후 [홈] 탭 – [단락] 그룹 – '가운데 정렬'을 클릭하고 표 전체를 블록 설정해 [표 도구] – [레이아웃] 탭 – [맞춤] 그룹 – '세로 가운데 맞춤'을 클릭한다.

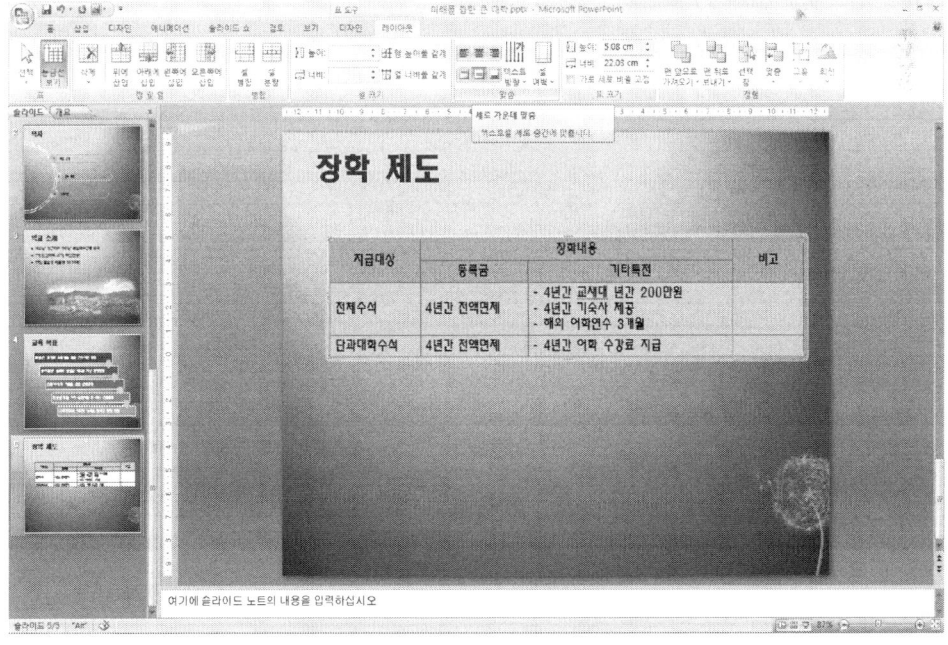

⓬ 위와 동일한 방법으로 '3×3'의 표를 하나 만들어 완성한다.

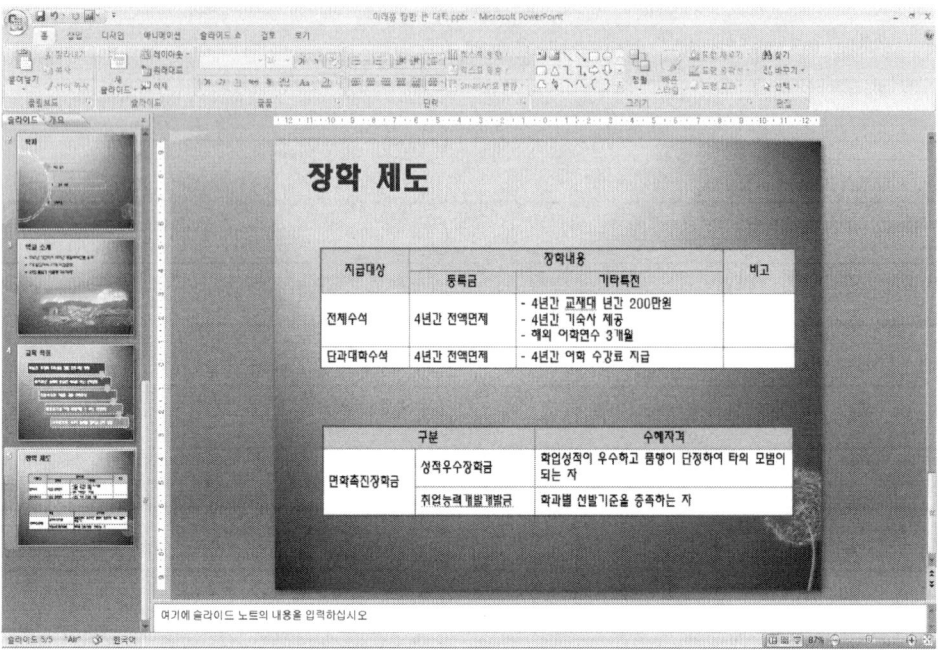

⓭ 마지막으로 [삽입] 탭 – [텍스트] 그룹 – [텍스트 상자] – '가로 텍스트 상자'를 클릭한다.

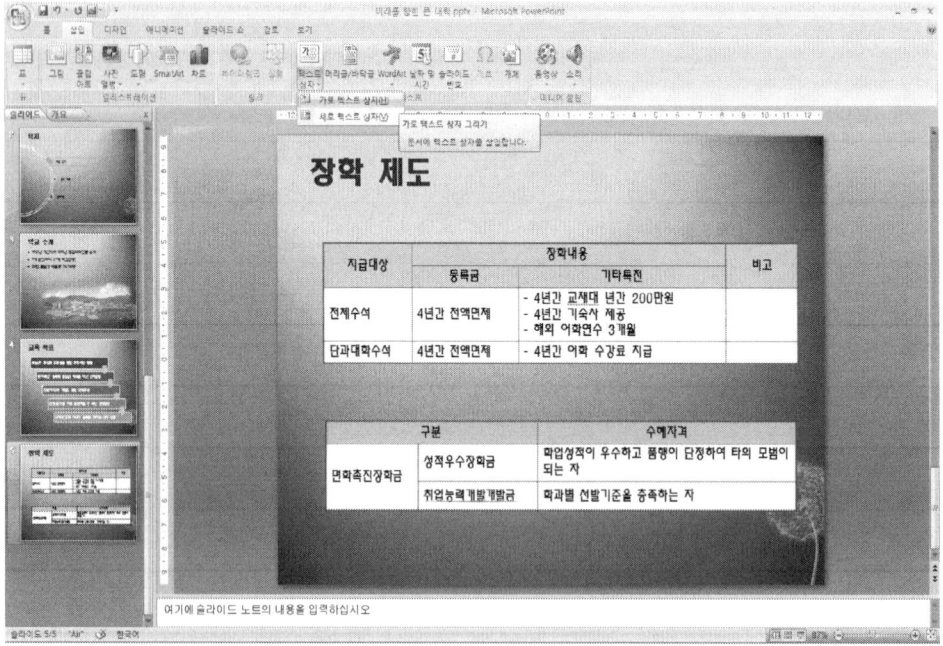

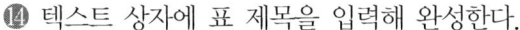

⓮ 텍스트 상자에 표 제목을 입력해 완성한다.

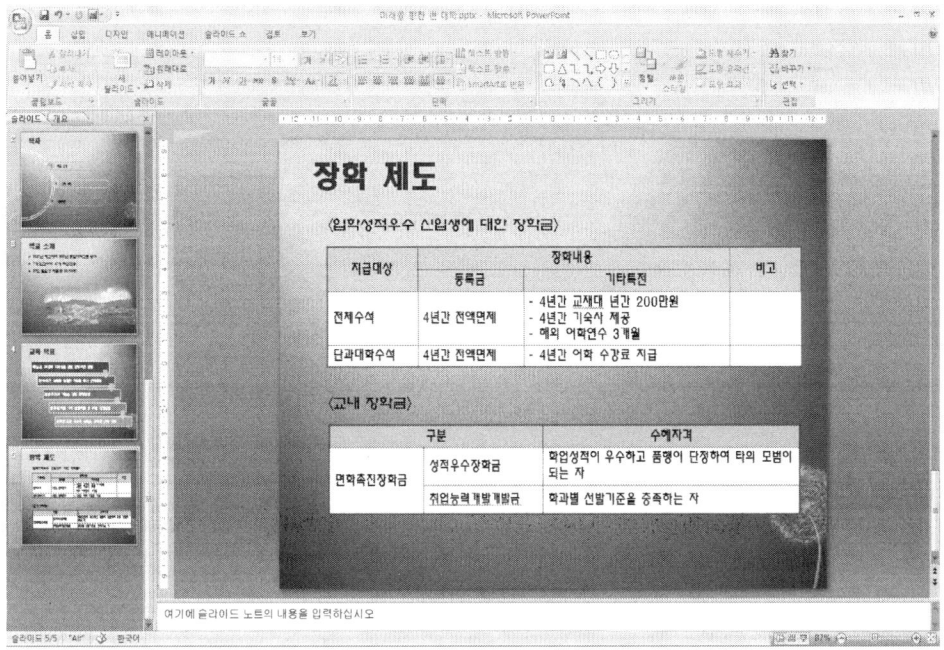

실무활용 예제

❶ 배경 이미지 삽입
- '배경1.jpg'

❷ 제목
- 글자체 : HY헤드라인M
- 크기 : 36pt

❸ 내용
- 글자체 : 맑은 고딕
- 크기 : 1단계(24pt)
  2단계(20pt)
- 속성 : 진하게

❶ '제목' 슬라이드 레이아웃 사용
❷ 제목
- 워드아트 삽입

❸ 내용
- 배경이미지 삽입
- '제목이미지.jpg'

❶ '제목 및 내용' 슬라이드 레이아웃 사용
❷ 클립아트 삽입

실무활용 예제

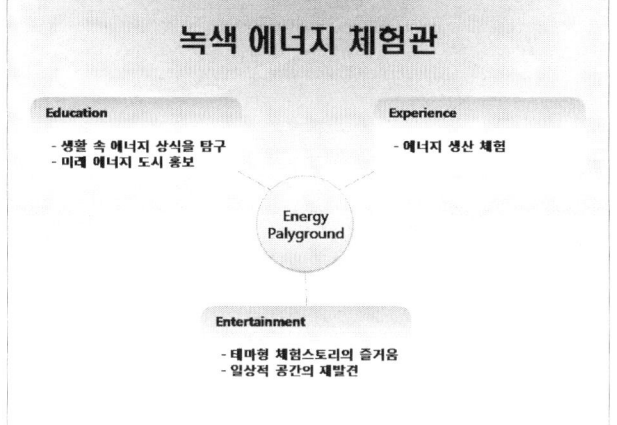

❶ '제목만' 슬라이드 레이아웃 사용
❷ 도형으로 작성

❶ '제목 및 내용' 슬라이드 레이아웃 사용
❷ 표 삽입 및 편집

❶ '제목 및 내용' 슬라이드 레이아웃 사용

Chapter 08 프레젠테이션 제작, 언제 어디에나 존재하는 유비쿼터스

Chapter 08의 학습목표

- 마스터를 설정할 수 있다.
- 자유형을 이용하여 다양한 도형을 만들 수 있다.
- 내용을 파악하여 키워드로 슬라이드를 표현할 수 있다.
- 애니메이션을 활용하여 동적인 프레젠테이션을 구현할 수 있다.

Chapter 08의 학습순서

8.1 마스터 설정하기
8.2 워드아트를 이용한 제목 슬라이드
8.3 도형과 목록형으로 만드는 목차 슬라이드
8.4 자유형을 이용한 컨셉 슬라이드
8.5 주기적인 진행방향으로 표시하는 구조 슬라이드
8.6 그림을 이용한 슬라이드
8.7 키워드와 클립아트로 표현한 슬라이드
8.8 애니메이션을 활용한 동적인 프레젠테이션

결과 미리보기

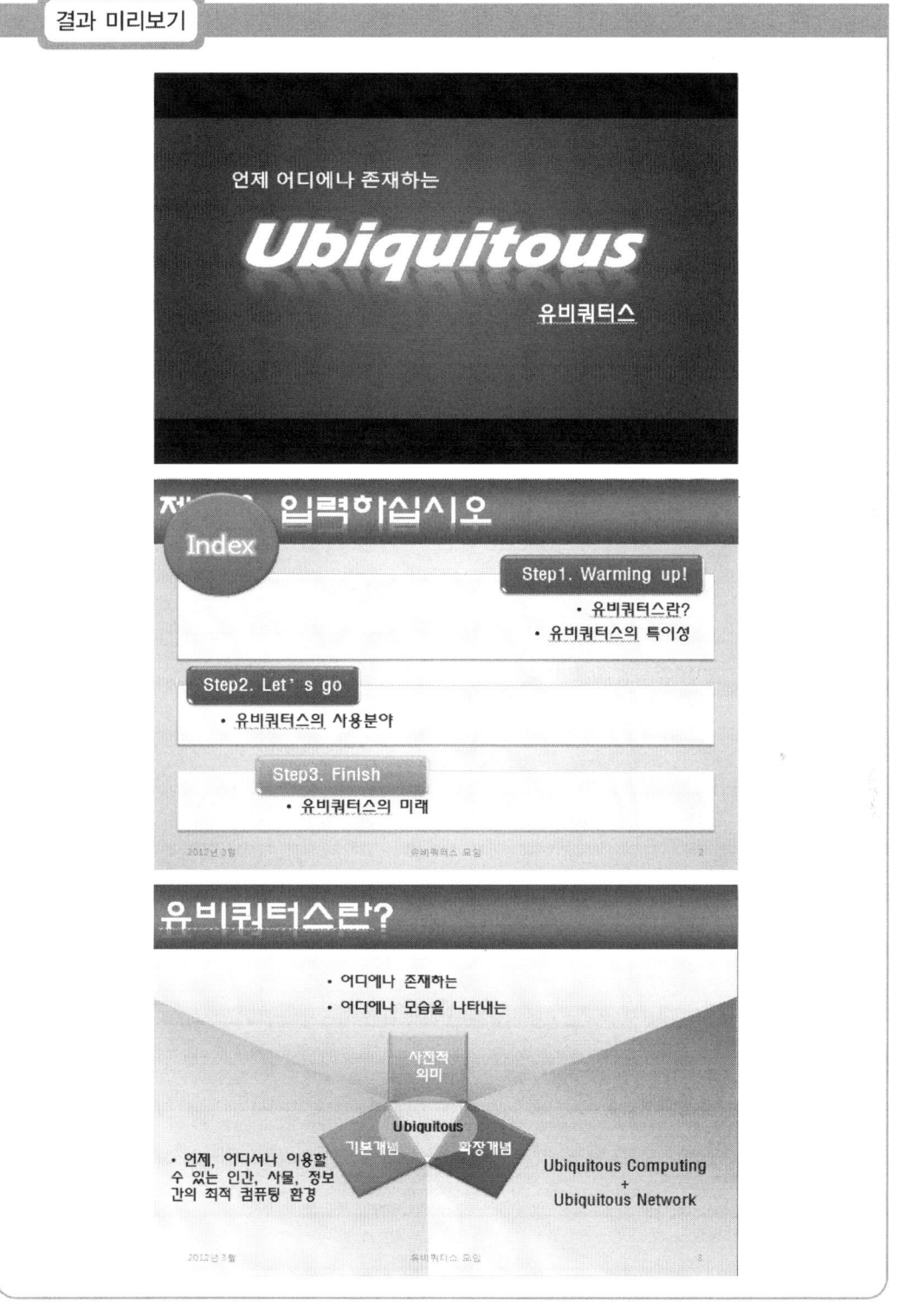

결과 미리보기

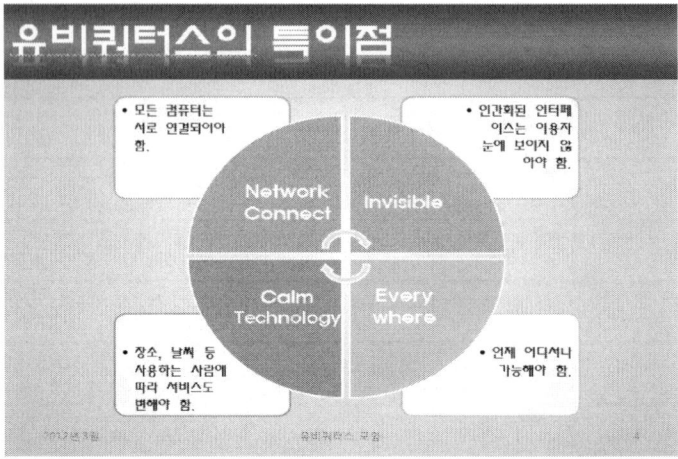

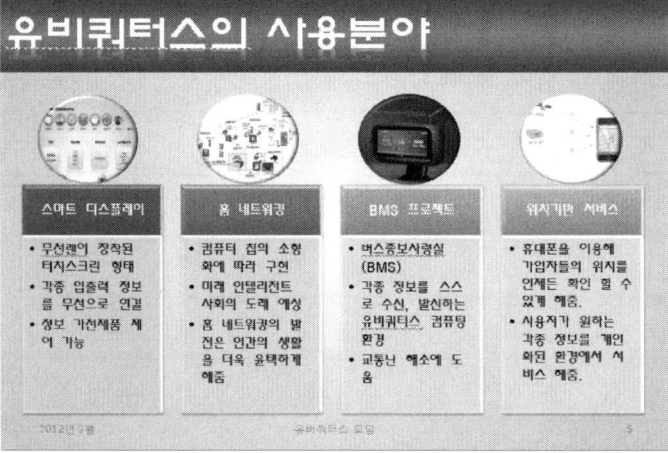

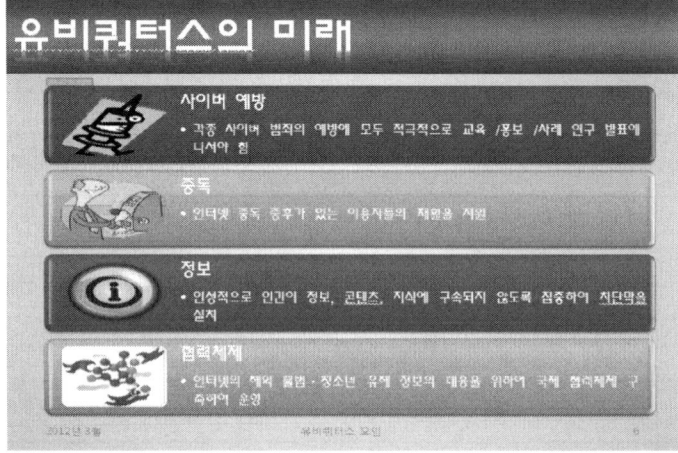

8.1 마스터 설정하기

01 배경 그림 지정하기

❶ 파워포인트 2007을 실행한다.
❷ [보기] 탭 - [프레젠테이션 보기] 그룹 - [슬라이드 마스터]를 클릭한다.
❸ 슬라이드 마스터에서 'Office 테마 슬라이드 마스터 : 슬라이드에서 사용'을 클릭한다.

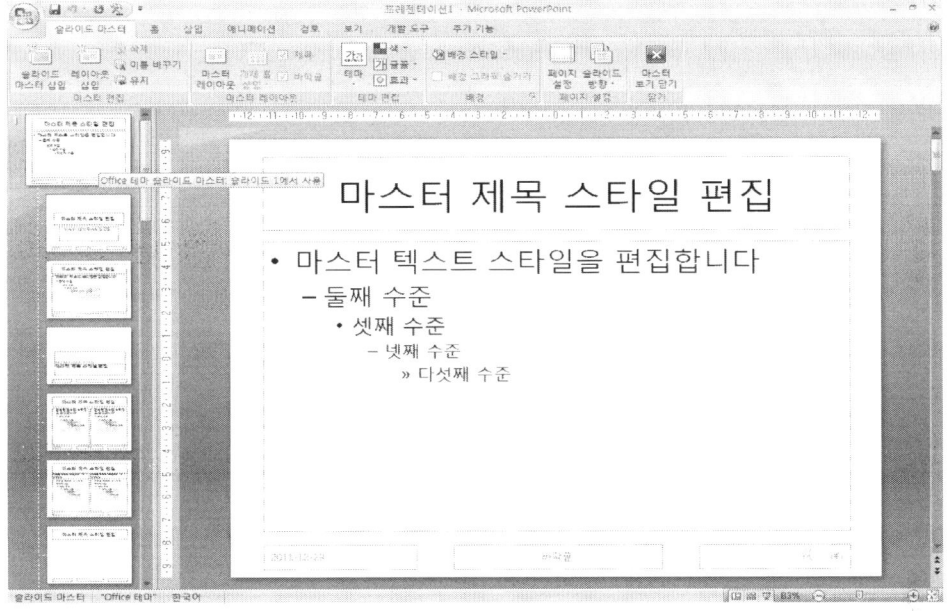

❹ [슬라이드 마스터] 탭 - [배경] 그룹 - 자세히 버튼을 누르면 [배경 서식] 대화 상자가 나타난다.

❺ [그라데이션 채우기]를 선택하고 종류는 '방사형', 방향은 '가운데에서', 중지점1 (위치 : 0%, 흰색 배경1), 중지점2(위치 : 50%, 흰색 배경1, 15% 더 어둡게), 중지점3(위치 : 100%, 흰색 배경1, 25% 더 어둡게)을 선택한 후 닫기를 누른다.

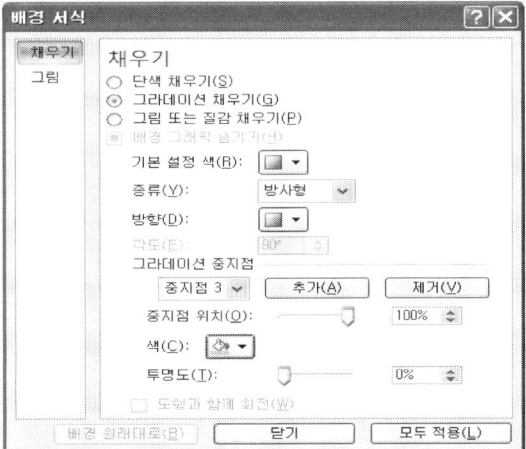

❻ 제목 틀을 선택하여 틀의 크기를 슬라이드의 가로 너비만큼 늘인다. 이때 〈Ctrl〉키를 이용하면 좌우가 같이 늘어난다.
❼ 크기 조절이 된 제목 틀의 위치는 슬라이드의 맨 위쪽으로 배치한다.
❽ 제목 틀의 서식을 지정하기 위해 [그리기 도구] - [서식] 탭 - [도형 스타일] - 자세히 버튼을 눌러 [도형 서식] 대화상자가 나타나도록 한다.
❾ [그라데이션 채우기]를 선택하고, 종류는 '선형', 방향은 '선형 아래쪽', 중지점1(위치 : 0%, 진한파랑 텍스트2), 중지점2(위치 : 50%, 파랑 강조1), 중지점3(위치 : 100%, 진한파랑 텍스트2)을 선택한 후 닫기를 누른다.
❿ 글꼴은 '휴먼엑스포', [그리기 도구] - [서식] 탭 - [WordArt 스타일] - [텍스트 효과] - [반사] - '근접반사, 터치'를 선택하고 왼쪽 정렬을 한다.

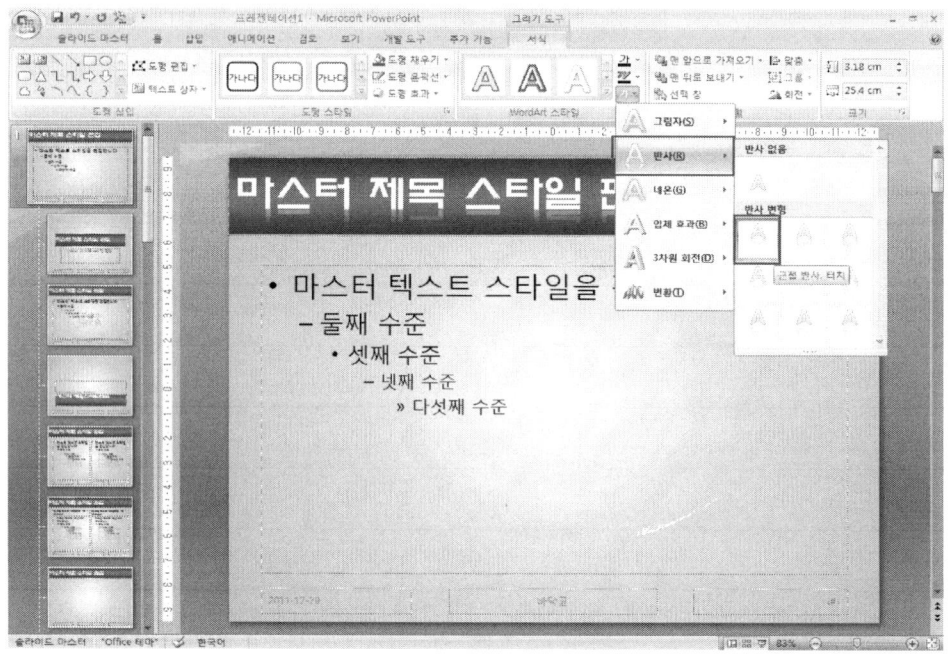

⓫ 텍스트 틀의 글머리 기호를 임의대로 지정한 후 글꼴은 '휴먼모음 T'로 지정한다.
⓬ 슬라이드 마스터 화면에서 '제목 슬라이드 레이아웃 : 슬라이드1에서 사용'을 클릭한다.
⓭ 제목 틀을 클릭하여 삭제한다.
⓮ 슬라이드 마스터 닫기를 클릭하여 편집 창 화면으로 전환한다.

8.2 워드아트를 이용한 제목 슬라이드

01 워드아트로 제목 만들기

❶ 제목 슬라이드의 빈 공간에서 마우스 오른쪽 버튼을 눌러 '배경 서식' 메뉴를 선택한다.
❷ [채우기] - [단색 채우기] - '검정'색을 선택한 후 닫기를 클릭한다.
❸ [삽입] 탭 - [텍스트] 그룹 - [WordArt] - '채우기 흰색, 그림자'를 선택한 후 '언제 어디에나 존재하는'의 내용을 입력한다.
❹ 글자 크기는 '24'포인트로 지정한 후 슬라이드 상단 왼쪽으로 배치시킨다.
❺ 다시 [WordArt] 메뉴에서 '채우기 흰색, 그림자'를 선택한 후 'Ubiquitous' 내용을 입력한다.
❻ 글꼴은 'Eras Bold ITC', '기울임꼴', '88' 포인트를 지정한 후 슬라이드의 중앙에 배치시킨다.

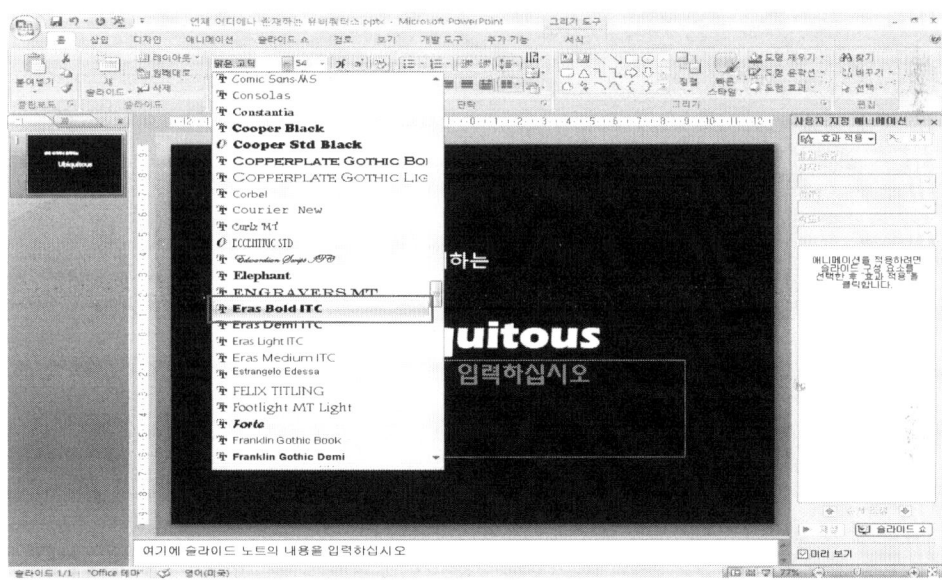

❼ 제목의 WordArt를 선택한 후 [그리기 도구] - [서식] 탭 - [WordArt 스타일] - [텍스트 효과] - [반사] - '근접반사, 터치'를 선택하고, 다시 [텍스트 효과] - [네온] - '강조색1, 11pt 네온'을 클릭한다.
❽ 네온의 색상을 변경하기 위해 [텍스트 효과] - [네온] - [다른 네온색] - '흰색'을 클릭한다.
❾ 부제목 틀에 '유비쿼터스'라 입력하고 글자크기는 '30'포인트로 지정한 후 슬라이드 하단 오른쪽으로 배치시킨다.
❿ [삽입] 탭 - [일러스트레이션] 그룹 - [도형] - '직사각형'을 선택하고, 슬라이드의 가로 너비와 동일하게 세로 폭은 4/5 정도의 크기로 드래그하여 그린다.
⓫ [그리기 도구] - [서식] 탭 - [도형 스타일] 그룹 - [도형 윤곽선] - '윤곽선 없음'을 선택한다.

⑫ [도형 채우기] - [그라데이션] - [기타 그라데이션]을 선택하면 '도형 서식' 대화상자가 나타난다.

⑬ [채우기] - [그라데이션]을 선택하고, 종류는 '방사형', 방향은 '가운데에서', 중지점1(위치 : 0%, 파랑), 중지점2(위치 : 80%, 진한파랑, 텍스트2 25% 더 어둡게)의 값을 설정한다.

⑭ 도형이 선택된 상태에서 [그리기 도구] - [서식] 탭 - [정렬] 그룹 - [맞춤] - '중간 맞춤'을 선택하여 슬라이드의 세로 폭의 중간에 배치되도록 한다.

⑮ 글자가 위로 표시 되도록 하기 위해 도형이 선택된 상태에서 마우스 오른쪽 버튼을 눌러 '맨 뒤로 보내기'를 클릭한다.

8.3 도형과 목록형으로 만드는 목차 슬라이드

01 제목으로 사용할 도형 그리기

❶ [홈] 탭 - [슬라이드] 그룹 - [새슬라이드] - '제목만'을 클릭하여 슬라이드를 삽입한다.
❷ [삽입] 탭 - [일러스트레이션] 그룹 - [도형] - '타원'을 선택하여 〈Shift〉키를 이용하여 정원을 그린다.
❸ 도형을 선택한 상태에서 [그리기 도구] - [서식] 탭 - [도형 스타일] 그룹 - '강한 효과-강조1'의 효과를 클릭한다.

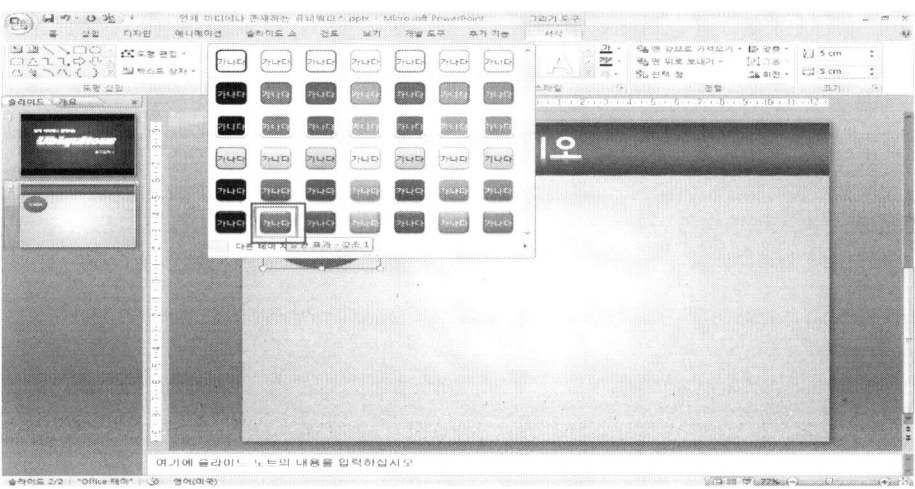

❹ 도형에 'Index'를 입력한다.
❺ 글자에 효과를 주기 위해 [그리기 도구] - [서식] 탭 - [WordArt 스타일] 그룹 - [텍스트 효과] - [네온] - '강조색1, 11pt 네온'을 선택하고, 다시 [네온] - [다른 네온색] - '흰색'을 선택한다.

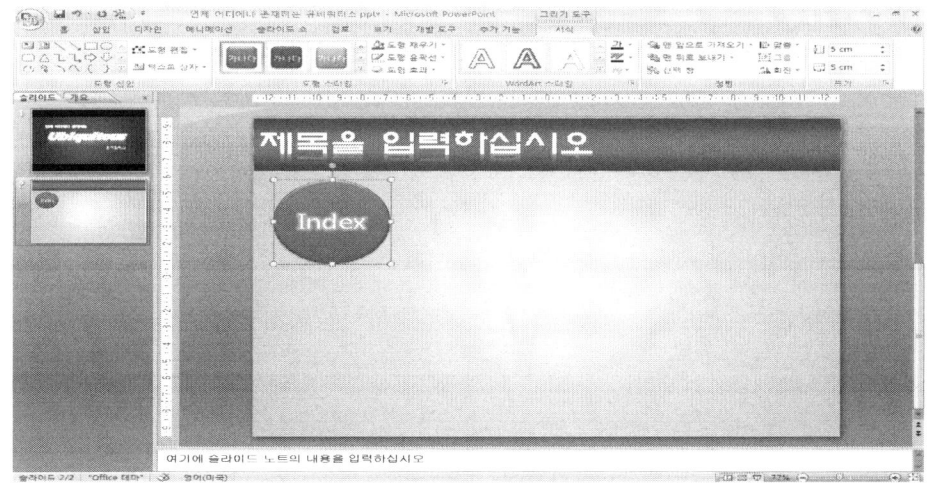

02 목록형으로 목차만들기

❶ [삽입] 탭 - [일러스트레이션] 그룹 - [SmartArt] - '세로 상자 목록형'을 선택한 후 확인 버튼을 누른다.

❷ 목차의 내용을 'SmartArt'의 텍스트 창을 이용하여 입력한다. 오른쪽의 내용을 입력합니다.

❸ 입력이 완료되면 첫 번째 도형의 1수준의 도형을 선택하여 적당한 크기로 줄인 후 오른쪽 정렬을 한다.

❹ 첫 번째 도형의 2수준의 내용을 범위 지정한 후 오른쪽 정렬을 한다.

❺ 두 번째 도형의 1수준의 도형을 선택하여 적당한 크기로 줄인다.

❻ 세 번째 도형의 1수준의 도형을 선택한 후 적당한 크기로 줄인 후 도형의 위치를 오른쪽으로 조금 이동한다.

❼ 세 번째 도형의 2수준의 내용을 선택한 후 [홈] 탭 - [단락] 그룹 - [자세히 버튼]을 클릭하여 들여쓰기를 '3.5cm'로 설정한다.

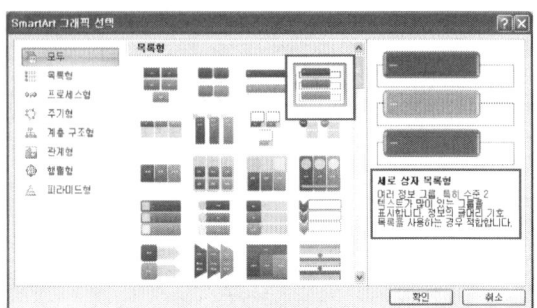

Step1. Warming up!
　　유비쿼터스란
　　유비쿼터스의 특이성
Step2. Let's go
　　유비쿼터스의 사용분야
Step3. Finish
　　유비쿼터스의 미래

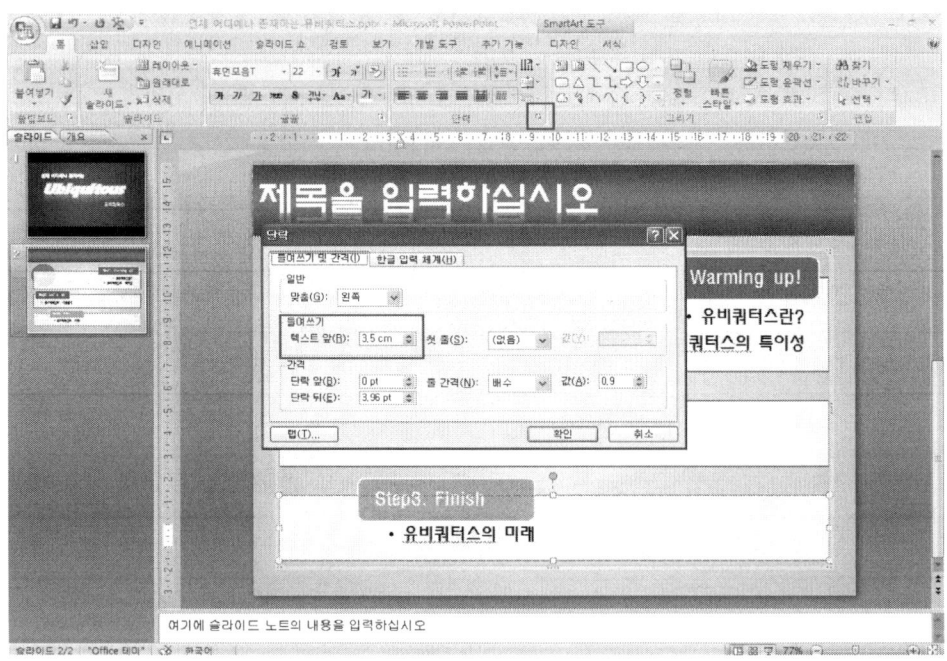

❽ 들여쓰기의 값은 2수준의 내용이 1수준의 도형 보다 안쪽으로 배치되는 위치이면 된다.
❾ SmartArt를 전체 선택한 후 [SmartArt 도구] – [디자인] 탭 – [SmartArt 스타일] 그룹 – [색변경] – '색상형 범위 – 강조색4 또는 5'를 선택한다.

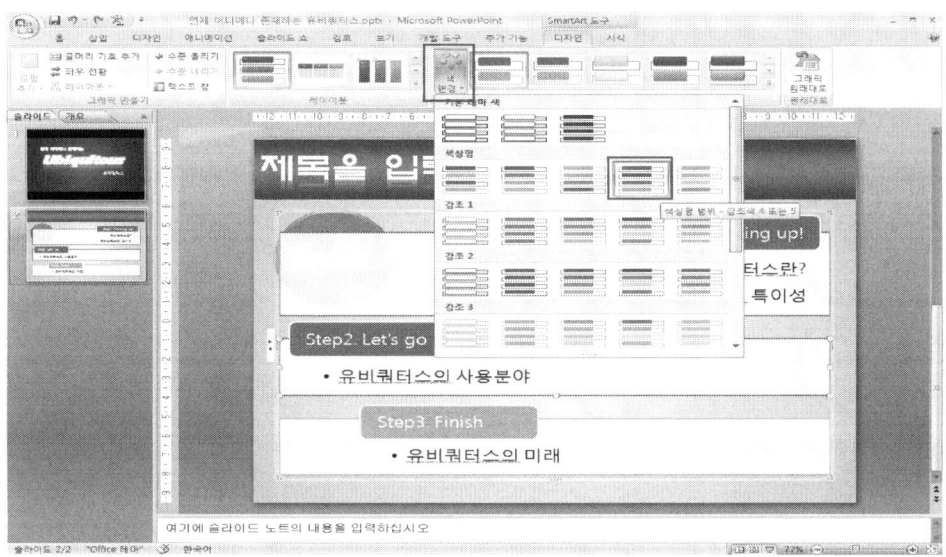

❿ [SmartArt 도구] – [디자인] 탭 – [SmartArt 스타일] 그룹 – '광택 처리'를 선택한다.
⓫ SmartArt 전체 글꼴은 '휴먼모음 T'로 지정한다.
⓬ SmartArt를 선택 한 후 [SmartArt 도구] – [서식] 탭 – [정렬] 그룹 – '맨 뒤로 보내기'를 선택하여 제목이 위로 올라 오도록 한다.
⓭ 제목 도형의 위치를 상단으로 이동하여 마무리한다.

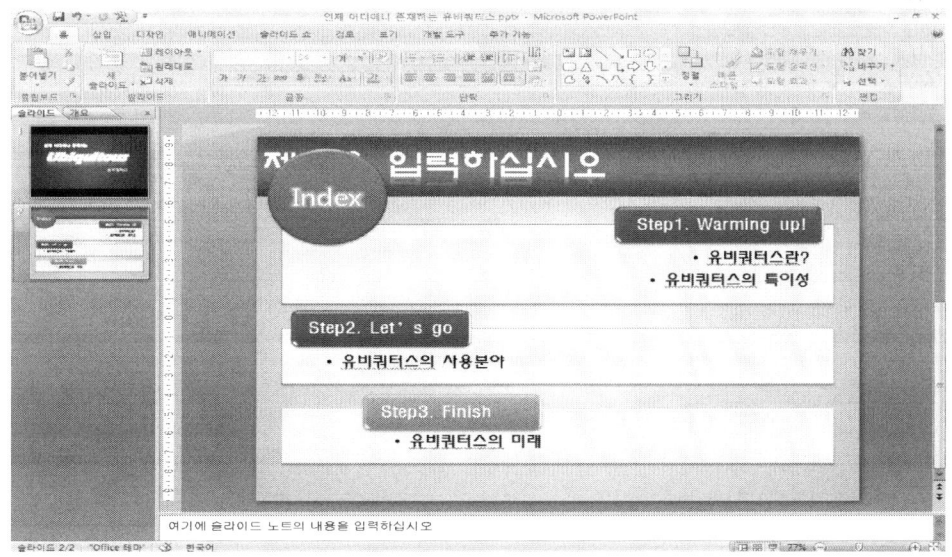

8.4 자유형을 이용한 컨셉 슬라이드

01 도형을 이용하여 기본틀 만들기

❶ 도형의 배치를 편리하게 작업하기 위해 [보기] 탭 - [표시/숨기기] 그룹 - '눈금선'을 체크한다.

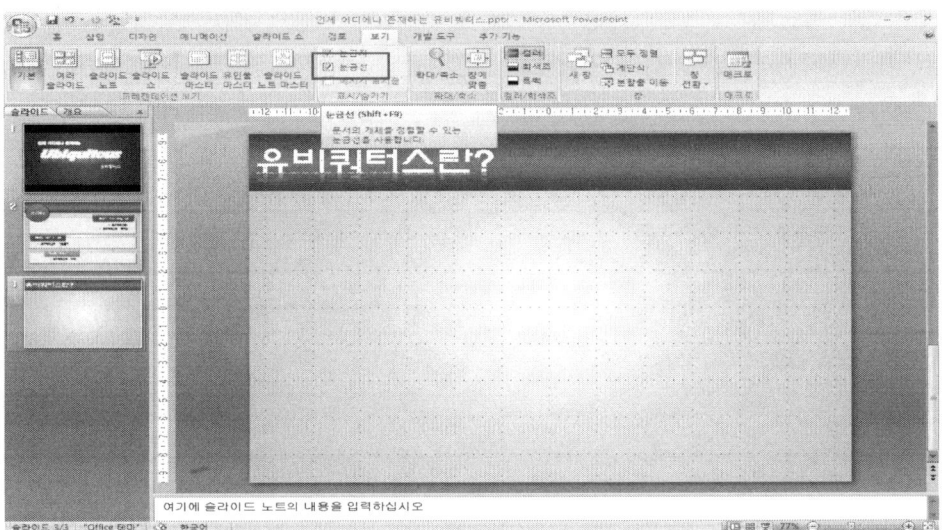

❷ [삽입] 탭 - [일러스트레이션] 그룹 - [도형] - '직사각형'을 선택한 후 〈Shift〉키를 이용하여 정사각형을 드래그하여 그린다.

❸ 만들어진 도형을 두 개 더 복사한다.

❹ 도형을 회전하여 세 개의 정사각형 도형이 마주 보도록 배치한다.

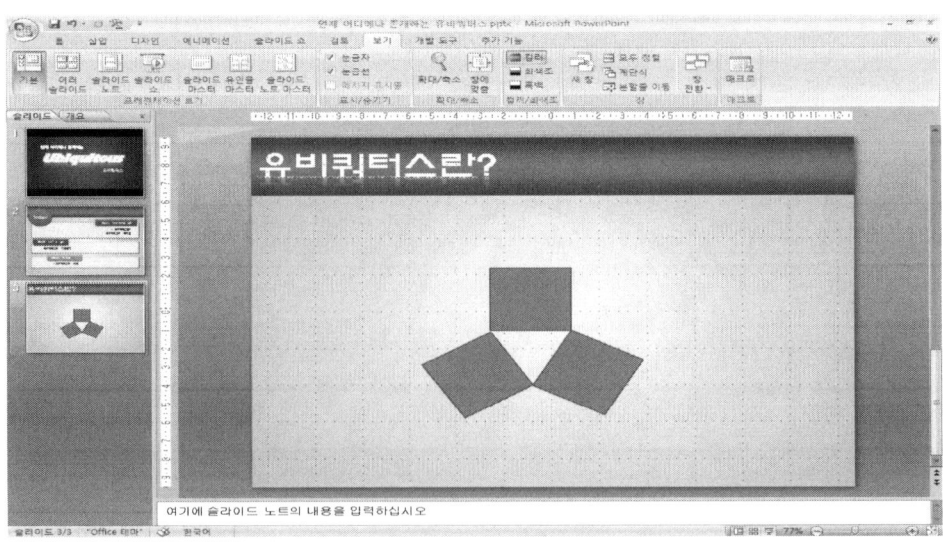

❺ 첫 번째 도형에 '사전적 의미'를 입력한다. 글꼴은 '휴먼모음 T', '20'포인트로 설정한다. 글꼴 서식은 세 개 도형을 동일하게 지정한다.
❻ 두 번째 도형에 바로 입력을 하면 도형이 회전되어 있기 때문에 글자모양도 회전된 상태로 표시되므로 텍스트 상자를 이용한다.
❼ [삽입] 탭 – [텍스트] 그룹 – '가로 텍스트 상자 그리기'를 선택하여 '기본개념'을 입력하고 글꼴 서식을 지정한다.
❽ 두 번째 도형의 텍스트 상자를 선택한 후 복사하여 세 번째 도형에 붙여넣는다.
❾ 내용을 '확장개념'으로 수정한다.

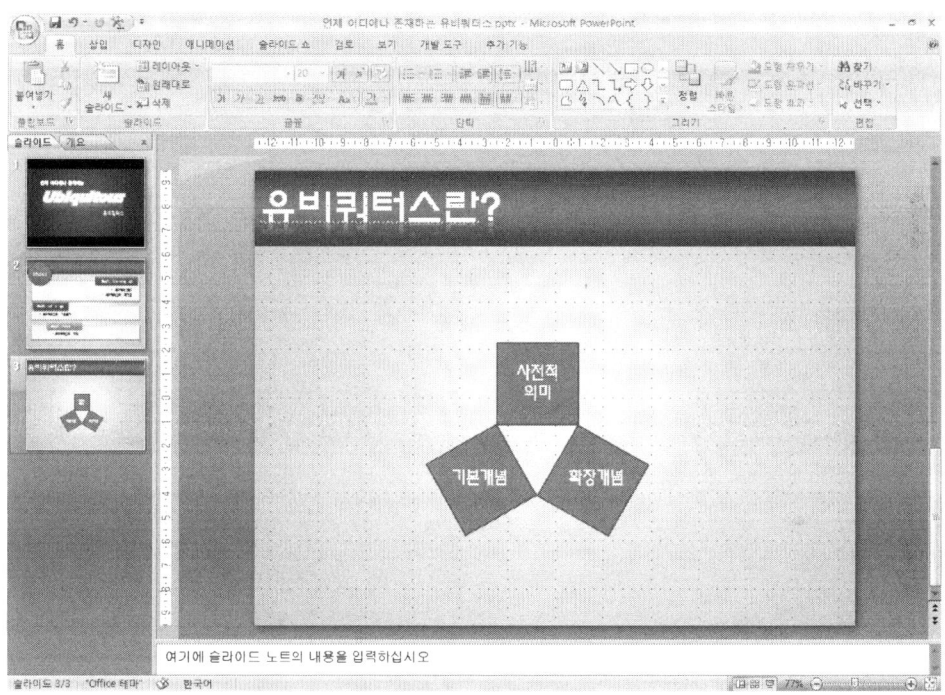

02 자유형을 이용하여 배경 만들기

❶ [삽입] 탭 – [일러스트레이션] 그룹 – [도형] – '자유형'을 선택한다.
❷ 첫 번째 도형을 중심으로 다각형을 그린다.

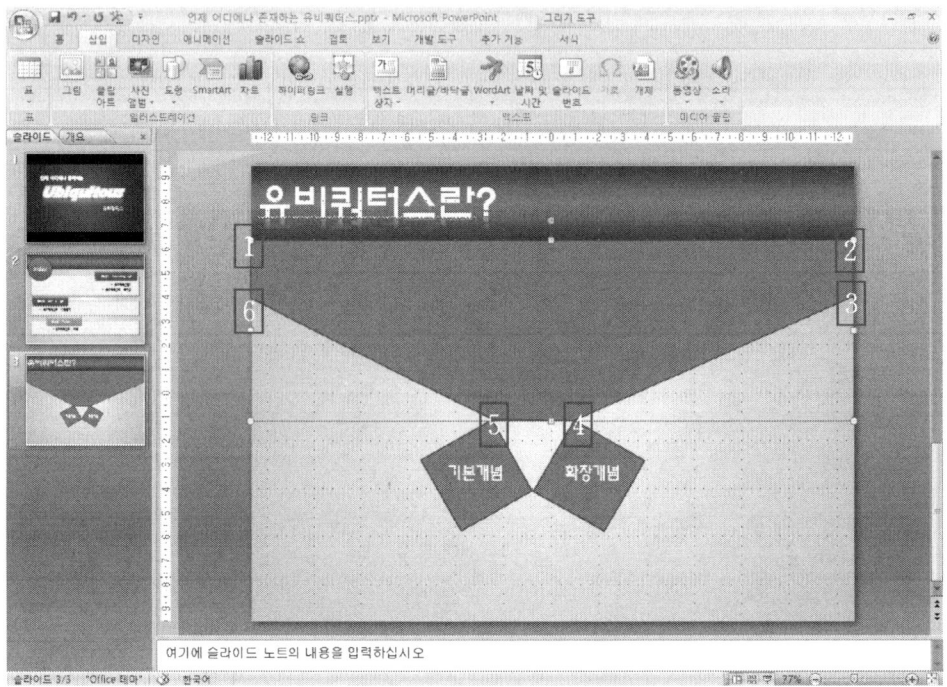

❸ 나머지도 같은 방법으로 자유형 도형을 이용하여 다각형을 그린다.
❹ 첫 번째 다각형을 선택한 후 [그리기 도구] – [서식] 탭 – [도형 스타일] – [자세히 버튼]을 클릭하면 [도형 서식] 대화상자가 나타난다.
❺ [선 색] – '선 없음'을 선택한다. 모든 도형의 선 색은 '선 없음'으로 지정한다.
❻ [채우기] – [그라데이션 채우기]을 선택하여 종류는 '선형', 각도는 '270', 중지점1(색상 : 바다색 강조5, 위치 : 0%), 중지점2(색상 : 바다색 강조5 60% 더 밝게, 위치 : 50%), 중지점3(색상 : 흰색 배경1, 위치 : 100%)의 값을 지정한다.
❼ 두 번째 도형을 선택하고 종류는 '선형', 각도는 '120', 중지점1(색상 : 주황 강조6, 위치 : 0%), 중지점2(색상 : 주황 강조6 60% 더 밝게, 위치 : 50%), 중지점3(색상 : 흰색 배경1, 위치 : 100%)의 값을 지정한다.

❽ 세 번째 도형을 선택하고 종류는 '선형', 각도는 '120', 중지점1(색상 : 자주 강조4, 위치 : 0%), 중지점2(색상 : 자주 강조4 60% 더 밝게, 위치 : 50%), 중지점3(색상 : 흰색 배경1, 위치 : 100%)의 값을 지정한다.

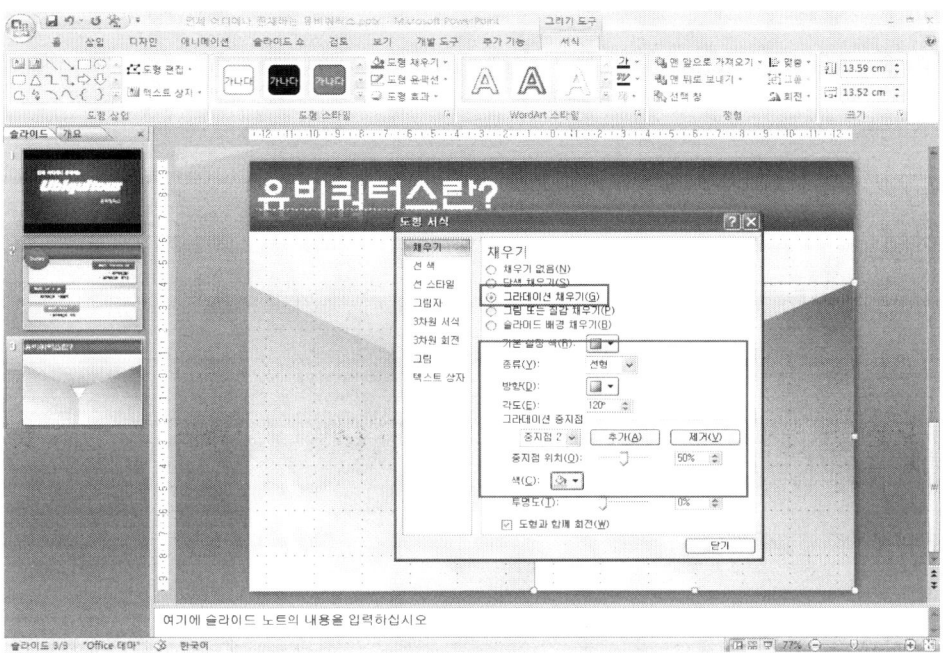

❾ [보기] 탭 - [표시/숨기기] 그룹 - '눈금선'을 체크 해제한다.
❿ 다각형 도형을 모두 '맨 뒤로 보내기'를 설정한다.
⓫ '사전적 의미'의 도형을 선택하고 [그리기 도구] - [서식] 탭 - [도형 스타일] - '강한 효과 강조5'를 선택한다.
⓬ '기본개념'의 도형을 선택하고 [그리기 도구] - [서식] 탭 - [도형 스타일] - '강한 효과 강조6'를 선택한다.
⓭ '확장개념'의 도형을 선택하고 [그리기 도구] - [서식] 탭 - [도형 스타일] - '강한 효과 강조4'를 선택한다.
⓮ 추가 내용을 입력하기 위해 [삽입] 탭 - [텍스트] 그룹 - '가로 텍스트 상자 그리기'를 선택하여 적당한 크기로 그리고, 글머리기호를 지정한 후 내용을 입력한다.

❶❺ 입력이 완료되면, 글꼴은 '휴먼모음 T', 크기는 '20'포인트, 줄간격은 '1.5'로 설정한다.

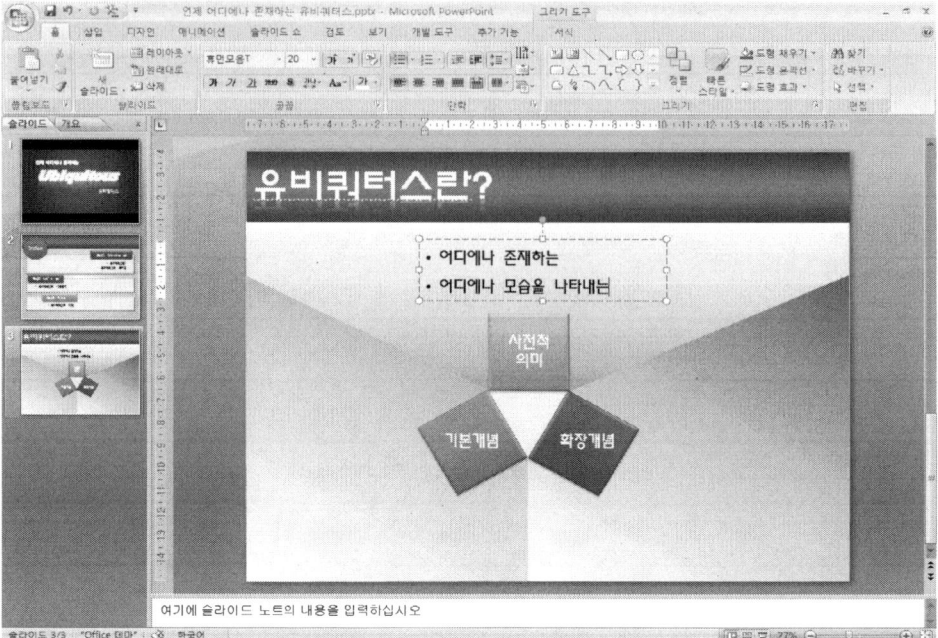

❶❻ 완성이 되면 텍스트 상자를 복사하여 두 번째 도형의 추가 내용을 입력한다.

언제, 어디서나 이용할 수 있는 인간, 사물, 정보간의 최적 컴퓨팅 환경

❶❼ 두 번째 도형의 내용이 완성되면 복사하여 세 번째 도형의 추가 내용을 입력한다.

Ubiquitous Computing + Ubiquitous Network

Word Processing & Presentation

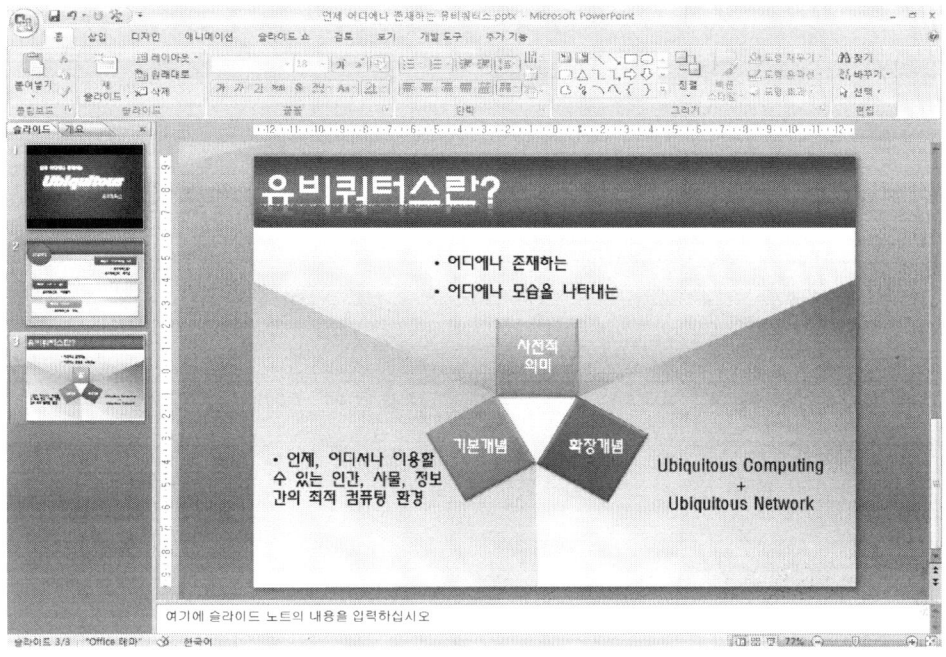

⑱ [삽입] 탭 - [일러스트레이션] 그룹 - [도형] - '타원'을 선택한다.
⑲ 타원을 중앙에 적당한 크기로 드래그하여 그리고, 'Ubiquitous'를 입력하고, 글꼴은 '휴먼모음 T', '진하게'를 설정한다.
⑳ 타원을 선택한 후 마우스 오른쪽 버튼을 눌러 도형서식을 선택한다.
㉑ [선 색] - '선 없음'을 선택하고, [채우기] - [단색 채우기] - '황록색, 강조3, 40% 더 밝게'를 선택하고, 투명도를 '40%'로 설정한다.
㉒ 타원의 위치는 슬라이드의 중앙에 위치하도록 배치한다.

8.5 주기적인 진행방향으로 표시하는 구조 슬라이드

01 행렬형 슬라이드 만들기

❶ [홈] 탭 – [슬라이드] 그룹 – [새슬라이드] – '제목만'를 클릭하여 슬라이드를 삽입한다.
❷ '유비쿼터스의 특이점' 제목을 입력한다.
❸ [삽입] 탭 – [일러스트레이션] 그룹 – [SmartArt] – [주기형] – '주기 행렬형'을 선택한다.

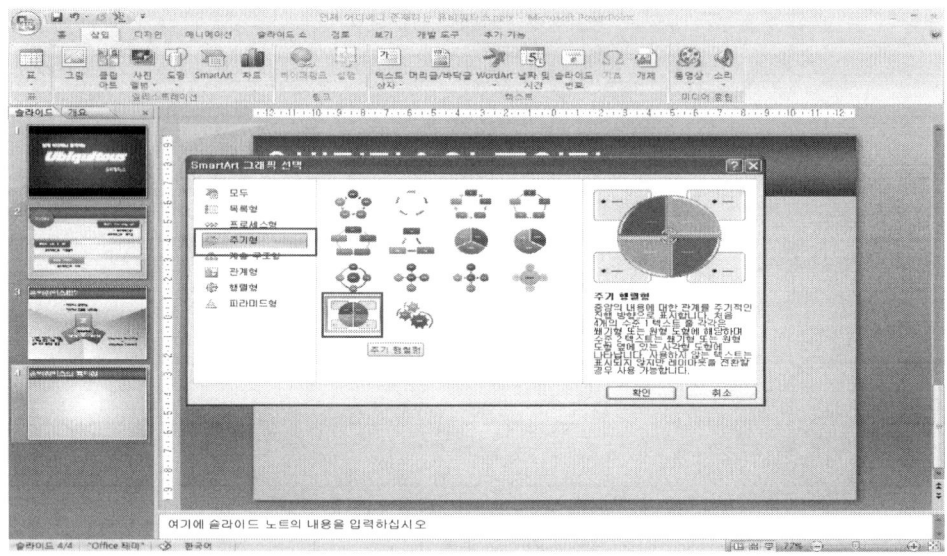

❹ 도형에 각각의 내용을 입력한다.

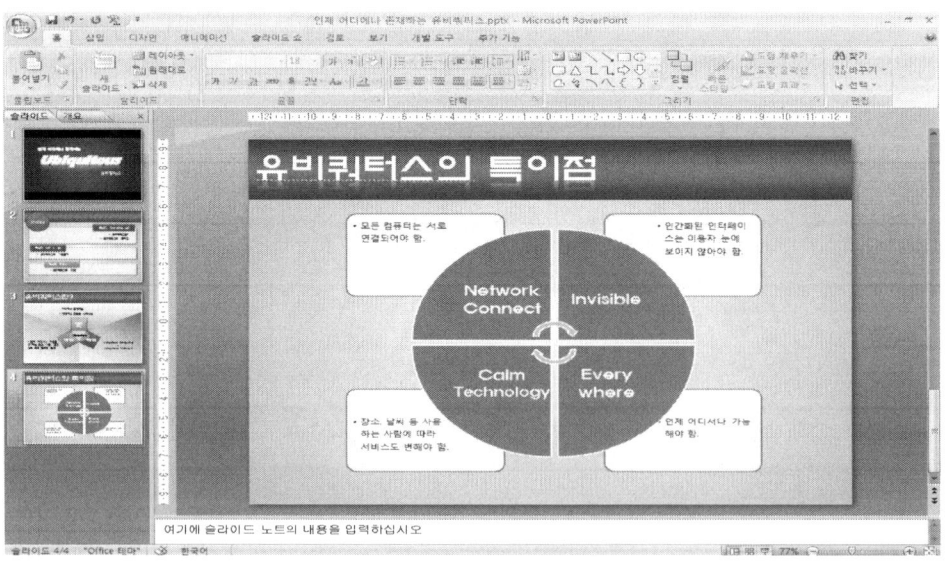

❺ [SmartArt 도구] - [디자인] 탭 - [SmartArt 스타일] 그룹 - [색변경] - '색상형 범위 - 강조색5 또는 6'을 선택한다.
❻ [SmartArt 도구] - [디자인] 탭 - [SmartArt 스타일] 그룹 - [3차원] - '경사'를 선택한다.
❼ 1수준의 글꼴 서식은 '휴먼엑스포', '20'포인트로 지정하고, 2수준은 '휴먼모음 T', '16'포인트를 지정한다.
❽ 오른쪽에 배치된 두 개의 도형 안의 내용은 오른쪽 정렬을 한다.

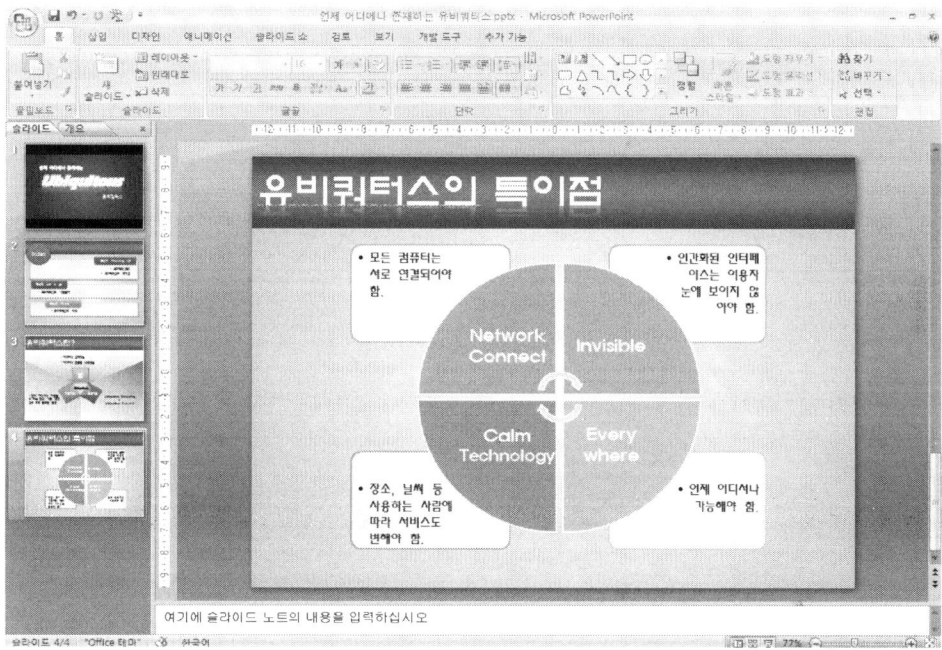

8.6 그림을 이용한 슬라이드

01 도형 안에 그림 넣기

❶ [홈] 탭 - [슬라이드] 그룹 - [새슬라이드] - '제목만'를 클릭하여 슬라이드를 삽입한다.
❷ '유비쿼터스의 사용분야'를 제목에 입력한다.
❸ 사진을 여러장 삽입하고자 할 때는 도형을 이용하거나 SmartArt 기능을 활용하면 그림의 사이즈에 상관없이 동일한 크기로 표현할 수 있다.
❹ [삽입] 탭 - [일러스트레이션] 그룹 - [도형] - '타원'을 선택한다.
❺ 〈Shift〉키를 이용하여 정원을 그린다.
❻ 복사를 위해 〈Ctrl+Shift〉키를 사용하여 도형 세 개를 더 복사한다.
❼ 네 개의 도형을 모두 선택한 후 [그리기 도구] - [서식] 탭 - [맞춤] - '가로 간격을 동일하게'를 클릭하여 도형의 간격을 일정하게 유지 시킨다.

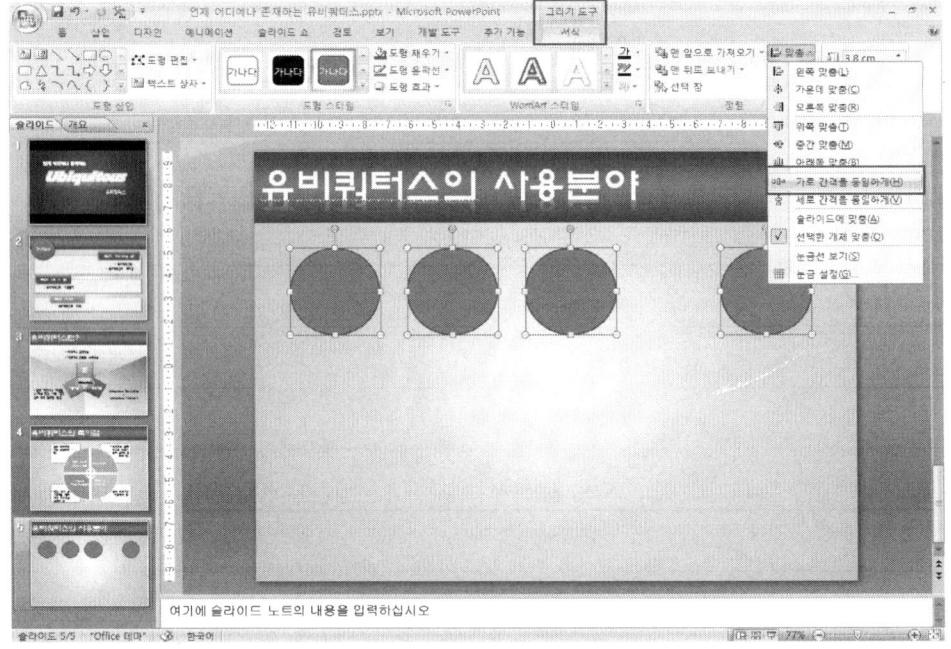

❽ 첫 번째 도형을 선택하여 [그리기 도구] - [서식] 탭 - [도형 스타일] - '자세히 버튼'을 눌러 대화상자가 나타나도록 한다.
❾ [채우기] - [그림 또는 질감 채우기] - [파일] - '유비쿼터스1.png' 파일을 선택하고, [선 색] - '선 없음'을 선택한다.

❿ [그리기 도구] - [서식] 탭 - [도형 스타일] - [도형 효과] - [입체 효과] - '둥글게'를 선택하여 입체감을 살린다.

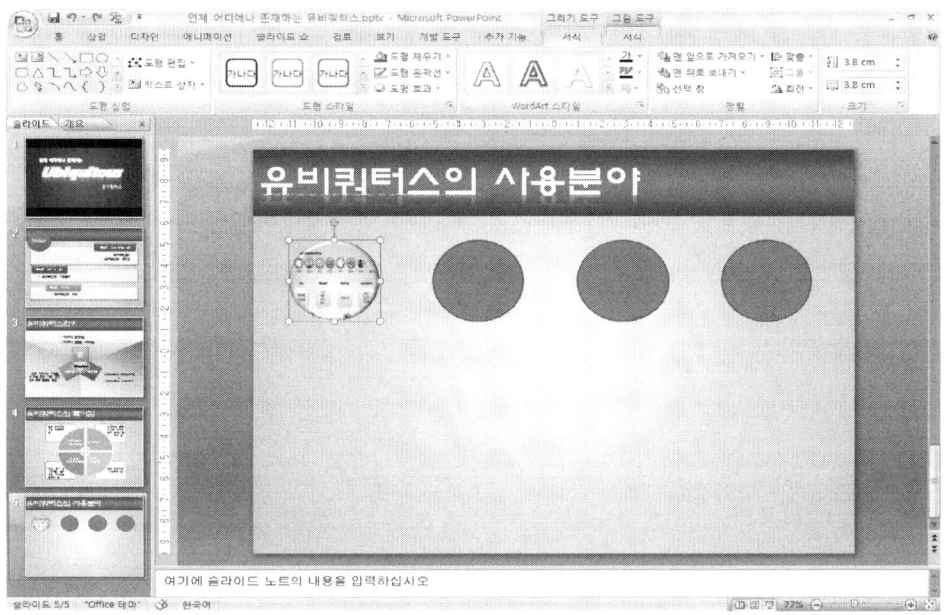

⓫ 나머지 도형도 같은 방법으로 지정하며, '유비쿼터스2.png', '유비쿼터스3.png', '유비쿼터스4.png' 각 파일을 연결하여 완성한다.

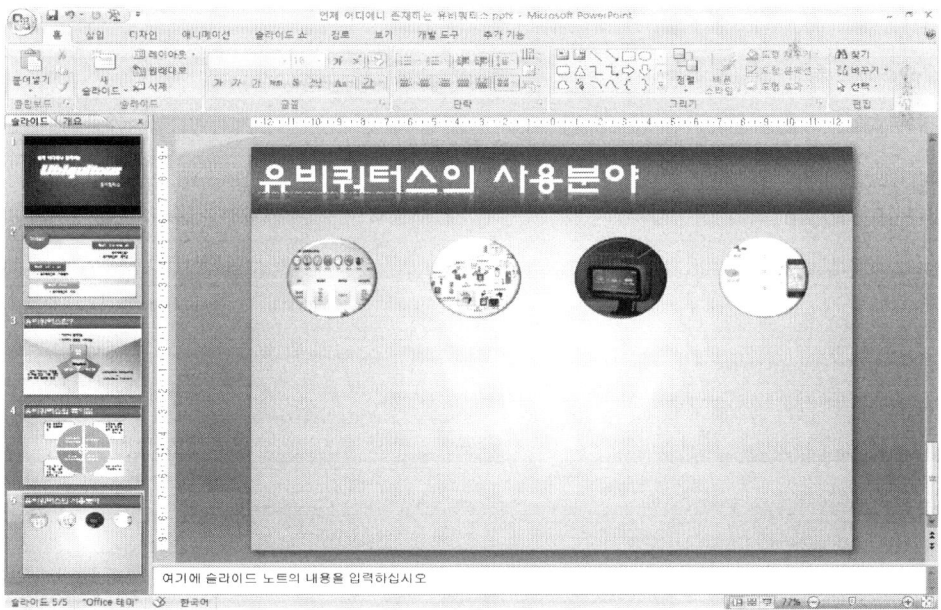

⓬ 도형을 이용하여 그림 삽입이 완성되었다.

02 텍스트는 글머리 기호 목록형으로 깔끔하게

❶ 그림에 대한 부연 설명 부분을 넣기 위해 목록형을 이용한다.
❷ [삽입] 탭 – [일러스트레이션] 그룹 – [SmartArt] – '가로 글머리 기호 목록형'을 선택한다.

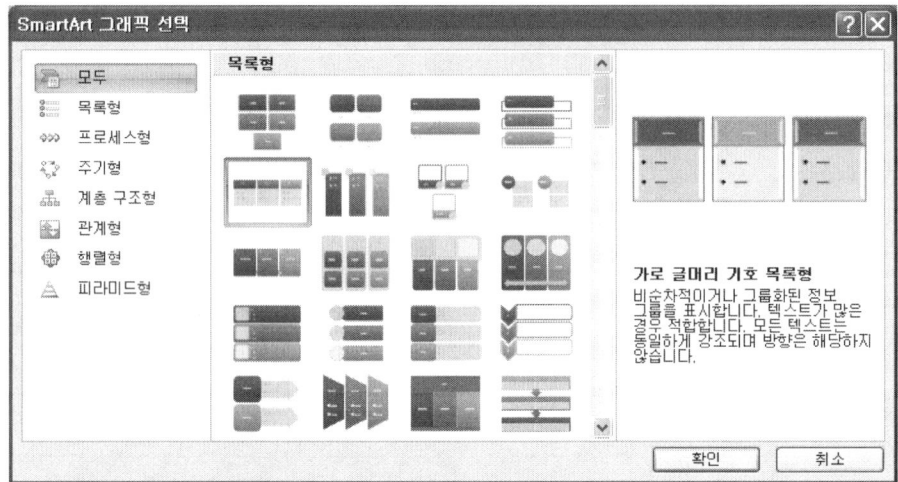

❸ 도형을 하나 더 추가하여 내용을 입력한다.

스마트 디스플레이	홈 네트워킹	BMS 프로젝트	위치기반 서비스
• 무선랜이 장착된 터치스크린 형태 • 각종 입출력 정보를 무선으로 연결 • 정보 가전제품 제어 가능	• 컴퓨터 칩의 소형화에 따라 구현 • 미래 인텔리전트 사회의 도래 예상 • 홈 네트워킹의 발전은 인간의 생활을 더욱 윤택하게 해줌	• 버스종합보사령실 (BMS) • 각종 정보를 스스로 수신, 발신하는 유비쿼터스 컴퓨팅 환경 • 교통난 해소에 도움	• 휴대폰을 이용해 가입자들의 위치를 언제든 확인 할 수 있게 해줌. • 사용자가 원하는 각종 정보를 개인화된 환경에서 서비스 해줌.

❹ 글꼴은 '휴먼모음 T'로 설정한다.
❺ SmartArt의 크기를 정원에 맞게 크기를 조절한다.
❻ SmartArt 서식을 지정하기 위해 [그리기 도구] – [디자인] 탭 – [SmartArt 스타일] – [색 변경] – '색상형 범위–강조색 2 또는 3'을 지정하고, [SmartArt 스타일] – [3차원] – '광택 처리'를 지정한다.

❼ 전체적인 균형에 맞게 배치를 조정하여 마무리한다.

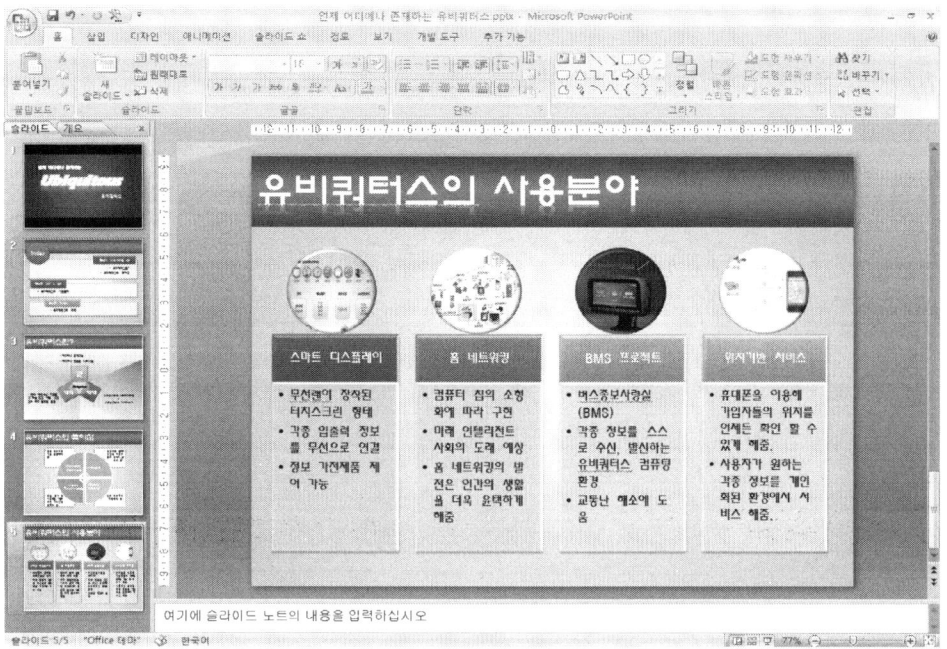

문서작성과 프레젠테이션

8.7 키워드와 클립아트로 표현한 슬라이드

01 키워드와 클립아트로 만들기

❶ [홈] 탭 - [슬라이드] 그룹 - [새슬라이드] - '제목만'를 클릭하여 슬라이드를 삽입한다.
❷ [삽입] 탭 - [일러스트레이션] 그룹 - [SmartArt] - '세로 그림 목록형'을 선택한다.

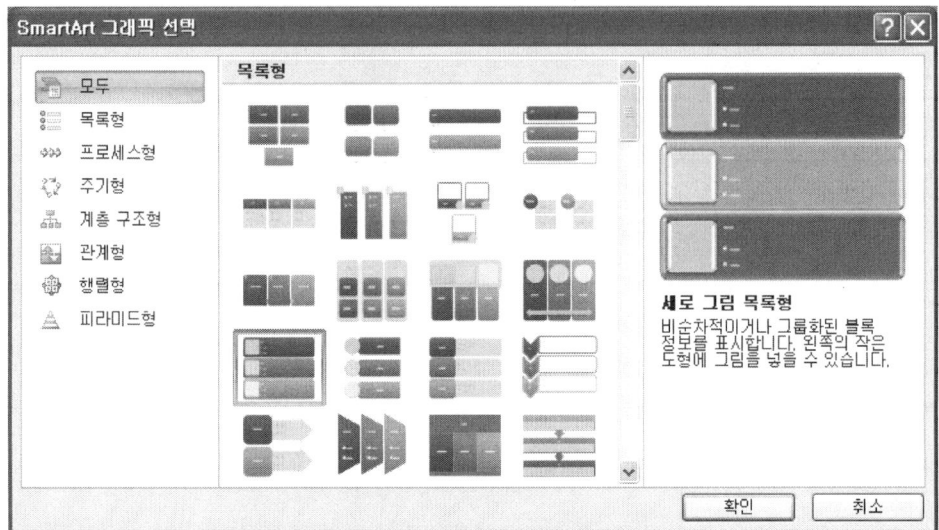

❸ SmartArt의 도형에 그림 대신에 클립아트를 삽입하고, 내용을 입력한다.
❹ 클립아트의 검색단어는 내용에서 키워드를 찾아 검색을 하여 삽입해 본다.

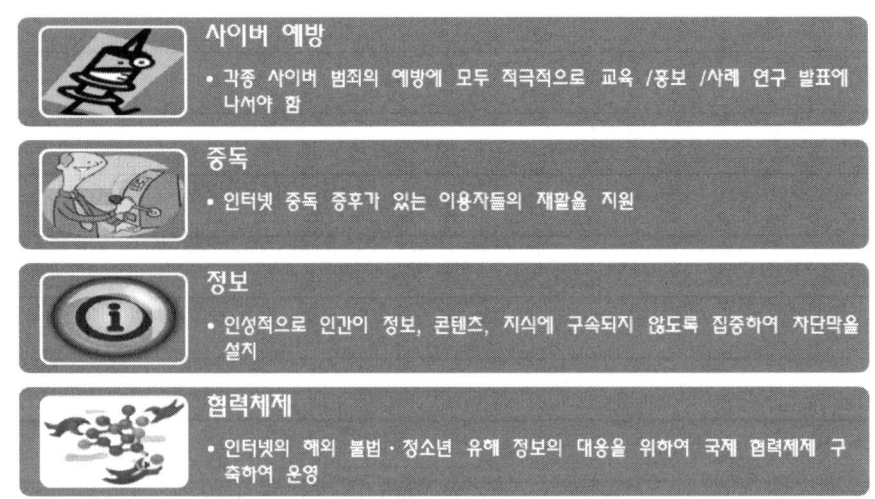

❺ 글꼴은 '휴먼모음 T'로 지정한다.
❻ [SmartArt 스타일]은 적당한 것을 선택하여 지정한다.

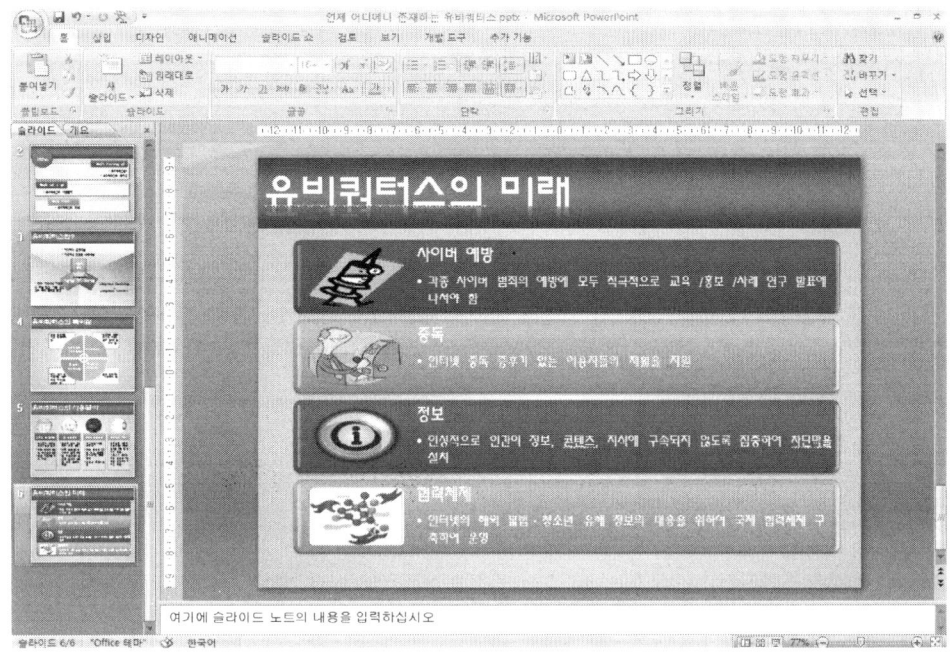

8.8 애니메이션을 활용한 동적인 프레젠테이션

01 애니메이션 지정하기

❶ 개체의 순서와 시간 등을 활용하여 애니메이션을 지정하고, 내용의 흐름에 맞게 효과를 주는 것이 좋다. 과도한 애니메이션은 복잡한 느낌을 주거나 내용 전달이 안 될 수 있다.

❷ 첫 번째 슬라이드에만 애니메이션을 적용해 보도록 한다.

❸ 제목이 포함된 도형을 선택한다.

❹ [애니메이션] 탭 - [사용자 지정 애니메이션]을 클릭하면 오른쪽에 작업창이 표시된다.

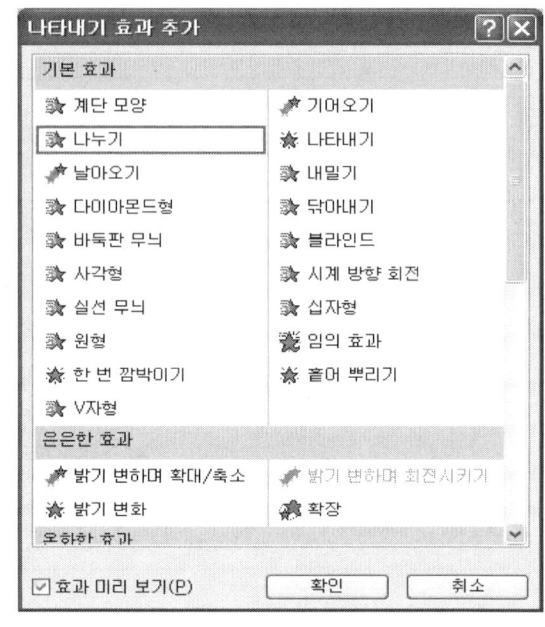

❺ [효과적용] - [나타내기] - [기타효과] - '나누기'효과를 선택하고, 방향은 '가로 바깥쪽으로', 속도는 '중간'을 지정한다.

❻ 제목으로 사용된 텍스트 틀을 모두 선택하고, [효과적용] - [나타내기] - '나타내기'효과를 선택하고, 시작은 '이전 효과 다음에'를 지정한다.

02 머리글/바닥글로 깔끔한 마무리

❶ [삽입] 탭 - [텍스트] 그룹 - [머리글/바닥글]을 선택한다.

❷ '날짜와 시간', '슬라이드 번호', '바닥글'의 내용을 입력하고, '제목 슬라이드에는 표시 안함'을 선택한 후 모두 적용을 클릭한다.

❸ 각 슬라이드마다 바닥글의 내용이 표시되는 것을 확인 할 수 있으면, 제목 슬라이드에는 표시가 되지 않는다.

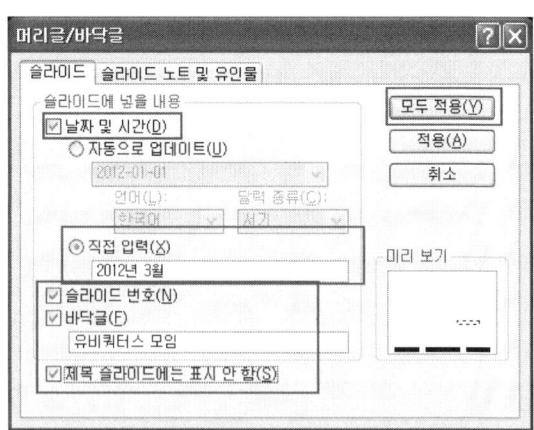

실무활용 예제

❶ 임의의 디자인 서식을 지정 Office Online에서 다운받아서 사용하는 것도 좋음.
❷ 제목 슬라이드 사용

❶ 제목만 슬라이드 사용
❷ 도형을 이용하여 적용

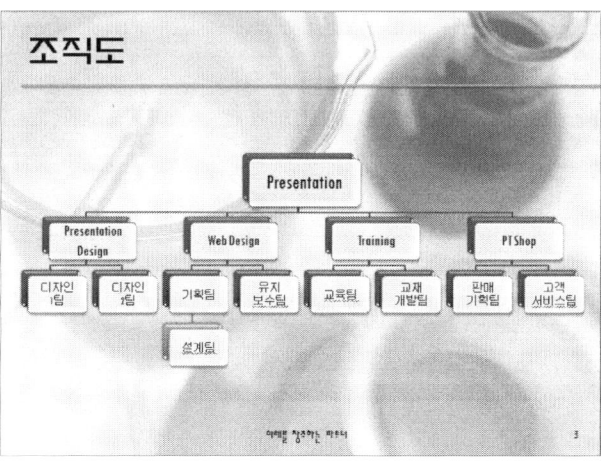

❶ 제목만 슬라이드 사용
❷ 스마트아트를 이용

실무활용 예제

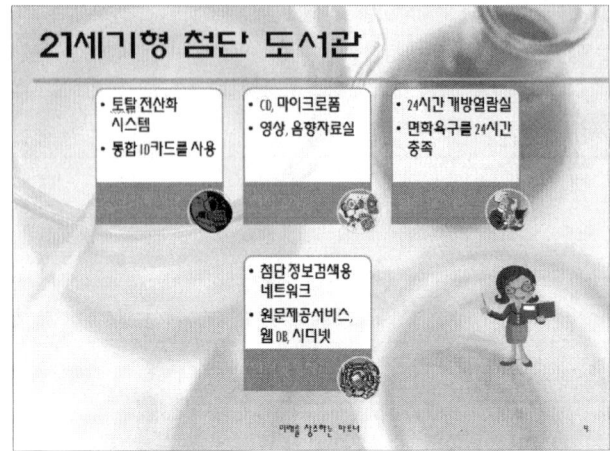

① 제목만 슬라이드 사용
② 도형 또는 스마트아트를 이용(스마트아트가 편리함)
③ 클립아트 삽입

① 제목만 슬라이드 사용
② 클립아트와 도형을 이용
③ 워드아트 삽입

① 디자인 서식에 딸 서식이 달라지므로 디자인에 맞는 서식을 본인이 적용하는 연습을 해 봅니다.
② 주어진 예시를 이용하여 내용을 참고하여 나만의 프레젠테이션을 완성하여 봅니다.
③ 머리글/바닥글을 추가하여 바닥글 '미래를 창조하는 파트너', 슬라이드 번호를 삽입하고, 제목 슬라이드에는 표시하지 않도록 합니다.

Chapter 09 발표

Chapter 09의 학습목표

- 성공적인 프레젠테이션을 하기 위한 스피치, 시선, 바디랭귀지 등에 관해 말할 수 있다.
- 평가 및 사후 관리를 통해 다음 프레젠테이션의 기초를 다진다.

Chapter 09의 학습순서

9.1 발표의 공포 극복하기
9.2 발표 기술
9.3 효과적인 프레젠테이션
9.4 사후 관리

9.1 발표의 공포 극복하기

아무리 완벽하게 리허설을 했더라도 실제 청중들 앞에서 발표를 해야 한다면 부담스러운게 사실이다. 이러한 '부담감', '공포'에 의해 발표를 망치게 되는 경우가 허다하다. 그럼 어떻게 하면 평소때와 같이 자연스러운 자세와 마음으로 청중 앞에 설 수 있을까?

01 공포는 어디에서 오는가?

공포는 기본적으로 '위치'에서 오는 것이다.

학창 시절 수업시간을 떠올려 보자. 강단에서는 선생님이 강의를 하고 계시고 여러분은 책상에 앉아서 선생님 말씀을 듣고 있는 상태라면 별다른 공포를 느끼지 못할 것이다. 하지만 갑자기 선생님이 질문을 던졌다. 그러면 그 순간부터 작은 공포가 시작되게 된다. 그나마 앉아서 답변을 하는 정도라면 별 문제가 되지 않지만 갑자기 일어서서 대답을 하라고 했다면 본격적인 공포가 시작된다. 이것을 통상 '80센티미터의 공포'라고 한다. 앉았을 때와 일어섰을 때의 차이가 대략 80cm 정도 나기 때문이다. 학생들 속에서 대답하는 곳도 두려운데 만약 강단에 나와서 무언가를 말해야 한다면 더욱 공포를 커지게 될 것이다. 이것을 '3미터의 공포'라고 하는데 청중과 강단 사이의 거리가 그 정도가 되기 때문이다. 즉, 공포는 나의 위치가 어디냐에 따라 정도의 심함이 달라진다.

02 공포를 극복하는 방법

사실 공포를 완전히 극복하는 것은 쉽지는 않지만 노력은 해야 될 것이다. 다음의 3가지를 통해 공포를 극복해보자.

(1) 프레젠테이션 주제에 완벽하게 파악하라.

프레젠테이션 주제와 목표를 정확히 알고 있고 그 프레젠테이션이 잘 구성되어 있다면 조금 떨리기는 하지만 실수하지 않고 끝까지 이끌어 나갈 수 있다. 그리고 청중의 질문에 대해서도 전혀 망설임없이 대답할 수 있을 것이다.

(2) 시간날 때마다 리허설하라.

"너무나 많은 리허설, 충분한 리허설"은 없다고 한다. 프레젠테이션의 대가 스티븐 잡스는 중요한 프레젠테이션 같은 경우 몇 달전부터 리허설을 했다고 한다. 연습은 많이 하면 많이 할수록 점점 자연스러워지는 본인을 발견하게 될 것이다. 가능하면 실제 발표할 장소에서 연습하는 것이 좋지만 여의치 않다면 최대한 비슷한 곳에서 연습하되, 가능한 한 사람이라도 앞에 두고 연습해 리허설을 평가를 받는것도 좋을 것 같다.

(3) **자주 경험하라.**

발표가 두려워서 아예 기회를 포기하는 사람들이 많다. 처음에는 두렵고, 어설프고, 웃음거리가 되기도 하지만 발표는 하면 할수록 조금씩 늘게 된다. 처음부터 잘 하는 사람은 없다. 그래도 떨린다면 '나는 평소처럼 편안하고 철저한 준비가 되어 있다.'라고 긍정적인 생각과 복식호흡등의 호흡법과 긴장 이완 연습으로 스트레스를 줄이는 것도 좋다.

9.2 발표 기술

01 말(Speech)

정보 전달의 가장 기본은 '말'이다. 성공적인 프레젠테이션을 하고 싶다면 평소에 스피치 훈련을 많이 해야만 한다. 스피치 훈련이 제대로 되어있지 않다면 발표자는 청중에 대한 부담감을 갖게 되고 시선 공포증과 발표 불안증에 시달리게 될 것이다.

(1) **발음의 정확도**

발음이 명확하지 않으면 청중은 발표자가 말하는 내용을 제대로 이해할 수 없고 프레젠테이션에 대한 관심도 저하될 수 밖에 없으므로 명확한 발음을 위해 평소에 볼펜을 물고 책을 읽는다던지 책을 또박또박 읽는 등 발음이 좋아지는 연습을 습관해야만 한다.

> **❶ 알아두면 좋아요**
>
> **발음이 좋아지는 문장**
> - 간장 공장 공장장은 강 공장장이고, 된장 공장 공장장은 공 공장장이다.
> - 경찰청 쇠창살 외철창살, 검찰청 쇠창살 쌍철창살
> - 내가 그린 기린 그림은 긴 기린 그림이고 니가 그린 기린 그림은 안 긴 기린 그림이다.
> - 들의 콩깍지는 깐 콩깍지인가 안 깐 콩깍지인가. 깐 콩깍지이면 어떻고 안 깐 콩깍지는 어떠냐. 깐 콩깍지나 안 깐 콩깍지나 콩깍지는 다 콩깍지인데
> - 앞 집 팥죽은 붉은 팥 풋팥죽이고, 뒷집 콩죽은 햇콩단콩 콩죽, 우리집 깨죽은 검은깨 깨죽인데 사람들은 햇콩단콩 콩죽 깨죽 죽먹기를 싫어하더라.

(2) **높낮이**

말을 일정한 톤으로 하면 지루해질 수 있다. 따라서 높낮이를 조정하는 것이 대단이 중요하다. 일반적으로는 평상시 대화를 할 때보다 약간 높은 톤으로 말하다가 중요한 부분이 나오게 되면 톤을 낮춘다. 그러면 청중들은 더 집중해서 듣게 된다.

(3) **속 도**

전체적인 속도는 편안한 속도를 유지하는 것이 좋고 내용에 따라 상대적으로 덜 중요한 것은 빨리 말하고, 더 중요한 것은 천천히 말하는 것이 좋다. 그리고 중요한 것을 말하기 전에 한 템포 쉬는 것이 좋은데 이는 일시적인 조용함이 청중들에게 특히나 딴짓을 하는 청중들은 자기를 보는듯한 착각을 일으켜 청중의 시선이 발표자에 집중되기 때문이다. 높낮이와 속도를 다시 한번 정리해보면 상대적으로 덜 중요한 내용은 보통의 톤으로 빨리 말하고, 더 중요한 내용은 한 템포 쉬었다가 낮은 톤으로 천천히 말하는 것이다.

> **❗알아두면 좋아요**
>
> **상황에 따라 발표 내용과 분위기를 전환하라.**
> - 전환구를 사용하여 중요한 이야기를 할 것이라는 분위기를 조성한다.
> - 잠시 말을 중단하거나 빈 슬라이드를 보여주어 분위기를 전환한다. 화면을 끄면 청중들이 시선을 집중하도록 만들 수 있다. 스티브 잡스가 프레젠테이션 중간 중간에 자주 구사하는 기술이기도 한다. 키보드에서 〈B〉키를 누르면 까만 '비어 있는 화면'으로 만들 수 있다.

(4) 길 이

장문으로 길게 얘기하면 문장의 인과관계를 생각해야 하므로 청중들은 싫어한다. 말을 듣는 순간 쉽게 이해할 수 있도록 단문으로 짧게 이야기한다.

(5) 단어 선택

미사어구나 어려운 용어의 사용은 제한하고 쉬운 단어를 사용함으로써 내용을 곧바로 이해할 수 있도록 해야 한다.

02 시선(Eye Contact)

(1) 눈을 마주쳐야 하는 이유

청중을 설득하기 위한 가장 효과적인 바디랭귀지 수단은 눈입니다. 눈을 마주치는 것을 통해 그만큼 진실하다는 의미로 신뢰를 높이게 되며 나를 계속해서 보고 있다는 느낌을 청중에게 전하게 된다. 드라마에서 연인들이 싸울 때 거짓말을 하고 있는 상대에서 어떻게 얘기하는가? 대부분 "내 눈을 똑바로 보고 얘기해 봐"라고 얘기할 것이다. 이처럼 눈을 똑바로 보면서 거짓말할 수 있는 사람은 몇 사람 되지 않을 것이다. 두 번째로는 청중의 눈빛을 보면 내가 말하고 있는 의견에 찬성하고 있는지 반대하고 있는지 대략적으로 읽어낼 수 있다.

(2) 눈을 쳐다보는 방법

청중들 중에는 본인의 의견에 호의적인 청중도 있고 그렇지 못한 청중이 있을 수도 있다. 그러면 대부분의 발표자는 호의적인 청중만 쳐다보면서 진행하는 경향이 있는데 그러면 그 청중이 부담스러울 수 있으면 나머지 청중들은 무시당한다는 느낌을 받을 수 있다. 청중을 쳐다볼 때는 전체 청중에 대해 골고루 쳐다보아야 한다. 다음은 시선처리 요령 몇 가지를 알아보자.

❶ 모든 청중과 고르게 시선을 맞추되 중요 인물과는 비중을 좀 더 높이는 것이 좋다.
❷ 한 사람을 너무 오래 바라보거나 시선 맞추는 시간이 너무 짧아서는 안된다.
❸ 바닥이나 천장, 또는 벽을 보며 말하는 것은 자신감이 없다는 표현이므로 삼간다.
❹ 눈에 너무 힘이 들어가는 것 또한 좋지 않다.

03 바디랭귀지

바디랭귀지의 중요성은 점점 증가되고 있다. 발표 내용 중 청중들에게 강조하고 싶은 부분이 있다면 '이 부분이 정말 중요한데요'라고 말하기 보다 특별한 행동을 취하는 것이 더 효과적일 수 있다.

(1) 걸음걸이와 인사법

걸음걸이는 정면을 향해 힘차고 당당하게 걸어 나오며, 인사할 때는 청중을 가볍게 쳐다본 후 45도 정도로 천천히 정중하게 인사하고 자연스럽게 인사말을 건넨다. 인사말은 너무 길지 않고 생기와 정감 있는 어저로 청중의 호감을 얻도록 한다.

(2) 얼굴

프레젠테이션을 하고 있는 동안 프레젠터의 얼굴 표정이 불안하거나 경직되어 있으면 신뢰를 느끼지 못하므로 살짝 미소를 띠우며 말한다. 하지만 중요하거나 힘든 이야기를 할 때는 웃음이 역효과가 날 수 있으므로 조심한다.

(3) 손

가장 어려운 동작 중에 하나가 바로 손이다. 손동작에서 몇가지 알아둬야 할 기술들이다.

❶ 평상시에는 손은 허리 위쪽에 자연스럽게 위치시키는 것이 좋다.
❷ 불필요한 손동작이나 포인터를 계속 뱅글뱅글 돌리는 등의 동작으로 주위를 산만하게 하지 않는다.
❸ 얼굴, 머리, 코나 귀를 만지지 않는다. 자신감이 없어 보인다.
❹ 손을 바지 주머니에 넣지 않는다.
❺ 스크린을 가리킬 때는 반드시 손바닥이 청중에게 보이게끔 해야 한다.
❻ 손가락으로 사람을 가르키지 않는다.

(4) 위치

발표를 할 때 가장 좋은 위치는 청중과의 소통을 위해서 가급적 청중과 가깝고, 화면이 가리지 않는 스크린 바로 옆이다. 그리고 대부분의 발표자들은 한 곳에서만 서서 말하는 경향이 있는데 장시간 한 곳에 서서 발표를 하게 되면 한 곳을 봐야 하므로 지루해 질 수 있다. 그러므로 주제가 바뀐다던지, 1부에서 2부로 바뀔 때 등 위치를 이동해 좀 더 활기차고 역동적인 프레젠테이션이 되도록 한다. 서 있을 때도 중심을 한 쪽 다리에 준다던지 떤다던가 하는 자세는 건방져 보일 수도 있으므로 두 다리를 어깨 너비만큼 벌리고 서서 발표해야 한다.

04 복 장

청중과 프레젠터의 첫 만남에 있어서 지적이고, 깔끔한 이미지는 청중들에게 관대하며, 좋은 호감을 갖게 해 줄 수 있으므로 복장도 신경써서 입어야 한다.
남자의 경우 정장과 셔츠를 무난하게 선택하고 넥타이로 포인트를 주면 청중의 시선을 발표자의 얼굴로 오도록 할 수 있으며 여자의 경우 깔끔한 정장 차림이 가장 무난하며 여러 색이 같이 있는 체크무늬보단 일반적으로 무난한 감청색으로 신뢰감과 당당함을 표현하는 것이 좋다. 또한 지나친 장신구나 특이한 디자인의 옷차림등은 시선을 빼앗길 수 있으므로 삼가도록 한다.

9.3 효과적인 프레젠테이션

01 발표 준비 및 사전 준비 사항

기획을 하고 자료를 만들어서 리허설까지 하고 나면 발표만 남았다. 이 발표를 잘 하기 위해 내용을 충실히 이해하고 리허설하는 것도 중요하지만 그 외에 부분에서 신경써야 할 몇 가지가 남아있다. 이 절에서는 준비해야 될 사항 몇 가지에 대해서 알아보도록 하자.

(1) 메모 카드 작성

메모 카드란 프레젠테이션을 진행할 때 참고해서 볼 수 있는 기록 카드이다. 방송에서 진행자가 들고 나오는 A4 사이즈 절반 정도의 종이라고 생각하면 되겠다. 아무리 리허설을 통해서 내용을 완벽하게 이해했다고 하더라도 막상 발표를 하면 떨려서 해야할 말을 놓치거나 순서를 뒤죽박죽 바꿔서 말하는 경우가 허다하다. 이를 대비하여 메모카드를 준비하면 실수를 줄일 수 있다. 메모카드는 A4 절반 사이즈 정도로 준비하며 각 슬라이드에 맞춰 번호를 붙여 섞였더라도 바로 찾을 수 있도록 준비한다.

단, 메모카드 사용시 유의할 사항은 너무 오래 메모카드를 본다거나 아예 보고 읽지 않도록 조심한다. 청중들에게 준비가 덜 된 발표자로 인식되며 신뢰성마저 떨어져 발표를 망치게 될 가능성이 있다.

(2) 유인물 인쇄 및 준비

유인물은 청중이 프레젠테이션의 이해를 돕기 위한 인쇄 출력물로, 핵심 내용들을 요약해 놓은 자료를 말한다. 만약 유인물을 나눠주지 않았을 경우 발표를 듣다가 어느 특정한 내용이 궁금하거나 내용을 다시 확인하고 싶다면 대충 메모만 해야 되거나 필기도구가 아예 없다면 메모마저도 불가능해 발표에 흥미를 잃을 수도 있다. 프레젠테이션이 전문적인 내용이거나 중요한 내용일 경우 유인물을 인쇄해 준비하도록 한다.

(3) 장비 및 소프트웨어 확인

발표 장소에 따라 프레젠테이션을 구현하는 매체 종류가 다를 수 있다. 최소한 발표 1시간 전에는 도착하여 장비(컴퓨터, 빔 프로젝터, 스피커, 마이크 등)를 점검하도록 한다. 또한 소프트웨어 버전도 확인할 필요가 있다. 오피스 2003으로 프로그램이 세팅되어 있는 곳이 아직도 많이 있으므로 만약 오피스 2007버전으로 작업했다면 자신의 노트북을 가지고 가던지 프로그램 CD를 준비해 가는 것이 좋다.

02 청중의 질문에 대처하는 방법

청중과 질문을 주고 받는 것은 청중을 주제에 몰입시킬 수 있는 좋은 방법이다. 발표자가 프레젠테이션을 마치고 난 뒤 청중에게 질문이 없으면 프레젠테이션에 성공했다고 여겨지지만 사실은 청중이 프레젠테이션에 매력을 느끼지 못해 얼른 끝나기만을 바랐기 때문일 것이다.

(1) 질의응답하기에 적절한 시간

발표자의 대다수는 프레젠테이션이 끝날 때쯤 질문을 받는다. 이렇게 하면 지정된 시간 안에 발표자가 이야기하고자 하는 걸 끝낼 수도 있고 청중에게 프레젠테이션의 전체 내용을 다시 한 번 검토할 수 있게 된다.

프레젠테이션을 진행해나가는 중간중간 청중이 의문을 가질 때마다 질문을 받을 수도 있다. 이렇게 하면 프레젠테이션 흐름에 청중을 몰두할 수 있게 하며, 청중이 발표 내용을 얼마나 이해하고 있는지 그때그때 피드백을 받아 파악할 수는 있다. 하지만 질문 때문에 발표 흐름이 끊길 수 있으니 조심해야 한다.

프레젠테이션을 진행하면서 어느 특정 시점에 청중과 질문을 주고 받을 수도 있다. 이를 테면 청중의 솔직한 반응을 파악하고 싶거나 그들의 신선한 아이디어를 구하고 싶을 때 질문을 하는 것이다. 사전에 질문할 시점을 언제로 할지 미리 파악해두고 잊지 말고 질문을 해 청중의 참여를 이끌어내라.

(2) 질문을 받았을 때 발표자의 올바른 행동

청중에게 질문을 받게 되면 다음과 같이 행동한다.

❶ 질문을 받게 되면 한 걸음 앞으로 나아가, 질문자를 쳐다본다
❷ 질문자의 말에 공감한다는 표정과 행동을 한다.
❸ 질문이 끝나면 청중을 향해 질문을 다시 한번 말한다.(소규모에서는 상관없지만 대규모 발표장 같은 경우 다른 사람들이 못 들었을 수도 있으므로 질문을 다시 한번 더 말한다.)
❹ 청중을 보고 답변을 한다.
❺ 답변을 끝낸 후, 질문자에게 원하는 답변이었는지 확인한다.

(3) 예기치 못한 질문을 받았을 때

아무리 철저히 준비한다 하더라도 모든 질문을 예상하고 준비할 수는 없다. 만약 예기치 못한 질문을 받았다면 당황하지 말고 재치있게 대답해야 한다.

당신이 답해줄 수 있는 질문이라면, 명확하고 간결하게 대답한다.

당신이 답해줄 수 없는 질문이라면, 훌륭한 대답을 해 줄 수 있는 다른 사람을 추천하거나 혹은 청중 중에서 대답해 줄 수 있는 사람을 찾아본다.

질문 때문에 발표 흐름이 중단된다면, 질문을 화이트보드등에 기록해 두고 회의가 끝날 때 그 질문에 답한다. 질문의 내용이 발표자의 생각과 다른다고해서 절대로 무시해서도 안되며 질문을 중간에 잘라서도 안된다.

9.4 사후 관리

대다수의 사람들이 발표가 끝나면 모든 것이 끝났다고 생각한다. 하지만 이 프레젠테이션을 정리하여 다음 프레젠테이션에서 좀 더 나은 발표가 될 수 있도록 준비해야만 한다.

우선 질의 응답시 제대로 답변하지 못한 내용이 있었다면 정확히 파악해 빠른 시간내에 전달해야 하며 청중의 요청 사항이나 추가 자료가 있었다면 이것 역시 빠른 시간내에 전달해야 한다. 그리고 프레젠테이션을 위해 사용되었던 모든 자료(인쇄물, 파일, 참고문헌, 통계자료 등)은 별도로 보관하고 프레젠테이션에서 좋았던 점과 개선해야 할 점을 파악해 정리해 다음 프레젠테이션을 대비하도록 하자.

저자소개

권동희
- 안동대학교 대학교육개발원 교양강사
- 계명대학교 교양교육대학 강사
- 영진전문대학 강사
- 공무원 연수 강사

김진선
- 안동대학교 대학교육개발원 교양강사
- GTQ, ITQ 공인강사

송희헌
- 안동대학교 정보과학교육과 교수

문서작성과 프레젠테이션

1판 1쇄 발행 2012년 2월 27일
1판 2쇄 발행 2023년 10월 12일
공 저 자 권동희·김진선·송희헌
발 행 인 이범만
발 행 처 **21세기사** (제406-2004-00015호)
경기도 파주시 산남로 72-16 (10882)
Tel. 031-942-7861   Fax. 031-942-7864
E-mail : 21cbook@naver.com
Home-page : www.21cbook.co.kr
ISBN 978-89-8468-432-4

정가 13,000원

이 책의 일부 혹은 전체 내용을 무단 복사, 복제, 전재하는 것은 저작권법에 저촉됩니다.
저작권법 제136조(권리의침해죄)1항에 따라 침해한 자는 5년 이하의 징역 또는 5천만 원 이하의
벌금에 처하거나 이를 병과(倂科)할 수 있습니다. 파본이나 잘못된 책은 교환해 드립니다.